EMERGING CHURCHES

Emerging Churches: Creating Christian Community in Postmodern Cultures

이머징 교회

에디 깁스 · 라이언 볼저 지음 ● 김도훈 옮김

쿰란출판사

Emerging Churches

서문

공동의 욕구가 이상한 동맹을 만드는 경우가 종종 있다. 그것에 대해 설명해 보자. 라이언 볼저(Ryan Bolger)는 박사 학위(Ph.D.) 두 번째 해를 시작하였다. 그래서 학위의 요구 조건을 충족시키기 위해서는 필드 리서치(Field Research)를 수행해야 했다.

에디 깁스(Eddie Gibbs)는 그의 책 《처치 넥스트(Church Next)》를 완성한 후에, 이론적 작업에 가까운 그의 작업을 좀더 실천적이거나 경험적인 특성을 가진 작업으로 보완해야 할 필요가 있었다. 라이언은 자기의 프로젝트를 위해 에디가 오랜 기간에 걸쳐 알게 된 교회에 대한 전문적 지식이 필요했다.

에디는 이머징 문화를 이해하는 데 라이언의 도움을 원했다. 몇 마디의 간단한 농담이 오고간 후에 우리는 그것이 터무니없는 생각은 아니라는 것을 깨달았다. 그래서 우리는 2000년 봄에 리서치를 시작했고, 그 결과가 바로 이 책이다.

우리 사이에는 영국과 미국의 학문적 차이가 있었다. 그리고 문서 텍스트에 대한 접근 방법이 아주 달랐다. 뿐만 아니라 수많은 운전과 숙박의 모험들이 있었고, 또 여러 불상사들을 겪었다. 수많은 토론도 있었다.

이런 과정을 거치고 나서 2005년 초인 지금 우리는 리서치의 기록들을 완성해 나가고 있다. 놀랍게도 이 모든 것에도 불구하고 우리는 여전히 좋은 친구로 남아 있다.

이미 밝혀지고 있는 대로, 이머징 교회 운동이 지금 급속한 진화의 과정을 겪고 있기 때문에 작업이 늦춰진 것이 오히려 그 운동을 조금 더 깊이 이해할 수 있는 기회가 되었다. 여러 번 마감을 넘긴 것은 우리가 미적거려서 그렇게 된 것은 아니었다. 오히려 책의 완성이 늦어짐으로 인해 이머징 교회의 리더들과 열띤 인터뷰로 채워지게 되었다.

이 책은 100개 이상의 인터뷰로 구성되어 있다. 직접 인터뷰이든, 전화나 이메일 인터뷰이든, 인터뷰에 수백 시간이 소요되었음을 의미한다. 오래 참아 준 데 대해, 베이커 아카데믹(Baker Academic) 출판사의 로버트 호색(Robert N. Hosack)에게 감사를 드리고 싶다.

라이언은 토착 앤젤리노(로스앤젤레스의 거주민)이다. 그와 그의 아내 둘 다 1970년대와 1980년대에 남캘리포니아에서 등장한 여러 새로운 패러다임 교회 구성원이었다. 그리고 최근까지도 패서디나(Pasadena)에 있는 이머징 교회의 리더십 팀의 일원이다. 이 작업을 수행하는 동안, 라이언은 '현대 문화 속의 교회' 분야의 조교수로 풀러 신학교 교수가 되었다.

에디는 교회 갱신, 리더십, 영국과 미국의 복음화를 연구하는 데 30년 이상이나 참여해 왔다. 그는 영국 시민이며 40년 전에 잉글랜드 교회에서 안수를 받았다. 그리고 칠레 선교사로, 영국 남미 선교부의 국내 담당 스태프로, 영국 전역에 있는 6개의 빌리 그레이엄 선교 센터의 훈련 소장으로 봉사하였으며, 1984년 이후로 미국 풀러 신학교의 교수가 되었다. 그는 현재 풀러 신학교의 비교문화학부(School of Intercultural Studies)에서 도널드 맥가브란(Donald A. McGavran) 석좌 교수로서 교회 성장학을 가르치고 있다.

우리는 이 연구를 시작하면서, 현재 교회의 어려움에 대한 우리의 생각이 서로 많이 일치한다는 것을 발견하였다. 우리는 둘 다 현재의 상황이 매우 심각하다고 느끼고 있다. 교회가 포스트모던 문화 속에서 교회의 메시지와 삶을 구현하지 못한다면, 교회는 점차 주변으로 밀려나게 될 것이다. 결국 서구의 교회의 수는 지속적으로 감소할 것이다.

우리는 서구뿐만 아니라 서구 문화의 영향을 받은 다른 세계에서도, 문화에 참여하는 교회들이 나타나는 것을 볼 수 있을 것이라는 공동의 비전을 소유하고 있다.

에디 깁스 & 라이언 볼저

역자 서문

역자가 이머징 교회에 관련된 서적을 접하게 된 것은 어학연수를 받는 학생들을 인솔 차 미국의 칼빈대학을 방문했을 때였다. 시간을 내서 그 지역 서점에 들렀다. 신학 전문 서적들은 큰 매장의 한 귀퉁이를 차지하고 있었을 뿐, 대부분 신앙 서적들로 가득 차 있는 서점이었다.

매장을 한 번 휙 둘러보던 중 얼마 되지 않아 발견한 것이 바로 이머징 교회 서적 코너였다. 상당히 많은 관련 서적들이 진열되어 있었다. 교회론이나 교회성장, 교회 마케팅, 교회 컨설팅 등에 관심을 갖고 있었던 터라 아마도 쉽게 내 눈에 띄었으리라. 언뜻 보아도 미국 교회의 관심은 이머징 교회임을 알 수 있었다. 있는 대로 구입하여 몇 권을 말 그대로 후딱 읽어 치웠다.

이 시대에 필요한 교회가 무엇이며, 어떻게 해야 교회가 건강하게 성장할 수 있는가, 다음 세대에도 교회가 살아남을 수 있을까 등을 깊이 고민하고 있던 역자에게 이 교회론은 매우 흥미로운 교회론이 아닐 수 없었다. 이머징 교회에 대해 좀더 깊이 연구하기 시작했다. 그러던 중 다음 세대 목회를 염려하는 교회들과 함께 이 운동을 연구해 보는 것도 좋을 것이라는 생각이 들어 번역을 시작하게 되었다.

물론 역자가 이 책의 모든 내용에 전적으로 동의하는 것은 아니다. 비평적으로 읽어야 할 부분들이 있다. 무엇보다도 이 책이 영미권의 교회 제도와 목회와 예배 및 영성을 반영한 교회운동을 연구한 책이라는 것을 잊지 말아야 함은 당연한 일이다. 어떤 교회의 성공

모델이 모든 교회에 모든 상황에 적절한 것은 아니기 때문이다.

그럼에도 불구하고 교회가 쇠퇴해가는 서구 상황 속에서 교회를 살리려는 이머징 교회의 선교적 열정은 높이 평가할 만하다. 그리고 그들의 몇몇 실천적 대안들은 연구하고 적용해 볼 만한 충분한 가치가 있다고 생각한다.

어느 주일날, 영국현지인 목회를 감당하는 한 한인 목사를 만나게 되었다. 그는 한국에 와서 서구 교회는 정말로 희망이 없다고, 그래서 역선교가 필요하다고 힘주어 설교하고 있었다. 유럽에서 오래 생활했기 때문에 유럽 교회를 비교적 잘 아는 나에게는 별 새로운 이야기도 아니지만, 유럽을 떠난 지 이미 오랜 세월이 흘렀기 때문에 그 동안의 서구 교회의 흐름과 대책이 어떤지 궁금하여 그를 만났다. 그리고 그에게 물었다.

"유럽 교회가 쇠퇴하여 희망이 없다고 말했는데 이머징 교회가 그나마도 대안이 될 수 있지 않겠는가?"

그때 그는 조금도 망설임 없이 "그렇다. 요즘 이머징 교회들이 영국교회의 희망이 되고 있다. 그나마도 영국 교회가 존속하고 있는 이유는 바로 그들 때문이다"라고 대답하였다.

그 말을 듣는 순간 한국 교회의 미래가 중첩되면서 번역에 속도를 더하게 되었고 이제 빛을 보게 되었다. 모든 번역이 그렇듯, 쉽지 않았다. 인터뷰의 산물이기 때문에 구어체의 직접 인용들이 수없이 등장하여 역자를 괴롭혔다. 마쳐놓고 보니 아쉬움이 많다.

책의 원제목은 '이머징 처치'(Emerging Churches)이다. 문제는 이

역자 서문

머징을 어떻게 번역할 것인가 하는 것이었다. '이머징' 을 '떠오르는', '새로운', '창발적', '신흥' 등 여러 의미로 번역해 보았지만 책의 내용을 다 포함하지 못하거나, 책의 내용과는 전혀 다른 이미지를 던져줄 수 있다는 생각에서 원문 그대로 '이머징' 으로 번역하기로 하였다.

책의 저자는 깁스(Eddie Gibbs)와 볼저(Ryan Bolger)이다. 저자 서문에 있는 대로, 깁스는 교회 갱신과 리더십, 그리고 영국과 미국의 복음화를 연구하는 데 30년 이상을 몰두해 왔다. 그는 잉글랜드 교회에서 안수를 받았고, 칠레 선교사로, 영국 남미 선교부의 국내 담당 스태프로, 영국 전역에 있는 6개의 빌리 그레이엄 선교센터의 훈련소장으로 봉사하였다.

현재 그는 풀러 신학교에서 도널드 맥가브란(Donald A. McGavran) 석좌 교수로서 교회 성장학을 가르치고 있다. 볼저는 오랫동안 미국의 이머징 교회 운동에 직접 참여하여 리더로서 활동하였으며, 지금은 풀러 신학교에서 현대문화와 교회에 관련된 주제들을 연구하고 가르치는 교수로 봉직하고 있다.

이 책은 이들이 5년 동안이나 자료들을 수집하고 50명이나 되는 이머징 교회 리더들을 직접 인터뷰하여 저술한 책이다. 분량이 매우 방대한 책이며 부록에는 이머징 교회 지도자들의 개인적인 간증문도 실려 있다. 분량상 역본에서는 이들의 개인적인 간증문 등은 생략하였다. 중복되거나 산만한 느낌도 있지만 존스(Andrew Jones)의 말대로 "이머징 교회에 대한 가장 좋은 책" 이라고 생각된다.

이머징 교회에 대하여 언급하는 것이 독자들에 대한 예의라고 생각하여 간단히 언급하고자 한다. 사실상 이머징 교회에 대해 정확하게 정의하기란 쉽지 않다. 이머징 교회의 스타일, 조직, 신학, 목회 실천들뿐만 아니라, 이머징 교회의 지도자들이라고 부르는 인물들의 개별적 성향과 신학의 스펙트럼이 매우 다양하기 때문이다.

그럼에도 불구하고 한마디로 정의해 보자면, 포스트모던 시대에 선교적 열정을 가지고 그들의 문화를 이용하여 다음세대, 미래 세대에 접근하여 교회를 성장시키고자 하는 교회운동이라고 할 수 있을 것이다.

이 책에서 언급하고 있는 대로, 이머징 교회라는 용어는, 그러한 교회들의 "급속한 수적 증가, 20대들을 유인하는 능력, 대중음악 스타일을 차용한 현대적(contemporary) 예배, 웹사이트와 입소문을 통해 기독교적 하부 문화를 활성화시킬 가능성들 때문에 주목을 받아온, 대중적이면서도 청년 지향적 집회에 적용되었던 용어" 였다.

이런 용어가 일반화되어 현대의 새로운 문화와 관계를 맺는 새로운 형태의 교회를 지칭하는 말로 사용되었다. 마크 스칸드렛(Mark Scandrette)은 "이머징 교회는 좀더 통합적이고 전체적인 신앙생활에 대한 탐구이다. 신학적 탐구 작업이 계속되고 있는데, 하나님 나라의 신학, 내적인 삶, 친교/공동체, 정의, 환경보전, 포용성, 영감적 리더십 등의 문제에 좀더 집중하고 있다.

전체적으로 보자면, 이머징 교회 운동은 통합적 영성에 대한 탐구이다"라고 정의한다. 깁스와 볼저는 이 책에서 이머징 교회를 "포스트모던 문화 안에서 예수님의 길을 실천하는 공동체"로 정의하기도 한다. 이 정도의 안내만으로도 이머징 교회의 대강은 엿볼 수 있으리라 생각한다.

그러면 오늘날 우리가 이머징 교회운동에 주목해야 할 이유가 무엇인가? 이머징 교회가 광범위하게 연구되고 있으며 주목받고 있다는 것 자체가 우선적으로 그들의 교회운동에 주목할 이유가 된다. 깁스와 볼저는 "최근의 저서, 현재의 교회의 트랜드에 대한 세미나 주제, 그리고 인터넷의 광범위한 블로그 영역 속에서 이머징 교회에 대한 참고문헌을 풍부하게 찾아볼 수 있다.

관련 자료들이 너무 많아서 이머징 교회 역시, 과거에 일시적으로 관심을 받았다가 사라져버린 많은 교회의 운동들처럼, 그저 최근에 나타난 일시적 유행이 되어버릴 위험에 처해 있다"라고 말한다. 이머징 교회의 중요 지도자인 킴벌도 자신의 책에서 "인터넷 검색 엔진의 검색 창에 '이머징 교회'와 포스트모던이라는 단어를 입력해 본 적이 있는가?"라고 물으면서 자신의 경험을 말하고 있다.

교회 사이트, 웹진, 토론 모임, 블로그, 신간 서적 등을 검색하느라 몇 시간을 보낸 적이 있음을 고백한다. 그는 이머징 교회 운동이 그렇게 많이 주목받고 있는 현상이 "포스트모던 혹은 기독교 이후의 환경에서 이머징 세대에게 어떻게 접근해야 하는지에 대한 관심이 높아지고 있음"을 보여주는 것이라고 결론 내린다.

이머징 교회운동에 대해 평가서를 저술한 카슨(D.A. Carson) 역시 극히 짧은 역사를 가진 이머징 교회운동이 광범위한 영향을 미치고 있는 것에 놀라워한다. 나아가서 오늘날의 탈 기독교, 탈 전통적 문화 속에서 이머징 교회는 어느 정도 희망의 불꽃을 심어 줄 수 있다고 생각하기 때문이다.

팀 콘더는 "이러한 새로운 문화적 환경 속에서 목회하려는 이머징 교회의 노력을 보면서 나는 깊은 희망을 발견하였다. 나는 이러한 흥미롭고도 새로운 교회 공동체의 형태가 이러한 제2의 장애물을 제거하고 오늘날의 새로운 현실 한복판에서 하나님의 이야기를 발견하고 구현하기 시작하는 것을 보았다.

이런 공동체의 상당수가 내가 섬기고 있는 기성 교회와는 매우 다른 형태이지만 나는 그들의 표현의 아름다움, 사려 깊음, 창조성으로부터 많은 것을 배웠다. 나는 이머징 교회들이 변화의 길을 모색하여 기성 교회가 어려운 문화의 변화의 물결을 항해하는 데 도움을 줄 수 있을 것이라고 믿는다"라고 말하며 이머징 교회를 향한 희망을 숨기지 않는다.

이런 희망은 이 책의 저자들의 바람이기도 하다. "이 책이 현재 일어나고 있는 의미 있는 발전에 대하여 아직도 인식하지 못하고 있을지도 모르는 한 세대의 교회 지도자들에게 정보를 제공하기를 희망한다.

우리는 이 책이 포스트모던 문화를 향하여 목회하는 사람들, 교회로부터 떠나간 사람들, 교회와 거리가 먼 사람들을 향하여 사역하고 있는 사람들이나 그런 사역을 준비하고 있는 사람들에게 유익한 자료가 되기를 희망한다.

역자 서문

우리가 정말 증언하고자 하는 것은, 이머징 교회 리더들이 보여 준 그리스도의 사랑으로 인하여 우리의 영적 삶이 매우 풍성해졌다는 것, 바로 그것이다." 우리는 이머징 교회가 왜 이렇게 많은 관심과 희망을 불러일으키고 있는지 주목해 볼 필요가 있다.

서문을 마치면서 이 책의 출판을 허락해 주신 쿰란출판사의 이형규 장로님께 감사를 드린다. 사실상 이 책을 번역하게 된 것은 교회를 사랑하는 마음 때문이라고 해도 과언이 아니다. 역자는 한국 교회를 사랑하며, 기대하며, 기도한다. 지금까지의 연구에 많은 도움을 주시고, 무엇보다도 교회를 사랑하는 마음을 가르쳐주신 김삼환 목사님께 진심으로 감사드린다.

2008년 가을의 길목, '그분의 정원' 에서
역자 김 도 훈

책의 구성

우리가 세계의 이머징 교회들을 연구하기로 계획했을 때 우리가 알게 된 것은, 대부분의 이머징 교회가 영국과 미국에 분포되어 있다는 점이었다. 그래서 우리는 사례 연구의 표본을 미국과 영국에서 선택하였다. 우리의 조심스런 추출 작업을 통해 미국과 영국 밖에 있는, 가령 호주와 뉴질랜드와 유럽 대륙의 사례들을 정형화하는 사례들을 선택하기를 희망하였다.

우리의 제한된 예산 때문에 우리의 여행은 거의 영국과 미국으로 제한되었다. 우리가 직접적인 리서치를 수행하지 않은 나라의 트렌드들을 기록한다면 연구의 성실성이 결여될 것이라는 생각을 했다. 그래서 결국 이 책은 영국과 미국에 있는 이머징 교회의 트렌드만을 분석하고 있다.

그리고 우리는 이 패턴들이 다른 서구 국가나 또 서구에 영향을 받은 나라들에도 유효할 것인지에 대해서는, 이를 부인하거나 긍정할 만한 아무런 자료가 없다. 그들도 우리와 공통적인 서구적 관점을 가지고 있다는 것을 전제로 한다면, 이 패턴들이 다른 지역에서도 유용한 도구들이 될 수 있을 것이라고 생각한다. 하지만 그것은 어디까지나 우리의 경험에서 나온 추측일 뿐이다. 이 가정에 대한 입증은 좀더 기다려 보아야 할 것이다.

이 책에서 설명한(제2장) 아홉 가지의 패턴이 이머징 교회 자체의 실천에 근거한 것이기를 희망한다. 거의 5년 동안 이런 공동체들의 특징을 연구한 끝에 이렇게 밝힌 것이다. 우리는 먼저 그들의 이야기를 듣고 그 다음에 반복된 패턴에 근거하여 범주들을 만들었다.

그러나 우리는 어떤 연구자가 객관적 관찰자로서 자료를 접하게 된 것을 그대로 믿을 만큼 단순하지는 않다. 연구자는 결과와 상호 영향을 주고 받는다. 그리고 각자의 특수한 배경을 전제로 사물을 본다. 우리는 선교학자로서 이 과정에 이르게 되었고, 그렇게 정보들을 범주화하였다.

예를 들어 한 패턴이 모더니티나 기독교적인 것을 반복하는 것처럼 보일 때는 그것을 이머징 패턴으로 보지 않았다. 우리는 이 책에 열거된 아홉 가지의 패턴 이외에도 여러 다른 패턴들을 발견하였다. 하지만 우리가 밝히고 있는 아홉 가지 패턴은 선교학적으로 의미가 있다고 우리가 발견해낸 것들이다.

3년의 연구 후에 이 책을 쓰는 데 취한 방법은 다음과 같다. 모든 인터뷰를 아홉 가지 패턴으로 분류한 후에 이 패턴들을 설명하였다. 어떤 점에서는 이 인용문들과 설명들이 단락, 섹션과 장에서 공통점이 있다. 그래서 결국 이 책은 순서가 어느 정도 닮아 있다. 다음에 오는 장들은 서로 연결되어 쓰였다.

우리는 각각의 장들을 앞뒤로 여러 번 바꾸어 보았다. 또 우리는 다른 사람이 수행한 작업을 세밀하게 살펴보았고, 필요할 때에는 수정 작업을 하였으며, 보충 자료들을 첨부하였다. 우리는 그 과정을 되풀이하였다.

우리는 이 작업을 대화를 위한 텍스트로 본다. 우리는 수업 시간에 이런 동일한 이야기들을 많이 한다. 하지만 말하기 전에 어떤 이야기가 어떤 학생들에게 가장 강력하게 전달될지 우리는 알지 못한다. 이런 이유로 우리는 많은 이야기들을 겹겹이 말한다. 이런저런 이야기가 서로 연결이 되어 학습 과정에 효과가 있기를 바라기 때문이다.

이런 접근 방법의 장점은 청중이 종종 다른 사람들의 이야기 안에 반영된 자신들의 이야기를 듣는다는 것이다. 단점은, 듣는 자들이 몇몇 이야기는 불필요하다고 느끼거나, 동일한 패턴을 설명하는데 너무 많은 동일한 유형의 이야기들을 사용한다고 느낄 수 있다는 점이다. 그것이 바로 이 책의 위험이다.

하지만 우리는 이야기를 강화하려는 관심 속에서 모든 불필요한 것들을 삭제하지 않기로 결정하였다. 왜냐하면 그것들은 일부의 견해뿐만 아니라 표현된 신념들의 장점이 얼마나 넓게 지탱되고 있는가를 반영하기 때문이다. 이 책에는 원래의 인터뷰 자료들이 많이 포함되어 있다. 그것은 대화와 관찰들이 스스로를 말하도록 하기 위함이다. 기본적으로 각 장의 마지막 부분에 일종의 종합과 평가를 실어 놓았다.

인용과 참고문헌에 대하여 한마디 하고자 한다. 인터뷰는 직접 대면(개인과 그룹을 동시에)과 전화와 이메일을 통해 이루어졌다. 우리가 어떤 사람의 말을 직접적으로 인용할 때는 인용부호를 사용했다. 때로 우리는 문법을 수정하거나 영국과 미국 공히 통용될 수 있는 단어들을 사용하는 것이 필요하다고 생각하였다.

하지만 언제나 우리는 가능한 한 말하는 사람의 핵심에 충실하려고 노력하였다. 인터뷰에 응한 모든 사람들은, 우리가 기록한 것과 그들이 말한 것이 서로 동일한지를 확인할 기회를 가졌다. 우리가 2차 자료(예를 들어, 웹사이트, 논문, 단행본 등)를 인용할 때는, 드물기는 하지만 그 출처를 각주에 밝혀 놓았다.

인터뷰한 사람들의 말을 직접 인용할 때는 그들의 이름, 현재 사역, 사역지를 제공하고 있다. 인터뷰에 응한 몇몇 사람들은 여러 상황에서 살며 여러 사역에 참여하고 있었다. 이것이 문제였다. 많은 토론 후에 우리는 그가 주로 담당하고 있는 사역만을 기록하기로 하였다. 한 사람이 여러 사역을 감당하고 있으나 인용문이 어느 한 특정 사역과 관계가 있을 때에는 그 특정 사역을 기록하였다. 감당하는 사역의 이름이 없을 때는 그 사람이 살고 있는 도시만을 언급하였다. 역으로 사역이 일정치 않고 지역을 초월해 있을 때는 단순히 사역만을 언급하였다.

우리가 이머징 교회들이 이러저러한 실천을 행하고 있다고 말하는 것은 이런 활동들이 이머징 교회 안에 나타나고 있는 패턴들임을 말하고 있는 것이다. 원하는 것을 얻기 위해서 애를 써 보지만—한 교회가 이머징 교회가 되기 위해서 세 가지 핵심 실천만을 보여주면 된다(제2장)—많은 이머징 교회들이 아홉 가지의 패턴들을 모두 시행하고 있는 것은 아니라는 결론을 얻었다.

이머징 교회가 다양하게 나타나고 있음을 인정한다. 그렇다고 매번 자격을 심사하려는 것은 아니다. 우리가 말하고자 하는 바는, 대표적인 이머징 교회들이 우리가 논의중인 특정한 패턴, 즉 선교적으로 의미가 있는 실천의 특징을 보여주고 있다는 점이다.

우리는 우리의 한계를 잘 알고 있다. 우리의 리서치가 확인한 바는 많은 이머징 교회들의 리더는 백인이며, 앵글로 족의 중산층 남성이라는 점이다. 그래서 어떤 사람들은 그 운동이 다문화적 요소가 부족하다고 판단할 수도 있다. 현재 이 순간에는 이 비판이 옳을지도 모른다. 이런 특정 문화가 우세한 이유 중의 하나는 많은 선구자적인 이머징 교회들이 복음주의 카리스마주의적 하부 문화－이 문화가 이런 특징들을 보인다－로부터 생겨났기 때문이다.

하지만 우리는 인터뷰를 하면서 이머징 교회들의 사회적 문화적 실천과 관련하여 우리가 발견한 것에 매우 깊은 감명을 받았다. 실제로 이런 모든 공동체들은 모든 사역에 있어서 여성들을 지원하고 있다. 그리고 그들은 교외보다는 도심 지역을 우선시하며, 정치적으로 정의를 대변하고, 가난한 자들을 섬기며, 공정 거래(fair trade)를 실천한다(특히 영국에서).

이머징 교회들은 도시 지향적이다. 도시적이라는 것은 다문화적임을 의미한다. 그러므로 우리는 이 선교[1] 그룹들이 점차 그들의 상황에 뿌리를 내리면, 그들은 점차 복합적인 문화를 대변하리라 기대한다.

---

1) 선교적이라는 말은 서구문화를 선교 참여의 기회가 무르익어 있는 장(field)으로 생각하는, 따라서 기독교 국가 시대로 알려졌던 기간이 이제는 끝났다는 것을 인정하는 회중과 관련된 말이다.

우리가 이머징 교회에 대하여 찬양 일변도의 눈으로 바라보는 것은 아니다. 모든 이머징 교회들이 시행하는 특별한 활동들을 항상 믿는 것도 아니다. 이 책에 나타난 우리의 기본적인 관심사는 이머징 교회 지도자들의 관심을 듣고 그들의 통찰력을 평가하는 것이다.

그들이 답을 갖고 있는 것이 아니라 신앙의 여행을 시작할 준비가 되어 있다는 것을 인정하고, 그들의 순례의 여정 가운데 그들에게 통찰력을 주시고 힘을 주신 하나님을 신뢰하면서 그들의 말을 듣고 평가해 보고자 한다. 그들은 자기들의 여행의 안내자인 성경에 대한 헌신이 대단하다.

그러나 그들은 새로운 눈으로 성경을 읽으려고 한다. 그들은 모더니티의 속박을 벗어버린다. 그리고 인류에 개입하시는 하나님의 구속적 활동의 이야기를, 새로운 질문을 던지고 새로운 도전들을 제기하는 문화적 배경(content) 속에 적용시켜 보려고 노력한다.

주관적인 설명을 최대한 억제하고 그들의 목소리를 직접 들어 보는 것이 중요하다. 저자로서 우리들의 주요 목적은 그들의 여행이 가진 선교적 의미를 드러내는 것이다. 모든 타문화(cross-cultural) 선교가 그렇듯이, 그것도 힘든 여행이다. 우리는 그들이 가지고 있는 몇몇 잠재적 위험을 지적하기도 한다.

이머징 교회의 지도자들은 스스로 이런 위험들을 알고 있다. 우리는 그들의 광범위한 독서와 깊은 통찰력에 감명을 받았다. 하지만 서구의 대다수의 교회 리더들과 마찬가지로 그들도 서구 세계에 유용한 타문화적 선교 훈련의 부족으로 고생하고 있었다. 이것은 우리의 목회 훈련이나 선교 훈련의 대부분이 여전히 콘스탄틴적, 기독교 국가적, 모더니스트적 문화 배경을 가정하고 있다는 사실 때문이다. 문화를 간단히 들여다 보면서 이것을 좀더 설명해 보겠다.

감사의 글

이 프로젝트는 많은 사람들의 열광적인 지원이 없었더라면 불가능했을 것이다. 우선 우리의 존경하는 시니어 동료 교수인 후버 옹(Hoover Wong)에게 깊은 감사를 드린다. 그는 우리가 영국과 미국에서 연구할 수 있도록 연구비를 제공해 주었다. 우리는 또한 풀러 신학교의 링엔펠터(Sherwood Lingenfelter), 맥코넬(C. Douglas McConell), 프리먼(Robert Freeman), 한나포드(Ron Hannaford)의 관대한 지원에 감사를 표하고 싶다.

우리가 여행하는 동안 많은 사람들이 관대하고도 따뜻한 환대를 제공해 주었다. 그것은 우리로 하여금 '집을 떠나서 집처럼' 지낼 수 있게 해주었다. 50년 이상을 에디의 친구로 지내온 푸트 가족(Mary & John Foote)은 에디가 셰필드에 머무는 동안 그들의 집에서 머물도록 해주었다. 라이언은 윌리엄스(Paul Williams), 매튜(Chris Matthew), 해리스 가족(Peter & Caroline Harris), 오텐 가족(Brian & Linda Auten), 타운엔드 가족(Stuart & Caroline Townend)에게 무조건적인 환영을 받았다.

앞으로 보면 알겠지만, 이 책의 대부분은 이 책에 이름이 등장하는 최전선에 있는 사람들의 공헌으로 이루어져 있다. 우리의 질문에 답변하고 자기들의 이야기를 나누면서 그들이 보여준 개방성, 정직성, 취약성, 인내심에 대해 말할 수 없이 감사한다. 적지 않은 사람들이 열 시간 이상이나 자기들의 시간을 할애해 주었다. 이 책에 표현된 많은 생각들이 그들의 많은 통찰력들에서 나온 것이다.

원고를 읽고 피드백을 제공해 준 사람들에게 또한 감사드린다—

너무 많아서 여기에 일일이 이름을 다 열거할 수 없다. 광범위한 피드백을 해준 사람들, 칼튼(Bob Carlton), 드래인(Olive Drane), 힙스(Shane Hipps), 피터슨(Aaron Peterson), 로버츠(Paul Roberts)에게 정말 감사한다.

라이언이 이 책의 첫 부분을 쓰는 동안 식사와 지속적인 기도로 도와준 정크션(Junction) 리더십 팀에게 감사한다. 라이언은, 그의 엄청난 지지자가 되어 주었고, 이머징 교회 연구에 그를 포함시켜 주고, 약간의 다른 작성 스타일에도 불구하고 지속적인 인내를 보여준 에디에게 감사를 표한다.

마지막으로—그러나 결코 작지는 않다—우리가 연구하고 문서 작업하는 것에 몰두해 있고 또 가족과 함께 있을 수 없는 동안에도 희생을 보여준 아내와 가족에게 감사한다. 라이언은 그의 아내인 줄리(Julie)와 그의 자녀인 맥켄지(Mackenzie)와 루크(Luke)에게 감사한다. 에디는 기록 작업을 도와준 르네(Renee)에게 지속인 감사를 전한다.

| 이머징 교회 | 차례 Contents

문화 간단히 들여다보기 01

포스트모던 게임을 위한 많은 돈이 있다. 무언가를 후원할 수 있으며, 거기 에 돈을 지출할 수도 있다. 근대(modern) 교회는 교회 개척이나 서적과 영화 속으로 돈을 펌프질할 것이다. 그러나 해는 지기 전에 가장 밝게 빛난다. 그들은 젊은이들에게 접근하려고 노력하고 있지만 돈을 낭비하고 있으며 잘못 가고 있다는 것을 깨닫게 될 것이다. 이후에, 포스트모던 문화 속에 복음을 적용시키는 사람들이 있게 될 것이다.

버크(Spencer Burke, Newport Beach, CA)

영국과 미국의 교회들은 각각의 자기 교인들이 타문화(cross-cultural)에 대한 훈련이 필요하다는 것을 심각하게 과소평가하고 있다. 결국 교회들은 문화를 읽지 못하고 있으며, 그럼으로 인해 교회의 총체적 선교를 손상시키고 있다. 상황이 시급하다는 것을 인정하면서도 다른 한편으로는 문화적으로 적절한 교회 실천들을 발견해 내고 있는 교회들로 인하여 풍성한 희망을 갖게 된다. 뿐만 아니라 전통적 교단의 고위(senior) 리더들도 역시 우리 시대의 커다란 욕구들을 인정하였다. 그래서 그들은 미래의 징표로서 이머징 교회를 주목하고 있다. 다음 장에서 이러한 이머징 교회들을 연구하기 전에 문화학이 왜 그토록 오늘날의 서구 교회에 비판적인지를 다루고자 한다.

왜 오늘날의 서구 교회는 문화를 연구해야 하는가?

문화에 대한 연구는 그리스도, 복음, 교회 그리고 문화들 사이의 관계를 말해 주는 매우 중요한 논제이다. 이 문제에 대한 표준적 교과서는 오랫동안 니버(H. Richard Niebuhr)의 《그리스도와 문화》[1]였다. 최근, 니버의 연구는 심각한 비판에 직면하게 되었다.[2] 로드니 클랩(Rodney Clapp)은 "그리스도와 문화는 교회 역시 하나의 문화임을 인식하지 못하던 시대의 산물이었다"[3]고 평가하였다. 이것은 선교적 질문을 제기한다. 그 질문은 바로, 교회는 그저 하부 문화나 대안 문화(counterculture)로서만 존재하는가, 아니면 교회가 문화적 상황 안에서 복음을 선포함으로써 좀더 넓은 문화로 넘어간다는 의미에서 진정 타문화적(cross-cultural)이 될 수 있는가 하는 것이다.

최근 몇 십 년 동안 복음과 문화의 관계에 대한 수많은 논의가 있었다. 하지만 기독교가 지배적인 나라라고 해서 교회와 문화의 관계가 똑같이 주목을 받은 것은 아니었다. 지금 서구 교회들은 점점 선교적 도전에 직면해 있다는 것을 깨닫고 있다. 그 도전은 사실상 점점 더 타문화적인 것이 되어가고 있다. 주류 문화가 영적 유산으로

---

1) H. Richard Niebuhr, *Christ and Culture*(New York: Harper Torchbooks, 1951)
2) 몇 사람만 언급하자면, Stanley Hauerwas/William Willimon, *Resident Aliens* (Nashville: Abingdon Press, 1989), 40: David Wells(휘튼 신학 컨퍼런스 발표문, April 21, 1994); Rodney Clapp, *A Peculiar People*(Downers Grove, IL: InterVarsity, 1996).
3) Clapp, A *Peculiar People*, 59.

부터 벗어나고 사회가 다원화면서 둘 사이의 간격은 점점 더 넓어지고 있다. 다음 몇 가지 요인은 교회가 문화를 진지하게 연구해야 하는 핵심 이유들을 밝혀 줄 것이다.

성육신 때문에

자신을 그리스도인이라 부르는 사람들은 예수 그리스도의 성육신을 진지하게 생각해 보아야 한다. 그는 우리의 문화와 제도들을 취하였다. 그는 우리들 중의 하나가 되었다. 그는 다양한 문화 속에 있었던 유대인들의 삶에 동참하였다. 사람들은 그에게 접근할 수 있었다. "말씀이 육신이 되어 우리 가운데 거하시매"('거하시매'는 문자적으로 '천막을 치다'라는 의미이다. 요 1:14). 예수가 그랬던 것처럼 우리도 우리 시대의 각각의 문화에 젖어들어야 한다. 예수가 그랬던 것처럼 우리도 문화를 비평적으로 분석해야 한다. 그러나 분석 평가는 문화적 맥락을 떠나서 이루어지기보다는 오히려 문화적 맥락 안에서 이루어져야 한다.

문화를 이해하는 것은 좋은 선교 실천에 항상 필요하기 때문에

교회와 문화의 관계에 관한 질문들은 교회의 선교에 비판적이다. 진정한 선교 실천은 자신이 사역하고 있는 사역지의 문화를 이해하는 것을 필요로 한다. 역사적으로 통찰력 있는 선교사들은 선교에 있어서 문화를 끌어들였다. 그들은 성경에 충실하면서도 토착적인 방식으로 복음을 전달하려고 하였다. 불행히도 서구 사람들은 서구의 여러 문화들을 이해한다고 확신한 나머지, 문화를 너무 간단히 취급하는 실수를 범하곤 한다.

지금 우리가 문화 혁명의 한가운데 있음을 교회는 인정해야 한다. 19세기 교회 형태로는 21세기 문화에서 더 이상 통할 수 없다는 것을 교회는 인정해야 한다. 교회가 문화를 이해하는 방식이 변해야 한다. 교회가 21세기 변화된 목회 환경에 잘 대처하기 위해서다. 교회는 포스트모던 세계 속에 있는 현대적 제도이다. 종종 이 사실을 간과해버린다. 교회가 21세기에 살아남으려면 포스트모던 문화 속에서 복음을 구체화해 나가야 한다.

기독교와 모더니티(modernity, 근대성)가 급속히 쇠퇴하고 있기 때문에

AD 313년 로마 황제 콘스탄틴의 개종 이후 거의 20세기 중반에 이르기까지 교회는 서구 사회의 중심이었다. 이 긴 기간을 기독교 시대라고 부른다. 교회는 이 기간 핵심적인 사회기관으로서 안정과 안전을 제공해 주었다. 그러다가 문화적, 사회적 요소로 모더니티가 출현했다. 모더니티는 르네상스 이전에 시작하여 존속하다가 20세기에 이르러 붕괴되기 시작하였다. 기독교는 제도적 신뢰성을 제공한 반면에, 모더니티는 토대주의에 근거하여 인식론적인 확실성을 제공해 주었다.

1950년대 이후, 두 가지 문화적 변화가 사회 전반에 영향을 주었다. 그리고 동시에 교회를 혼란에 빠트렸다. 첫째의 변화는 기독교 사회에서 후기 기독교(post-christendom) 사회로의 전환이었다. 후기 기독교의 전형적인 예는 다원주의와 급진적 상대주의이다. 후기 기독교는 종교를 사회학적, 심리학적 의미에서만 이해할 뿐이다. 하나님의 계시와 절대적 진리에 대한 어떤 주장도 무시되고 만다. 그래서 결국 교회는 하나의 제도로서 그 특권을 상실했고, 점차 다른 요양기관이나 비영리 기관처럼 사회의 주변 자리를 차지하고 있다.

두 번째 변화는 모던 사회에서 포스트모던 사회로의 전환이었다. 이 변화는 모더니티가 소유하고 있는 주요 주장들에 대한 도전을 의미한다. 모더니티의 주장이란 질서의 추구, 전통의 상실, 서로 다른 현실 영역의 분리 등이다. 다른 현실 영역의 분리는 모든 면에서 성과 속을 분리하는 것에서 잘 나타난다. 교회는 종종 모더니티의 편에 서서 모든 견해에 반하는 기획을 옹호하곤 하였다.

기독교와 모더니티에 대한 도전의 충격은 교회에, 목회의 성격에, 포스트모던 시대의 선교에 중요한 의미를 던져 주고 있다. 그리고 이러한 도전의 충격들은, 다음 세대의 지도자들이 이러한 새로운 도전에 어떻게 대처할 것인가 깊이 생각하도록 하고 있다. 이에 대응하여 교회는 도전의 의미를 부인할 수도 있고, 방어선을 세워 교회가 이방인으로 규정하는 모든 것에 저항할 수도 있을 것이다. 아니면 위험을 무릅쓰고 계속 선교를 감행할 수도 있을 것이다.

서구는 거대한 문화적 변화의 한복판에 있기 때문에

과거처럼, 하나의 통일된 문화가 서구에 정착되어 있을 때는 외부 문화가 그들에게는 그렇게 중요하지 않았다. 어렸을 때 섭취한 문화가 일평생 동안 지속되는 것은 흔한 일이었다. 교회 문화는 주기가 훨씬 더 컸다. 하지만 거대한 문화 변동의 시대에는 교회가 광범위한 문화를 무시하는 것이 문제가 된다. 문화적인 보수성 때문에 교회는 더 이상 주변 문화와 관련을 맺지 못하고 점차 주변으로 밀려나게 되며 이 시대에 부적절한 것으로 인식되게 된다.

그렇다면 교회를 주변으로 밀어내버린 문화적 변화란 무엇인가? 첫째, 모던 사회에서 포스트모던 사회로 변하는 한복판에 서 있다는 것, 둘째, 서구화에서 지구화에로의 변화 속에 잠겨 있다는 것, 셋째, 프린트 문화에서 전자에 근거한 문화로 변화되는 정보 혁명을 겪고 있는 것, 넷째, 국가 경제나 산업 경제에서 국제 경제, 정보에 기초한 경제, 소비자 중심의 경제로 바뀌고 있는 것에서 알 수 있듯이, 경제적 생산 방식의 극적 변화의 한가운데 있다는 것, 다섯째, 생물학적 인간 이해에 있어서 의미 있는 진보를 이뤄내기 시작했다는 것, 여섯째, 여러 세기 동안 경험하지 못했던 과학과 종교의 수렴 현상을 보고 있다는 것이다.

이러한 변화 하나하나가 심도 있는 신학적 성찰을 요구하고 있다. 목회 지도자들은 문화에 조심스럽게 귀기울여야 하며, 필요하다면 소중히 생각하고 있는 교회의 형식들을 포기할 준비를 해야 할 것이다. 선교 사역을 위해서 교회 지도자들은 교회 문 밖에서 일어난 문화적 변화들을 이해해야 할 것이다. 교회가 자신을 문화 속에 위치시키기 위해서는 이러한 사회 과정들을 반드시 이해해야 한다.

교회가 쇠퇴하고 있기 때문에

영국과 미국의 주요 전통 교단들이 쇠퇴하고 있다는 것은 이미 잘 알려진 일이다. 1960년대 중반부터 쇠퇴가 시작되어 지금까지도 계속되고 있다.[4] 매주 교인들의 교회 출석이 미국에서는 40%이고 영국에서는 8%이다. 이런 특징이 모든 전통 교회들—성공회, 가톨릭, 소위 독립 교회들—에 해당된다. 교회 출석의 감소는 영국에서

4) Peter Brierley, *The Tide is Running Out*(London: Christian Research, 2000); George Gallop Jr./D. Michael Lindsey, *Surveying the Religious Landscape*(Harrisburg, PA: Porehouse, 2000); Dean R. Hoge/Benton Johnson/Donald A. Luidens, *Vanishing Boundarues: The Religion of Mainline Protestant Baby Boomer*(Louville: Westminster, 1994).

는 미국보다 더 오래 전부터 수십 년 동안 진행되어 왔다. 그것은 신생 교회이든 오래된 교회이든, 교회들이 3~4세대나 교회에서 사라진 사람들과 다시 관계를 가지려고 하는 것을 의미한다. 미국에서는 "교회에 나오지 않는 사람들"에 대한 목회를 "전에 교회 나오던 사람들"에게 손을 내밀어 그들을 다시 교회로 받아들이는 것으로 정의한다. 하지만 미국 상황 역시 낙관적이지는 않다. 미국은 높은 수치(2차 대전 이후로 인구의 40%의 출석률)를 자랑하지만 그것도 교회에 가는 사람들의 수라기보다는 가고자 하는 의도를 가진 사람들의 수이기 때문에 현실적으로는 그 수치가 15~20%로 줄어들 수도 있을 것이다.[5] 첨언한다면, 레드 스테이트 [미국 공화당을 지지하는 주]에 대립하고 있는 블루 스테이트 [민주당을 지지하는 주]로 갈수록[6], 그리고 젊은 세대들을 인터뷰할수록, 교회에 출석하는 교인들의 수는 영국과 비슷해질 것이다.

현재 교회의 대다수 제도들은 지금은 더 이상 존재하지 않는 사회에 대한 문화적 수용이기 때문에

문화 전반을 이해하는 것이 중요하듯이, 오늘날의 그리스도인들도 역시 교회 문(door) 안에 존재하고 있는 문화를 이해해야 한다. 우리가 역사적 교회 제도라고 알고 있는 대부분의 것들은 단순히 교회

---

5) 이 수치는 전화 조사에 의한 것이다. 그리고 교인들을 계산하여 얻어진 데이터와 비교하여 이 수치를 볼 때, 40%라는 수치가 너무 높게 나왔다고 믿는 사람들이 조사한 수치이다. 소위 "후광 효과"라고 부를 수 있는 인플레이션 요인들은 100%만큼이나 높을 수도 있다.

6) 이 구분은 2004년 가을 미국 대통령 선거에 근거한 구분이다(TV에 나타난 지도에). 빨간 색깔로 칠해진 주들은 부시에게 투표하였고 파란 색깔의 주들은 케리에게 투표하였다.

역사의 다른 시대와 장소에서 일어난 문화적 수용일 뿐이다. 교회가 새로운 세상에 새롭게 복음을 전달하기 위해서는 교회 안에 있는 과거의 무비판적 요소들을 '탈-절대화해야' 한다. 종교개혁은 새로운 문자 문화와 밀접히 연관되어 있는 교회를 만들어 냈다. 사상의 진보, 고도의 이성적 주석, 강해 설교 등은 당시의 새로운 문자 문화에 초점을 맞추었음을 나타내는 증거들이다. 다양한 전통 속에서 각각의 정도나 일정에 따라 교회는 상징적인 것, 신비적인 것, 경험적인 것들을 제거하여 논리적이고 직선적인 사고와 삶의 방식을 위한 여지를 만들었다. 교회 지도자들은 교회가 구전 세계, 청각 세계, 시각적 세계를 희생해가면서 문자 문화를 숭상했던 방식들을 이해해야 한다.

서구 문화에서는 기본적인 커뮤니케이션 방식과 양태가 달라졌기 때문에

진정한 선교는 문화의 언어를 이해할 것을 요구한다. 불행히도 교회는 새로운 커뮤니케이션 기술들을 재빨리 수용하지 않았다. 이런 기술들은 결코 일시적 유행이 아니다. 오늘날 사람들이 자기들의 세계를 어떻게 구성하고 있는가를 드러내는 핵심이다. 교회는 아마 이 부분에서 문화와 조화를 이루지 못하고 있는지도 모른다. 종교개혁자들은 인쇄술의 시대에 적절하게 복음을 적용시켰다. 그러나 이미지 시대인 오늘날에 복음을 적절하게 적응시키는 새로운 종교개혁은 지금까지 없었다. 문화는 언어뿐만 아니라 소리와 시각적 이미지와 체험으로 그 언어가 구성되어 있는데, 교회는 여전히 그 문화에다가 일방적이고 추상적이며, 말로 하는 메시지만을 전달하고 있는 것이다.[7] 의미 있는 활동이 되기 위해서는 활동과 예식과 이야기를 통한 시(sight), 청(sound), 각(touch) 융합 형태를 띠어야 한다. 현재의 설교 패턴과 방식은 그 영향력이 점차 감소하고 있다. 목회자들은 문화에 의해 들리는, 언어의 포괄적인 성격을 이해해야 한다.

새로운 문화는 새로운 제도적 구조가 필요하다는 것을 의미하기 때문에

모더니티는 오늘날의 교회 지도자들과 교인들에게 어떤 제도를 물려주게 했는가? 20세기 교회는 생산성을 최대화하기 위하여 계층적이고 일관작업 구조를 가지고 있던 헨리 포드의 시스템을 모방하였다. 이미 위계질서화되고 합리화된 조직을 가지고 있었던 교회는 더 위계질서적이고 더 합리화되었고, 결국 비인간화와 무력감을 초래하고 말았다. 20세기가 진행되면서 또한 맥도널드화된 사회[8]의 특성이 새로운 형태의 교회를 지배하였다. 맥도널드의 특징은 예측가능성, 계획성, 효율성, 지배성이다. 오늘날의 교회에 반영된 맥도널드의 이러한 측면들을 찾아내는 데는 그리 오래 걸리지 않는다. 서구 세계의 교회 지도자들이 자신의 역할을 선교사라고 생각한다면, 물려받은 교회 행정의 많은 것들을 재고해야 할 것이다.

근대적 교회에 행복해하는 세대는 베이비 붐 세대가 마지막이

---

7) Tex Sample, *The Spectacle Worship in a Wired World: Electronic Culture and the People of God*(Nashville:Abingdon, 1998).

8) George Ritzer, *The Macdonaldization of Society: An Investigation into the Changing Character of Contemporary Social Life*(Thousand Oaks, CA: Pine Forge Press, 1996); John Drane, *The Macdonaldization of the Church: Consumer Culture and the Church' s Future*(Macon, GA: Smyth & Helwys, 2002).

기 때문에

유럽, 캐나다, 호주, 뉴질랜드의 베이비 붐 세대 사람들은 유례없이 물결처럼 교회로 복귀하였다. 그런 나라의 경험이 암시하는 바는, 그들 다음 세대들은 여전히 교회 밖에 머물러 있으며, 그들이 교회로 돌아올 것 같지는 않다는 것이다. 더구나 그들은 제도주의의 환상을 버린 세대들이다. 그들은 교회를 신앙의 방해물로 생각한다. 많은 교회들은 자기들이 고백하는 신앙대로 살지 못하고 있다. 적어도 교회를 조롱하는 사람들의 평가에서는 그렇다. 결국 포스트모던 세대들은 조직화된 교회를 자기들의 영적 탐구에 부적절한 것으로 치부하기로 결정해버린 셈이다.

교회 지도자들은 포스트모던적 변화를 세대 차이로 축소시켜버린다. 세대 이론이 복잡한 문제를 단순화시키는 경향은 있지만 그래도 그 이론에 유익이 있다. 많은 문화 이론가들에게 있어서 미국에서 근대는 이미 1950년대에 끝났다. 1946년에서 1964년 사이에 태어난 베이비 붐 세대들은 기본적으로 근대 문화기의 마지막 세대들이었다. 그들의 표준적인 종교 접근방법의 한 예를 들어 보자.

많은 베이비 붐 세대 교회들은 다양한 기능의 집단 문화를 반영하는 새로운 도시 근교 교회를 세우면서 마지막으로 남아 있는 상징, 이미지, 예식들을 교회에서 제거해버렸다. 그들은 직장에서도 성공한 집단 성취자로서 도시 근교에 사는 종교 소비자들이었다. 그들은 베이비 붐 세대의 문화 형태에 적합한 교회들을 세웠다. 이것은 개인적 성공의 복음에 상응하는 것이었으며, 대형 교회 신분증에 잘 어울리는 것이었다.

그와는 반대로 X세대들에 대한 사회학적 통찰들은 신비, 시각, 제의, 감각, 아름다움이 제거되면 남아 있는 것이 거의 없다는 것을 보여준다. 베이비 붐 세대들로 이뤄진 근대적 교회는 40대 이하 세대들의 열망을 만족시키지 못하고 있다. 그것이 바로 왜 X세대들이 점차 종교개혁 이전의 역사를 가진 교회에 참여하고 있는가 하는 이유다. 더구나 새로운 형태들의 교회는 향과 초와 기도 예식을 사용하여 신비롭고도 경이로운 분위기를 되살려놓았다. 개 교회 지도자들은 21세기에 효과적으로 교회를 이끌어나가기 위해서는 예식과 오감을 사용하여 기독교 메시지를 전달하려고 노력해야 할 것이다.

세대를 분석해 보라. 그러면 베이비 붐 세대 교인들이 일방적이고 말씀 중심적이며 추상적인 교회 예배에 만족하는 마지막 세대라는 것을, 반면에 X세대들은 예식적인 것과 시각적인 것과 감각적인 것을 갈망한다는 것을 알게 될 것이다. 하지만 간단히 살펴본다 하더라도 이런 규칙에는 많은 예외가 있음을 알 수 있을 것이다. 베이비 붐 세대, X세대, Y세대(밀레니엄 세대)를 연구하는 것은 교회의 주요 문제가 세대 문제라고 믿는 교회들에게 유익을 주기보다는 오히려 해를 줄 것이다. 세대 문제는 모던(근대)에서 포스트모던으로 옮겨 가는 문화적, 철학적 변화에 훨씬 더 깊이 뿌리박고 있다.

타 종교에 뿌리를 둔 영성이 가지는 호소력이 점점 커가고 있기 때문에

제도적 기독교로부터 급격히 멀어져 가는 현상을 결국 세속화가 승리한 증거라고 보아서는 안 된다. 아무리 모호하다 하더라도 아직도 영성이 지배하는 시대이다. 최근 들어 영성이 전보다 더 큰 의미를 가지게 되었다는 암시들이 있다. 대중적 영성은 다이애나의 죽음과 웨스트민스터 대성당 밖에 모인 군중의 애도와 기도의 물결을 통해 놀랄 정도로 표출되었다. 대성당 밖에 있는 군중의 애도와 기도의 물결은 대성당 안에서 거행되고 있는 공적 예식을 압도하였다. 대서양 양쪽에서, 현실을 통합적이며 영성적으로 바라보는 일부의 대중이 주요 도전을 제기해 오고 있다. 그런 사람들은 사회의 문화적 창조자[9]들이다.

서구 교회는 자기 자신을 모더니티가 가진 합리주의와 동일시한다. 이것 때문에 상당히 많은 신자들이 잡다한 형태의 영성을 가지거나, 아니면 기독교 신앙을 완전히 버리고 있다. 그들은 초월적 실재에 대한 직접적 접근을 제공하고, 자아 실현의 수단을 제공하며, 자아 훈련과 합법적 고행을 소중히 여기지 않는, 서구화된 형태의 역사 종교를 만들어내고 있다.[10] 교회는 영적 열심을 가진 사람들을 파송하여 다른 종교를 얻도록 하고 있다. 왜냐하면 교회가 세속화되었기 때문이다.

많은 그리스도인들이 더 이상 부모의 종교를 따르지 않기 때문에

종교적 행동은 민족성이나 가족이나 이웃과는 달리 이미 주어져 있는 것이 아니다.[11] 종교적 실천은 원초적인 연결고리들을 넘어선다. 그래서 사람들은 더 이상 부모의 전통을 수용하지 않는다.[12] 개

---

9) Paul Ray and Sherry Anderson, *The Cultural Creatives: How Fifty People are Changing the World*(NY: Harmony Books, 2000).

10) Vishal Mangalwadi, *Where the New Age Gets Old: Looking for a Greater Spirituality*(Downers Grove, IL: InerVarsity, 1992).

11) Penny Edgbell Becker, *Congregation in Conflict: Cultural Models of Local Religious Life*(NY: Cambridge University Press, 1999), 212.

12) "종교적 신념과 가치를 전달하는 데 가족이라는 것이 과거보다 그렇게 많은 역할을 하지 못하고 있다. 전승되어야 하는 일관된 전통이 그다지 많지 않은 것이다." (Wade C. Roof/William Mckinney, *American Mainline Religion* [New Brunnswick: Rutgers University Press, 1987], 68).

인들은 각기 자기 나름대로 종교적 선택을 한다. 모든 귀속적 (ascriptive) 장애물을 버리는 것을 통해서, 그리고 주관성과 개인의 표현을 포용하는 것을 통해 '자아의 해방' 이 드러난다.[13]

그것은 사람들이 덜 종교적이어서가 아니다. 그들의 종교적 신념이 공동체의 정체성이나 역사적 제도에 대한 충성보다는 오히려 개인적 경험에 근거하고 있기 때문이다. 적어도 미국 역사에 있어서는 종교가 받아들여진 것이 아니라 선택된 것이다.[14] 종교는 이제 고립된 개인의 짐이다. 영적 문제에 대해 각자가 자기 스스로 해결해야 한다.[15]

종교에 있어서 권위는 외적인 것에서 내적인 것으로 변화되었다.[16] "복음주의자들 외의 상당수 미국 그리스도인들(로마 가톨릭을 포함하여)은 상당할 정도로 종교적 권위를 교회나 성경보다는 신자 개개인에게 두고 있다."[17] 외적 권위가 싫은 것이 아니다. 다만 확인할

13) *Ibid.*, 49.

14) Wade Clark Roof, *A Generation of Seekers: The Spritual Journeys of the Baby Boom Generation*(San Francisco: Harper Collins, 1994).

15) Robert Bellah에 따르면 대부분의 교파에서 교인들이 자신의 문제를 해결해야 한다는 것이다. 교회가 자료는 제공해 줄 수는 있다. 그러나 궁극적으로 각자가 해답을 찾기 위해서 자신을 의지할 수밖에 없다(Linda Woodhead/Paul Heelas, ed. *Religion in Modern Times* [Oxford: Blackwell, 2000], 351-352).

16) 개인은 종교적 구조를 내화하였다. "우리의 연구에서 우리가 발견한 것은 최고도의 종교적 개인주의가 종교성의 쇠퇴와 관계가 있지만, 그러나 긍정적으로 보자면 그것이 개인의 영성에 대한 관심과 연관되어 있다는 점이다. 개인주의가 하나를 약화시키면 또 다른 하나는 강화시킨다." (Roof/McKinney, *American Mainline Religion*, 159). 따라서 종교 활동에 대한 전체적인 관심이 줄어든 것은 아니다.

17) Ibid., 155-56. 교회는, 구원을 개인의 책임으로 돌림으로써 성장하고 있는 개인주의 의식을 증가시켰다(Steve Bruce, *Religion in the Modern World: From Cathedrals to Cults* [Oxford: Oxford University Press, 1996], 22-23). 브루스는 종교개혁에 의해 배양된 개인주의가 인쇄 문화와 결합하여 합리화와 과학의 근원, 기독교 연합의 파괴의 근원이 되었다고 본다.

필요가 있는 것이다.[18] 사람들은 제도에 더 이상 확고한 지지를 보내지 않는다. 대신에 제도는 개인에게 봉사하기 위해 필요한 것일 뿐이다. 개인이 제도에 봉사하기 위해 필요한 것은 아니다.[19]

---

18) Roof/McKinney, 49.
19) Ibid., 50.

무엇이 이머징 교회인가 02

이머징 교회는 기꺼이 빨간 약을 먹으려는 것이고, 토끼굴로 내려가는 것이며, 말을 타는 것이다. 그것은 아직 캔자스로 돌아오지 못한, 여전히 집으로 돌아가는 길을 찾고 있는 도로시이다. 크립톤 행성을 받아들이기 위하여 크립토나이트 운석에 맞서는 슈퍼맨이다. 보다 넓은 비전을 추구하는 시각이며, 보다 더 넓은 포용을 추구하는 관계성이며, 통합적 실천을 추구하는 영성이다. 이머징 교회는 이전에 다양한 과거를 가진 그리스도의 추종자들이 선교적 현재 속에서 만나서 하나님의 미래로 함께 움직여 나아가는 '운명의 길'이다.

카렌 워드(Karen Ward, Church of the Apostles, Seattle)

사람들은 소생(revival)을 이야기한다. 그러나 소생이 있으려면 말 그대로 죽음이 있어야 한다는 것을 알지 못한다. – 우리는 정말로 그런 일이 일어나지 않기를 바란다. 그 모든 것이 그저 시들어가도록 방관하려고 하는 것도 아니다. 우리는 역시 실용적이다. 우리는 혁명적으로 할 수는 없다 – 이것은 하나님의 방식이 아니다. 우리는 점진적인 변화의 하나님을 예배한다. 시간이 걸릴 것이다. 여러 세대가 걸릴지 모른다. 실수도 있을 것이고 이상한 사람들도 있을 것이다. 그러나 우리는 꾸준히 점진적 변화를 추구할 것이다. 어떻게든 우리가 교회의 '구원'이라고 생각하기 때문이 아니다. – 그것과는 거리가 멀다. – 우리는 지금 재구성된 몸이 가진 그 무엇인가를 맛보았기 때문이다. 그리고 우리는 그저 긴 의자와 노래로 되돌아갈 수 없기 때문이다.

케스터 브레윈(Kester Brewin, Vaux, London)

최근에 교회의 출석과 교회의 스타일에 대한 현재의 트렌드를 추적하는 많은 책들이 쏟아져 나왔다. 에디 깁스(Eddie Gibbs)는 2000년 《처치 넥스트》라는 책으로 이 토론에 공헌하였다. 현재의 이 책은 그 토론의 연장선상에 있다. 하지만 다른 한편으로 이 책은 의미 있는 새로운 단계를 제시하는 책이기도 하다.

우리 두 사람이 연구하면서 깨달은 것은, 이머징 교회에 대한 대화가 점점 더 많은 관심을 불러일으키고 있으며, 새로운 교회 형태에 대한 통찰을 구체화시키려는 그룹들뿐만 아니라 다른 그룹에도 많은 영향을 미치고 있다는 사실이었다. 이머징 교회가 교회의 전통들을 서로 결합시키고 있다는 사실 때문에, 그리고 이머징 교회가 지리적으로는 유럽과 북미와 호주와 뉴질랜드에 퍼져 있다는 사실 때문에, 우리는 핵심적인 교회 지도자들을 초대하여 교회의 본질과 선교에 대한 그들의 생각을 나눌 때가 왔다는 확신이 들었다.

또한 우리는 이머징 교회는 단순히 전위 형식의 예배를 대표하는 일시적 유행일 것이라는 신화, 현대적 예배 스타일이나 새롭고도 개선된 브랜드나 마케팅 전략을 개발하여 젊은이들 사이에 잃어버렸던 예배를 만회하려는 운동일 것이라는 신화를 축출하는 데 관심을 두었다.

우리는 또한 이머징 교회가 젊은이들이 청년기나 '세속의 길'들을 빠져나올 때까지 머무를 수 있는 장소를 제공하기 위해 설립된, 부모 교회로 가기 위한 중간 장소라고 생각지도 않는다. 이머징 교회를 청년 교회와 동일시한다면 그것은 핵심을 놓치는 것이다. 이 책을 통해 밝혀지겠지만, 이머징 교회는 포스트모던 문화 내부로부터 일어나고 있는 선교적 공동체이며, 그들이 있는 장소와 시간 속에서 믿음을 가지고 살아가려는 예수의 추종자들로 구성된 선교적 공동체이다.

경계적(liminal)[1] 변화의 시기에 이머징 교회 지도자들은 자신의 정체를 밝히라는 요구에 직면하여 때때로 투쟁하기도 한다. 그들은 자신들이 몰두하고 있는 것을 바라보기보다는 지금 탈출하고 있는 것을 아마도 더 많이 뒤돌아보고 있을지도 모른다. 사람들이 정말 새로운 것을 세우려면 그 전에 옛것을 해체하고, 길들을 청소해야 할 것이다.

뒤돌아본다는 것은 지도자들에게 버려야 할 것이 무엇이고 보존해야 할 것이 무엇인지를 인식하게 해준다. 이 과정에서 이머징 교회 지도자들은 교회의 여러 전통과 관련해서든 아니면 폭넓은 문화와 관련해서든 어떤 것 '이후'(post)라는 것에 의해 갈하게 된다. 하지만 우리가 발견한 것은 이후 단계가 이머징 교회 지도자들의 최종 목표가 아니라 단순히 여행을 해나가는 하나의 필요한 과정일 뿐이라는 사실이다. 어쨌든 재건축은 이뤄질 것이다. 하지만 서둘러서 되는 것은 아니다.

이러한 핵심적인 해체적 작업 때문에 이 운동 밖에 있는 사람들은 이머징 교회 운동을 하는 사람들이 교회를 사랑하지 않는다고 말해 왔다. 또 이머징 운동을 주장하는 사람들이 교회 구조를 뒤바꿔야 한다고 주장하는 경향 때문에 그들은 부정적인 생각으로 가득 차 있는 사람들이라고 말하기도 한다.

이것은 이 운동을 전적으로 잘못 해석한 것이다. 몇몇 사람들에게 불평스럽게 보일 수 있는 것은 포스트문화 속에서 더 이상 살아남을 수 없는 생각들을 제거하는 과정의 일부이다. 복음은 신앙의

1) Alan J. Roxburgh, *The Missionary Congregation, Leadership and Liminality* (Harrisburg, PA: Trinity Press International, 1997).

이러한 잘못된 표현 방식들을 원하지 않는다. 문화도 마찬가지다. 이머징 교회는 기독교의 근대적인 제도들을 제거하려는 것이지 신앙 자체를 제거하려는 것이 아니다.

서구 기독교회는 지금은 쇠퇴하고 있는 문화, 즉 모던(근대) 문화와 밀접히 연관을 맺고 살아왔다. 우리들 중 많은 사람들이 포스트모던적 신앙 표현이 무엇인지, 기독교 이후 시대의 신앙의 표현 방식이 무엇인지 알지 못하고 있다. 아무도 알지 못할지도 모른다. 그러나 이런 지도자들에게 이러한 대화를 가질 공간을 제공할 필요가 있다.

왜냐하면 복음이 21세기에도 전달되어야 하기에 구현되는 것을 보려면 이러한 해체적 과정이 일어나야 하기 때문이다. 여러 면에서 이런 운동은 기존의 교파적 지도자들에 의해 주변으로 밀려날 수 있는 깨지기 쉬운 운동이며, 신학적 힘을 가진 자들에 의한 비판 때문에 없어질 수도 있는 운동이다. 망설일 수도 있겠지만 사람들은 이러한 새로운 목소리들을 들을 필요가 있다. 이러한 혁신적인 많은 지도자들은 비판가보다는 멘토를 찾고 있다.

이머징 교회 운동에 대한 이 연구는 아주 생소한 이런 운동에 대한 핵심 실천들을 밝히려는 시도이다. 그러나 이러한 운동들이 너무 다양하고 단편적이어서 몇몇 연구자나 내부자들은 이것을 하나의 운동으로 생각하고 싶어하지 않는다.

이 운동의 내부자들은 이 운동을 하나의 대화 이상으로 생각한다. 중요한 문제는 이런 공동체의 정체를 밝히는 것이고, 이러한 핵심 지도자들로 하여금 모든 교회의 삶 속에서 교회를 재구성하고 방향을 다시 설정하게 하는 관심사가 무엇인지를 명료하게 하는 것이다. 그들이 이끌고 있는 공동체들이 수적으로는 적을지 모르지만 급속도로 확산되고 있다. 그들의 영향력이 웹사이트와 블로그[2]와 채팅 공간과 컨퍼런스들을 통하여 점차 확산되고 있다.

이 책의 목적은 보다 폭넓은 청중에게 이머징 교회 운동의 핵심 생각들을 제시하는 것이다. 다시 말하자면, 이 운동을 잘 알지 못하는 사람들에게뿐만 아니라 현재 일어나고 있는 의미 있는 변화들에 대해 좀더 상세한 정보와 설명을 필요로 하는 사람들에게 이머징 교회 운동의 핵심 생각들을 제시하려는 것이다.

이머징 교회에 대해 알고 있는 사람들이나 자신을 이머징 교회의 일부로 생각하는 사람들에게, 이머징 교회 운동에 대한 직관적 이해는 있으나 좀더 비판적 성찰의 단계로 성숙해 가야 하는 사람들에게 이 책이 이머징 교회에 대해 말해 줌으로써 이미 익숙해 있는 것들을 조명해 주기를 희망한다.

선교의 최전선으로 이동해 가는 교회들의 수가 유럽과 북미와 호주에서 점점 많아지고 있다. 이러한 이머징 교회들의 대부분은 신생 교회들이고, 나머지 교회들은 오래 다닌 교인들과 옛 전통들을 젊게 소생시키고 있는 교회들이다. 이런 교회들의 일부는 수백 명에서 많게는 수천 명의 군중을 끌어모은 큰 교회가 되었다. 그러나 대부분이 30명 이하의 독립 그룹들로 이루어져 있거나 전체 백 명 이하의 가정 그룹들이 모여서 이뤄진 작은 교회들이다. 이머징 교회를 좀더 잘 이해하기 위하여 이머징 교회 이전의 교회 형태나 이머징 교회와 공존하고 있는 교회 형태의 역사를 간단히 살펴볼 필요가 있다.

---

2) 블로그는 웹블로그의 약칭이다. 그것은 코멘트나 온라인 방문객들과의 토론을 허용하는 온라인 상의 다이어리나 저널이다. '이후'(posts)는 연대기적 순서의 역순으로 나타난다.

이머징 교회는 교회 생활에 대한 세대적 접근방법에 관한 것인가?

카렌 워드(Karen Ward, Church of Apostles, Seattle)는 교회의 도전을 원래 세대간의 문제로 보았다. 1999년에 그녀는 시카고에 있는 미국 복음주의 루터 교회(ELCA)의 본부에서 '교회 관료'(church bureaucrat, 그녀 스스로의 표현)로 일하고 있었다. 성공회 웹사이트에서 베이비 붐 이후 세대에 관한 글을 읽는 동안, 자신이 절망해 있는 문제가 완벽하게 묘사되어 있음을 워드는 발견하였다.

다음해 그녀는 교회에 관한 질문을 통하여 자신의 일을 도와 줄 웹사이트(www. EmergingChurch.org)를 만들었다. '이머징 교회' 라는 말이 국제적인 교회 운동을 지칭하는 것으로 수용될 것이라고는 그녀 자신도 전혀 생각지 못하였다. "나의 웹사이트의 목표는 X세대를 알지 못하는 주류인들이었다. 나는 다른 몇몇 교회들을 추가했고, 지금은 복음주의자들도 그것을 이용하고 있다."

미국에서 X세대 교회는 1986년 디터 잰더(Dieter Zander)와 그가 캘리포니아 주의 포모나(Pomona) 시에 세운 뉴송(NewSong)교회에서 시작되었다. 해가 거듭되자 다른 교회들이 따라 하기 시작하였다. 크리스 시(Chris Seay)와 와코(Waco)의 침례교대학교, 마크 드리스콜(Driscoll)과 시애틀(Seattle)의 마르스 힐(Mars Hill) 교회, 맥마누스와 로스앤젤레스의 모자이크(Mosaic) 교회 등의 저명한 지도자들과 교회들이 참여하였다.

하나님과 신자(구도자가 아님)들을 향한 시끄럽고 정열적인 예배음악, 데이비드 레터맨(David Letterman) 스타일의 격식 없는 가벼운 농담(banter), 이야기 설교, 프렌즈(대중적 TV 시리즈) 형식의 인간관계, 촛불과 예술(후에 도입되었다) 등이 이들 교회 예배의 특징이었다. 나머지 대부분은 그들 앞서 있었던 교회, 즉 보수적 침례교, 구도자 교회[3], 뉴패러다임 교회[4], 목적이 이끄는 교회의 제도[5]와 동일하였다.

1993년에 '교회 안의 교회' 라는 제2의 변화가 일어났다. 예배의 모든 것은 독립적인 X세대 교회와 동일하였으나 재정적으로는 대형 교회의 지원을 받는 형식이었다. 덴버 지역에 트레버 브론(Trevor Bron)의 화요일 밤 라이브(Tuesday Night Live, 후에 Next Level이 됨), 일리노이 주 베링턴 지역에 디터 잰더의 악시스(Axis), 캘리포니아 산타크루즈 지역에 댄 킴벌(Dan Kimball)의 그레이스랜드(Graceland), 샬롯에 토드 한(Todd Hahn)의 웨어하우스 242 (Warehouse 242) 등이다. 이 교회들의 수가 곧 독립적 X세대 교회보다 능가하게 되었다.

미국의 X세대 교회나 '교회 안의 교회 운동' 과 가장 유사한 영국의 교회 운동은 아마도 1990년대 초 잉글랜드 남쪽에서 시작된 청년 집회일 것이다. 1991년 브리스톨에서 일어난 새세대 목회(New Generation Ministries, NGM)는 첫 팀을 보내어 스윈던에 있는 다섯 교회와 연합하여 1218(12세에서 18세 사이) 교회를 시작하였다.

마이크 필라바치(Mike Pilavachi)와 맷 레드먼(Matt Redman)이 성 안드레 교회가 개척한 젊은이를 위한 교회인 소울 서바이버(Soul

---

3) 구도자 교회들은 윌로 크릭 연합(Willow Creek Association)에 의해 특성화된 구도자 목회방법과 동일하다.

4) 뉴패러다임 교회들은 남가주 교회 운동의 일부이다. 이 운동은 특히 빈야드(Vineyard), 갈보리 채플(Calvary Chapel), 호프 채플(Hope Chapel)에서 일어난, 1960년대의 예수 운동에 그 뿌리를 두고 있다.

5) 목적이 이끄는 교회는 캘리포니아 주의 새들백 교회 목사인 릭 워런 목사가 수립한, 목적이 이끄는 삶의 원리를 근거로 각자의 교회 삶의 형태를 이루고 있는 교회를 말한다.

Survivor) 교회를 런던에서 시작하였다. 마크 미어든(Mark Meardon)이 브래크넬에 있는 성 미가엘 교회의 일부로서 이터니티(Eternity, 1994) 교회를 시작하였다. 빌리 케네디(Billy Kennedy)는 일련의 커팅 에지 이벤트(Cutting Edge Event, 1994)를 하고 난 후 마틴 스미스(Matin Smith)와 함께 사우샘프턴(Southampton) 교회의 일부로 서블라임(Sublime, 1995)을 시작하였고, 피티 그레이그(Pete Greig)는 선교사 케니 미첼(Kenny Mitchell) 등의 도움으로 치체스터(Chichester)의 리빌레이션 교회[6](Revelation Church)의 일부인 웨어하우스(Warehouse, 1996)를 시작하였다.

추가적으로 문화 변혁 네트워크(Cultural Shift Network, **원래는 브리스톨의 NGM, 사우샘프턴의 서블림, 치체스터의 리빌레이션 교회와 연결된 교회 플랜팅 네트워크였다**)가 레믹스 컨퍼런스(Remix Conference, 1995)를 시작하였다. 월드 와이드 메시지 트라이브(World Wide Message Tribe)가 1993년과 1997년에 학교 학생들을 위한 댄스뮤직 공연을 시작하였다.

그들은 젊은 그리스도인들로 구성된 팀을 만들어 경제적, 사회적으로 가장 어려운 지역인 맨체스터 지역에서 활동하였다. 그들은 이웃들에게 변화의 결과를 가져올 신앙 공동체를 세우면서 그 지역 사람들, 특히 배회하는 청소년 집단의 친구가 되었다. 이것을 그들은

6) 로저 엘리스(Roger Ellis)가 1983년 치체스터에서 고트 음악을 부르며 펑크 복장을 하고 리빌레이션 교회를 시작하였다. 그 교회는 새 교회 운동의 한 흐름인 파이오니어(Pioneer)에 참여하였다. 그의 책 *New Celts: Following Jesus into Millenium 3* (Brighton, U.K.: Kingsway, 1998)을 출판하면서 그는 기독교신앙을 전일적이고 명상적으로 표현하는 방향으로 가게 된다. 기독교 신앙의 표현이란 가난한 자들을 위한 돌봄, 다원적 리더십, 성 평등이다. 그리고 전면에 내세우며 중심적인 신앙의 표현은 창조성이다. 리빌레이션 교회는 혁신적 목회의 근원지이다. 당시의 혁신적 목회자들은 이 교회로부터 받은 첫 충격의 상당 부분을 받아들여 24-7[매일]기도, 퓨전, 문화 변혁 등을 수용하고 있다.

에덴 프로젝트라 불렀다.

영국의 청소년 회중은 다음 여러 면에서 미국의 청소년 회중과는 다르다. 그들은 연령대가 14세에서 18세에 이를 정도로(때로는 훨씬 더 어린 경우도 있다) 미국보다 훨씬 젊은 층이다. 그들의 지도자들은 미국보다 훨씬 더 많은 권한이 부여되어 있다(그들에게 적합하다고 생각되는 방식대로 그들은 교회에서도 할 수 있다. 영국에서는 교회 안의 자율적 집회를 인정한다). 그들은 일찍부터 셀 중심적 모임을 가졌다. 그리고 그들은 포스트모던적 변화에 걸맞게 다양하게 발전해 나갔다.

1990년대 초 미국에서도 X세대를 주목하는 컨퍼런스와 책들이 등장하기 시작하였다. 1993년에 레이튼 포드 미니스트리(Leighton Ford Ministries)와 인터버시티 크리스천 펠로십(InterVarsity Christian Fellowship)이 연합하여 X세대를 복음화하기 위한 상담 컨퍼런스를 열었다. 이것은 X세대 목회를 위한, 미국에서 개최한 첫 컨퍼런스였다.

조지 바나(George Barna)[7], 케빈 포드(Kevin Ford)[8], 팀 셀렉(Tim Celek)과 디터 잰더(Dieter Zander)[9]에 의하여 영향력 있는 책이 출판되었다. 그 책들은 컨퍼런스에서처럼 X세대에 초점을 맞추어 그들을 위한 목회 전략과 전술을 제시하였다.

1990년대 후반에 세대를 위한 목회로부터 그 초점을 다른 데로 돌리려는 변화가 일어나기 시작하였다. 영 리더스 네트워크(Young

---

7) George Barna, *Baby Busters: The Disillusioned Generation* (Chicago: Northfield Publishing, 1994).

8) Kevin Graham Ford, *Jesus for a New Generation: Putting the Gospel in the Language of Gen-Xers* (Downers Grove, IL: InterVarsity, 1995)

9) Tim Celek/Dieter Zander, *Inside the Soul of a New Generation* (Grands Rapids: Zondervan, 1996).

Leaders Network, 약칭 YLN)가 주최한, X세대에 대한 제2차 연례 컨퍼런스인 1997년 X세대 2.0(Gen-X 2.0) 대회는, 세대를 주제로 한 대화에서 점점 포스트모던에 대한 주제로 대화가 바뀌어 가고 있었다. X세대를 주제로 하는 컨퍼런스였지만 정작 시끄럽게 이야기된 것은 세대 목회 테크닉을 넘어서는 것이었다.

1998년 제3차 컨퍼런스는 YLN을 위해 덕 파깃(Doug Pagitt)이 계획한 재평가 포럼(Re-evaluation Forum)이었는데, 그 포럼의 핵심 의제는 포스트모더니티(post modernity)였다. 그때의 토론은 포스트모던적인 것이 좋은 것인가, 나쁜 것인가에 초점이 맞춰져 있었다.[10] 그러나 교회의 복음 전도에 대한 도전은 세대 차로 인한 불안이 아니라 광범위한 문화에 대한 철학적 단절이라는 것이 그 회의의 일치된 견해였다. 그 컨퍼런스에 참석한 사람들은 목회에 대해 전에 가졌던 많은 전제들에 대해 질문하였다. 그 뒤 3년 동안 포스트모더니티는 계속해서 영 리더스 네트워크의 주요 주제가 되었다. 그것이 결국 테라 노바 신학 프로젝트(Terra Nova Theological Project)로 변형되었고 후에 에머전트(Emergent) 운동이 되었다.

이외의 다른 사람들 또한 교회가 직면한 도전이 세대에 관한 문제가 아님을 느끼고 있었다. 빈야드 교회 연합(Vineyard Churches Association, Yorba Linda, CA)의 전(former) 국내 디렉터였던 토드 헌터(Todd Hunter) 역시 이렇게 느끼고 있었다.

"이 기간 나는 X세대를 위한 교회의 대화에 별 흥미를 느끼지 못

10) 이 컨퍼런스의 특징은 이 그룹에 맥라렌(Brian D. McLaren)이 처음으로 참여했다는 점이다. 영 리더스(Young Leaders)/테라노바(Terra Nova)/에머겐트(Emergent) 공동체와의 관계 속에서 *A New Kind of Christian: A Tale of Two Friends on a Spiritual Journey*(San Francisco: Jossey-Bass, 2001)라는 그의 책이 출간되었다.

했다. 나에게 그것은 최근 다시 반복되어 나타난, 교회에 대한 사회학적 접근처럼 느껴질 뿐이었다. 그런데 그것이 나를 엄습하는 순간 나는 '아하' 하는 큰 깨달음(aha-moment)을 얻게 되었다. 교회에 관해 내가 알고 있는 모든 것은 기독교, 모더니티(modernity), 베이비붐이었다. 이 세 가지 모두가 이제 사라지고 있었다. 이러한 것들은 내 바구니 안에 있는 세 개의 달걀이었다. 이 문제는 X세대를 위한 맞춤 예배보다 훨씬 더 심오한 문제였다."

댄 킴벌(Dan Kimball, The Emerging Church의 저자이며 캘리포니아 산타 크루즈의 Graceland 교회의 설립자)도 이 말에 동의한다. "교회에 가까이 가려는 청년 예배 방식은 실제로 아무런 효과가 없다. 그것은 4년 정도 지속되다가 그 다음엔 떠넘겨진다. 그리고 폐지되거나, 독회 철학과 가치가 충돌한다는 이유로 이머징 목사가 해고된다. 하지만 효과를 기대하려면 단순히 음악 스타일을 바꾸거나 촛불을 추가하는 정도가 아닌 진정한 이머징 목회이어야 한다."

킴벌은, 대부분의 교회 안의 교회 운동과 청년 사역을 "젊은이들을 모(mother) 교회에 묶어두는 것을 목표로 하는 보호주의이자, 청년 교회 모델"이라고 생각한다. 이런 이유로 킴벌은 마침내 '잘 알려진, 그레이스랜드 교회 안에 있는 X세대 교회'를 끝내고, 모 교회와 협력하여 새로운 교회인 빈티지 페이스(Vintage Faith) 교회를 시작하였다.

이미 언급한 대로 사도 교회의 카렌 워드도 처음엔 그 문제를 세대의 문제로 인식하였다. 그러나 나중에 그녀는 그것이 세대적인 문제가 아니라 모던(근대) 문화에서 포스트모던 문화로의 이행이라는 더 큰 문제에 관한 것이었음을 깨닫게 되었다. "나는 그 변화가 단순히 세대별로 분류하는 것보다 훨씬 큰 것임을 깨달았다. X세대는 포스트모더니티와 관련하여 해변에 상륙한 첫 해병대원이다. 이후로 모든 세대는 포스트모던적일 것이다." 워드는 X세대 목회로부터의 전환이 일어날 필요가 있었다는 것에는 동의한다. "X세대에 접근하려는 교단의 계획은 나에게는 웃기는 것처럼 보였다."

텍사스 알링턴의 악세스(Axxess)의 지도자인 브래드 세실(Brad Cecil)은 세대의 정체성의 문제를 분석하면서 그것을 너무 피상적인 것이라고 생각하고 거부해버렸다.

"내가 다른 사람의 말을 들을 때마다 우리의 목회 철학이 아주 다르다는 것을 깨달았다. 나는 모든 사람들이 우리가 생각하는 것과 같은 방식으로 생각할 것이라고 생각했다. 그런데 그게 아니었다. 나는 배우는 것에 열심이어서 컨퍼런스에 가곤 한다. 기존의 목회 철학과는 다른 목회 철학에 대해 배우고 싶었기 때문이다. 그런데 'X세대는 역사상 가장 계몽된 세대이다', 'X세대는 모두가 냉소적이다', '부모의 높은 이혼율 때문에 X세대는 남을 믿지 못한다' 등의 허튼 소리에 정말로 나는 점점 싫증이 났다. 나는 세대에 대한 그 허튼 소리를 근시안적인 것이라고 느꼈기 때문에 그러한 말들에 나는 정말로 괴로웠다. 거대한 인식론적 변화가 일어나고 있는데, 왜 사람들이 그런 하부 구조에 몰두하고 있는지 정말로 이해할 수 없었다. 통계학적 하부 그룹에 관해 널리 퍼져 있는 일반적 결론을 도대체 난 정말로 믿을 수가 없다."

1995년 출판된 리처드 밀턴(J. Richard Milton)과 브라이언 월시(Brian Walsh)의 《전보다 더 낯선 진리》(Truth is Stranger than It Used to Be)[11]라는 책으로 인하여 포스트모더니티는 많은 미국 교회 지도

---

11) J. Richard Milton/Brian Walsh, *Truth is Stranger than It Used to Be: Biblical Faith in a Postmodern Age* (Downers Grove, IL: InterVarsity, 1995).

자들에게 문제가 되었다. 《새로운 종류의 크리스천》(New Kind of Christian, 2001)이라는 책으로 포스트모던 형태의 기독교를 설파했던 브라이언 맥라렌(Brian McLaren)은 밀턴과 월시의 책을 자신과 비판적 접점을 가진 책으로 설명하였다.

"메릴랜드 대학교 대학원 학생이었을 때 나는 처음으로 포스트모더니티에 대해 토론하는 것을 들었던 것으로 기억한다. 내 기억으로는, 이런 사고가 퍼져 대중적이 된다면 우리 그리스도인들은 이 질문에 아무런 답을 가지고 있지 않기 때문에 커다란 혼란에 빠질 것이라고 생각했었다." 13년 후 1994년에 맥라렌은 동일한 질문을 던지게 되었고, 그는 이 질문의 대답을 발견하려고 노력하였다. "이 기간 나는 '하나님에 관한 나의 신학' 보다 하나님을 더 신뢰해야 한다고 배웠다. 나는 기계주의적이지 않고, 너무 단순하지도 않고, 그렇게 조직적이지 않은 신앙을 상상하려고 해보았다. 나는 혼자 중얼거렸다. 지금부터[1995년] 1년이면 나는 사역을 그만둘 것이다. 어느 곳에서 교회를 출석할 것인지 확실하지 않다."

롤린스(Pete Rollins)는 그런 질문을 고대 그리스의 견유학파들이 던졌던 질문에 비유한다. "고대 견유학파는 윤리를 증오했기 때문이 아니라 윤리를 아주 많이 사랑했기 때문에, 윤리를 의심했던 작은 집단의 사람들이었다. 그들은 회의주의자가 아니라 하나님과 종교에 사로잡혀 있었기 때문에 하나님과 종교에 대해 질문했던 것이다. 하나님을 묻는 것은 단순히 하나님을 묻는 것이 아니라 하나님에 대한 우리의 이해를 묻는 것이다." 맥라렌은 대답이 필요했다. 여러 면에서 그의 첫 번째 책은[12], 카리스마적 성공회에서 배운 영적

12) Brian McLaren, *Reinventing Your Church* (Grands Rapids: Zondervan, 1998).

훈련에 잘 어울리는 그의 치료법이었다.

포스트모더니티를 진지하게 생각한다면 현재의 모든 교회의 제도들에 대해 질문해 보아야 할 것이다. 이와는 대조적으로 X세대 교회들은 단순히 전략적 변화만을 추구하고 있다(예를 들어 이야기, 비디오, 라이브 음악, 취약한 설교, 미술과 촛불 등을 추가하는 것 정도로). 하지만 선교적이기 위해서는 이러한 전략을 넘어서야 한다. 특수한 문화 안에서 구현될 수 있는 교회 제도들을 찾아야 한다. 다른 말로 말하자면 모던(근대) 시대에 생겨난 신학들은 포스트모던 문화로 이동하지 못할 것이라는 것이다.

이머징 교회와 명칭들(Labels)

1990년대 중반, 포스트모던 크리스천들을 복음주의자들이라고 부를 수 있겠는가 하는 논쟁이 일어나기 시작하였다. 복음주의는 근대에 태어나서 근대적 상황 안에서 자신들의 생각을 전개하였기 때문이다. 새로운 교회 운동을 배척할 것인지 아니면, 그것을 복음주의 선교 신학과 실천의 정당한 하나의 표현 방식으로 볼 것인지를 결정하는 데 그 토론은 매우 의미가 있었다. 포스트모던 복음주의자가 가능한지를 처음으로 토론한 교회의 지도자는 아마도 데이브 톰린슨(Dave Tomlinson, 런던의 Holy Joes 교회)이었을 것이다.

1995년 영국에서 출판된 《포스트복음주의자》(Post-Evangelical)[13] 라는 그의 책이 논쟁을 불러 일으켰다. 이 책에 그는 자신이 추구하고 있는 새로운 교회(가정 교회)의 배경이 가지고 있는 여러 전제들을

13) Dave Tomlinson, *The Post-Evangelical* (London: Triangle, 1995).

조사해 놓았다. 이 책은 당시 영국에서 많은 논란을 불러일으켰고, 포스트모던 현상을 설명하는 촉매 역할을 하였다. 영국에서 그 논쟁은 점차 쇠퇴하였지만 미국의 몇몇 사람들은 포스트복음주의자라는 용어가 그들의 영적 탐구를 설명하는 데 유용하다는 것을 발견했다.

조니 베이커(Jonny Baker, 런던의 그레이스 교회)는 포스트복음주의자들이라는 용어가 영국에서 어떻게 받아들여지고 있는지를 다음과 같이 설명하고 있다. "톰린슨의 책에 관해 말하자면, 순간을 잘 포착했다고 말하겠다. 당신은 쓴웃음을 짓게 하는 책 제목 때문에 그 책을 읽을 필요는 없었을 것이다. 그 책이 무엇에 관한 것인지 당신은 이미 알고 있었다." 안나 도드리지(Anna Dodrige, 영국 Bournemouth 교회)는 《포스트복음주의자》라는 책을 읽고 받은 유익에 대하여 다음과 같이 말하고 있다.

> 나는 톰린슨의 《포스트복음주의자》를 읽고 그 책이 매우 유익하다는 것을 깨닫게 되었다. 내가 얼마나 복음주의에 매여 있었는지, 내가 얼마나 기독교의 한 형태를 고집하고 있었는지—그것이 단지 하나의 형식, 무엇인가를 행하는 하나의 방식일 뿐이라는 것을 알지도 못하면서—깨닫게 되었다. 부끄러워 인정하고 싶지 않지만, 그 책은 나에게 있어서 충격이었고, 나로 하여금 몇몇 아름다운 근본적인 복음주의 원리들에 대해 질문하게 하였다. 처음엔 그 책을 단순히 하나의 도전으로 생각했지만, 여전히 나는 복음주의적인 모든 것을 신뢰하였다. 그러나 복음주의적 입장에서 벗어나게 되자, 내 여러 생각들이 그 책에 반영되어 있음을 알게 되었다. 확실히 나와 내 친구들이 경험한 많은 경험들이 그의

> 책과 일치하고 있었다. 《포스트복음주의자》라는 책은 내가 복음주의적 입장을 빠져 나오면서 경험한 것들을 알게 해주었다. 이 책은 계몽된 감정을 갖는 다른 많은 사람들이 있다는, 그리고 단지 포기하는 것과는 다른 선택이 있다는 것을 알게 하는 데 도움을 주었다. 이는 매우 도전적인 책읽기였으며, 그것은 정말로 여러 중대한 문제들을 생각하도록 해주었다.

《포스트복음주의자》라는 책은, 많은 사람들이 공유하고 있던 경험에 하나의 명칭을 부여한 책이다.

그러나 그 책은 대답을 제공한 책이라기보다는 문제를 제기한 책이었다. 케스터 브레윈(Kester Brewin, 런던의 Vaux 교회)은 다음과 같이 말한다. "나는 몇 년 전에 이 책을 읽었는데, 최근에 톰린슨을 사귀게 되었다. 그 책에 관해서 그와 채팅을 하면서, 내가 있던 교회에서 갈색 페이퍼백으로 된 그 책을 마치 밀수입한 알코올처럼 은밀히 읽었던 기억이 난다고 그에게 말했다. 우리 둘은 그 책이 본질적인 해답을 제공하는 책이 아니라 훌륭한 질문을 던지는 책이라는 것에 동의하였다."

크리스 매튜(영국 Swansea의 Linden 교회)는 여전히 자신을 복음주의자라고 여기고 있다. 물론 몇 가지 유보적인 면도 있긴 하지만 말이다. "여러 면에서 우리는 더 이상 복음주의의 범위에 딱 들어맞는 것은 아니지만, 그것이 우리의 뿌리가 되는 전통이므로 우리를 형성하고 있는 영향력은 여전히 복음주의다." 파깃(Doug Pagitt, Solomon's Porch, Minneapolis)도 이에 동의한다. 그는 신학적으로 복음주의자인지는 확실하지 않다. 아마 문화적으로만 복음주의자일 것이다. "나는 복음주의자라는 것을 그만둘 수는 없다. 그것은 내가 부인할 수 있는 성질의 것이 아니다. 나에게 있어서 복음주의는 마치 사람들이 자기가 가톨릭 교인이라고 말하는 것과 같다. 그들은 미사에 가든 안 가든 상관없이 항상 가톨릭 교도이다." 데비 블르(Debbie Blue)는 다음과 같이 덧붙인다.

> 추측건대, 기본적으로 나는 나 자신에 대해 복음주의자인지 아니면 프로테스탄트인지 정의를 내리지 않는다. 하지만 그것들은 혼란을 일으키는 큰 요소임에는 틀림없다. 그러한 것들이 개념상으로는 나에게 그렇게 큰 문제가 되지 않는다. 그러나 마치 우리가 그것을 초월한 것처럼, 혹은 그것들이 이 세상에서 나의 신학과 존재를 형성하는 데 아무런 기여도 하지 않은 것처럼, 나는 그런 것들을 이미 넘어섰다고 말하고 싶지도 않다. 복음주의가 미국의 부흥운동을 의미한다면 나는 포스트복음주의자다. 그러나 복음주의란 말이 예수 그리스도의 복음을 증언하는 것을 의미한다면 나는 포스트복음주의자가 아니다.

이머징 교회 지도자들은 넓은 역사적 의미의 복음주의자라는 말에는 동의할 것이다. 그러나 과거의 복음주의 지도자들에게 사용했던 것과 같은 의미로 사용하는 것은 이머징 교회 지도자들에게는 맞지 않을 것이다.

영국의 많은 사람들은 포스트복음주의 논쟁을 넘어섰다. 로저 엘리스는 '포스트' 에 관한 대화와 관련한 질문을 받자 다음과 같이 말했다. "여기 많은 사람들은 우리가 포스트복음주의자인가 아닌가 하는 것은 따분한 논쟁이라고 생각한다. 하지만 톰린슨이 관심을 가지고 있는 많은 것들에 나는 커다란 동정심을 가지고 있다." 엘리스는 논의를 좀더 발전시키면서 다음과 같이 말했다. "그런데 우리는 정말 프로테스탄트인가? 나는 포스트프로테스탄트(post-Protestant)이다. 여러 면에서 나는 또한 포스트-카리스마주의(post-charismatic)이기도 하다. 이것으로 보면 나는 혼동하고 있음을 의미한다. 나는 정통주의 신앙과 연계되어 있지만, 나는 종종 현대 프로테스탄트와 카리스마 운동의 여러 요소들과 단절되어 있음을 느낀다."

그러나 엘리스는, '포스트' (posts)라는 말에 집중하는 것은 핵심을 놓치는 것이라고 생각한다. "그렇다. 나는 포스트(post)이다. 그러나 원칙에서 벗어나 나는 프리(pre, 전)이기도 하다. 이시바(스페인의 섬 이름)나 다른 곳에서는 거기의 사람들에게 초점을 맞춘다." 도드리지는 좀더 나간다. "실제로 나는 포스트복음주의자라고만 생각지 않는다. 아마도 포스트-포스트복음주의자(post-postevangelical)라는 말이 더 맞을 것이다. 나는 포스트복음주의자들보다 더 나갔다고 느끼기 때문이다."

복음주의자인가 아닌가 하는 문제가 많은 이머징 교회 지도자들에게 별 의미가 없듯이, 프로테스탄트인가 하는 문제도 마찬가지 일 것이다. 시 존스턴(Si Johnston, headspace, London)은 이 문제에 대하여 다음과 말하고 있다. "솔직히 말하자면 내 교회에서 자신이 누구인지에 대해 이해하는 사람들은 그리 많지 않다. 50%의 사람들이 '크리스천이 되는 것' 이라고 대답할 것이다. 그리고 자기들의 역사적 과거나 입장을 아는 사람들은 '프로테스탄트' 내지는 '가톨릭' 이라고 답변할 것이다. 많은 사람들이 이것을 넘어선 것처럼 보인다. 그러나 그것을 분명히 표현할 수 있을 만큼 자의식적이지는 않은 것 같다." 데비 블루도 동의한다. "우리는 '자비의 집' (House of Mercy)에 대해 초교파적인 것으로 이야기 해왔다. 그것은 정말 사실인 것 같다. 교단에 대해서 아는 사람은 거의 없다. 하지만 보다 더 큰 교회, 역사적 교회에 연결되어 있다는 것이 우리에게 있어서는 매우 중요하다. 실제로 어떤 면에서 우리가 여전히 침례교회라고 할 수 있는 것들이 있긴 하지만 우리에게 더 맞는 명칭은 보편적 교회일 것이다."

벤 에드슨(Ben Edson, Santus1, Manchester, U.K.)은 자기 교인들을 혼합물로 설명한다. "어떤 사람들은 개념상 자신들을 포스트복음주의자로 볼 것이다. 반면에 어떤 사람들은 열린 복음주의이기를 더 원하며, 또 어떤 사람들은 자유주의 가톨릭이라 부르기를 원한다. 우리가 형제 교단에서 로마 가톨릭 출신에 이르기까지 여러 교단의 사람들로 구성된 복합체이기 때문에, 교파의 문제는 아주 재미있는 주제이다. 나는 때때로 우리가 포스트교파적(postdenominational)으로 묘사하는 것이 더 낫지 않겠는가 하는 생각을 하기도 한다." 복음주의라는 명칭이 그렇듯이, 프로테스탄트라는 명칭도 많은 이머징 교회 지도자들에게는 큰 의미가 없다.

이머징 교회 지도자들은 자신에 대해 어떤 것이 아니라는 식의 정의도 유익하지 않다고 믿는다. "사람들이 자신들을 포스트X(post-X)로 묘사할 때, 그들은 자신들을(수학적 의미의) X가 아닌 것 모든 것으로 정의하고 있다"(Kester Brewin). 로버츠(Paul Roberts, Resonance, Bristol, U.K.) 역시 포스트복음주의자라는 명칭에 대해서는 유보적이다. 그는 다음과 같이 선언한다.

"나는 데이브의 포스트복음주의라는 개념에 항상 회의적이었다. 그 개념은 어떤 것에 반대하여 자신을 정의하려는 함정에 빠질 수 있기 때문이다. 그렇게 정의하는 것은 낡은 게임이며 별로 유익하지도 않다."

브레윈 역시 동일한 확신을 가지고 있다. "나는 복스(Vaux, London)가 부정적인 것에 의해, 즉 우리가 반대한다고 여겨지는 것에 의해 정의되지 않기를 바란다. 그런 식으로 정의한다면 그것은 낡은 것, 이미 탈출해 나온 과거의 것에 많은 힘을 부여하는 것이 된다. 마치 우리 모두가 그 주위에 둘러앉아 애도하며 화내고 있는 것처럼 말이다. 우리는 현재의 우리 모습으로 우리를 규정하기를 원한다. 그러므로 이런 면에서 포스트(posts)라는 말들이 아주 유익한 것은 아니다." 앤드류 존스(Andrew Jones)도 동의한다.

> 그러한 용어들은 결코 유익하지 않다. 나는 옛 명칭과 용어들의 지평을 넘어서는 생각을 좋아한다. 그러나 동시에 그들의 영향을 무시할 수도 없다. 나는 보다 집중적으로 그리스도의 몸에 연결되어 있기를 원한다. 하지만 나의 과거의 여행(독특하고 귀중한 것)을 부정함으로써 그렇게 하고 싶지는 않다. 나는 나의 아이덴티티에 새로운 뭔가를 첨가하는 것을 좋아한다. 그러나 그러한 새로운 것들이 옛것을 대체하거나 능가하는 것을 좋아하지는 않는다. 어쨌든 배타적인 딱지를 제거하여 복음주의자가 되기보다는 예수처럼 되고, 프로테스탄트가 되기보다 예수처럼 되는 것이 우리의 목표이다. 명칭과 용어들은 항상 되돌아와서 우리에게 보복하여 우리의 마음을 상하게 할 것이다.

특별한 캠프에 속하는 것도 이머징 교회 지도자들에게는 어렵다. 사이먼 홀(Simon Hall, Revive, Leeds, U.K.)은 다음과 같이 말한다:

> 개인적으로 다양한 교리적 진술에 서명할 수 있지만(모든 교리에

서명할 수 있는 것은 아니다), 대부분의 복음주의자들은 내가 그들과 거리가 있다는 것을 인정해야 한다고 생각한다. 불행히도 영국에는 복음주의자들과 자유주의자들이 양극화되어 있다. 양쪽 캠프는 그들 사이에 분명한 대양이 가로질러 놓여 있다는 것을 서로 날카롭게 확인하려는 것 같다. 내가 기억하는 한 나는 실제로 어느 한 특정 캠프에 속하지 못했다. 나는 항상 "오케이인 복음주의자" 이거나 "오케이인 자유주의자" 이거나 "사고하는 은사주의자" 거나 "성령을 사랑하는 교파주의자" 였다. 영국에서 대안 예배를 드릴 때면 나는 제3자 그룹에 속하게 되었는데, 나는 거기에도 완전히 속하지 못했다.

수 월러스(Sue Wallas, Visions, York, U.K.)는 자기에게 어떤 딱지가 붙는 것을 원하지 않는다. 그녀는 다음과 같이 말한다. "우리에게 어떤 명칭을 붙이는 것에 합의를 볼 수 있을 것인지는 확실하지 않다. 어떤 명칭도 우리 그룹에게 적절치 않은 것 같다. 우리 웹사이트에 있는 대로, '세상으로 하여금 딱지 붙이는 것으로부터 자유하게 하라!'" 블루도 같은 의견을 가지고 있다. "이 시대는 옛 범주들이 과거보다는 훨씬 덜 중요해진 시대이며, 우리는 이런 시대에 아주 편안하게 지내고 있다고 생각한다. 아마도 그것은 우리를 포스트복음주의자나 포스트 프로테스탄트로 만들지도 모른다. 그러나 나는 우리를 설명하기 위해 그러한 용어를 사용하고 싶지는 않다."

브라이언 맥라렌은 사람은 어떻게 자신을 정의하는가 하는 문제에 대해 상당히 많이 생각한 적이 있다. 그래서 그는 다음과 같은 결론에 도달했다. "나는 여러 면에서 프로테스탄트들보다 가톨릭 교도와 더 많은 공통점을 지니고 있다." 실로 어떤 사람이 비근대적 형태의 기독교를 수용하게 되면 자신은 프로테스탄트라기보다는 가톨릭 교도라고 더 많이 느끼고 있음을 발견하게 될 것이다. 파깃 역시 자신을 포스트 프로테스탄트로 생각한다. 가톨릭과 개혁교회의 싸움이 그의 싸움은 아니라고 생각하기 때문이다. 맥라렌은 다음과 같이 덧붙인다. "포스트 프로테스탄트가 긍정적으로-증언하기(pro-testify) 위하여 프로테스탄트로부터 이동하는 것이라면 나는 그 용어를 옹호한다. 우리는 무엇을 위하여(반대 증언이 아니라) 증언해야 한다. 우리의 정체성은 반대에 있다기보다 오히려 긍정에 있어야 한다." 조니 베이커(Jonny Baker, Grace, London)는 포용적 신앙에 대한 갈망을 다음과 같이 표현하고 있다. "교회의 위험은 너무 지나친 동류의식을 가지고 있다는 점이다. 나는 그런 것에 관심이 없다. 역사를 통하여서(성도의 교제) 뿐만 아니라 동시에 지구적으로도(전 세계 교회) 나는 그리스도와 그리스도의 몸에 연결되어 있기를 원한다. 그러므로 나는 그리스도인 즉, 그리스도의 제자인 것으로 족하다." 사이먼 홀 역시 포용적인 접근방식을 선호한다. "공동체를 위한 나의 목적은 '포스트' (post) 어떤 것(anything)이 되는 것이 아니라 '와' (and) 모든 것(everything)이 되는 것이다. 우리는 복음주의적이고(and) 은사주의적이고(and) 자유주의적이고(and) 정통주의적이고(and) 명상적이며(and) 사회 정의에 관심을 가지고(and) 대안 예배에 관심을 갖는다."

도드리지는 교회적 문화에서 비교회적 문화로 발걸음을 옮겨보면 포스트복음주의에 대한 논쟁은 아무런 의미가 없다고 설명한다. "물론 우리들 모두가 기독교적 배경을 가지고 있는 것은 아니다. 그러므로 우리는 정말로 포스트—그 어떤 것(anything)의 범주에 빠져들지 않는다." 롤린스도 동의한다. "포스트복음주의자는 막연히 사용하는 명칭일 뿐이다. 우리 공동체에 참여하는 사람들에는 복음주의 공동체와 교회 밖에서 온 사람들이 더 많기 때문에, 포스트복음주의자라는 용어는 별로 유익하지 않게 된다. 하지만 현재로서는 적절하다."

복음주의자가 포스트모던적일 수 있는가? 복음주의자라는 말이 넓은 의미로 쓰인다면 그렇다고 간단히 답할 수 있다. 그러나 그 용어가 다른 호칭을 배제하는 것이라면 복음주의자는 포스트모던적일 수가 없다. 포스트모던 관점에서 보자면, 궁극적 질문은 다음의 질문들이다. 어떤 사람을 복음주의자라고 칭하는 것이 왜 중요한가? 명칭이라는 것은 단지 우리를 안심하게 하거나, 통제하는 데 도움을 주는 인위적 분류가 아닌가? 많은 전통들이 가지고 있는 풍성한 요소들을 왜 캐내지 않는가? 분명한 것은, 이머징 교회의 커다란 관심은 어떻게 하면 복음과 문화와 관계를 가질 수 있는가 하는 문제이지, 어느 누군가가 가지기로 결심한 교회적 명칭이나 신학적 명칭이 아니라는 점이다.

모던적(modern) 교인들과 포스트모던적 교인들이 같은 교회 안에 존재할 수 있는가?

복음주의자들과 포스트복음주의자들이 한 교회 안에서 리더십을 공유하고 있다면 포스트복음주의자 논쟁은 표면화된다. 조니 베이커는 복음주의자나 포스트복음주의자가 함께 사역할 수 있는 공간이 한 교회 안에 있다고 믿는다. "영국에는 새로운 것들을 즉시 허용하는 문화가 있다. 어쨌든 영국 성공회는 여러 해 동안 여러 집회를 가진 교회를 운영해 오고 있다. 모델 집회에다 다른 집회를 추가

하는 것, 이것은 머리를 돌릴 만큼 그렇게 복잡한 것은 아니다."

월러스는 다음과 같이 덧붙이고 있다. "은사 중심적 교회들이 잉글랜드 교회와 협상하여 [예배의] 자유를 얻게 되었는데, 이것이 대안 예배[14]가 태동하는 계기가 되었다. 1980년대 후반의 성공회 지도부는 이러한 햇병아리 공동체를 양육하는 데 유연하였고, 또 아낌없이 지원하였다. 이것은 새로운 그룹들로 하여금 이제는 예배 구조에 대하여 실험을 해도 되겠다는 생각을 갖게 해주었다."

영국에서는 대안 예배뿐만 아니라 젊은이 집회도 정규 집회로 인정받았다. 젊은이들이 자신의 예배를 가질 수 있었고, 자신들의 예배를 스스로 운영할 수 있는 권한도 부여받았다. 그들은 교회 안에 있는 하나의 독립 회중으로 취급되었고, 그들에게 맞는 방식으로 하나의 공동체를 만들 수 있는 권한을 완전히 부여받았다. NGM의 필 볼(Phil Ball)은 그것에 대해 다음과 같이 설명한다. "우리는 젊은이들을 위한 이벤트를 만드는 데 관심이 있는 것이 아니다. 대신에 우리는 교회에 다니지 않는 사람들에게 다가갈 수 있는 교회의 표현 형식에 관해 이야기하고자 하며, 그렇게 하기 위한 환경을 제공하고자 한다. 실수하기도 하지만 우리가 원하는 것은 젊은이들을 위한 소유

14) 잉글랜드 교회 안에서 일어나고 있는 대안 예배 운동은 1980년대 후반에 시작되어, 지금은 그 수가 영국에서 50개에 이를 것이다. 대부분이 교인 수는 25명 정도이거나 그 이하이다. 온라인상으로는 아니지만 적어도 그들은 매년 그린벨트축제(Greenbelt Festival)에서 만나고 있다. 매우 높은 참여를 보이는 공동체는 (그들은 성만찬을 시행한다) 바로 대안 예배 그룹들이다. 그들은 예배에서 대중문화를 사용한다. 신분이 증명된 일정한 지도부나 일정 사례비를 받는 지도부가 없다. 그들은 포스트모더니즘에 대해 아주 잘 이해하고 있으며, 시각예술에 대해 잘 이해하고 있으며, 일방적이지 않은 예배 형태를 가지고 있다. 그들이 근본적으로 선교에 공헌한 것이 있다면, 그것은 바로 그들 자신의 문화에 맞는 방식으로 자신들을 위한 예배를 만들어가는 방식이다.

권이다. 때로는 무대 뒤에 있기도 하고, 때로는 전면에 나서기도 한다. 우리는 젊은이들을 위해 봉사하며, 그들이 선포하고 모이는 것을 돕는다. 우리는 또한 그들과 책임적 관계를 맺고 있다."

어떤 이들은(Doug Pagitt과 같은 이들) 포스트복음주의자들은 기성 교회 구조 밖에서 새로운 교회를 시작해야 한다고 말하면서, 복음주의자들과 포스트복음주의자들은 리더십을 공유할 수 없다고 믿는다. 베이커와 파깃 사이의 관점의 차이는 성공회와 독립 교회 사이의 문화적 차이뿐만 아니라 영국 교회와 미국 교회 문화 사이의 차이 때문에 발생할 수 있을 것이다. 미국 교회는 복음주의자와 포스트복음주의자들로 구성된 동일한 지도부에 의해 성공한 실적이 없다. 댄 킴벌(Vintage Faith Church, Santa Cruz, CA)은 이에 대해 좀더 정교하게 설명한다. "미국에서 교회 안의 교회는 효과를 보지 못했다. 담임목회자(Senior Pastor)가 회중을 통제할 수가 없기 때문이다. 회중들은 교회 안에서 담임목사와는 다른 방향으로 일을 진행할 수 있다. 담임목사가 교회에 대해서, 그리고 담임목사로서의 자신의 역할에 대해서 생각하도록 훈련받은 방식과는 완전히 다르게 회중은 갈 수 있다. 그것은 결국 통제의 문제다. 영국은 그러한 다양성을 통제할 수 있지만, 미국에서는 그러한 다양성과 투쟁한다."

청년(young adult)예배 역시 미국에서는 실패할 운명에 처해 있을 때가 많다. 킴벌은 다음과 같이 말한다.

> '교회 안의 교회' 와 청년 예배는 보통 거창하게 출발한다. 그러나 현실은 그러한 것들이 잘 진행되지 않아야만 성공할 수 있다는 것이다. 잘 진행되면, 많은 젊은 교인들이 담임목사가 인도하는 예배에 가는 대신에 거기로 가게 되고, 담임목사는 그것들

을 통제하려고 한다. 다른 리더십으로 드러지는 청년 예배는, 최고 지도자(담임목사)를 중심으로 구조화되어 있는 대부분의 교회의 성격과는 다른 방향으로 흐르게 된다. 이것은 모든 것을 뒤죽박죽 만들어버린다. 게다가 새로운 공동체가 정말로 교회를 다시 생각하고, 다른 가치와 철학적인 문제에 개입한다면, 그것은 폭발을 기다리는 다이너마이트나 마찬가지이다. 폭발한 후에 지도부는 통제를 행사하게 되고, 청년 집회의 생동성과 가능성은 사라지게 된다.

"어느 날 복음주의 구도자 목회자와 포스트복음주의의 이머징 교회 목회자가 한 지붕 아래서 함께 일할 날이 올 것이다"라고 댄 킴벌은 희망한다. 하지만 그는 아직 그러한 일을 본 적은 없다. 그가 관찰한 유일한 청년예배는 "정말로 교회의 성격을 변화시키지 않는, 본 교회의 미니-미"[15](mimi-me's, 또 하나의 작은 나)이다. 영국에서는 포스트복음주의 공동체가 한 교회 공동체의 분리된 모임으로 일어났다. 그러나 이 시간 이 시점, 미국에서는 그런 합의가 불가능한 것으로 입증되었다.

이머징 교회란 무엇인가?

최근의 저서, 현재의 교회의 트렌드에 대한 세미나 주제, 그리고 인터넷의 광범위한 블로그 영역 속에서 이머징 교회에 대한 참고문헌을 풍부하게 찾아볼 수 있다. 관련 자료들이 너무 많아서 이머징

15) 영화 '오스틴 파워'(Austin Powers: The Spy Who Shagged Me (New Line Cinema, 1999)) 참조.

교회 역시, 과거에 일시적으로 관심을 받았다가 사라져버린 많은 교회의 운동들처럼, 그저 최근에 나타난 일시적 유행이 되어버릴 위험에 처해 있다.

이머징 교회라는 용어가 광범위하게 사용되고 있어서, 그 용어 자체의 의미를 상실할 위험성이 점점 커지고 있다. 일반적으로 이머징 교회라는 용어는, 그러한 교회들의 급속한 수적 증가, 20대들을 유인하는 능력, 대중음악 스타일을 차용한 현대적(contemporary) 예배, 웹사이트와 입소문을 통해 기독교적 하부 문화를 활성화시킬 가능성들 때문에 주목을 받아온, 대중적이면서도 청년 지향적 집회에 적용되었던 용어였다.

이런 운동 내부에 있는 많은 사람들에게, 이머징 교회는 다양한 여러 운동들을 포괄하는 하나의 우산이다. 조니 베이커의 견해에 의하면 이머징 교회는 매우 광범위한 용어이다. "나는 그 용어가 아주 마음에 든다. 우리가 물려받은 교회는 광범위한 그룹의 사람들에게 더 이상 힘을 발휘하지 못하고 있다. 세상은 엄청나게 변했다. 따라서 이머징 교회라는 용어는, 현대의 새로운 문화와 관계를 맺는 새로운 형태의 교회가 필요하다고 말하는 하나의 방식일 뿐이라고 생각한다."

벤 에드슨(Ben Edson, Sanctus1, Manchester, U.K.)은 이머징 교회라는 용어가 굉장히 포괄적인 용어라는 것에는 동의한다. 그러나 그는 그 말을 사용하는 것이 어느 정도 편안한가 하는 문제에 대해서는 양면성이 있다고 말한다.

> 우리는 이머징 교회 무대의 일부이다. 이 말이 유익한 말일지 모르나 긴박성은 떨어진다. 기성 교회들은 심각한 선교적 과제에

뛰어드는 대신에 오히려 긴장을 늦추고, 지금 떠오르는(emerge) 현상을 주시하고 있을 것이다. 뿐만 아니라 우리는 하나의 이머징 교회가 아니다. 우리는 하나의 교회일 뿐이다. 성공회 안에서 사용되고 있는 현재의 표현은 '교회의 신선한 표현방식' 이다. 이런 표현은 새로운 교회 운동이 전통에 근거하고 있다는 의식을 암시하고 있으며, 그러나 동시에 살아 있고도 새로운 무엇인가가 교회 안에서 일어나고 있다는 것을 의미하는 표현이다. 게다가 이 표현에는 문제가 있다. 그것은 옛것과 새것 사이의 구별이 쉽지 않다는 점이다. 따라서 이머징 교회는 아주 단순히 하나의 교회 즉, 새롭게 나타나고 있는 상황에 뿌리를 두고, 그 상황 속에서 예배와 선교와 공동체를 탐구하는 하나의 교회일 뿐이다.

다른 사람들은 이머징 교회를 다가오고 있는, 그러나 아직 도래하지 않은 교회의 한 형태로 본다. 스펜서 버크(Spencer Burke, Newport Beach, CA)는 이 시점에서 이머징 교회는 존재하지 않는다고 말한다. 그는 새로운 형태의 교회는 전에 온 것, 즉 기존의 교회와 분리할 수 없다는 것을 지적한다. 그 교회들은 기존 교회들에 대한 반응으로 나온 것이다. 따라서 완전히 새로운 것은 아니다.

"나는 이머전스(emergence)라는 말을 좋아한다. 이머전스가 무엇을 의미하는지 알고 있는가? 우선 서브머징(가라앉는 것) 없이 이머징(떠오르는 것)은 있을 수 없다! 오늘날 우리가 가지고 있는 것은 죽은 것이다. 개혁 이상의 것이 필요하다. 우리는 단순히 새로운 변종이 아니다. 문제는 어떻게 근원으로 돌아가는가이다. 잡종은 증식하기 어렵다. 오늘날 우리가 만나는 것은 잡종들이다." 버크처럼 워드 역시 이머징 교회를 이제 막 시작된 하나의 과정으로 보고 있다. 그녀는 이머징 교회를 새롭고, 무형식이고, 여전히 일어나고 있으며, 떠오르고 있는, 그래서 표면으로 드러나고 있는 것으로 정의한다.

마크 스칸드렛(Mark Scandrette, ReIMAGINE! San Francisco)은 베이커의 포용적 우산과 버크의 배타적 처방 사이의 어딘가에 위치하고 있다. 스칸드렛은 이머징 교회의 특별한 측면을 설명하고 있다. “이머징 교회는 좀더 통합적이고 전체적인 신앙생활에 대한 탐구이다. 신학적 탐구 작업이 계속되고 있는데, 하나님나라의 신학, 내적인 삶, 친교/공동체, 정의, 환경 보전, 포용성, 영감적 리더십 등의 문제에 좀더 집중하고 있다. 부가하자면, 전통적 영성 훈련이 각광을 받듯이 미술도 각광을 받고 있다. 전체적으로 보자면, 이머징 교회 운동은 통합적 영성에 대한 탐구이다.”

파깃(Doug Pagitt, Solomm's Porch Minneapolis)은 스칸드렛처럼 이머징 교회의 핵심 특징들을 밝히려고 한다. 그는 현재의 상황에 대한 세 가지 유형의 반응을 찾아낸다: 첫째, 종교개혁으로 돌아가자는 반응 예를 들면 Mars Hill, Seattle, 둘째, 깊은 체제적 변화를 원하지만, 기독교와 교회가 여전히 그 중심에 있으며 신학적 변화는 필요하지 않다는 반응 예를 들면, Waco에 있는 University Baptist와 LA의 Mosaic, 셋째, 교회를 반드시 하나님의 계획의 중심으로 볼 필요는 없다는 반응. 이 유형은 하나님은 세상에서 일하고 계시며, 교회는 하나님에 참여하거나 그렇지 않을 수 있는 선택권을 가지고 있다고 보는 유형이다. 세 번째 유형은 교회보다는 하나님나라에 초점을 맞춘다. 이것은 미니애폴리스(Minneapolis)에 있는 솔로몬의 포치(Solomon's Porch)의 관점이다. 그리고 이 파깃이 이머징으로 분류하고자 하는 교회의 특징이기도 하다.

이머징 교회에 대한 포용적 정의, 배타적 정의, 항목별 정의들은 나름대로 타당성이 있다. 이머징 교회들은 물리적으로 오늘에 존재한다. 즉 그들은 지금 그리고 여기에 존재한다. 하지만 이머징 교회는 하나의 목표이거나 하나의 과정이다. 아직 완전히 도래한 것은 아니다. 그저 영아 단계에 있을 뿐이다. 이머징 교회들은 또한 다양한 패턴들을 가지고 있다. 마지막으로, 이머징 교회는 하나님나라의 빛에서 이해되어야 한다. 하나님나라가 없다면 교회는 그 원초적 부르심을 잊어버리게 되기 때문이다. 이 책에 제안된 정의(definition)는 이러한 각각의 관점들이 가지고 있는 요소들을 포함하고 있다.

보편적 교회란 언제나 이머징 교회이다. 왜냐하면 이머징 교회는 이 땅에 있는 그리스도의 몸으로서 예수 그리스도의 재림을 열심히 고대하며 기다리고 있기 때문이다. 그것은 항상 되어감(becoming)의 과정 속에 있는 교회이다. 최후의 길에는 도달하지 못했다. 이머징 교회는 하나님의 통치가 완성될 때까지 임시적인 형태로 하나님의 통치의 현실을 살아가고 있는, 순례자 교회이다. 이 교회는 지구상에 사는 사람들에 의해 표현된 문화들의 복잡한 모자이크에 참여하면서 "떠오르고 있다"(emerge). 그렇게 함으로써 그러한 문화들 속에서 그것은 변화되고, 문화들 안에서 구속적인(redemptive) 영향력을 발휘하게 된다.

하지만 좀더 분명하게 이머징 교회라는 명칭에 걸맞은 몇몇 특수한 교회들이 있다. 우리는 인터뷰와 조사를 광범위하게 시행하였다. 그런 다음 우리는 문화, 특히 포스트모던 문화를 진지하게 다루는 교회들 안에 널리 퍼져 있는 몇 가지 패턴들을 확인하였다. 이런 혁신적 교회들에는 아홉 가지 실천들(practices)이 공통적으로 나타난다. 하지만 각 이머징 교회마다 아홉 개가 모두 공통적으로 나타나는 것은 아니다. 각 이머징 교회는 세 가지 핵심 실천들을 소유하고 있다. 다른 여섯 개는 이 세 가지 핵심 실천에서 파생된 것들이다.

우리는 여기서 실천(practice)을 특별한 의미로 사용한다. 의료 실천[개업]이나 법률 실천[소송 절차]이나 비즈니스(business) 개념인 "실천 공동체"(communities of practice, 실행 공동체)에 사용된 방식과 유사한 의미로 사용한다. 법적 실천이든, 의료 실천이든, 비즈니스 실천이든 무엇에 관여하든, 사람들은 전문 영역에서 경쟁력이 있음을 보여주며, 종종 같은 기술을 제시하는 다른 사람들과 어울리는 것을 통해 일생에 걸쳐 그것을 완성해 나간다. 이런 실천들 안에서 구성원들은 자신뿐만 아니라 동일한 직종에 종사하려는 다른 사람들을 위하여 표준을 세운다.

고대의 장인(artisan)들처럼, 이 실천가들은 숙련의 과정에서 대부분 은연중에 젊은 실습생들의 멘토가 된다. 실습생들은 경험으로 체득한 기술들을 배우는 데 참여하며, 함께 시간을 보내면서 이러한 많은 것들을 완성시켜 나간다. 실습생들은 직관적으로 자기들의 멘토처럼 생각하기 시작한다. 마찬가지로 우리도 종종 기독교적 활동들을 은연중에 배워나간다. 하지만 결코 완전히 이해하지 못한다. 우리는 온몸과 마음으로 공동체 안에서 배운다. 그리고 우리가 훈련받은 바로 그대로 다른 사람들을 훈련한다.

다른 실천들을 만들어 내는 데 결합된 세 가지 핵심 실천들은 (1) 예수의 삶을 따라하는 것, (2) 세속 공간을 변화시키는 것, (3) 공동체로 살아가는 것이다. 분명히 하기 위하여 하나님나라, 근대의 종말, 공동체가 무엇을 의미하는지 조금만 더 구체화해 보자.

우리는 예수, 복음, 하나님나라에 대하여 한 장(chapter)을 할애할 것이다. 그리고 이 책 나머지의 상당 부분도 이머징 교회를 위한 예수의 길을 구체적으로 다룰 것이다. '예수의 길'이란 무엇인가? 간단히 말해서 그것은 공동체 안에서 구현되는 것이고, 산상수훈에서 표현된 예수의 삶이며, 문화에 그가 개입하신 방식이다. 이것은 그리스도인에게는 규범이다.

그런데 예수에 대한 현대적 해석들은 성급하게 그의 생애를 제거하는 경향이 있다. 그리고는 그의 죽음과 부활에 초점을 맞춘다. 그리고 예수에 대한 신자들의 내적 경험에 몰두한다. 이와는 대조적으로 예수는 버림받은 자들을 환영하셨고, 이방인들을 초대하셨으며, 정치적 권위에 도전하셨다. 그럼으로써 그는 대안 공동체를 창조하셨다. 예수는 그의 말씀을 포함한 전 삶을 통하여 그의 길을 확립하셨다. 그리고 이 길이 이머징 교회들에게 커다란 영향을 주었다.

다양한 연구 영역만큼이나 모더니티와 포스트모더니티에 대한 정의가 많이 있다. 건축이나 춤이나 철학이나 문학 등 무엇을 논하고 있느냐에 따라 설명이 달라진다. 우리가 관심을 갖는 것은 사회이론(social theory)의 영역 안에서 논의되고 있는 모더니티이다(예를 들자면, 어떻게 문화 변동이 사회 안에 있는 한 전체로서 인간의 삶에 영향을 주는가 하는 것 등).

모더니티는 14세기에 '세속 공간 만들기'에서 시작되었다. 이러한 성(sacred)과 속(secular)의 분리는 통제와 계급의 추구와 함께 사회의 분열을 초래하였다. 서구 사회가 전체론(holism)을 추구하고 다원화를 수용하면서, 동시에 세속 영역을 의심하는 시대가 나타나게 되었는데, 이 시대의 특징이 바로 포스트모더니티이다. 이머징 교회들은 포스트모던 문화 안에서 자신들의 삶의 길을 구체화한다.

다른 핵심 실천과 마찬가지로 공동체는 스스로는 이해될 수 없다. 이머징 교회에서 볼 수 있는 유형의 공동체는, 모든 성과 속의 분리를 극복하여 모든 현실 공간에서 하나님나라를 추구한다. 하나님나라 공동체들은 이익단체처럼 기능하는 공동체가 아니라, 확장된 가족처럼 기능하는 공동체이다. 기독교 시대에는 주일 집회가 공동체를 위한 공동의 영적 표현의 중심이었다.

포스트기독교적 상황 속에서는 교회 집회에 초점을 맞추면 문화에 천착하는 것이 불가능하게 되거나 복음에 충실하기가 불가능해진다. 이런 상황에서는 교회 모임보다 공동체 교육 자체의 실천에 집중해야 한다. 따라서 이머징 교회 공동체는 교인들이 일상적으로 살아가는 모든 영역에서 하나님나라를 추구하는 공동체이다.

실천, 예수, 포스트모더니티, 공동체에 대하여 간단한 설명을 시도해 보았다. 이제 우리는 이머징 교회의 정의를 내릴 준비가 된 셈이다. 이머징 교회들은 포스트모던 문화 안에서 예수의 길을 실천하는 공동체이다. 이 정의에는 아홉 가지의 실천들이 포함되어 있다. 이머징 교회들은 (1) 예수의 삶을 따라하고, (2) 세속의 영역을 변화시키며, (3) 고도의 공동체적 삶을 살아야 한다. 이런 세 가지 행동들 때문에 이머징 교회들은 (4) 낯선 이들을 영접하고, (5) 아낌없이 봉사하며, (6) 생산자(프로듀서)로 참여하고, (7) 창조된 존재로서 창조해 나가며, (8) 하나의 몸으로서 인도하고, (9) 영성 활동에 참여해야 한다.

이머징 교회와 다른 형태의 교회들

답을 제공한다기보다 더 많은 질문을 야기할 위험성을 무릅쓰고, 이머징 교회들(위에서 정의한 대로)을 교회의 기존 형태들과 비교해보는 것이 좋을 것이다. 모든 고정관념과는 반대로 커피와 촛불이 이머징 교회의 특징은 아니다. 이미 언급한 대로 X세대 대형 교회들이 이머징 교회는 아니다. 그리고 X세대/청년예배가 이머징 교회도 아니다.

창조성의 범주에서는 서로 공통점이 있을 수 있으나 그들에게는 다른 여덟 개의 범주들은 부족하다. 그들의 목회 방식은 모던적이다. 그들은 이원론적 예수 이해, 영화된(spritualized) 예수 이해, 내면화된 예수 이해를 가지고 있다. 또한 그들은 성과 속의 분리를 받아들이고, 공동체의 삶과는 반대되는 교회 모임만을 강조하고 있다.

그들의 뿌리라고 할 수 있는 구도자 교회도 마찬가지다. 구도자 교회는 창조적 예배를 드린다고 할 수 있을지는 모르지만 다른 여덟 가지의 범주는 제시하지 못하고 있다. 목적이 이끄는 교회들 역시 창조성의 측면은 만족시키고 있을지 모르지만 그것이 전부다. 빈야드는 한 가지 범주, 즉 예수라는 범주를 만족시킨다고 볼 수 있다. 하지만 그 예수도 사회적/정치적 예수가 아니라 영화된 예수, 권세 있는 예수의 모습이다. 갈보리 채플(Calvary Chapel)은 이 책에 제시된 어떤 범주도 만족시키지 못하고 있다(Dana Point의 Calvary Chapel은 예외다).

이런 운동들에 속해 있는 교회들이 이머징 교회가 될 수 있는 가능성을 배제하지는 않는다. 이런 교회 중 일부는 이머징 교회가 되어 있다. 하지만 현재는 이들 교회에서 아홉 가지의 패턴이 별로 나타나지 않고 있다. X세대 교회, 구도자 교회, 뉴패러다임 교회, 목적이 이끄는 교회들은 특수한 문화들 속에 고착되어 있는 교회 형태들이기 때문에, 이 교회들이 포스트모던 세상 속에서도 분명히 통할 수 있기 위해서는 그들의 실천(예를 들면 교회문화)들을 획기적으로 바꾸어야 할 것이다. 문제는 이러한 운동들이 이머징 교회로 전환하면서 자기들의 전통에 충실히 남아 있을 수 있는가 하는 것이다.

근본주의 교회나 주류 교회들은 이머징 교회가 되는 데 많은 도전들이 있을 것이다. 양쪽 다 모던(근대) 문화에 견고히 서 있기 때문이다. 종교개혁 이전의 그러한 교회들(가톨릭과 정교회)과 대부분의 성공회는 이머징 교회의 실천에 잘 어울리는 많은 실천들을 가지고 있다. 마찬가지로, 여러 소수 전통과 몇몇 독립 교회 전통들과 같은, 주류 문화 밖의 교회들이 이머징 교회와 많이 유사하다(모더니티는 주류 밖에 있는 공동체들에는 친구가 아니었다. 그래서 몇몇 주변적인 공동체들이 모더니티의 여러 면들과 반대로 생존해 왔다). 근본주의 교회나 자유주의 교회와 유사하게 복음주의 교회들도 모던 시대에 생겨났기 때문에 포스트모던 문화 안에서 그들의 삶의 길을 구체화하려면 많은 도전에 직면할 것이다.

문화적으로 더 이상 생존 능력이 없는 실천들을 이머징 교회들이 해체할 때, 이머징 교회들의 기준점이 될 수 있는 것이 바로 하나님나라이다. 해체를 강조할 때의 문제는 교회가 너무 쉽게 파괴로 결론날 수 있다는 점이다. 하지만 이머징 교회 지도자들은 모험할 만한 가치가 있다고 생각한다. 왜냐하면 아무것도 하지 않는 것은 교회로 하여금 하나님나라 없이, 예수 없이, 따라서 교회가 하나님의 백성이라는 타당한 정체성 없이 존재하도록 하는 것이기 때문이다.

몇몇 사람들에게 이러한 인식론적 여행은 포괄적 해체주의를 가져오게 되었다. 몇몇이긴 하지만 이머징 교회 안에 있는 사람들도 교회를 어려운 질문을 물어야 하는 도피처로 생각하기도 한다. 롤린스는 다음과 같이 설명한다. “해체는 우리의 소중한 구조들을 파괴하는 것이 아니라 해체하는 것(분해하는 것)이다.”

이 책의 장(chapter)들은 하나님나라에 근거하여 분해하고 재구성하는 것에 관한 이야기들로 가득 차 있다. 해체의 과정 이후에 어떤

비(non)-하나님나라적 재구성이 있다면 그것은 비인간적이요, 무익한 일이다. 우리는 근대의 지배적 이야기들(메타 담론)의 억압적 성격을 밝힌 포스트모던 철학자들과 공동의 목적을 가지고 있다.

그러나 해체가 완료되면 우리 공동의 여행은 끝난다. 왜냐하면 우리는 우리 물질적 현실을 구원하고, 낯선 이들을 영접하며, 아낌없이 나누고, 권한을 나누며, 경청하고, 자리를 내어주며 참 자유를 제공하는, 하나의 메타 담론, 곧 지배적 이야기가 있다고 정말로 믿기 때문이다. 이 메타 담론이 비록 수많은 국부적 표현 속에서 드러난다 하더라도, 여전히 이 메타 담론은 하나님의 선교(missio dei), 하나님나라, 복음이다.

이것을 염두에 두고 우리는 롤린스의 조언을 따르는 것이 좋을 것이다. 왜냐하면 "신적 어두움의 빈 공간에 무엇을 채우든지 간에, 겸손하게 그것을 바라보지 않는다면, 그것은 교만한 개념적 우상으로 끝나고 말 것이다." 이제 해체 과정이 완료된 후에 무엇이 세워지는지 보기로 하자.

예수 따라 살기 03

우리는 그 모든 것이 단순히 방법론에 관한 것이 아니라 예수에 관한 것임을 알게 되었다. 그것이 선교에 관한 것도 아니요 교회에 관한 것도 아니라, 예수와 그의 영광과 그의 삶에 관한 것이다. 예수를 아는 것은 이벤트도, 예식도, 신조도, 종교도 아니다. 그것은 신뢰와 모험 여행이다. 우리는 기독교를 포함해서 어떤 종교를 믿는 것이 아니다. 다만 예수를 따르는 것을 믿는다. 우리는 참된 영성을 대신하는 특별한 건물이나 도그마나 프로그램이나 성직이나 어떤 다른 인간의 발명도 필요하지 않다. 우리는 왜 교회라는 이름과 칭호가 필요한가? 우리는 종교로부터 나와서 하나님께로 돌아간 자들이다.

캠벨(Jonathan Campbell, Seattle)

나는 복음을 거듭거듭 읽었다. 내가 주일날 행하고 있는 것들이, 만일 예수께서 여기에 계셨다면, 그가 행하셨을 일들이 아니었다.

보이드(Joe Boyd, Apex, Las Vegas)

예수의 가르침과 그가 구현하시고 선포하셨던 복음 사이에는 강하고도 확고한 연계성이 있다. 그의 메시지는 하나님나라를 선포하는 것이었으며, 동시에 이 땅에서 하나님의 통치를 시작하는 메시지였다. 히브리 선지자들이 말한, 오래 전부터 약속된 하나님나라는 예수의 오심과 그의 영의 부으심을 통하여 세워진 잠정적 형태의 나라였다. 이머징 교회의 지도자들이 자기들의 공동체 안에서 저 희망을 실현시키고자 할 때, 그들에게 영감을 불러일으킨 것은 바로 이 하나님나라의 희망이다. 그들은 이미 여기에 현존해 있으면서도 동시에 여전히 다가오고 있는 하나님의 미래를 살아가면서 저 하나님나라의 종들과 표적들이 되고자 노력하고 있다. 구체적으로 말하자면 이머징 교회 지도자들은 예수를 이스라엘에서 하나님나라의 사역을 시작한 자로 본다. 그래서 오늘날의 포스트모던 문화 속에서 그들의 공동의 실천을 통하여 하나님나라로 안내하려는 것이 그들의 희망이다.

교회가 복음서 기자들이 강조한 하나님나라를 어떻게 그렇게 오랫동안 놓치고 있었는지 이상한 일이다. 예수 그리스도가 선포하고 초대 교회가 이해한 복음은 언제나 단순한 개인 구원의 메시지, 좀 더 좁혀서 말하자면 사람이 죽으면 천국에 이르게 된다는 메시지 그 이상이었다.

20세기 중반쯤에, 래드(George Eldon Ladd) 같은 신학자들이 하나님나라 복음의 성격을 연구하기 시작하였다. 개혁 전통과 재세례파 전통은 끊임없이 하나님나라 관점을 분명하게 유지해 왔다. 1970년 후반이 시작되면서 이러한 새로운 이해가 다른 교회들에서도 발견되었다. 그리고 그것은 전통적 교단들뿐만 아니라 빈야드에도 영향을 주었다. 아주 놀랍게도 이머징 교회들은 새로운 패러다임 교회/목적이 이끄는 교회/구도자 교회보다 훨씬 더 많이 하나님나라를 강조한다.

이머징 교회의 선교

이머징 교회들이 어떻게 해서 하나님나라의 복음을 강조하게 되었는가? 예수를 좀더 심오하게 이해하기 위한 방법으로, 서신서에서 복음서로 그 초점을 옮겨놓으면서 시작되었다. 이머징 교회 지도자들은 교회가 뭔가 심각하게 잘못되어 있다는 확신을 가졌고, 그러서 그들은 복음을 새롭게 이해할 필요가 있음을 느끼기 시작하였다. 생츄어리(Sanctury) 교회의 베리 테일러(Barry Tailor)는 다음과 같이 확신하고 있다.

"나는 바울을 읽는 것을 잠시 동안 멈추고 대신 예수에 집중할 필요가 있었다." 하지만 어떤 예수도 그렇게 하지 않을 것이다. 생츄어리 교회는 기존 교회의 주장이 예수의 삶을 무시하고 있다는 생각이 들자 교회의 예수가 아닌 대중문화의 예수를 수용하였다. "우리는 예수의 인성에 초점을 맞추었다. 그리고 교회사로부터 전해 받은 모든 범주들로부터 벗어났다."

카렌 워드도 이에 동의한다. "문화적 입장은 예수가 버림받은 자들과 억눌린 자들을 위한 분이었다는 입장을 취한다. 예수를 다시 보도록 훈련받아야 하는 존재는 교회다. 내 지역인 시애틀에서 여론조사가 있었다. 교회 다니지 않는 사람들의 95%가 예수에 대해 호의적 입장을 가지고 있는 것으로 조사되었다. 그러므로 예수가 문제가 아니다. 그들이 싫어하는 것은 교회다. 왜냐하면 예수의 가르침대로 살고 있는 교회를 찾기가 쉽지 않기 때문이다."

어마어마한 문화 변동의 시대에, 그리고 교회와의 단절의 시대에 이머징 교회들은 복음서의 예수를 회복하였다. 하지만 꼭 그들이 역사의 그리스도를 회복한 것은 아니었다. 라이트(N.T. Wright), 윌러드

(Dallas Willard), 맥라렌(B. McLaren)의 저작들이 이머징 교회들에 큰 영향을 주었다. 하지만 그들의 작업이 고립되어 쓰인 것은 아니었다. 방법뿐만 아니라 메시지가 변화되어야 한다는 욕구 분출의 시대에 전달된 것이었다. 전(former) 빈야드 교회 연합의 국내 담당 디렉터인 헌터(Todd Hunter)는 다음과 같이 고백하고 있다. "우리는 복음을 잘못 파악했다. 우리는 잘못된 이야기 속에 살고 있었다. 우리는 하나님나라라는 근본적인 메시지보다 모더니티의 스토리와 베이비붐 세대가 바라는 것들을 말하고 있었다."

스칸드렛은 X세대 대형 교회들도 핵심을 놓치고 있었다고 지적한다. "우리는 잘못된 질문을 했다. 여기 이 시대에서 예수의 삶이 무엇을 의미하는가 하는 것과는 반대로, 교회가 어떤 형태를 가져야 하는가 생각하기 시작했다. 지금 우리는 새로운 형태의 교회에 몰두하는 대신에, 하나님의 백성으로서 하나님나라를 추구하는 데 초점을 맞추고 있다." 이머징 교회들은 예수의 삶에 초점을 맞출 뿐만 아니라 그들이 항상 안다고 생각했던 복음을 새롭게 바라보고 있다.

이머징 교회의 예수는 어떤 예수인가? 이머징 교회는 예수와 복음과 하나님나라와 하나님의 선교(missio dei)를 이해하기 위하여 라이트(N.T Wright)의 신약 연구에 아주 많이 의존하고 있다.[1] 그 다음으로 메노나이트 학자인 요더(John Howard Yoder)와 선교학자인 데이비드 보쉬(David Bosch)와 뉴비긴(Lesslie Newbigin) 등에 의존하고 있다. 다음 논의는 이머징 교회의 예수가 어떤 예수인지를 밝혀 줄 것이다.

---

1) 그것은 Steve Chalk/Alan Mann, *The Lost Message of Jesus* (Grand Rapids: Zondervan, 2004)에 의하여 대중화되었다.

예수가 어떻게 하나의 모델 역할을 하는가?

예수는 그가 제자들 사이에서 이루어 놓은 삶의 방식으로 인하여 이머징 교회들에 하나의 모델을 제공해 준다. 하지만 예수는 다른 시대와 다른 장소에 살았기 때문에, 그의 활동 중 어떤 것이 순수하게 문화적 표현들이고 어떤 것이 하나님나라의 복음에 의하여 영감 받은 것인지 결정하는 것은 어려운 과제이다.

파깃은 말한다. "우리의 21세기 삶은 완전히 예수의 삶과는 다르다. 예를 들면 그는 결코 이를 닦지 않았다. 그럼에도 불구하고 우리는 그의 삶의 방식에 의해 사로잡혀 있다. 그는 하나님과 조화롭게 살았던 실천가였다. 그가 선포한 것은 바로 그러한 하나님과의 조화로운 삶이었다. 예수는 그의 시대에 충실했던 분이다. 어떻게 우리는 그가 살았던 희망찬 방식으로 살 수 있을까? 예수라면 무엇을 할 것인가? 이런 질문들은 사실상 어려운 질문이다. 다른 말로 말하자면 우리가 본받아야 할 것을 어떻게 골라낼 수 있는가?" 본질적으로 예수의 삶 중 어떤 측면이 그가 문화에 참여한 것이고, 어떤 행동들이 하나님나라의 표현으로서 다른 문화로 전달되어야 하는 것인가?

다행히도, 그리스도인들이 예수의 삶으로부터 무엇을 모방하고 무엇을 포기해야 하는지에 대해 나머지 신약 성경들이 몇 가지 실마리를 제공해 준다. 여기서 요더가 도움을 준다. 초대 교회는 독신주의, 육체 노동, 순회 설교, 사막이나 산꼭대기에 거하기, 소그룹 채택, 고립된 기도 생활, 장기간의 금식 등의 방식으로 예수를 닮을 것을 권장하지 않았다고 요더는 지적한다. 이러한 실천들은 문화를 초월하는 것으로 생각된 구속 활동의 수단이었고, 또 그런 활동을 위한 배경을 형성하였다. 어떤 초문화적 활동들을 초대 교회가 모방하였고, 또 우리는 어떤 것들을 따라야 하는가? 요더에 따르면 다음과 같다.

> 모방이라는 개념이 적용되는 한 영역이 있다. 그러나 모방의 개념은 신약 성경의 문헌의 모든 요소에 적용된다. 놀랍게 다른 영역에는 결코 비교할 수 있는 것이 없다. 이것은 악의와 권세와 관련한 십자가의 구체적 사회적 의미이다. 섬김이 지배를 대체하고 용서가 적의를 흡수한다. 따라서 신약 성경의 사상에 의하면 우리는 예수처럼 되어야 한다.[2)]

예수는 다른 사람을 섬기고 용서하였다. 초대 교회는 그렇게 하기를 권하였다. 그렇게 함으로써 그들은 하나님의 구속 활동에 완전히 참여하였다. 다음 장에서 보겠지만, 이머징 교회들은 광범위하게 섬김과 환대를 실천하였다.

하나님의 선교는 '우리에게 오라'는 초대라기보다는 '가라'는 동기 부여이다.

이머징 교회의 예수를 이해하기 위하여, 우리는 우선 이머징 교회들이 모든 피조물들을 향하신 하나님의 선교를 어떻게 이해하는가를 보아야 한다. 신구약 성경에서는 어떤 선교적 활동에 앞서 하나님의 선교가 우선한다. 하나님은 구속의 하나님이시다. 그는 찾으시고 구원하시는 하나님이시다. 아담, 아브라함, 이스라엘, 예수, 바울, 초대 교회, 역사 속의 교회, 그리고 오늘날의 이머징 교회들은 각각 분리된 선교를 가지고 있는 것이 아니다. 왜냐하면 오직 한 선

---

2) John Howard Yoder, *The Politics of Jesus* (Grand Rapids: Eerdmans, 1994), 131.

교, 즉 하나님의 선교만 있을 뿐이기 때문이다. 성경에 나타난 여러 개인과 단체는 오로지 그들이 이 세상에서의 하나님의 구속적 활동에 충분히 참여한다는 점에서 서로 닮았다.

하나님의 선교에 뿌리를 둔 관점은 교회의 기능적 방향을 변화시킨다. 예를 들어, 이머징 교회들에서는 교회의 방향이 구심력(흘러 들어가는)에서 원심력(흘러 나가는) 방향으로 변하였다. 이번에 이것은 강조점의 변화를 가져왔다. 강조점의 변화란 군중을 교회로 끌어들이는 것으로부터, 교회의 핵심 기능인 그리스도 추종자들을 준비시키고, 파송하며, 번성케 하는 것으로의 변화를 말한다.

앤드류 존스(Boaz, U.K)는 다음과 같이 진술한다. '이머징 교회들은 선교적이어야 한다. 나는 선교적이라는 말을, 이머징 교회가 새로운 문화 속에서 구원하는 예언자적 영향력을 실현하는 것을 의미한다. 교회는 하나님나라를 따른다. 마태의 집에서, 루디아의 집에서, 브리스길라와 아굴라의 집에서 교회가 일어난 것처럼, 교회는 우리의 집에서보다는 그들의 집에서 일어난다. 그 방향은 언제나 원심적이다. 밖으로 나아가 필요한 곳에 화해와 축복을 가져다준다. 우리는 자신을 위해 한 백성, 한 신부를 모으시는 하나님에 참여하여, 하나님의 '가라' 는 명령의 강으로 뛰어든 백성이다."

역으로, 그리스도인들이 교회를 위해 '오라 구조' 에 집중할 때, 그들이 교회 밖에 있는 사람들을 섬기는 대신 기독교 신앙 밖에 있는 사람들에게 우리들 세계로 오라고 요구하는 것이 된다는 점에서 그것은 선교라고 말할 수 없다. "예기치 못한 초대 때문에 외부인이 이슬람 사원이나 게이 바에 가지 않는 것과 마찬가지로, 예기치 못한 초대 때문에 교회를 방문할 가능성은 별로 없다. 주도적으로 대안적인 삶의 방식을 발견하는 것은 빅딜이나 마찬가지다. 사람들은 어떻게 행동해야 하는지 전혀 알지 못하고, 다른 사람들이 무엇을 생각하고 있는지 궁금하게 생각할 수 있다"(Steve Collins, Grace London). 예수가 보여준 대로 , 그리고 예수께서 성전 지배자들과의 관계에서 알 수 있는 대로, 하나님나라는 전형적으로 기성 종교적 구조 밖에 있다. 그리스도인들은 "거기 밖에" 계시는 하나님을 발견할 필요가 있다.

이머징 교회 지도자들은 '선교'의 정의를 다시 내린다

잰더(Dieter Zander)는 두 번의 고자세적인 목회 사역 속에서 일한 바 있다. 거기서의 강조점은 '우리에게 오라' 였다. 이런 고압적이고 숫자에 치중하며 결과 지향적 목회 방식 아래서 허둥대다가 샌프란시스코로 옮기게 되었다. 그는 거기서 급격한 강조점의 변화를 경험하게 되었다. 그 도시에 도착하자마자 그와 그의 그룹은 이웃에 있는 다른 사람들을 위해 기도해 주었다. 그러나 그들은 이 이웃을 자기들의 그룹이나 모임에 오게 하려는 욕심이 없었다. 잰더의 교회는 완전히 밖을 향해 방향이 맞추어져 있었다. 잰더와 교인들은 그들의 이웃에 관심을 기울인 채로 "거기에" 있으려고 노력한다.

잰더는 선교에 대한 전통적 모델과 선교적 모델을 비교하기 위하여 소모성 고무 밴드와 링(ring)을 사용한다. 전통적 모델은 경계지역을 둘러싸고 있는 고무 밴드처럼 작용한다. 그러한 그리스도인들은 더 많은 사람들을 데리고 오는 것을 목표로 삼는다. 사람들을 데리고 와서 고무밴드 한가운데로 "밀어 넣는다." 가능한 한 크게 고무 밴드를 늘어나게 하는 것이 그들의 목표다.

잰더의 링 모델은 아주 다르게 작용한다. 잰더는 대략 열에서 스무 사람 정도가 빙 둘러서서 잡을 수 있는 링을 생각한다. 한 손으로

링을 잡고 또 한 손으로는 할 수 있는 한 멀리 뻗어서 다른 사람이 잡고 있는 링을 잡는다. 내부 링 때문에, 지지 링 없이도, 그들이 할 수 있는 것보다 훨씬 더 멀리 손을 뻗을 수 있다. 내부 링은 지원해 주는 책임 그룹이다. 그 그룹은 각 사람들에게 각자가 그 주간에 좋은 소식이 되었는지(하나님나라에 봉사하였는지) 묻는다. 새로운 사람들을 소그룹 안으로 데리고 오는 것이 그들의 목표가 아니다. 하나님나라에 응답하는 사람들을 위한 그룹을 추가하는 것이 그들의 목표다. 새로운 신자들은 각 접촉한 사람의 외부 링에 참여한다. 이 외부 링이 이번에는 새로운 신자들의 내부 링이 된다.

교회를 관계로 강조할 때, 이머징 교회 사상가들은 내부 지향적 군중을 옹호하고 있는 것이 아니라 오히려 큰 공동체 안에서 유지되고 있는 관계들의 다양한 서클(circle)들을 옹호하고 있다. 각 서클은 손을 내밀 뿐만 아니라 동시에 서클 안으로 들어오는 문을 열어놓는다. "우리 중의 많은 사람들은 많은 방향으로 잡아끈다. 그것이 바로 교회가 단 하나의 입구만 있을 수 없는 이유이다. 우리는 다양한 연합들을 가지고 있다"(Mark Scandrette, ReIMAGINE!, San Francisco).

하나님의 선교는 이 세상에서 일어난다. 그러한 구속의 과제를 감당하시는 하나님과 함께할 기회를 그리스도인들은 가지고 있다. 홀(Simon Hall, Revive)은 사역의 근거를 하나님의 선교에 두고 있다. "나는 분명히 리바이브 교회가 선교적이라고 생각한다. 비록 그것이 하나님의 선교에 참여함에 의해서이지만 말이다. 일상적으로 이해하는 것보다 더 넓고, 더 길고, 더 높은 의미로 나는 그 용어를 생각하고 있다."

분명히 선교는 단순한 목적의 진술이나 비전에 대한 진술 그 이상이다. "선교에 대한 진술이 명료하면 할수록 도움을 준다. 그러나 더욱 중요한 것은 우리가 직접 선교하는 것이다. 우리는 다름 아닌 하나님의 선교에 참여하고 있다. 그것은 우리 혼자의 힘으로 감당해 낼 수 있는 것이 아니다. 그것은 하나님의 선교에 참여하며 협력하는 것이지 우리 자신의 선교 진술을 만드는 것이 아니다"(Joel McClure, Water's Edge, Hudsonville, MI). 교회는 자신의 독립적인 선교를 갖지 않는다. 이미 하나님이 선교를 가지고 계신다. 그리고 교회는 하나님의 선교에 참여할 기회를 갖는다.

하나님의 선교는 교회보다 앞선다. 중요한 것은 하나님을 어디로 데려가고 데려오는 그런 문제가 아니다. 중요한 것은 그가 일하고 계시는 곳에서 하나님을 발견하고 하나님이 주신 기술과 능력에 따라 구속에 참여하는 것이다. "선교의 출발점은, 하나님은 이 세상에서 활동하시는 선교사 하나님이라는 것이다. 하나님이 우리를 초대하시고 부르시는 것은 그의 선교에 참여하라는 것이다. 이런 의미에서 우리는 우리의 일에 하나님을 개입시키는 것이 아니라 하나님이 하시는 일에 우리가 참여하는 것이다"(Jonny Baker, Grace, Landon).

벤 에드슨(Ben Edson, Sanctus1, Manchester, U.K.) 역시 이에 동의한다. "상투스(Sanctus) 교회의 선교 이해는 다음과 같다. 하나님은 이미 이 세상에서 일하고 계신다. 우리의 역할은 그곳을 발견하고 하나님과 함께 서는 것이다. 많은 복음주의자들은 자기들이 하나님을 취하여 세상으로 오게 한다고 믿는다. 나는 그런 유의 신학과 관련된 이원론을 좋아하지 않는다." 하나님이 인도하시고 우리는 할 수 있는 한 최선을 다해 뒤따를 뿐이다. 존스는 다음과 같이 적절하게 진술하고 있다. "우리는 하나님이 심고 있는 것을 발견하여 그곳에 물을 주고 있다."

그리스도인들이 하나님과 함께한다면, 그들은 전형적인 자기들의 교회나 자기들의 신학 서클 밖에 있는 사람들과 연결되어 있음을 발견하게 될 것이다. 자허(Holly Rankin Zaher, Three Nails, Pittsburgh)에 따르면, "설사 어떤 이들이 비정통에 서 있는 그리스도인들이라 하더라도, 하나님나라의 가치를 실현하는 것처럼 보이는 사람들, 하나님나라 사역을 하고 있는 사람들과 우리는 협력할 수 있다. 우리는 유니테리언들과 함께 캔을 수집하고, 블루스 축제에서 일한다. 그리고 피츠버그에 있는 일반 기관들과 함께 일한다. 자동차 경주도 위험이 크기 때문에 필요한 곳은 어디에서든지 가서 일한다."

하나님이 앞장서시면 전도도 변한다. 서튼(David Sutton, New Duffryn Community Church, Newport, U.K) 같은 지도자들에게 있어서 전도는 사람들이 살고 있는 세상에서 그들을 끌어내는 것이 아니라, 그들의 세상 안에서 그들과 일체감을 가지고 그들의 삶 속에서 하나님이 어떻게 역사하실 수 있는지를 발견하게 하는 것이다. "나는 하나님을 끌고 어딘가로 들어가려고 하지 않는다. 다만 그가 계신 그 곳에서 하나님을 발견하고 그 하나님께 참여하려고 한다." 서튼은 전도하는 중에 하나님을 만날 수도 있다며 자기 동역자들에게 용기를 불어넣는다. "당신은 당신과 함께 사역하는 사람들 속에서 하나님을 만날 수 있을지도 모른다."

하나님의 선교는 이 세상을 구원하는 데 하나님이 능동적으로 참여하심을 의미한다. 하나님은 목표와 회복이 필요한 모든 피조물들을 따라다니신다. 크리스천들은 하나님의 선교를 운반하며 다니는 것도 아니며, 하나의 하나님의 선교 이상의 뭔가 다른 것이 있는 것도 아니다. 하나님의 선교는 복음을 받아들이는 모든 자들을 존중한다. 하나님의 선교는 그들의 세상에서 그들과 공감하기 때문이다. 이머징 교회는 하나님의 선교에 대한 이러한 포괄적 이해를 수용하려고 한다.

하나님나라의 복음

이머징 교회들은 성공회 신학자인 라이트(N.T. Wright)의 연구를 통하여[3] 복음에 대해 초대 교회가 가지고 있던 복음 이해를 회복하게 되었고, 이런 복음 이해는 교회의 실천을 극적으로 변화시켰다. 그러면 복음이란 무엇인가? 단순히 말하자면, 복음이란 예수가 선포하신 하나님나라의 도래를 의미한다. 비록 유대인들은 여전히 로마의 지배 하에 있고, 따라서 악에 의해 점령당하여 사는 포로의 삶을 살고 있지만, 그럼에도 불구하고 야훼는 오고 계시며, 바로 지금이 하나님의 역사의 때라는 것이다.

하나님의 역사는 바로 예수의 인격과 그의 사역중에 동반되어 나타나는 표적 속에 드러났다. 예수는 청중에게, 하나님의 도래와 하나님나라의 본질을 선포할 때 일어나야 한다고 생각했던 과거의 모든 것을 잊어버리고, 율법에 대한 예수의 재해석을 믿으라고 역설하였다. 그는 도래하는 하나님나라를 거스르는 것은 하나님의 사역에 거스르는 것이라고 경고하였다. 여하튼 그가 선언한 것은 복음이었다. 포로 시대는 끝나고 용서의 시대가 왔다!

예수 따라 살기

라이트의 연구에 근거하여 이머징 교회들은 마가복음 1장 15-16절에 드러난 하나님나라의 복음을 수용하고 있다. 마가복음의 서두

---

3) N.T. Wright, *Christian Origins and the Question of God*의 제2권 *Jesus and the Victory of God* (Minneapolis: Fortress, 1996).

는, 예수께서 죄를 용서하기 위하여 십자가에 죽어야 한다는 것으로 복음을 이해하고 있지 않다. 하나님이 오셔서 새로운 삶의 길에, 세상을 구원하는 데 그와 함께 참여하도록 모든 사람을 초대하셨다는 것이 마가복음 서두가 말하고 있는 복음이다. 이머징 교회들이 회복하려는 것이 바로 이 복음이다. 어느 한 지도자가 개인적으로 다음과 같이 확신하며 말했다. "우리는 하나의 목적—즉 하나님나라가 여기에 임하였다는 것—을 위한 수단으로서 복음을 인정하기 위하여 계획을 완전히 다시 세웠다. 우리는 하나님나라의 현실과 희망으로 뛰어들어 살아가려고 노력하고 있다. 우리는 십자가를 버리지 않는다. 그것은 여전히 우리의 중심을 차지한다. 복음은 죽었다는 것이 아니라 하나님나라가 임했다는 것이다."

하나님나라는 예수께서 계신 곳마다 존재한다. 각 사람들은 하나님의 초대와 치유와 회복을 통하여 하나님나라를 경험한다. 그리스도의 십자가는 아들과 하늘에 계신 그의 아버지의 희생적 사랑을 최상으로 확증하신 것이요, 뿐만 아니라 하나님이 준비하신 화해의 수단을 확증하신 사건이다. 하나님나라는 십자가로 나아가는 좁은 길이며, 동시에 예수의 은혜와 능력으로 살기 위하여 그리스도와 함께 자신에 대하여 죽은 자들인 그리스도인들이 일생 동안 십자가와 함께(십자가를 지고) 걸어가야 할 좁은 길이다.

분명히 복음은 영원한 운명에 대해 개인적 확신을 주는 메시지에 제한되지 않는다. 복음을 축소시켜 본다면 개인적 확신에 관한 메시지라고 할 수 있다. 그러나 복음은 그러한 메시지를 훨씬 뛰어 넘는 것이다. 죽음 이후의 삶뿐만 아니라 죽음 이전의 삶과도 관련된 것이다. 그리스도를 통하여 하나님과 화해되었을 때 '새로운 피조물'(고후 5:17)이 된다. 하나님의 화해를 처음으로 경험하면 사람들의 삶에 급격한 변화가 일어난다. 이제는 더 이상 이전의 소외감이 기준이 아니라, 예수 그리스도의 첫 번째 오심으로 시작된 하나님의 새로운 질서의 일부라는 현재적, 미래적 정체성이 기준이 된다.

이머징 교회 지도자들 중에 복음을 이렇게 이해하는 지도자들이 점점 많아지고 있다. 잰더(Zander)도 그 중의 한 사람이다. 그는 첫 X 세대 교회인 뉴송(New Song) 교회(Pomona, California)의 개척자로서 미국의 남 캘리포니아에서 사역을 시작하였다. 그 다음 그는 그 교회를 떠나 '교회 안의 교회' 중 하나인 악시스(Axis)를 윌로 크릭(Willow Creek)이라는 곳에 개척하였다.

1998년 잰더는 댈러스 윌러드(Dallas Willard)의 《신적 음모》(Divine Conspiracy)[4]라는 책에 깊은 영향을 받아 그의 복음 이해는 극적으로 바뀌게 되었다. "내가 그리스도인으로서 살아온 동안 나는 다른 복음에 사로잡혀 있었다"고 그는 고백한다. 새로 발견한 복음 이해 위에 서게 된 잰더와 그의 아내 밸(Val)과 세 아들은 1999년 샌프란시스코로 이사하였다. 몇 가지 실험 후에 그들은 다른 모델의 교회를 개척하였다. 교회 위치나 집회에 대해서는 아무 생각도 하지 않고 인간관계들을 만들어 나갔다. 그는 이제 이전의 복음 이해나 이전의 교회 개척으로 돌아갈 마음은 전혀 없다.

잰더는 새로 발견한 소명을 다음과 같이 설명한다. "내 여생의 사역은 곧 복음 안에서 살고, 자기가 사는 방식을 다른 사람에게 전달하며, 당연히 그 길로 다른 사람을 끌어들이는, 예수의 제자들을 길러내는 사람들의 공동체를 형성하는 것이다. 이것이 내가 일생 동안 추구해 왔던 것이다." 아주 최근에 잰더는 샌프란시스코의 북쪽 도

4) Dallas Willard, *The Divine Conspiracy: Rediscovering Our Hidden Life in God* (San Francisco: HarperSanFrancisco, 1998)

시 노바토(Novato)에 있는 퀘스트(Quest) 교회에 가담하였다. 거기에는 매주 만나는 다섯 개의 공동체 그룹이 있다. 격주로는 대그룹으로 만나고, 한 달에 한 번은 이웃을 섬기는 모임을 갖는다. 잰더는 교회의 비전에 대하여 다음과 같이 솔직하게 말한다. "나는 하나님 나라의 사람으로 살아가는 도제들(apprentices)을 만들고 싶다. 그러나 그것은 어려운 작업이다." 대부분의 그리스도인들에게 있어서 예수처럼 살아가는 것이 극히 생소한 것임을 잰더는 발견한다. 대신에 대부분의 그리스도인들은 교회 클럽 체크 리스트를 가지고 있다. 그 리스트는 다음과 같다.

- 조금 주라
- 조금 하라
- 멤버십 권리를 획득하라
- "천국 가는 티켓" 을 얻으라(복음을 영접하여)

윌러드의 책[5]에 근거하여, 잰더는 복음의 핵심적인 특징을 다음과 같이 밝힌다. "이 시나리오에서 복음은 우리가 어떻게 죽어야 하는가에 대한 정보를 제공해 준다. 복음은 그 대신에 어떻게 해야 사는가에 관한 것이어야 한다. 많은 교인들은 예수의 복음과 '우리가 어떻게 살아야 하는가' 사이의 관계를 알지 못한다. 그 관계를 다시 평가하려고 하면 교인들은 두려워한다. 그들의 신앙은 예수 믿고 죽어서 천국에 가려는 것이다. 천국에 거하는 것이 그들 복음의 주요 부분이다. 그러나 복음은 이 세상에 계시는 하나님을 점점 민감하게

5) Ibid.

느끼는 것이다. 그것은 하늘을 땅으로 가져오는 것과 관련되어 있다. 이것이 정말로 사람을 바꾸는 것이다."

잰더와 마찬가지로 매클루어(Joel McClure) 역시 그리스도인들이 복음을 이해하도록 돕는 것을 자신의 기본적인 과제로 생각한다. "그리고 그들은 그것을 이해하고 있다. 그들은 그들의 삶 속에서 하나님과 협력하는 방법들을, 기독교를 삶의 방식으로 보는 방법들을 추구하고 있다. 그것은 단지 내가 입고 있는 유명 브랜드의 옷이나, 지켜야 할 규정 같은 것이 아니다. 그것은 하나님과 함께하는, 모든 것을 포용하는 통합적 삶의 방식이다. 이상하게도 그것은 사람들에게 새롭다. 그러나 그들은 이해한다. 그리고 그들은 예수의 제자 됨의 의미에 대해 다른 방식으로 말해 주고 있다."

매클루어와 부이스트(Randy Buist)는 전도에 대해 재평가하면서 그들이 공유했던 것이 정말로 복음이었는지, 왜곡된 복음 메시지를 선포한 것은 아닌지 물었다. 잰더와 스칸드렛과는 달리 워터스 에지(Water's Edge) 교회는 미시간 교외에 위치해 있다. 그래서 불교 신자가 이웃에 살 것이라고는 생각되지 않는다. 그들이 만나는 이웃은 교회에 대한 부정적인 경험 때문에 교회를 떠난 사람들이거나, 교회가 단지 어린아이들에게만 유익하다고 생각하는 사람들이다.

매클루어는, 이전에 교회 다니던 사람들과 이야기 할 때마다, 세상이 뭔가 잘못되었다고 생각한다면 그것이 무엇인지 물어본다. 그들의 대답을 듣고 나서 매클루어는 하나님이 그들의 말에 동의할 것이라고 말해준다. "하나님은 당신이 문제를 푸는 것을 돕기 원하며, 구원 행위를 통하여 하나님에게 동참하기를 원하신다. 이것이 복음이다."

매클루어는 그의 경험을 다음과 같이 성찰한다. "죽어서 천국에

가는 자격을 얻기 위하여 어떤 추상적인 명제에 동의하는 것이 복음이 아니다. 복음이란 새로운 삶의 방식으로 살아가라는 초대이다. 복음을 공유하는 것은 단순히 회개에 관한 것만이 아니다. 당신과 함께 걸어가도록 어느 누군가를 초대하는 것이다. 그리고 이 복음을 확증하는 데는 시간이 좀 걸릴 것이다!"

비그리스도인들은 이 참여적 복음 선포에 공감한다. 잰더는 이웃과 네 가지 영적 법칙을 함께 나누었다. 그러자 그의 이웃은, 그것은 정말 뉴스이긴 하지만 좋은 뉴스는 아니라고 대답하였다. 그 이웃이 물었다. "이것으로 인해 내 인생이 어떻게 달라지는가?" 우리는 하나님의 선하심에 참여해야 한다는 것을 잰더가 그와 공유했을 때, 그 메시지는 그 이웃에게 좋은 메시지였다. "그것은 효과가 있었다." 이 복음은 그리스도인이나 비그리스도인 모두에게 동일하다. 그것은 하나님의 구원 활동에 참여하라는 초대이기 때문이다.

예수는 청중에게 새로운 삶의 방식으로 그에게 동참할 수 있다는 복음을 선포하였다. 단순히 개인 구원의 메시지 그 이상이었다. 예수는 그를 따르는 자들에게 세상을 구원하시는 하나님의 구원에 참여할 것을 요청하셨다. 이머징 교회들은 이러한 회복된 복음 이해를 수용하였다. 그래서 그것은 새로운 신앙을 가진 그리스도인들이나, 별로 새롭지 않은 신앙을 가진 그리스도인들을 훈련시키는 방법을 극적으로 바꾸어 놓았다.

'자유로운' 은혜의 메시지의 희생적 성격

환영의 메시지이면서 도전적인 메시지를 제시한 예수의 메시지를 이머징 교회들은 이 세상에서 구별된 삶을 살라는 메시지로 이해하고 있다. 예수께서 자기의 추종자들에게 제기하신 중요한 선교적 도전의 메시지는 구도자 교회의 사역 방식과는 상당한 대조를 이루고 있다. 팔머(Mark Palmer, Landing Place, Columbus, OH)는 다음과 같이 말한다.

1998년, 나는 모든 사람이 접근할 수 있는 교회 예배를 만드는 것이 교회의 책임이라고 생각하였다. 구도자에게 민감한 예배, 완전히 불쾌감을 주지 않는 예배, 모든 사람들이 편안하게 드릴 수 있는 예배를 만들려고 하였다. 2001년 나는 정반대로 바뀌었다. 하나님이 우리를 헌신으로 부르신 그 부름에 충실하기 위해서는 가능한 한 힘들게 예수를 따라야 하는 것이 아닌가 하고 생각하기 시작했다. 우리가 랜딩 플레이스 교회에서 시도한 것은, 기독교의 힘든 면을 제거하려는 대신에 오히려 그러한 도전적인 부분들을 전면에, 그리고 중심에 놓는 것이었다.

누군가가 랜딩 플레이스에 오려고 결단할 때면, 그들은 무엇을 하고 있는지를 안다. 미국 교회는 유인상술의 특성을 얼만큼 가지고 있다.[6] 다시 말하자면 그들은 새로 온 사람들을 문 안으로 들어오게 하여 결단하게 한다. 그리고 결단하고 난 다음에 그것이 정말로 무엇을 의미하는지 보여준다. 그것은 불쾌한 일이다. 정직하지 않다. 장사가 유인상술을 사용한다면 문을 닫게 된다. 그러나 교회는 이런 종류의 것을 수용하고 있다. 성공적인 교회들은 말한다. 확장에 관심이 있다면 온종일 유인상술을 사용하여 전면에는 복음을 내세우고, 그들을 유인한 다음 그들에게 본

6) 유인상술은 저가의 제품을 사도록 상점 안으로 유인한 다음－저가의 상품을 매장에 의도적으로 진열하지 않았기 때문에－재빨리 고가의 제품을 사도록 유인하는 비윤리적 상술을 의미한다.

격적인 물건을 내놓아야 한다고. 나는 이것이 예수가 제자들을 만드신 방법에 충실하지 않다고 생각한다. 우리는 정말로 유인상술을 사용해서는 안 된다. 사람들이 예수를 따른다는 것이 무엇인지 알고 싶어 할 때, 우리는 우리의 계획을 다음과 같이 알려준다. "예수를 따르는 것은 헌신이 무엇인지 알려 줍니다. 어렵습니다. 그리고 좁은 길입니다. 죽음을 초래하기도 하고, 심지어 형제 자매를 미워해야 하는 것이기도 합니다." 우리는 이 자료를 가지고 인도한다. 약 5주 정도면 족하다. 그들이 좀더 많이 듣다가, 그들이 떠나지 않을까 걱정할 필요가 없다. 단기적으로는 좀더 어렵다. 그러나 결과를 금방 알 수 있으리라고 생각지 않는다. 10년 정도면 몇몇 신자들에게서 깊은 수준의 제자도를 발견할 수 있을 것이다.

팔머는 예수를 따르는 방식에 있어서 구도자 중심의 접근 방식 대신에 하나님나라의 희생적 메시지 접근 방식을 택하였다.

제자도를 가르치는 것만이 이머징 교회의 핵심요소는 아니다. 선교에 대한 사명 역시 이머징 교회의 핵심 정체성의 한 요소를 이루고 있다. 선교는 엘리트 그리스도인들만의 전유물이 아니다. 앤드류 존스는 다음과 같이 말한다.

선교는 우리의 목적 중의 하나다. 그것은 다른 사람들을 이끌어 우리에게 오도록 하는 것이다. 우리가 세상에 정의와 변화를 가져오지 않고 있다면, 우리에게 존재할 권리가 있는가 하는 질문을 던져야 한다. 우리는 우리의 사명과 사회적 의제를 우선 구도자들과 함께 공유한다. 그것은 그들이 우리에 대해 알고 싶어

> 하는, 그리고 그들이 그들의 삶을 우리와 함께 투자할 수 있는지를 결단할 수 있는 첫 번째 것이기도 하기 때문이다. 전통적 교회에서는 사람들이 그리스도 안에서 성숙해질 때까지 그러한 솔직한 설명을 유보해 둔다. 그리고 개인의 영성과 교회의 제안을 수행한 이후에야 논의한다. 지금 우리는 그것을 전면에 내세운다. 우리의 선교는 예배보다 우리를 더 규정하고 있는 것이다.

도드리지(Anna Dodridge)도 유사한 스타일의 목회를 하고 있는데, 그것을 다음과 같이 설명하고 있다. "우리의 임무는 항상 선교사가 되는 것이다. 우리 삶의 양식 속에서—즉 말하는 것과 사람들을 대하는 방식에서—우리가 행하는 모든 것들이 우리의 증언이며 우리의 선교이다. 이것은 아주 근본적이고 명쾌한 것처럼 보인다. 그러나 많은 사람들이 그것을 이해하지 못하고 있다. 우리는 분명히 모두가 선교사이고 전도자들이다. 이런 일에 좀더 은사를 받아 그것에 더 집중하는 사람들이 있다. 그들은 이 분야에서 우리들을 격려하고 이끄는 사람들이다. 그러나 그들만이 아니라 우리 모두가 선교에 참여하고 있다." 이머징 교회들에 있어서 예수를 따른다는 것은 선교사로 사는 것이다.

존스턴(Si Johnston)도 선교를 한 공동체의 정체성의 본질로 보고 있다. "우리는 각각의 수준에 따라 선교에 관심을 가지고 있다. 예를 들어 우리는 각 지역의 술집, 가게 주인, 부동산들을 알고 있다. 나는 비공식적인 술집 채플린이다. 우리는 노숙자들을 위한 건강 센터와 마을 공동 커피숍을 운영하는 것을 돕도록 교인들이 자발적으로 시간을 내 줄 것을 기대하고 있다. 국제 마약밀매를 저지하기 위하여 국민운동을 벌이고 있다. 우리들에게 있어서 선교는 실존이다!"

헤드 스페이스(Headspace) 공동체와 같은 교회에 있어서 선교는 그 공동체 정체성의 중심에 있다.

하나님나라는 이전의 삶의 방식을 차단하는 새로운 삶의 방식을 의미한다. 하나님나라는 단순히 하나님이나 영적 현실이나 미래에 대한 정보가 아니다. 예수와 제자들이 걸었던 삶의 여정 자체가 하나님나라를 반영한 삶이었다. 스칸드렛은 샌프란시스코의 영적 분위기를 묘사하면서 다음과 같이 설명한다. “대부분의 사람들은 기독교 신앙에 반감을 가지고 있다. 사람들이 우리의 아름다운 삶을 보고 예수를 하나의 선택(option)으로 고려할 수 있도록 우리는 돕고자 한다. 예수의 길을 걷는 것은 교리 체계가 아니라 하나의 현실이다. 우리는 ‘삶의 변증학’(inhabited apologetics)을 믿는다. 그리고 우리는 ‘우리의 삶을 통하여 하나님의 현실을 증언한다.’”

스칸드렛은 하나님나라가 단순히 말이 아님을 인정한다. “예수의 선교를 따르는 것은 혼란의 한가운데로 나의 전 가족을 밀어 넣는 것을 의미한다. 그것은 역사하시는 하나님나라를 아는 것이 무엇을 의미하는지를 알기 위해서이다. 우리는 혼란의 한가운데서도 다른 삶을 발견하고 그 삶을 증명해 나가려고 한다.” 스칸드렛에게는 선교 프로젝트나 아웃리치(outreach)가 없다. 그들의 일상적인 삶이 하나님나라의 삶을 가리킬 뿐이다. 공동체 속에서의 활동을 통하여 그들은 복음을 선포한다.

하나님나라가 전적으로 새로운 삶의 방식이라면, 복음 전파에는 시작이나 끝이 있을 수 없다. 존스턴은 다음과 같이 지적한다.

> 교회연합(Church.co.uk)은 24-7[하루 24시간, 일주일의 7일을 의미하는 수, 즉 ‘항상’을 의미하는 수]로 가는 센터이다. 그 센터는

거의 도시의 성소가 되어가고 있다. 사람들은 거기에 가서 소망과 사랑으로 흠뻑 물든 분위기 속에 있다는 것이 무엇인지를 경험한다. 우리는 노숙자에서부터 젊은 전문직 종사자, 지역 젊은 이들에게 이르기까지 모든 사람들을 돌보고 있다. 그곳이 런던의 워털루 지역을 위한 공동생활의 허브(hub)가 되는 것을 경험하기 위하여 많은 사람들이 헌신하고 있다. 역으로 우리 공동체 안에 있는 사람들이 각자의 실존 영역에서 소망과 복음의 배분자가 되도록 하는 데(에베소서 4장에 근거하여) 우리가 한 팀으로서 헌신하고 있다. 그러므로 내가 생각건대, 교회연합이 여러 모임들을 포함하고 있는 장소이며, 예수의 이야기로부터 직접 이끌어낸 삶의 방식을 권장하는 장소라고 말할 수 있을 것이다.

예수 공동체는 하나님나라를 구체화하였다. 예수는, 처음 신앙을 갖는 자들을 포함하여 그를 따르는 모든 자들에게 포로에서 해방된 자로서 분명하게 살아가도록 촉구하였고, 지금도 여전히 촉구하고 계신다. 이머징 교회들은 이 촉구를 받아들여 그들이 행하는 모든 것 속에서 하나님나라를 표현하려는 24-7[매일의] 선교 공동체를 만들고 있다.

하나님나라의 복음은 모든 교회의 형태를 초월한다

이머징 교회들은 예수가 세운 유형을 따르는 선교 공동체들을 만들고 있다. 라이트에 따르면[7], 예수께서 유대인들에게 한 것처럼, 그리스도인들도 이방인들에게 그대로 해야 한다는 것이 신약성경

7) Wright, *Jesus and the Victory of God*, 660.

이 가지고 있는 그리스도인들에 대한 입장이라는 것이다. 예수는 1세기 팔레스타인 상황 속에서 섬기고 용서하면서 하나님의 선교를 풍부하게 예증하여 주신 분이다. 성령은, 이 땅에서 하나님의 나라를 이루어 나가려는 가운데 예수의 사역을 계속하신다. 성령은 사람들을 권고하여 예수처럼 살게 하고, 하나님나라를 의지하게 하며, 섬기고 용서하도록 한다. 예수께서 그러하셨던 것처럼, 그리스도인들도 언제나 어디서나 그들의 문화 속에 있어야 한다. 기꺼이 하나님나라에 살기를 원하는 사람들을, 그리고 그리스도의 재림 때까지 복음의 선포를 통하여 하나님의 선교에 참여하기를 원하는 그런 사람들을 성령께서는 인도하실 것이다.

잰더는 선교 공동체들이 지금 형태의 교회 개척과는 상당히 다르다는 것을 보여주었다. 그는 베이비 붐 세대의 교회나 X세대의 대형교회(1986년에 그가 첫 번째 개척한 New Song 교회에서 이를 시도했었다)가 하나님나라에 초점을 맞추는 선교에 동참하는 방식이 더 이상 아니라고 생각한다. '교회 안의 교회' (그의 두 번째 사역. Willow Creek에서 시도한 교회, Axis 교회가 이런 류의 교회다)나 가정 교회(1999년 샌프란시스코에서 시도했던 작은 공동체 교회)도 하나님나라 중심의 선교에 동참하는 방식의 교회가 아니기는 마찬가지다.

그래서 그는 다음과 같이 결론을 지었다. "나는 제도와의 단절이 필요했다. 그 이유는 교회의 형태 때문이 아니라 하나님나라 때문이다. 하나님나라는 모든 형태를 초월한다." 해답은 교회의 구조에 있는 것이 아니라 예수가 보여주신 삶의 방식에 있으며, 그러한 삶이 오늘날 우리의 상황 속에서 어떤 삶일까 하는 것에 있다.

팔머 역시 전통적 교회 개척에서 선교 공동체를 시작하는 것으로 목회를 수정하였다. "우리가 더 이상 교회를 개척하지 않겠다는 것이 아니다. 단지 우리는 예수와 하나님나라로 시작하겠다는 것이다." 팔머는 실제로 다음 주 그의 네 번째 교회를 시작한다고 보고하였다. "나는 항상 한 동역자와 함께 새로운 그룹을 시작한다. 우리는 항상 산상수훈으로 시작하면서 행복에 초점을 맞춘다. 나는 산상수훈을 역사적으로, 신학적으로, 격정적으로 설명한다. 나는 자극하고 안내한다. 우리가 하나의 공동체를 시작할 때마다 나는 이렇게 한다." 이 사역에 있어서 공동체를 지속적으로 하나님나라에 초점을 맞추는 것이 최고의 우선권을 갖는다.

새로운 하나님나라 공동체는 그들의 상황에 맞는 형태를 띤다. 제이슨 에반스(Jason Evans, House of Matthew, Vista, CA)는 그의 하나님나라 중심적 사고를 다음과 같이 표현한다. "우리는 하나의 교회를 개척하고 있는 것이 아니다. 다만 하나님나라를 구현하고 싶을 뿐이다. 우리가 얼마나 많은 계획을 미리 해 놓을 수 있겠는가? 그것은 닭이 먼저냐 달걀이 먼저냐의 문제이다. 무엇이 먼저였는가? 그것이 우리의 딜레마이다."

그들은 하나님나라의 모습은 문화에 의존한다고 생각한다. 왜냐하면 복음은 항상 주어진 상황에 응답하는 것이기 때문이다. 그것이 하나의 대응이라면 그것은 결코 광범위하게 미리 계획할 수 없는 것이다. 그리고 고정된 구조일 리가 없다. 하나님나라 형태의 공동체 교회를 위한 계획은 전통적 교회 개척을 위한 계획보다 훨씬 더 불확실할 수밖에 없다. 그러므로 교회 형태를 느슨하게 생각해야 한다.

롭 그레이엄(Rob Graham, Levi's Table, St. Louis)은 구도자 교회를 개척하려고 준비하는 동안 복음서를 새로운 눈으로 읽게 되었다. 그는 하나님나라의 주장에 확신을 갖게 되었다. 그리고 그는 일을 진행하는 동안 다섯 명의 "성공적인" 교회 개척자들을 인터뷰하였다. 그는 개척자들에게 하나님나라에 관하여 날카로운 질문을 던졌다. "당신의 목표는 하나님나라가 아니라 당신 자신의 봉급이라는 것이 사실인가? 당신의 비전이 봉급에 대한 욕심으로 무시당하고 있는 것이 사실인가?" 다섯 사람은 각기 "그렇다"라고 답하였다. 그리고 어떤 사람은 감동하여 눈물을 흘렸다. 그레이엄은 전적으로 다른 방식으로 교회를 개척하고자 하는 마음이 자기에게 있음을 깨달았다. 그는 이것을 '죽음'으로 묘사하고 있다. "그때 나는 전임 사역으로 먹고 살겠다는 나의 일평생의 욕심을 포기하였다." 그때부터 모든 교회에 관한 질문들은 하나님나라의 기준을 통과해야 했다.

예수는 교회를 개척한 분은 아니다. 그는 율법을 구현하는 공동체, 그들의 전 생애 속에서 하나님나라를 반영하는 공동체를 세웠다. 그는 그를 따르는 무리들에게 이와 같이 할 수 있느냐고 물었다. 이머징 교회들은 무엇보다도 먼저 하나님나라를 추구한다. 그들은 교회 그 자체를 시작하려고 하지 않는다. 하나님나라를 구현하는 공동체를 양육하려고 한다. 하나의 공동체가 분명하게 하나의 교회가 될 것인지 아닌지는 그들의 목적이 아니다. 하나님나라를 드러내는 것이 우선이다. 하나님나라 활동의 핵심적인 요소는 그 공동체가 그 지역 상황을 반영할 것이라는 점과, 따라서 그 공동체의 형태는 매우 다양하다는 점이다.

이머징 교회들을 위한 도전들

예수는 대안적 사회 질서를 만들어 내셨다. 섬김과 용서 위에 세워진 사회 질서였다. 그 활동들을 통하여 그는 반성전 운동(countertemple movement)의 지도자로 일을 행하셨다.[8] 바울도 이 모델을 계속하였다. "우리가 바울 선교의 어젠다를 현대 용어로 서술한다면 그는 지역 공동체 속에서 구현했던, 국제적, 반제국적, 대안적 사회를 건설하고 있었던 것이 분명해 보인다."[9] 예수께서 죄를 용서하신 것은 직접적으로 성전 권위자들의 권세에 도전한 것이었다. 마찬가지로 바울도 "예수는 주시다"라고 선언하였고, 그것은 본질적으로 정치적인 선언이었다. 예수를 '주'라고 부른 것은 가이사(Caesar)가 주가 아니라는 것을 선언한 것이었다. 그것은 바로 황제를 권좌에서 쫓아버린 것이다. 예수의 패턴을 따라 바울은 대안적 삶의 방식, 즉 섬김과 용서에 근거한 삶의 방식을 구현하는 지역 공동체를 양육하였다. 이 공동체들은 복음 선포의 결과물이었다. 그리고 이 공동체들은 침투해 들어오는 하나님나라의 표징인 동시에 전조로서 기능하였다.

예수의 패턴을 따른다면 선교를 수행하는 데 어떤 도전이 있을까. 예수의 삶을 따라 살기 위해서 이머징 교회들은 이제 포로의 시대가 끝났으며, 하나님이 오셨고, 용서가 모든 사람들에게 이르렀다고 선포해야 한다. 그들은 국제적이고, 포스트식민주의적이며, 반제국주의 운동을 만들고 배양해야 한다. 국수주의적 경향의 사단을 제외하고는 어떤 적도 없는, 형제자매로 섬기는 공동체를 세울 필요가 있다. 항상 서로를 용서해야 하며, 그들의 삶을 통해 하나님나라를

8) N.T. *Wright, The Challenge of Jesus: Rediscovering Who Jesus Was and Is* (Downers Grove, IL: InterVarsity, 1999), 139.

9) Richard A. Hosley, "The New World Order: The Historical Context of New Testament History and Literature," in *The New Testament: Introducing the Way of Discipleship*, ed. Wes Howard-Brook/ Sharon H. Ring (Maryknoll, NY: Orbis, 2002), 13.

드러내야 한다. 오늘날 영국이나 미국에 있는 사람들에게 있어서 예수를 따름으로 인한 도전은 실로 어려운 과제임이 드러나고 있다. 그러나 그것은 이머징 교회들이 도전으로 생각해 온 과제이다.

예수의 방식으로 선교를 감당하는 것이 어렵다. 하지만 다른 모델은 더 문제가 많은 것으로 드러나고 있다. 앤드류 커크(Andrew Kirk)가 말한 대로, "예수의 방식의 선교를 깨닫고 거기에 응답하는 것이 가진 문제는 복잡한 것일 수 있지만, 기독교 공동체는 자신이 수행하는 것을 측정할 수 있는 기준, 즉 자신의 정책과 프로그램과 실천에 질문을 던질 수 있는 기준을 마련해야 한다. 이것이 없다면 선교는 단순히 특정한 문화나 역사의 한순간이 던지는 것에 임의로 응답하는 것이 될 것이다."[10] 아무리 어렵고 복잡하다 하더라도 예수의 방식보다 더 좋은 선교 활동의 모델은 없다. 이머징 교회들은 바로 예수의 삶과 복음과 하나님나라 안에서 선교를 위한 청사진을 수용해야 한다.

교회 중심의 선교에서 하나님나라 중심의 선교에 대한 사상은 엄청난 패러다임의 변화이다. 그것은 쉽지 않은 변화이다. 그러나 이머징 교회 지도자들은 그 메시지를 이해시키고자 하고 있다. 매클루어는 워터스 에지 교회에서 일어나고 있는 변화에 대하여 다음과 같이 보고하고 있다. "어느 날 밤 우리는 교회 밖 뒤편에 모여, 선교적 공동체와 우리가 여태껏 배웠던 교회의 고정적 관점을 비교하고 있었다. 사람들은 그것을 이해하고 있었다! 그들은 현실에 대한 하나님나라 관점과 교회 관점 사이의 차이점을 설명하기 시작하였다. 그

10) Andrew Kirk, *What Is Mission? Theological Explorations* (Minneapolis: Fortress, 2000), 39.

것은 느린 과정이다. 그러나 변화는 조금씩 조금씩 일어나고 있다." 교회 생활을 해 나오는 이 순간에 그들이 그렇게 많이 이야기한 것은, 예수와 하나님나라가 그들의 DNA의 한 부분이라는 것이었다. 랜딩 플레이스의 팔머는 매클루어의 말에 동의한다. "우리 교회는 예수와 하나님나라를 아주 진지하게 다룬다. 사람들은 그것을 이해하고 있다. 어느 누군가가 그것을 깨달았다고, 하나님나라의 초점을 이해한다고 교회에서 큰 소리로 외치면서 그 이해한 것을 보여줄 때, 그 순간은 한두 주를 더 버틸 수 있는 에너지를 나에게 주는 순간이다!"

하나님나라의 관점이 현재의 일반적인 교회 이해와 다르기 때문에, 사람들은 바위를 산 위로 굴려 올리지만 결국 다시 떨어져 내리는 바위를 바라볼 수밖에 없는 시지푸스처럼 느낄 것이다. 아펙스(Apex, Las Vegas) 교회의 설립자인 보이드(Joe Boyd)는 그의 좌절을 다음과 같이 발산하고 있다. "나는 '팝(pop) 기독교'를 증오한다. 나는 사람들에게 예수가 누구인지, 아버지가 누구인지 사람들에게 말한다. 그리고 하나님나라에 관하여 전한다. 그러나 그들은 그 다음에 지역 기독교 서점에 가서 예수에 관한 이단적인 것을 읽고 모두가 혼란을 겪는다."

하나님나라의 공동체를 만드는 데 있어서 예수의 방식을 따르는 것은, 아무리 부드럽게 말한다 해도, 어려운 일이다. 이머징 교회들은 신약 성경의 이야기들에 자극을 받았다. 그리고 그들은 그들 자신의 경험으로 인하여 겸손해한다. 하지만 일단 복음에 전염되면 예수를 따르는 것 말고 어떤 선택을 할 수 있겠는가? 이와 비교해 볼 때 다른 모든 것들은 그 중요성을 잃고 만다. 하나님나라에 대한 이해는 이전의 다른 모든 이해와 실천들을 거부한다.

때로 이머징 교회 안에서 하나님나라에 대한 논의가 모호할 때도 있다. 그들은 톰 라이트와 뉴비긴, 윌러드 등으로부터 가장 최근의 하나님나라와 문화에 대한 이해를 끌어내어 작업하고 있기 때문이다. 이머징 교회들은 이들 이전에 등장했던 교회 운동인 뉴패러다임 교회/목적이 이끄는 교회/구도자 교회 등의 도움을 기대할 수가 없다. 이런 운동들은 하나님나라에 초점을 두지 않았기 때문이다 (Vineyard는 혹시 예외라고 할 수 있을지도 모르겠다. 하지만 그것도 원래는 기도 중심의 교회였다). 이런 옛 운동들은 사실상 개신교 교회가 16세기 이후로 줄곧 가져왔던 구조와 동일한 구조를 가진 교회를 세웠다. 이머징 교회들은 정말로 선구적이다. 그래서 좀 산만해 보일 수 있다.

결론

하나님나라, 즉 하나님의 통치는 지금 그리고 여기에서의 삶에 관한 것이다. 그리고 그것은 개인의 욕구나 열망뿐만 아니라 그리스도의 대리자들의 공동체의 웰빙과 선교에도 관심을 갖는다. 그것은 현재의 신자들의 구성체를 넘어서서 세계를 포괄한다. 예수는 이 세계를 반항의 결과로부터 구원하시기 위하여 오셨다. 그는 세상을 급격히 다른 방향으로 돌려 놓으심으로써 세상을 구원하셨다. 이머징 교회의 복음은 개인 구원에만 국한된 것이 아니다. 그 복음은 그리스도의 통치의 현존과 침투에서 나오는 사회적 변혁이다. 하나님나라의 복음은 네 복음서 모두에 현저하게 나타나고 있다. 이머징 교회들은 더 이상 환원주의적인 메시지, 개인주의적인 메시지, 사유화된 메시지에 만족하지 않는다.

좀 벗어난 말이긴 하지만, 오늘날의 독자는 예수의 1세기의 첫 번째 청중은 '하나님나라' 라는 말을 이해했다고 생각해야 한다. 초대 교회는 하나님나라의 역동성을 실천하였다. 그러나 그들은 항상 동일한 용어를 사용한 것은 아니다. 왜냐하면 이 용어들이 그리스 로마 컨텍스트 속에 있는 청중에게는 낯선 말이었기 때문이다. 초대 그리스도인들은 하나님나라의 활동에 참여하였다. 그들은 섬김과 용서의 행위를 통하여 그들의 의무를 다하였다. 그러나 그들은 그들의 메시지를 지역 교회에 토착적인 방식으로 전달하였다. 이머징 교회들은 하나님나라의 용어들을 사용한다. 그것이 이 책에서 그 용어를 사용하는 이유이다. 그러나 포스트모던 문장가가 우리 시대의 상황에 맞는 말로 바꾸어 주리라는 희망을 갖고 있다.

요약하자면, 신뢰의 위기가 교회에 불어닥칠 때 이머징 교회들은 하나의 기준점으로서 예수의 삶을 회복하였다. 그들은 오랫동안 잊혀져 있었던 복음, 즉 이 세상을 구원하시는 하나님의 구원 사역에 참여하라는 초청을 예수 안에서 발견하였다. 이머징 교회들은 이 제안을 받아들였고 그들은 하나님의 선교, 즉 인간을 향하시는 하나님의 외적 운동에 참여하였다. 예수는 하나님나라를 선포하셨다. 이것이 이머징 교회들이 최근에 형성된 공동체들 속에서 선포하려는 메시지이다.

세속 영역 변화시키기 04

성스러워질 수 없을 만큼 세속적인 것은 없다. 그것이 가장 심오한 성육신의 메시지이다.

엥글(Madeleine L'Engle, Walking on Water)

커피 타임조차 예배로 방향을 바꾸었고 그리스도에게로 집중하게 하였다.

프리젠(Dwight Friesen, Quest, Seattle)

이머징 교회를 논함에 있어서 이제 분명해져야 할 것은 단순히 특별한 연령층의 다른 교회 스타일을 말하고 있는 것이 아니라는 점이다. 오히려 우리는 포스트기독교와 포스트모던 상황 속에서의 교회의 선교적 사명을 반영하는 교회론, 근본적으로 다른 교회론을 말하고 있다. 이것은 일련의 신학적, 철학적 문제들을 제기한다. 특히 모더니티의 든든한 구조물이 산산이 흩어지기 시작하면서 이러한 주변화가 일어나고 있다. 세속화 운동은 초월자를 부정하고, 냉철한 논리 의식과 적용을 통한 증명을 주장함으로써 종교를 와해시키고자 하였다. 그러나 세속화는 종교를 와해시키기는커녕 오히려 영적 공황과 통합에 대한 깊은 갈망만을 만들어 놓았다. 그러므로 이 장(chapter)의 제목은 모더니티가 가지고 있는 성/속 분리의 종말을 잘 드러내 보여준다.

하나님나라가 문화에 침투해 들어갈 때 무엇이 일어나는가? 사회는 공적인 것과 사적인 것, 성과 속을 구분해 놓았는데 하나님나라 공동체도 이러한 임의적 구분을 수용하고 있는가? 아니면 기존의 세력들을 존경하는 자들인가? 이 장은 예수의 삶을 실천하는 하나님나라 공동체가 어떻게 서구 사회에서 모던 문화와 포스트모던 문화와 상호작용을 하는가를 보여줄 것이다.

성/속의 분리를 거부하기

삶의 모든 것을 성스럽게 하는 과정인 성화(sacralization)는 하나님나라와 문화의 상호작용을 의미한다. 이머징 교회들은 세속적인 사고방식, 즉 세속적인 공간이나 세속적인 시간 혹은 세속적인 활동들이 있다는 사고방식을 부추기는 교회의 실천들을 거부한다. 이머징 교회들에게는 분명 삶의 모든 것이 거룩하다. 베이커는 "이원론에 대한 본질적인 거부감이 있다" 고 말한다.

이머징 교회에 있어서 성화는 한 가지, 즉 모더니티가 가진 성/속의 분리를 거부하는 것이다. 모던 시대의 특징은 세속 공간에 대한 생각의 탄생, 즉 하나님 없는 영역에 대한 생각의 탄생이다. 이 시기 전에는 모든 문화에 있어서 삶의 모든 영역은 영적이었다. 어떤 실천은 '종교적' 이고 어떤 것은 종교적이 아니라는 딱지를 붙이는 것이 불가능했다. 그때는 분리된 영역으로서의 영성은 없었다. 서구에서 모더니티가 발생함으로 인해 종교와 나머지 삶 사이의 연계성이

깨져버렸다. 14세기 오캄(William Ockam)과 스코투스(John Duns Scotus)로부터 시작하여 17세기 데카르트와 함께 급속히 발전한 모던 시대는, 세속 영역을 창조해내고 영적인 것은 교회로 이관시켰다.[1] 데카르트 이후에는 교회가 아니라 마음이 영적 장소가 되었다.

1960년대에 들어서면서 실재에 대한 서구의 많은 전제들이 문화 속에서 해체되기 시작하였다. 종교적 실천이 주변으로 밀려나는 현상은 이때까지 계속되었다. 이때부터 서구의 우월감과 '진보'에 대한 의심이 제기되기 시작하였다. 삶의 모든 것을 포괄하는 영성에 대한 갈망이 부활하기 시작하였다. 뭐라고 부르든 모더니티는 세속 영역의 탄생을 대표하는 사상이었다. 포스트모던(혹은 비-모던)은 삶의 모든 것의 거룩함을 대표하는 사상이다. 이머징 교회들에 있어서 그것은 예배에서 삶의 모든 것을 하나님께 넘겨드리는 것, 이전의 비영적인 것들이나 비영적인 활동들 속에서 역사하시는 하나님의 역사를 인정하는 것을 의미한다. 이머징 교회들의 특징은 바로 '온 삶'(whole life)의 영성으로의 변화이다.

모더니티가 세속 영역을 만들고 난 다음의 결과로 나타난 것은, 모든 것을 작은 부분으로 분리하여 분류하고 조직화하며 체계화하려는 경향이었다. 따라서 모던 시대에 많은 이원론—자연 대 초자연, 공적 사실 대 사적 가치, 몸 대 정신과 영, 신앙 대 이성, 힘 대 사랑 등등—이 교회의 생활 속으로 들어오게 되었다. 모던 이전에는 교회에 영향을 주지 못했던 모더니티의 이원론이 예배와 성경 연구

1) 이 책에서 서술한 모든 모더니티에 대한 것은 다음 책들을 참조함. John Milbank, *Theology and Social Theory: Beyond Secular Reason* (Oxford: Blackwell, 1993); Zygmunt Bauman/Keith Tester, *Conversation with Zygmunt Bauman* (Cambridge, U.K.: Polity Press, 2001)

와 권력 구조와 선교를 포함한 교회의 모든 면에 영향을 주었다. 포스트모던 문화는 이러한 이원론의 정당성에 의문을 제기하고 있다. 이에 상응하여 이머징 교회들은 모던시대의 이러한 이원론을 크게 반대하고 있다.

이머징 교회들의 통합적(Holistic) 접근

뉴패러다임 교회, 목적이 이끄는 교회, 구도자 교회, X세대 교회들은 이런 의미에서 포스트모던적이지 않다. 이런 운동들은 기본적인 영적 영역으로서 대중 집회와 마음을 좋아한다. 그들은 근대의 많은 이원론에 도전하지 않는다. 오히려 자연과 초자연, 개인과 공동체, 정신과 몸, 공과 사, 신앙과 행위의 분리를 계속 이어가고 있다. 그들은 지배적 권력 구조를 버리지 않고 있다. 이런 운동들 안에서는 종교와 영적 실천이 문화와 동떨어져서 이뤄지며, 영성은 여전히 주변에 머물러 있다.

대조적으로 이머징 교회는 분명하게 시편 24편 1절에 호소한다: "땅과 거기 충만한 것과 세계와 그 중에 거하는 자가 다 여호와의 것이로다."[2] 이머징 교회들에 있어서 더 이상 나쁜 장소도, 나쁜 사람도, 나쁜 시대도 없다. 모든 것이 거룩해질 수 있다. 모든 것을 예배에서 하나님께 드릴 수 있다.

이머징 교회들은 세속 영역을 없애려는 열망을 구현하고자 한다.

---

2) 히브리 성경은 '여호와(주)' 라는 말을 문장 첫 머리에 두어 전 창조가 하나님께 속한 것임을 강조하고 있다. 그는 창조하시며 보존하시는 능력이시기 때문이다. 그 다음 구절들은 창조를 전 물리적 우주와 사람들에게 연관시켜 정교하게 설명하고 있다. 교회에서 이 시편은 전통적으로 예수 승천일에 기독론적 성취를 표현한 것으로 불렸다.

이런 공동체들에는 현실 영역 중 비영적인 영역이란 없다. 영성에 있어서 이런 움직임이 분출하고 있는 것은 이제는 사회가 이성주의적 모더니즘을 넘어서고 있으며, 그래서 이제는 세속적인 영역이 사라지고 있음을 의미한다. "세속 공간은 둘러싸고 있는 물에 있는 하나의 거품과 같다. 세속 공간은 하나님 없는 공간이다. 나는 그러한 '세속'을 믿지 않는다. 존재해서도 안 된다"고 스티브 콜린스(Steve Collins)는 말한다.

에드슨 역시 성과 속 사이의 분리에 대한 생각을 거부한다. "우리는 성/속의 분리를 이어 주는 다리를 만들려고 한다. 왜냐하면 우리는 분리하지 않기 때문이다. 우리는 예배에서 일반 음악뿐만 아니라 영화와 문학을 사용한다. 그것들이 사람들의 일상생활과 그들의 믿음 사이를 연결하는 연결점이 되기를 희망한다." 이머징 교회들은 삶의 모든 것의 성스러움을 인정하고 세속적인 모든 것을 해체하려고 한다.

조직적에서 비일방적(nonlinear)으로

모던 시대에 일어난 세속 영역의 창조로 말미암아 서구 사람은 그들의 세상을 지배할 수 있게 되었다. 하나님이 아니라 자기들이 지배하고 있다는 것을 인식하자, 그들은 모든 현실을 조직하고 체계화하였다. 이런 조직의 원리가 교회 실천에도 영향을 주었다. 그래서 모던 교회는 매우 질서적이 되었다. 16-17세기에는 교회에 가는 사람들이 교양 있는 사람들이었기 때문에 교회들은 마치 텍스트처럼 구조화되기 시작하였다. 예배가 끝날 때까지 진행되는 예배의 각 요소들이 논리적인 형식으로 진행되었다.

맥루한(Marshall McLuhan)이 쓴 대로 "매체가 메시지이다."[3] 그라서 모던 구조들은 '일방성, 질서, 체계화가 사람들이 적절하게 하나님을 경배하는 수단' 이라고 크고도 분명하게 외쳤다.

이머징 교회들은 신앙에 대한 일방적 표현 방식들을 부정한다. 포스트모더니티는, 일방성이 주어진 사건을 말하는 많은 내러티브(narrative) 중의 하나일 뿐이라고 가르친다. 실제로 포스트모던은 한 가지 내러티브 그 이상을 말하는 것을 선호한다. 그리고 단 하나의 체계적 말하기는 선택적이며 왜곡 가능성이 있다는 것을 인정한다. 포스트모던을 주장하는 사람들이 진리 자체를 원하지 않는 것이 아니다. 다만 누구의 진리냐 하는 것이다. 흔히 진리가 제안하거나 강제할 때, '진리' 는 힘을 가진 한 인격이다. 왜 그 인격을 신뢰하는가? 그들의 견해에 의하면, 진리에 접근하는 더 좋은 방법은 공동체의 상황 속에서 많은 이야기들을 듣고 구별해 내는 것이다.

'진리들' 역시 몸들(bodies)을 가지고 있다. 진리는 단순히 추상적 관념의 묶음이 아니다. 그것은 걷고 말한다. 하나님이 사람들의 삶 속에서 구체적으로 행하시는 것에 관하여 우리가 들을 때, 우리는 진리를 듣는다. 포스트모던 사람들은 실재를 다양한 방식으로 이해한다. 일을 하는 한 가지 방식 이상이 있다. 한 번에 하나 그 이상이다. 부딪히는 메시지도 하나 이상이다. 이런 다양한 활동들의 합류점에서 '진리' 가 발견된다. 그런 생각에 기초한다면 내러티브가 열쇠이다. 명확한 이야기를 듣거나 주목할 수 있을 때, 누가 추상적이고 상황에 맞지 않는 명제들을 듣고 싶어 하겠는가?

예배 사건에서 비일방성이 어떻게 드러나는가? 한 예배에는 뒤에서 연주하는 음악이나 비디오가 있을 것이다. 볼 만한 예술 작품도

---

3) Marshall McLuhan, *Understanding Media: The Extensions of Man* (New York: McGrows Hill, 1964), 7.

있을 것이다. '교육'이 진행되는 동안에도 하나의 활동에 능동적인 참여가 있을 수도 있다. 다양한 이벤트들은 교육이나 성경 체험으로 기능할 수 있다. 이러한 많은 활동들이 내적으로 일관성이 있을 때도 있고 그렇지 않을 때도 있다. 두서너 가지의 다른 활동들이 교차하거나 분리되는 곳에 일반적인 메시지가 있을 수 있다.

헌터(Todd Hunter)의 공동체 교회는 교회 집회가 열릴 때, 어느 누구나 어느 때나 공유할 수 있는 열린 마이크를 배치해 둔다. 예배가 마지막 결단으로 끝나지도 않는다. 그래야 한다는 기대도 없다. 삶은 지속되고 있다! 그들의 추론에 의하면, 끝이 없어야 하는 경험에 왜 인위적인 종결 내러티브를 두는가 하는 것이다. 그래서 런던에서 대안 예배를 드리는 그레이스 교회는 단계별로, 일방적인 방식으로 진행되는 예배가 없다.

성경 해석에 있어서 모던적 성경 해석과 포스트모던적 성경 읽기는 상당한 대조를 이룬다. 모더니티 하에서 복음주의자들은 성경이 가지고 있는 내적 일관성이나 예수께서 히브리 성경의 영감을 인정했다는 사실에 근거하여 성경의 권위를 방어하였다. 성경은 삶의 문제에 답변을 제공하고, 하나님에 의해 쓰인 책으로 간주되었다. 다양한 책들, 사건들, 명제적 진술들은, 함께 잘 맞추어 놓으면 완전한 그림을 보여줄 수 있는 퍼즐 조각들이었다. 문제는 빠진 조각들과, 아무리 노력해도 맞지 않는 조각들이 있는 것처럼 보이는 것이었다.

성경은 모든 중상 모략하는 사람들로부터 방어해야 할 책이었다. 전사들이 지적인 복싱 경기를 위해 각자의 코너에서 나왔다. 적들은 상대방의 결점을 파악하여 점수를 따려고 하였다. 매 라운드가 끝날 때마다 그들은 각자의 자기 코너로 돌아가서 용기와 조언과 재충전을 얻었다. 하지만 포스트모더니티 하에서 복싱 '링'은, 돌아가서 회복해야 할 안전한 코너가 없는 원형 링이었다.

이머징 교회들은 점차 모던적인 방식으로 성격을 사용하는 것에 만족하지 못하게 되었다. 악세스(Axxess, Arlington, TX)의 세실(Brad Cecil)은 고백한다. "그것은 모든 사람들을 위한 긴 여행이었다. 토대주의(foundationalism)[4]로부터 돌아서는 것은 어려운 일이다. 한 번 계몽되면 더 이상 되돌아올 수 없다. 왜냐하면 확실성은 당신을 둘러싸고 있는 따뜻한 담요와 같은 것이기 때문이다."

세실과 같은 비토대주의자(non-foundationalist)들은 그들이 합리주의적이고 자유주의적(이것도 역시 모던적 구성물이다)인 성경 해석을 수용한 것으로 생각지 않는다. 그들은 모더니티의 전제조건과 제한된 시각 없이 성경을 새롭게 읽는 데 주목하고 있다. 그들에게 있어서 성경은 창조 이전부터 시대의 종말을 넘어서까지 펼쳐져 있는 거대한 하나의 이야기를 함께 구성하고 있는, 흥미 있는 이야기들의 집합을 의미한다. 롤린스는 모던적 성격 읽기 방식에 대한 그의 관심을 다음과 같이 표현한다. "성경을 많은 목소리를 가진, 많은 해석 방법이 있는 하나의 책으로 보지 않고, 한 목소리를 가진 단 하나의 책으로 성경을 읽는 방식에 대해 나는 염려하였다."

하나님은 기본적으로 명제의 형식을 통해서가 아니라, 비유와 난

---

4) Nancey Murphy, *Anglo-American Postmodernity* (Boulder: Westview Press, 1997), 9: "토대주의는 인식에 관한 이론이다. 좀더 좁혀서 말하자면, 그것은 앎에 대한 주장이 어떻게 정당화될 수 있는가에 관한 이론이다. 우리가 하나의 신념을 정당화하려 할 때, 다른 신념과 연관시켜서(하나의 신념을 다른 신념에 근거하거나, 그것을 다른 신념으로부터 끌어오거나 하여) 정당화한다. 이런 다른 신념들에 의문이 제기될 때 그 신념들도 역시 정당화되어야 한다. 토대주의자들은 이 정당화의 연결이 어디선가 멈춰야 한다고 생각한다. 그것은 순환적이어서는 안 되며, 무한으로 퇴각해서도 안 된다. 따라서 이 퇴각은 의심할 여지가 없는 신념들의 '토대' 에서 끝나야 한다."

제와 잠언과 민속 노래들이 담겨 있는 하나의 이야기를 통해 인간과 교제하신다. 그 이야기는 오늘날에도 여전히 전개되고 있으며, 이 시점 여기에서 우리가 참여하고 있는 이야기이다. 성경은 어떤 해답이나 은신처를 제공하기 위한 책이라기보다는 흥분과 헌신과 일상의 여행의 모험에 참여하라는 초대이다. 그것은 퍼즐 조각이 아니라, 어떤 곳은 놀랍도록 섬세한 면과 풍부한 색깔을 가지고 있으면서, 그러나 또 어떤 곳은 스케치로 대략 그려진 하나의 그림이다.

우리가 그 이상의 어떤 것을 얻으려고 하지 않고 이미 우리가 가진 것으로 살아야 한다는 의미에서 성경은 완성된 작품이다. 인간 역사가 완성되는 때, 우리가 주 앞에서 설 때만 성경이 우리의 눈앞에서 완료될 것이다. 우리는 성경을 마음대로 숫자 따라 그리기(paint-by-numbers, 임의로 배열된 숫자를 따라 줄을 긋거나 석을 칠하면 일정한 모양이 드러나도록 되어 있는 그림) 캔버스로 취급해서는 안 된다. 그리고 이미 주어진 것에 마음대로 덧칠해서도 안 된다.

엘리트주의 문화 단절에서 시각 문화에의 참여로

종교개혁은 문자시대에 태어났다. 활자 인쇄가 먼저 존재하지 않았다면 종교개혁이 일어나기가 어려웠을 것이다. 개신교 교회 자체는 이미 인쇄 문화의 상황을 반영한 것이었다. 그리고 개신교 교회는 인쇄된 서적 주변에 자신의 세계를 구축한 사람들을 위해 만들어진 새로운 형태의 교회였다. 보기에 따라서 비문자계층들이 복음을 이해하기 위한 유일한 방법이 이미지였듯이, 그것은 흔히 비문자 계층에 전쟁을 수행하는 새로운 문자 계층이었다. 따라서 스테인드글라스, 상징들, 스토리 교육은 깊은 의심을 받았다. 논리적으로 준비된, 선포된 말씀에 초점을 맞춤으로 말미암아 예배는 추상적이 되었고, 청중은 이제 이전에 그들의 눈으로 본 것을 상상해야만 했다. 이때는 전체 경험으로써가 아니라 말로써 의미를 전달했듯이, 예배음악조차도 강하게 텍스트(가사)에 근거하게 되었다. 마틴 루터가 말한 대로, "귀(ears)가 그리스도인들을 위한 유일한 기관이 되어버렸다." 모든 것은 고도로 조직적이 되었고, 추상적이 되었으며, 활자화되었다. 인쇄시대는 모던 시대를 반영한다. 어느 것이 먼저 왔는지 논쟁의 여지가 있을 수 있다.

19세기 중엽 사진술의 발명으로 인쇄 시대의 몰락의 씨가 심어졌다. 그 이후로 라디오, TV, 동영상, 컴퓨터를 포함하는 시청각문화가 좀더 의미 있는 자리를 차지하였다. 이런 형태의 미디어들은, 엘리트 문자 문화를 당황케 할 정도로 열렬히 환영받았다. 문자시대에 태어난 모던 교회는 프린트 문화에서 이미지에 근거한 문화로 넘어가는데 상당한 곤란을 겪었다.

개신교의 교회 형태는 지금은 더 이상 존재하지 않는 문자시대에 의해 만들어졌다. 그들의 특수한 전통들이 문자적, 모던적 강조점이 없다면 어떻게 보일 것인가를 상상하는 것은 어렵다. 개신교 교회는 역사적으로 엘리트 프린트 문화와 함께 걸어왔다. 그래서 지금은 프린트 문화를 숭상하는 문화에 있는 사람들과 다른 사람들 사이에 커다란 단절이 존재하고 있다. "교회에 지배적인 엘리트주의는 교회와 대중문화 사이의 균열을 가져왔다" 고 몹스비(Ian Mobsby, Moot, London)는 말한다.

그것은 단순히 하나의 문화나 양식을 다른 문화나 양식보다 더 선호하느냐 아니냐의 문제가 아니다. 문제는 더 깊은 곳에 있다. 몹스비가 말한 대로, "전통 교회와 현대 문화 사이의 간격은 교회가 성육하지 못한 잘못이 있음을 의미한다. 그리고 그것은 교회가 추구하고 성취해 내려고 했던 회개와 혁신을 요구한다." 이머징 교회들은 프린트 문화, 즉 모더니티의 일방적 접근방식을 넘어 복음을 세상으로 가져오며, 복음을 구현하고, 복음을 표현하려고 노력한다. 예를 들어 이머징 교회 예배에서는 '일반' 음악을 연주하거나 그런 노래들의 의미를 변형시켜 사용한다(반드시 가사를 바꿀 필요는 없다). 그러므로 교회는 그들의 일상의 삶과 유사하다.

교회를 더럽히는 것이 아니라 세속 음악이 거룩해지는 것이다. 그러므로 그들의 일상의 삶도 역시 거룩해지는 것이다. 대안 예배자들(영국의 대안 예배 운동과 관련되어 있는 사람들)에게 있어서, 음악은 노래 자체 때문에 기독교적이거나, 기독교인이 작곡하고 연주하기 때문에 기독교적인 것이 아니다. 그것으로 하나님께 영광 돌릴 때 그 음악은 기독교적이라고 그들은 생각한다. 모든 것은 그것이 하나님께 드려질 때 거룩하게 된다.

포스트모던 사람들은 그들의 세계를 비텍스트적으로, 비일방적인 방식으로 구성한다. 그리고 복음은 세상에서 구체화되어야 하며, 그러므로 선교적이 되기 위해서는 같은 방식으로 전달되어야 한다. 21세기의 포스트모던 문화 속에서, 일방적이거나 텍스트에 근거한 교회론은 교회 안에 세속성을 지속시키는 것이며, 세상 속에 성육신하여 살라는 교회의 사명을 부인하는 것이다.

생명 수용적 영성 만들기

모더니티의 기간 동안 교회는 축소된 역할에 만족했다. 교회는 사회의 영적 담당 목사라는 생각을 가지고 있었다. 교회는 현실의 모든 문제에 관계하지 않고, 오로지 경계선으로 둘러싸인 '영적' 영역에만 관계하였다. 근대 말에 이르러—1960년대 후—성/속의 이런 구조가 깨어져 버렸다. 그래서 새로운 영성이 나타나게 되었다. 많은 교회들은 영적 시장에서 자신의 매장을 잃어버릴까 두려워 이러한 새로운 발전에 저항하였다. 삶에 대한 통합적 접근을 시도하는 새로운 영성을 교회는 비난하였다. 하지만 많은 이러한 새로운 신앙 형태들은, 교회가 지금까지 오랫동안 수용해 왔던 영적 결핍을 제거하려고 하였다.

이러한 점증하는 고립의 최후 결과로 인하여 영성적 문화가 세속적 교회를 둘러싸는 형국이 되어버렸다. 근대가 쇠퇴하는데 교회는 여전히 통합적 영성을 만들어내기를 거부하고 있으며, 사회의 주변에 머물러 있기 위해 투쟁하고 있다. 결과적으로, 모더니티의 잘못을 인정하고 있고 영성적으로 통찰력 있는 신비가들은 자신들의 욕구를 만족시키기 위하여 다른 신앙에 주목할 수밖에 없다. 많은 교인들이 쇠퇴해 가는 교회를 계속해서 모던한 채로 유지하기 위해 투쟁하는 동안, 이머징 교회들은 모던적인 것을 버리고 있으며 그로 인해 교회에 새로운 생명을 가져오고 있다.

이머징 교회들은 근대 교회가 축소시켜버린 성(the sacred)의 형태를 수용하기를 거부하고 있다. 대신에 그들은 모든 삶을 위한 영성을 만들어내고 있다. 하지만 그러한 대안적 영성 실천은 교회의 모던적 감수성에 두려움을 가져다주고 있다. 대안 예배는 예식, 피조물, 생태, 상상력, 신체 언어 등을 사용함에 있어서 뉴에이지 실천과 비슷하다고 할 수 있다고 로버츠(Paul Roberts, Resonance, Bristol, U.K.)는 인정한다.[5] "그러나 이러한 것은 문화적으로 유사할 뿐이지

5) Paul Roberts, *Alternative Worship in the Church of England* (Cambridge, U.K.: Grove Books, 1999), 20.

교리적으로 유사한 것은 아니다. 대안 예배는 하나님이 유일하게 예수 그리스도 안에서 행동하셨다는 신앙에 의해 형성된 특별한 세계관을 가지고 시행되고 있다."[6] 로버츠는 통합적 삶의 영성에 대하여 다음과 같이 정의하고 있다. 통합적 영성이란 예수 그리스도를 믿는 믿음에 그 뿌리를 두고 있는 영성이며, 하나님 없는 영역이 있을 수 있다는 생각을 믿지 않는 영성이다.

초월과 내재를 포괄하는 영성

세속적 모더니티는 종교적 실천을 두 극단으로 몰아버렸다. 모더니티 이전만 해도 하나님은 초월자[7]이시며 동시에 내재자[8]였다. 그런데 모더니티 시대에는 하나님은 초월자이시거나 내재자였지, 초월자이시며 동시에 내재자이실 수는 없었다. 이와 관련해서는 보수주의자들이나 자유주의자들이나 공히 모던적이다. 보수주의자들은 하나님의 초월성을 강조하고 자유주의자들은 하나님의 내재성을 강조한다. 모던한 보수주의 교회들은 하나님은 물질적 실재 밖에서 경험된다고 생각한다.

로버츠는 그에 대한 한 예를 제공한다. "은사 집회에서 하나님은 물리적 영역 '밖에' 자리하고 계신다. 이것이 바로 은사 집회가 황홀 체험에 집중하는 이유이다. 이와는 반대로 대안 예배는 하나님을 물리적 영역 안에 위치시킨다. 그래서 하나님을 체험하는 것은, 창조된 모든 것 안에서 그리고 창조된 모든 것을 통하여 상징적으로,

---

6) Ibid.

7) 초월자: 하나님은 인간의 경험과 이해를 넘어서는 분이며 물리적 우주를 초월하시는 분이다.

8) 내재자: 하나님은 능동적으로 피조물의 세계에 참여하신다.

도상적으로(iconically), 성례전적으로 하나님을 만나는 것을 의미한다."[9]

리바이브(Revive) 교회의 사이먼 홀(Simon Hall)은 은사 집회의 근대적 측면을 극복하려고 할 때의 경험을 다음과 같이 나누고 있다. "리바이브 교회 안에서의 가장 큰 긴장 중의 하나는 예배 시에 현실로부터의 은사 체험적 도피를 막아 보려는 것이다. 20대 초반 시내 어느 한 교회에서 사역할 때를 기억한다. 나는 사람들로 하여금 그들의 삶에 관한 찬송들을 부르도록 하였다. 그때 그들의 태도는 '우리는 우리 삶으로부터 도피하려고 여기 왔는데!' 라는 것이었다. 나는 지금 그것을 변화시키려고 노력하고 있다. 왜냐하면 그때의 그 사람처럼 한다면 현실과 신앙이 완전히 분리되는 결과를 가져올 수 밖에 없기 때문이다."

실로 축제나 초월에만 집중하는 예배는, 사람들이 함께 안고 살아가는 문제들과 모순들을 무시하는 것으로 끝나버릴 수 있으며, 또한 나아가서 그것들을 부인하는 결과들을 가져올 수 있다. 그러나 동시에 피조물 안에만 계시는 하나님만을 인정하는 것은 성경 안에 나타난 하나님의 또 다른 속성들, 하나님의 타자성, 곧 하나님의 초월성을 무시하는 것이다. 이머징 교회들은 세속적 모더니티의 잘못된 양자 택일을 거부한다. 그래서 그들은 보수주의자들도 자유주의자들도 지지하지 않는다. 그들은 하나님이 물질세계 속에서 활동하심을 인정한다. 동시에 하나님의 보이지 않는 현실을 수용한다.

뉴 패러다임 교회는 더럽고 추한 네모난 창고를 종종 교회로 사용한다. 그 안에는 밝은 카페트와 딱딱한 의자와 연주자들을 위한

---

9) Roberts, *Alternative Worship in the Church of England*, 18.

무대가 있다(빈야드나 갈보리 채플 같은 그러한). 뉴 패러다임 교회들은 "땅은 주의 것이라"는 것을 피한다. 그래서 물질적 실재는 영적 실재를 반영할 필요가 없다고 믿는다. 그럼으로써 그들은 본질적으로 물리적 공간을 세속화 작업에 넘겨주고 만다. 이머징 교회들이 볼 때, 이러한 베이비 붐 세대 교회들이 가진, 아름다운 것에 대한 적대감은 모더니티의 성/속의 분리를 강화시켜줄 뿐이다. 쓰인 언어, 논리, 그리고 일방성을 숭상하여, 그 이외의 다른 모든 것은 '세상'에 양도해버린다는 점에서 그렇다. 이와는 대조적으로 이머징 교회들은 다음과 같이 묻는다. 우리가 일상생활 속에서 느끼는 선과 아름다움에서 하나님을 어렴풋이 감지하듯이, 예배 공간 속에서 우리가 보는 것들을 통하여서 하나님을 좀더 충분하게 알 수 있지 않은가?

이머징 교회들은 시각적 표현을 위하여 그림, 슬라이드, 드로잉, 촛불들을 사용한다. 부가적으로 그들은 비디오나 텔레비전의 단면들을 보여줄 때도 있다. 때때로 예술 작품의 설치나 전시가 전 '예식'을 대신하기도 한다. 그들은 고대 문화와 대중문화에 잘 어울리는 아이콘(icon)들을 보여줄지도 모른다. 개신교계에서는 덜하지만, 역사적으로 볼 때 예술은 거룩함(holy)을 표현하는 데 매우 중요한 역할을 감당하였다. 예술 작품에는 영적인 것과 물리적인 것이 함께 결합되어 있기 때문이다.

이머징 교회들은 모든 형태의 미디어에 몰입함으로써, 하나님의 초월성에 대한 헌신을 유지하면서도 하나님의 내재성을 회복하고 있다. 그리하여 그들은 풍부하고도 아름다운 예배 환경을 조성하고 있다. 손턴(Andy Thornton)이 지적한 대로, "만일 예배 중에 하나님이 너의 뺨을 어루만질 것이라고 생각하지 않는다면, 이렇게 하는 것이 아무런 의미가 없다."

리이매진(ReIMAGINE)은 초월과 내재의 추구를 다음과 같이 설명한다. 한 사람이 낙하산을 타고 어느 한 도시로 내려간다고 상상해 보라. 땅과 가까워지면서 그는 여러 다른 것들을 여러 다른 차원에서 볼 수 있을 것이다. 1만 5천 피트 상공에서는 도시가 아름다운 녹색(green) 도시로 보일 것이다. 5천 피트에서는 도시가 마치 쇠라(Seurat, 19세기 프랑스 신인상파 화가)의 그림처럼 녹색 픽셀로 보일 것이다. 점점 가까이 오게 되면 녹색 점들이 사람들이라는 것을 알게 될 것이다. 이러한 하나님나라 백성들이 가는 곳은 어디든지 작고 푸른(green) 흔적이 남을 것이다. 각각의 하나님나라 사람들은 푸른 점의 '인큐베이터' 이며, 도시의 푸름(greenness)을 옹호하는 자들이다.

그린(녹색)은 원색이 아니다—블루(파란색)와 옐로(노란색)는 원색이다. 옐로는 수직 축, 영적 축이며 하나님 추구의 색이다. 위로 올라갈수록 점점 엷어진다. 이것은 오로지 창조자를, 초월자를 추구하는 색이다. 블루는 창조, 사회정의, 선한 삶, 타자에게 선을 행하기를 상징하는 색이다. 중심에서 멀어짐으로써 점점 더 어두워진다. 이것은 하나님의 내재성을 추구하는 것을 의미한다.

옐로 사람들은 하나님을 초월자로만 본다. 보수주의자들과 복음주의자들이 그렇다. 그들은 초월성에 초점을 맞춤으로써 하나님에만 관심을 두지, 하나님이 사랑하는 것들에는 관심이 없다. 블루 사람들은 하나님이 사랑하는 것을 사랑한다. 즉 그들은 땅을 사랑하고, 인간을 사랑하며, 환경을 사랑하고, 인간의 감각을 사랑한다. 그들은 자유주의자들이다. 그들은 내재성에 초점을 맞춤으로써 하나님 자체를 사랑하지 않으며, 예수님을 부인한다. 그러나 하나님나라는 갈망한다.

리이매진 교회의 초점은 그린(녹색)이다. 예수는 궁극적 그린이다.

창조자와 창조가 그리스도 안에서 만나기 때문이다. 사람들이 타락하면 블루나 옐로가 된다. 리이매진의 과제는 옐로인 사람들로 하여금 그들의 팔레트에 블루를 첨가하도록 하고(창조와 결속하게 된다), 블루 사람들에게는 옐로를 첨가하도록(창조자와 결속이 되도록) 도와주는 것이다. 스칸드렛과 그의 예술가 공동체는 다음과 같이 말한다. "이것이 하나님나라의 삶의 DNA이다." 이것은 사람들로 하여금 억지로 초월이나 내재 중 어느 하나에만 관심을 갖도록 하는, 그래서 둘 다에 관심을 갖지 못하게 하는 모더니티의 특성에 대한 탁월한 설명이다. 동시에 그것은 하나님나라(green)가 어떻게 모더니티의 양극(옐로와 블루)과 상호 관계하느냐에 대한 놀라운 설명이다.

폭넓은 문화에 성육신적으로 참여하기

이머징 교회들은 넓은 문화와 관련하여 수동적이거나 방어적 자세를 취하지 않는다. 오히려 인사이더로서 문화에 참여하려고 노력한다. 손턴은 다음과 같이 지적하였다. "새로운 형태의 교회를 만들도록 자극한 것은 단지 선교적 질문만은 아니었다. 새로운 교회 형태에서 중심적 역할을 하는 것은 그리스도인들이 일생동안 그들의 두 세계, 즉 그들의 교회와 그들의 문화를 이해하려는 욕망이다. 교회 안에서 문화적 단절을 가장 신경써야 할 사람은 교인들의 자녀이다. 대안 예배의 현장의 지도자들을 보라. 거의 모두가 영향력 있는 그리스도인의 자녀들이다. 이 자녀들은 문화적 아웃사이더가 되는 것을 멈추고 싶어 한다. 그들은 그들의 두 세계를 함께 결합하는 것에 관심을 쏟으며 진정성을 추구한다. 그렇게 함으로써 그들은 부적응을 끝낼 필요가 있다." 이머징 교회들은 그들의 신앙과 동시에 그들의 문화에 충실하기를 원한다.

단절을 끝내고 평생 그리스도인들에게 온전함을 제공하는 것이 여기서 논하고 있는 심층 의제의 한 부분이다. 예수 그리스도의 추종자로서 우리는 그리스도로부터 성육신적으로 살라는 명령, 한계를 극복하라는 명령, 하나님의 삶을 표현하라는 명령, 모든 영역이 하나님이 일하시는 곳이라는 것을 인정하라는 명령을 받았다. 베이커는 성육신적 선교에 대하여 다음과 같이 생각해왔다. "하나님은 일상적 삶 밖에서가 아니라 일상적 삶 속에서 만날 수 있다. 그래서 예배는 두 방향의 움직임을 만들어낸다. 하나는 현실 세계를 교회 안으로 가져온다. 또 하나는 일상생활 속에서 하나님을 만날 수 있게 한다. 이것은 여타의 삶과는 분리되어 있으며, 여타의 삶과는 아무런 관계가 없는 교회의 경험에 대한 직접적인 도전이다."

비전스(Visions) 교회는 금요일 밤마다 클럽에서 사역하면서 지역의 프로모터들에게 영상을 보여주었다. 그리고 주일날 저녁에는 예배를 드렸다. 그들은 주일날 교회에서 하지 않을 만한 것은 금요일 날 클럽에서도 하려 하지 않는다. 이 세상에서의 그들의 삶은 그들의 신앙적 헌신과 일치되어야 했다. 따라서 그들은 금요일 날 클럽에서 하지 않을 만한 것들은 주일날 교회에서도 하지 않을 것이다. 그들의 신앙은 그들 주변에 있는 문화에 고유한 방식으로 표현되어야 했다. 지역 문화 속에 살면서도 지역적인 것을 넘어 일(the One)자를 가리키는 것이 계속해서 이머징 교회를 순수하게 만들어준다.

지역 문화적 상황으로부터 나오는 예배

예배와 간증이 함께 진행될 때, 하나님을 간증하는 사람들과 함께 삶의 '세속적' 인 측면을 극복해 나가는 24-7[매일의] 영적 삶이 참여자들에게 만들어진다. 월러스(Sue Wallace)는 다음과 같이 설명한다. "우리가 예배에서 문화를 수용하는 이유는 바깥 세계에서 예배하러 온 사람들에게 교회를 집처럼 편안하게 느끼도록 하려는 것도 있지만, 또한 우리로 하여금 우리의 예배를 우리의 교회 공간으로부터 우리의 세상 속으로 가져가게 하려는 것이기도 하다. 당신이 어느 쇼핑 장소나 술집에 있는데 교회에서 들었던 노래를 듣는다면, 그 노래는 연상 작용을 일으키며 하나님을 생각나게 할 것이다." 사람들이 예배에서 그들의 문화를 하나님께 가져온다면, 그때의 그 경험은 그들이 교회를 떠나 있는 일상적인 삶에도 확장될 것이다. 이러한 '세속적인' 예배 방식은 어느 곳에서나 하나님을 생각하게 할 것이고 하나님을 생각하게 하는 실마리가 될 것이다.

성육신적 예배는 사람들이 가진 모든 것, 현재의 있는 모습 그대로 모든 것을 자기들의 세계로부터 하나님께로 가져오는 것을 의미한다. 예배를 열어놓고 모든 은사와 경험들과 특이한 것들을 포함시킨다면 아마도 틀림없이 비난받기 십상일 것이다. 콜린스는 그에 대하여 다음과 같이 솔직하게 표현하고 있다.

> 그레이스 교회는 늘 하고 있는 일상적인 예식이 삶의 방식을 잘 표현하지 못한다고 생각하는 사람에 의해 시작되었다. 그래서 기본적인 관심의 좋은 측면과 나쁜 측면들을 다 가지고 있다(즉 이 교회는 재래적인 교회들이 하지 못하는 방식으로 여러 가지 것들을 다루며 그러한 방식으로 삶과 연계시킨다). 그러나 그것은 예식의 장치나 유행을 사랑하는 데서 알 수 있듯이, 미적 허풍을 드러내기도 한다. 원한다면, 교회를 자화상으로 생각해 보라. 적어도 이런 방식에 무의식적으로 포함됨으로써 그것은 우리로 하여금 그런 문제들에 계속해서 직면하게 한다. 교회가 단지 교회의 규율이나 신조를 엄격히 지키

는 그런 것들에만 관심을 돌릴 때, 우리는 교회 가는 것만으로 충분히 거룩하다고 생각하고 다른 것은 아무것도 해서는 안 된다고 생각하기가 쉽다. 나를 선하게 하고 하나님께 빚을 갚기 위해서 교회 활동으로 족하다고 하는 태도를, 나는 시민 종교의 특징이라고 생각한다. 그것은 우리가 가이사에게 하는 그런 방식으로 하나님께 책임을 다하겠다는 생각이다(즉 그것은 어느 다른 곳에서 즐거움을 갖는 동안에는 하나님께 등을 돌리겠다는 것이다). 시민 종교를 아주 많이 상실한 사회에서 신앙에 도달한다는 것은 보다 강력한 선택, 곧 전부 아니면 전무를 선택해야 한다는 것을 의미한다.

각자가 자신의 개성이나 은사나 경험을 통해 예배에 기여할 수 있다. 이렇게 예배 공동체가 집단적으로 반응하면서 예배를 드린다는 것은 자기를 반영하는 것이다. 문제가 개인과 관련된 문제이거나 그 그룹에 전형적으로 나타나는 문제들일 때, 드러내야 할 잠복된 문제들을 표면으로 드러내는 것이다. 그레이스 교회의 경우를 보자. 콜린스는 장치나 미적(aesthetic) 허세를 지나치게 좋아하는 것을 식별해낸다. 몇몇 가지는 예배의 통로가 되기보다는 오히려 예배의 방해물이 되는 것으로 드러난다. 이와는 대조적으로 수동적 예배는 이러한 문제들을 드러내지 않고 내버려둔다. 콜린스는 사람들이 자기들의 세계를 하나님께로 가져오지 못할 때 일어나는 것을 다음 같이 탁월하게 설명하고 있다. 교인들은 자신들이 세속적인 삶은 건드리지 않은 채로 놔두면서, 영적인 일을 하고 있다고 자신들을 속일 수 있다. 사람들은 일상의 모든 것을 하나님께 가져옴으로써 그들은 자신들이 누구인지를 발견하게 되고, 모든 삶의 영역에서 구원의 가능성을 만들어 갈 수 있다.

전체적으로 연결된 예배와 단순히 트렌드인 예배를 구별하기

많은 교회에서 시행되고 있는 예배 전쟁들을 보면, 관심의 초점은 전통적 예배와 현대적(contemporary) 예배 스타일의 차이에 관한 것이었다. 이머징 교회들은 이것이 중요한 문제가 아니라고 믿는다. 왜냐하면 그들이 보기에 전통적 교회 형태나 현대적 교회 형태들은 둘 다 마찬가지로 세속적이고 근대적인 교회 형태이기 때문이다. 두 교회 유형 모두 대체로 문화에는 별로 관심이 없고 오로지 영적인 것에만 신경을 쓴다. 따라서 이머징 교회들은 트렌드적인 예배, 청소년 예배, 청년 예배, X세대 예배를 만들려고 하는 근대적 유혹을 거부한다. 왜냐하면 그러한 예배들이 포스트모던적인 것처럼 보이기는 하지만 결국은 계략이기 때문이다. 그러한 예배들은 필연적으로 모더니티의 모든 것을 버리지 않는다.

이머징 교회들은 사람들이 자기들의 세계를 하나님께 드려야 한다고 믿기 때문에 지역 문화와 강하게 연결되어 있다. 이런 교회들은 예배가 트렌드이기 때문에 문화적 표현 방식들을 사용하는 것이 아니라, 예배가 사람들의 삶에 뿌리를 두고 있기 때문에 문화적 방식들을 사용한다. 이것이 하나님 앞에서 정직한 유일한 길이다. 브레윈(Kester Brewin, Vaux, London)은 바로 지금의 상황에 충실한 방식으로 신앙생활을 하는 것이 그들의 목표라는 것을 다음과 같이 묘사하고 있다.

> 전통과 교육을 책임지고 있는 사람들과, 성전 창고를 열어 그것을 대중에게 되돌려주려는 사람들 사이에 언제나 투쟁이 있어왔다고 나는 생각한다. 유대인들의 식사 규정을 무시하기 위해, 성경을 영어로 번역하기 위해, 현대 음악을 예배에 사용하기 위

해 투쟁하는 그리스도인들은 그리스도에 줄 서 있는 사람들이다. 왜냐하면 그들은 예배에 오려는 일반 사람들의 길에 있는 장애물을 치워 준 것이기 때문이다. 이런 것을 지나치게 자랑하고 싶지 않다. 다만 이것이 진실로 복스(Vaux) 교회에 관한 것이라고 말하고 싶다. 우리는 우리 방언으로 하나님을 말하고 싶다. 우리의 지역 방언이 도시풍이고 디자인이 상식적인 것은 우연이다.

복스 교회는 그들이나 그들의 청중 모두가 공유하는 세계의 컨텍스트 속에서 이해할 수 있는 언어로 복음을 전달하는 데 관심을 기울인다. 그들은 그들 모두의 각각의 특수성에도 불구하고 그들 스스로 예배를 창조해낸다. 그럼으로써 그들은 그들의 일상생활을 성스럽게 한다. 복스는 그들의 도시적이고도 일상적 디자인의 세계의 언어를 사용하여 하나님께 영광을 돌릴 수 있는, 작고도 매우 독창적이며 토착적인 예배 이벤트를 창조한다.

몸/마음의 통합을 표현하는 예배

모더니티의 성/속의 분리는 몸을 정신으로부터 분리시켰다. 정신/영/마음은 성스러운 것이었고, 물질적 실재의 일부로서 몸은 세속적인 것이었다. 교회도 마찬가지였다. 예를 들어 근대 예배는 정신에 초점을 맞추었다. 성경의 기본적 진리와 바른 교회를 이해하는 것이 가장 우선되었다. 몸은 필연적으로 악이었다. 한 사람의 사상만큼 그의 몸은 높게 평가될 수 없었다. 정신에 초점을 맞춘 것은 데카르트적 사회에 적응하려는 근대 교회의 전략이었다. 하지만 인식에 근거한 기독교 시대가 300년이 지난 지금, 환원주의적으로 정신에 초점을 맞추는 것이 대체로 문화에 의해 불신을 당하는 새로운 시대에 접어들었다. 포스트모던 시대는 몸과 정신의 통합의 시대이다. 몸과 영혼은 더 이상 분리된 것이 아니라 전 인간의 일부분으로 여겨지고 있다.

이머징 교회들은 몸을 예배 이벤트 속으로 다시 가져오고 있다. 종교개혁이 예배 의식으로부터 많은 의식(rituals)들을 제거해버린 반면 포스트모던 예배는 이러한 활동들을 회복시키고 있다. 종교개혁은 선포된 말씀에 집중하였으나 포스트모던 예배는 체험된 말씀을 인정하고 있다. 따라서 이머징 교회의 예배 참여자들은 십자가의 성호(sign)로 응답할 수 있으며—그것은 가톨릭 예배를 연상시킬 때가 더 많다—성찬과 촛불과 향의 깊고 신비적인 면들을 공공연히 수용할 수도 있을 것이다. 그들은 고대 예식을 회복하여 몸을 포함하는 새로운 예식을 창조할 수도 있고, 다양한 모임 장소에서 춤을 출 수도 있다.

이머징 교회들은 미니애폴리스의 솔로몬의 포치(Solomon's Porch) 교회처럼 그들 자신의 음악을 만들 수도 있다. 그 교회에서는 요가, 마사지, 몸의 기도를 시행하기도 한다. 그들은 육체에 좋은 것이 영적인 몸에도 유익하며, 반대로 영적인 몸에 좋은 것이 육적인 몸에도 유익하다고 믿는다. 그들의 예배나 공동체의 삶 속에서 이머징 교회들은 몸과 영혼과 관련한 근대적 이원론을 극복하는 데 관심을 가지고 있다.

대중문화 속에서 하나님의 흔적을 발견하기

몹스비(Ian Mobsby)는 그리스도인들이 팝 문화에 나타난, 하나님을 가리키는 기호와 상징들을 밝히고 재정의함으로써 문화의 이런 측면들을 하나님을 위하여 되찾아 와야 한다고 믿는다. 그에 의하면, 그리스도인들은 우선 어떤 특정한 문화에 몰입해 있을 때에만 하나님의 은총을 확인할 수 있다는 것이다. 사람들은 하나님이 어떻게 특정한 시대에 특정한 문화에 소통하고 계신가 하는 것을 알기 위하여 그 문화의 참여자(insider)가 되어야 한다. 베이커는 성육신적 참여 방법을 지구가 멸망당한 뒤 하늘에서 미래를 보는 '탈주법 신학'(escapology theology, 이런 신학이 Tim LaHaye와 Jerry Jekins의 소설 시리즈 Left Behind에 지지되고 있다)과 대조하고 있다. 베이커는, 그리스도인들이 시간이 다할 때까지 문화를 유보하며 사는 것이 아니라 현재의 문화에 자신을 투자할 필요가 있다는 것을 옹호한다. 롭스비나 베이커 모두 그리스도인들은 현재의 문화에 머물러야 하며, 문화 밖에서가 아니라 문화 내부로부터 하나님을 가리켜야 한다고 생각한다. 이렇게 해야만 문화는 구원받을 수 있고 세속화는 극복된다는 것이다.

그리스도인들은 자기들 주변에 있는 사람들과 문화를 공유해야 한다. 예배는 그들의 친구들에게 낯선 것이어서는 안 된다. 그런데 불행히도 포스트문화에 토착적인 교회들은 아주 드물다. 로버츠는 다음과 같이 진술한다. "문제는 가장 잘 조직된 전도 형태가 문화적 그물망을 통과하는 데 실패하고 있으며, 그래서 많은 대안 예배자들이 기획된 선교에 대한 생각을 포기하고 있다는 점이다. 이것이 나쁘다. 그 다음엔 그 그룹들이 건강하게 되기를 중단하고 수평 이동에 의해 성장하고 있다. 내가 생각하기에 그들은 전도하면서 결코 그들의 잠재력을 충분히 이용하고 있지 않다."

모든 이머징 교회들 사이의 공통적인 욕망은 그리스도인들이 그들의 친구를 데리고 올 수 있는 모임 장소를 만드는 것이다. 문화 속에서 진정으로 살아가고 토착적인 예배 형태를 만든다면 이것은 가능할 것이다. 많은 교인들은, 그들의 친구들과 이웃들이 그들과 함께 교회에 출석해야 할 때, 당황해 할 것이다. 벤 에드슨은 다른 시나리오를 제시하고 있다. "우리 교인들은 바로 상품에 대한 확신이 있다. 이것은 마케팅 용어이지만 이것은 실로 아주 중요하다. 사람들이 친구들을 상투스 1교회에 데리고 왔을 때, 그들은 친구들이 충분히 환영 받고 있으며 저녁을 충분히 즐겁게 보냈다는 것을 알게 된다. 사람들은 확신이 있다. 그러므로 그들은 친구들을 데리고 오는 것을 행복하게 생각한다. 불행히도 이러한 확신이 없는 교회들이 많다."

전도는 이벤트가 아니라 삶의 방식이다

모더니티의 성/속의 분리를 극복하는 전도는 자신의 일상적인 삶의 자연스러운 한 부분이어야 한다. 예를 들어, 영국에서 이런 방식으로 봉사하는 것은 클럽에서처럼 의도적인 것이다. 도드리지는 전도에 관하여 다음과 같이 기록하고 있다.

> 전도는, 정말 우리는 무엇을 하고 있는가를 아주 잘 드러내 주는 핵심 용어라고 생각한다. 하나의 기관으로서의 교회는 세상을 위하여 아무것도 하지 않고 있으며, 우리들 중 어느 누구도 그런 혼란스러운 제도에 우리의 친구나 가족을 참여시키고 싶지 않을 것이라는 생각이 들었다. 바로 그러한 생각이 우리 공동체를 움직이게 하는 주요 요인이었다. 기독교인이건 비기독교인이건 둘 다 마찬가지로 정말로 어떤 것에 참여할 수 있으며 그것의 일부가 될 수 있다. 전도에 초점을 맞출 수 있는 영역이 우리에게 있으리라고 생각한다. 우리들 중의 어떤 사람에게는 그 영역이 주

로 클럽일 수 있다. 어떤 다른 사람은 그들이 살고 있는 개인의 집이나, 그들이 교제하고 나누는 어떤 다른 장소일 수도 있다.

포스트모던 전도는 포스트모던 문화 안에서 우연히 함께 살게 된 친구들과 함께 일상을 살아가는 것과 연관이 있을 수 있을 것이다. "우리의 삶 속에는 좀더 분명한 의미의 선교뿐만 아니라 사람들과의 일상적인 만남, 다른 사람들과의 나들이들이 있을 것이다. 그것이 중요하다. 하나의 공동체로서 우리는 일상생활 방식의 전도가 매우 중요하다는 것을 토론과 기도를 통하여 인정하였다고 생각한다. 그것은 예수에 관한 것이다. 우리는 우리의 태도나 우리의 모든 움직임이 우리 주변에 있는 사람들에게—그들이 그리스도인이든 아니든—영향을 준다는 사실을 알고 있다. 그래서 우리는 다른 사람들에게 매우 조심스럽게 주목해야 하고, 매우 신중하게 책임적인 삶을 살아야 하며, 의심스러운 행동을 조심스럽게 살펴야 한다."

포스트모던 전도는 실제로 '자신이 맺은 관계들을 통하여 포스트모던 문화 속에서 예수처럼 살아가는 것' 에 관한 것이다. 도드리지는 다음과 같이 말한다.

> 서로를 제자화시킬 수 있는 것 중의 하나는 서로를 잘 아는 것이며, 전도에 영향을 줄 수 있는 투쟁 영역을 아는 것이다. 우리가 접촉하고 있는 모든 사람들에게 감동을 주는 일상생활 방식의 전도(그것이 가장 어려운 일임에는 틀림없다)가 있다. 우리는 각자가 몇몇 작은 계획들을 세운다. 그리고 인간관계를 만들기 위하여 특별히 몇몇 일들을 벌인다. 예를 들어 보자. 우리는 클럽에서 사역을 하는데, 그것은 우리들에게 많은 지역 DJ들과 프로모터들을 만날

기회를 제공해 주었다. 그 클럽의 밤 행사 이후에 우리들에게는 얼마의 친구들이 생겼다. 우리는 그들을 지켜보고 주의하여 교제를 나누고 있다. 그들은 우리가 크리스천인 것을 안다. 그리고 그들은 우리가 어떻게 사는지도 안다. 우리에게 있어서는 그것이 전도이다.

이머징 교회의 지도자들에게는 전도라는 주제에 대한 일정한 생각의 스펙트럼이 있다. 그러나 그들이 오른편에 있든 왼편에 있든, 그들 모두는 전도를 열린 대화와 구체적인 삶의 방식으로 본다. 그것은 결과 지향적 대결과는 다른 것이다. 그들이 이런 입장을 갖는 것은 그들의 부정적 경험과 그들이 목회하는 사람들에 대한 예민한 반응 때문이다.

조니 서틴(Jonny Sertin, Bartonka, Bournemouth, U.K.)은 그에 동의하면서 다음과 같이 말한다.[10] "당신들은 삶을 통한 복음을 갈한다. 예배를 변화시키는 것이 흥미로운 일이긴 하다. 그러나 초점은 성육신이어야 한다. 나는 예배 모임을 위해 살거나 죽고 싶지는 않다. 나는 성육신적으로 사는 데 나의 생명을 바치고 싶다. 궁극적으로 기독교는 무엇을 위해 죽고 무엇을 위해 사느냐에 관한 것이다."

록 밴드와 클럽 음악

특히 영국의 이머징 교회들은 퍼포머(Performer)들이 무대에서 예배를 인도하는 록 밴드 교회 형태를 싫어하는 움직임이 있다. 빈야드와 다른 운동들이 선구적으로 시작한 로큰롤 예배는 안내를 우하

10) Jonny Sertin은 Bliss(1990년대 중반)와 나이트클럽인 Bartonka(1990년대 후반)의 초기 설립자이다. 둘 다 Bournemouth라는 도시에 있다.

여 청중에게 무대를 쳐다보도록 한다. 그렇게 되면, 청중에게 하나님께 집중하도록 말하지만, 초점의 대부분이 앞에 서 있는 사람들에게 향하게 된다.

이머징 교회들은 여전히 많은 복음성가를 부른다. 그러나 복음성가만이 예배를 경험하는 기본적인 방식은 아니다. 오히려 음악은 기도나 명상이나 예식과 같은 다른 활동들을 위한 보조수단으로 쓰인다. 클럽 문화 예배에서 음악은 예배하는 사람들 사방에서 울려나온다. 하지만 그들은 DJ를 볼 수 없다. 일반적으로 사람들은 앞에 있는 무대에 집중하지 않는다. 실제로 무대가 없는 곳조차 있을 것이다. 콜린스는 클럽 문화의 내재적 스타일을 신약 성경의 예배 형태, 일종의 성전 이후의 예배, 우물가에서 예수께서 여인에게 말씀하신 내재적 예배와 비교하고 있다. 클럽 음악은 사람들로 하여금 하나님의 현존 안에 잠겨 있는 느낌을 준다.

클럽 문화가 교회에 끼친 영향의 뿌리는 1980년대의 영국으로 거슬러 올라간다. 콜린스는 과거 자기의 경험을 다음과 같이 말해주고 있다. "나는 1980년대 중반 클럽 회원이었다. 1988년에 나는 레이브(rave) 문화가 시작됨을 보았다. 나는 교회에서가 아니라 춤추는 무대 위에서 하나님을 느꼈고, 그 '예식' 말미에 나는 정결케 됨을 느꼈다." 그의 동료 클럽인도 하나님의 현존을 추구하였고 클럽에서 하나님의 현존을 발견하였다. 다음과 같은 질문이 콜린스를 사로잡았다. "왜 교회는 이러한 하부 문화와 접속하고 있지 않은가?" 롭스비는 대안 예배의 첫 출산의 고통을 다음과 같이 설명하고 있다.

> 대안 예배는 처음에는 레이브 문화에 대한 반응으로 생겨난 것이었다. 그것은 클럽과 레이브에 대한 공동체적 느낌으로부터

> 나타난 교회됨의 한 방식이었다. 나에게 있어서 이것은 대체로 '가스펠 거라지' (Gospel Garage)였다. 갑작스럽게 나는 교회가 없는 곳에서 하나님께 예배를 드리고 있었다. 이것은 하나의 패러다임의 변화였다. 다른 사람들도 이런 경험이 있을 것이라고 생각한다. 그렇게 해서 교회의 존재와 행위의 새로운 방식이 대안 예배에서 태동하였다. 원래 대안 운동은 1980년대 말에 나타난 문화운동이었다. 어떤 사람은 너무 해방적으로 생각하여 마약중독에까지 가고 말았다. 대안 예배는 그것으로부터 빠져나와 상황에 맞게 성장하였다.

다시 말하자면 이것은 한때 세속적이었던 것을 거룩하게 하는 것을 의미한다.

클럽 문화에 고유한 특성을 가진 새로운 교회 형태를 처음 시작한 것은 영국에서다. 나인 어클락 서비스(Nine O'Clock Service, 약자로 NOS, Sheffield, U. K.)로 시작하여 오늘까지도 지속되고 있는 영국의 대안 예배 운동은, 클럽 형태의 교회 중 가장 긴 역사를 가지고 있다. 1995년에 케니 미첼(Kenny Mitchell, 브루클린 출신의 DJ 선교사)은 피트 그레이그(Pete Greig)와 웨어하우스(Warehouse)에 클럽 예배를 소개하였다. 그는 가정 교회 운동의 후예들을 위한 첫 클럽 모임 장소 중의 하나를 창립하였다.[11] 웨어하우스가 일부 참여하고 있는 문화 변혁 네트워크(Cultural Shift Network)는 그 이후로 영국 전역에 클럽 문화 교회를 개척하는 데 집중해 왔다(Bristol의 NGM은 이렇게 하는 데 매

11) 하지만 warehouse만이 아니었다. Jonny Sertin 등의 지도 아래 있었던 Bournemouth의 Bliss 역시 당시 클럽 문화 파티를 열고 있었다.

우 중요한 역할을 감당하였다. 그리고 Bristol의 Rubik's Cube가 첫 개척 장소였다). 그 운동은 그 다음 해에 26개에 이르는 클럽 문화 공동체를 만드는 데 힘을 다하고 있다. 첨언하자면, 전 BBC 라디오 제일 방송의 DJ였으며 트라이브(Tribe, Manchester, U. K.) 교회의 전 교인이었던 캐머런 단테(Cameron Dante)도 영국 전역에 클럽 문화 교회 공동체를 만들겠다는 야심찬 계획을 가지고 있었다.

첫 이머징 교회

북 잉글랜드 지방의 한 공동체인 나인 어클락 서비스(NOS)에 대한 사례 연구를 언급하면서, 이머징 교회와 그들이 기울인 세속공간의 변혁에 대한 논의를 마치고자 한다. NOS에 무엇이 일어났는가? 로버츠는 다음과 같이 설명하고 있다.

> 1980년대 후반 영국에서는 분명히 새롭게 떠오르는 일련의 문화적 형태가 있었다. 그러한 문화운동들은 포스트모더니티가 현실적인 것이며 새로운 것이라는 자각에서 생긴 것이었다. 또한 그것들은 "제2의 서머 오브 러브"(second summer of love, 테크노 댄스 음악이나 레이브 음악이 젊은이들에게 폭발적으로 인기를 얻던 영국의 1988/9년 시기를 일컫는 용어)와 같은 것들을 통해 포스트모더니티가 유입되고 있다는 자각으로부터 생긴 문화 형태였다. 이것은 그 시대의 가장 혁신적인 젊은이들에 의해 생산되고 있던 음악을 변화시켰고, 그 다음엔 차례로 비디오 아트(video and art)를 바꾸어 놓았다. 클럽들은 멀티미디어를 사용하기 시작하였다. 그래서 우리(교회)도 역시 멀티미디어를 사용하는 것은 필연적인 일이었다.

포스트모던적 예배 공동체는 1985년 가을 영국 셰필드에서 시작되었다. 그 해는 바로 빈야드 운동의 지도자였던 존 윔버(John Wimber)가 토머스 크룩 앵글리칸 교회(Thomas Crooke's Anglican Church)의 초대로 일련의 중생 집회와 치유 집회를 열던 해였다. 성령의 인도하심 따라 젊은이들이 부름을 받았다. 1985년 말에 로버트 워런(Robert Warren)은 새롭게 형성된 나이른 스트리트 커뮤니티(Nairn Street Community, 공동 기부금과 공동 사명에 의해 결합된 공동체)를 초대하여 1년 동안 주일 밤마다 9시에 교회 예배를 시범적으로 드리도록 하였다(그래서 Nine O'clock Service라고 부른다). 그들의 사명은 본 교회가 전도할 수 없었던 18세에서 30세까지의 젊은 층의 사람들에게 접근하는 것이었다.

새 교회 공동체는 윔버로부터 배운 카리스마적 신학과 나이트 클럽의 분위기를 결합시켰다. 그들은 예배와 교육을 지도하였고 그 다음엔 성령의 오심을 간구하였다. 하지만 셰필드 팀의 음악 스타일은 당시의 빈야드 특유의 시골풍의 소프트 록음악보다는 훨씬 더 거친 도시적 음악 스타일이었다. NOS 사람들이 윔버에게 말했다. "당신들의 음악은 1960년대의 '의로운 형제들'(Righteous Brothers)의 음악이다. 우리 하나님은 그보다 훨씬 강력하다!" 앤디 손턴이 설명하고 있는 대로, "NOS는 훨씬 더 대담했다. 잘 헤쳐나갔다. 그것은 특히 부드러운 은사주의적 복음주의에 의해 성령의 역사가 약화되었다고 생각하는 사람들에게 효력을 발휘하였다."

몇 년이 지나고 NOS는 성공회 교회 안에서 완전히 새로운 방식의 예배를 개척하였다. 분명히 하자면 NOS의 혁신은 지역으로부터 나온 것이었지, 빈야드에 근원을 둔 것은 아니었다. "윔버 사단이 한 것은, 그들이 기존 교회 환경에서 계속해서 일하면서도 동시에 그들이 일하고 살아가고 있는 문화를 버리지 않는 것이 가능하다는 것을 깨닫게 해준 것이었다"(Paul Roberts, Resonance, Bristol, U.K.). NOS 리더들은 클럽 문화에 고유한 형태를 사용하여 유카리스틱 형태의 예배 표현 방식을 창조해냈다. 1986년 말 NOS는 150명의 수를 헤아리게 되었다. 그들의 성장은 교회에 다니지 않는 사람들과 제도 교회의 형태에 실망한 복음주의자들 때문이었다.

1987~1988년에 NOS는 유카리스틱 예배와 교육 예배를 만들었다. 유카리스틱 예배는 상징을 사용하였고 멀티미디어를 사용하여 빵과 포도주를 표현하였다. 이 예배의 많은 부분은 '타자'로서의 하나님을 강조하며 하나님의 신비를 강조하였다. 교육 예배는 댄스 문화를 사용하였다. 교육하는 동안 영상 회로들은 연사들이 말하고 있는 것을 더 잘 표현해 주었다. 이러한 영상 회로들은 문화, 자연 그리고 다른 시각적인 것들을 보여주었다. 시간이 지나면서 NOS는 가장 뛰어난 하이테크 사운드와 비디오 기술을 예배에 통합시켰다. 1987년, NOS는 성공작으로 평가되어 무기한 계속되었다.

NOS는 스위퍼(sweeper)를 가지고 있었다. 스위퍼라는 이름은 클럽인들에게 가서 NOS에 출석하도록 권유한(권유받은 사람들이 출석하게 될 때) 사람들에게 NOS가 붙여 줬던 칭호이다. NOS는 항상 교인들 수보다 클럽인들의 수가 더 많게 하려고 노력하였다. 클럽인들은 누구나 환영받았다. 하지만 비클럽인이라 할지라도 NOS에 적절한지를 결정하는 목사가 그들을 방문하였다. 목사는 NOS에 참여하는 것의 높은 대가를 설명하였는데, 그 높은 대가란 바로 공동체에 헌신하는 것, 단순함을 유지하는 것, 재정적으로 기여하는 것이었다. 게다가 각 회원들은 댄스 음악을 들어야 하며, 클럽에 가야 하고, 클럽 문화 잡지를 읽어야 했다. NOS 스타일리스트(stylist)가 그들이 클럽 문화에 고유한 옷을 사며 헤어스타일을 선택하는 데 도움을 주었다.

1980년대 말에 이르러 NOS 회원이 400명에 이르게 되었다. 시간이 흐르자 NOS는 은사주의적 뿌리를 떠나 창조 중심의 신학을 채택하였다. 1992년 그린벨트 페스티벌에서 NOS의 회원들은 '지구적 혼돈 속의 수난' 이라는 연극을 공연하였다. 그것은 비키니를 입은 댄서들을 주로 묘사한 작품이었다.[12] 1993년에 그들은 천체(Planetary Mass)라는 행사를 만들었다. 70명의 사람들이 매주 공동으로 작업한 행사였다.

그러나 NOS는 애초부터 치명적 결함을 안고 있었다. NOS는 카리스마적 리더십 구조라는 비정상적인 리더십 형태를 가지고 있었기 때문에, 최고 지도자에게는 어떤 이의도 제기할 수 없었다. 그 지도자의 통치적 특성으로 인해 지도부에 있는 다른 모든 사람들의 주체성은 억압당하였다. 결국 그들은 심각한 상처를 받게 되었다. 또한 그 리더는 그의 권위적 지위를 이용하여 여성 리더들과의 부적절한 관계를 시도하기도 하였다. 1995년 NOS의 감춰진 이야기들이 전면에 부각되어 미디어의 주목을 받게 되었고, 결국 스캔들의 소용돌이 속에서 그 그룹은 해체되고 말았다. NOS의 대부분의 구성원들은 결코 교회로 다시 돌아오지 않았다.

12) "NOS를 공평하게 평하자면, 비키니를 입는 것은 유럽의 모든 여름 클럽 행사에 있어서 당연한 것이었고 지금도 당연한 일이다. hi-BPM 음악에 맞추어 춤을 출 때, 특히 절정에 이르렀을 때 항상 문제가 되는 것은 바로 더위(heat)이다. 물을 마시고 진정하지 않으면 더위를 먹고 탈수 현상을 일으킬 수가 있다. 그래서 NOS 소속 소녀들이 비키니를 입는 것은 클럽에서 늘상 있는 일들을 하고 있는 것뿐이었다. 그린벨트 축제에 참여한 몇몇 사람들이 받은 충격은, 교회가 얼마나 클럽 문화와 거리가 멀었던가를, 그리고 교회가 얼마나 (클럽 문화와 진심으로 자신을 동일시하려는) NOS의 의도와 거리가 멀었던가를 단적으로 보여주는 것이다" (Paul Roberts, Bristol, U.K.).

NOS의 비극적 종말에도 불구하고, NOS 현상은 고도의 창조적 예배를 경험한 많은 사람들에게 깊은 영향을 주었다. 사이먼 홀(Simon Hall)은 NOS와의 첫 만남을 다음과 같이 설명한다: "나보다 다섯 살 정도 많아 보이는 몇몇 소년들이 곧 고스(goth)[13] 무대로부터 나왔다. 그리고 그들은 뉴욕과 시카고에서 넘어온(지금 1986년을 말하고 있다) 댄스음악을 시도하고 있었다. 그들은 급진적인 것을 시도하고 있었다. 그들은 지금, 이 놀라운 음악을 통해 시각적인 것을 사용하여 어둠 속에서 새로운 예배를 창조하고 있었다. 정말로, 그것은 저항하기 어려울 만큼 압도적인 것이었다. 그것이 바로 NOS였다. 그 모든 것들은 미친 것들이었다. 그러나 그것은 내 삶을 영원히 바꾸고 말았다." 홀은 1988년 있었던 그린벨트 페스티벌(Greenbelt Festival)에서도 NOS를 경험한 적이 있다.

> 나는 아주 정상적인 스무 살짜리 그리스도인이었다. 나는 켄드릭(Graham Kendrick)의 음악과 큐어(Cure)라는 그룹이라는 이중적 세계 속에 살고 있었다. 나는 어떻게든 교회 밖의 내 삶(고스와 인디[14]의 음울하게 아름다운 세계)과 성스러운 벽 안에 있는 아주 다른 환경과의 균형을 맞추어가며 그럭저럭 살고 있었다. 그런데 그 벽이 무너져 내린 것은 그해 여름이었다. 나는 나에게 더 이상 퇴로가 없다는 것을 알았다. 나는 더 이상 빈야드의 최신 찬송집에 만

---

13) 고스(goth)는 1980년대에 시작된 하부 음악문화이다. 그 음악은 1970년대의 펑크(punk) 음악에서 진화한 음악이다. 우울하고 어두운 분위기를 강조하였으며, 연주자들은 검은 옷을 입는 것이 특징이었다.

14) 인디(Indie)는 1980년대 비주류 레코드사에 의해 녹음된 대안 음악의 초기 형태이다.

족할 수 없었다. 그리고 나는 내 교회가 오늘날에 적합한 교회라는 강제된 거짓말을 더 이상 참을 수가 없었다. 나는 무너져 내렸다. 내 세대와 나보다 나이가 좀더 많은 사람들은 NOS에서 다른 종류의 교회에 대한 희망을 보았다.[15]

캘러딘(Mal Calladine)에게 있어서도 그 경험은 의미가 있었다. "나는 눈물을 흘리면서 그 집회에서 돌아오곤 하였다. 그 집회는 그야말로 강력한 집회였다. 나는 NOS에서 사내들이 신앙을 갖는 것을 보았다. 거기에는 분명히 하나님의 능력이 있었다." 로버츠는 말한다. "나는 1991년에 NOS를 방문하였다. 그것은 나를 충격에 빠트렸다." 몹스비 역시 다음과 같이 그의 경험을 설명한다. "1990년대 초 북 잉글랜드에서 있었던 레이브 무대 한 복판에서 나는 요크(York)의 비전(Visions) 교회와 세필드의 NOS를 경험하였다. 거기에서 나의 문화 세계와 나의 종교 세계가 정면충돌하였다. 그것은 내 생각을 바꾸어 버렸다. 전통적 교회는 더 이상 나에게 호소력이 없었다." 테일러는 다음과 같이 말한다.

NOS는 한 줄기의 신선한 공기와도 같았다. 그때 그와 같은 것을 더 이상 보지도 못했고 경험하지도 못했다. 그것은 시각적인 자극을 주는 것이었다. 그 공간의 에너지는—공동의 예배 표현방식이 있을 수 있다는 생각이 허공을 가로질렀다—명렬한 것이었다. 그것은 분명히 몇몇 신학적인 지평을 확장시켰다는 점에서 하나의 도전이었다. 나는 그것을 엄청난 해방으로 받아들였다.

15) Simon Hall에 쓴 웹 글 참조. 지금은 접속이 가능하지 않음.

왜냐하면 그것은 나에게 내 자신의 성찰과 재상황화의 과정을 새롭게 시작할 수 있는 개인적 공간을 만들어 주었기 때문이다.

윌슨(Paul Wilson)에 따르면 "NOS는 영국에서 그리스도인에게나 비그리스도인에게나 모두에게 가장 자극적인 클럽이었다. 성령이 거기에 있었다. NOS는 놀라운 댄스 문화였고, 창조 영성이었다. 그리고 그것은 매우 용감하게 도시적으로 교회를 표현한 것이었다." 로버츠는 다음과 같이 말한다. "NOS는 당시 20~30대였던 우리들의 인식에 큰 영향을 주었다. 왜냐하면 가장 앞서있다고 말할 수 있었던 카리스마적 복음주의 교회조차도, 광범위하고 젊은 첨단의 문화가 일어나고 있는 곳과는 아주 다른 문화적 혹성에 살고 있음을 우리는 깨달았기 때문이다."

손턴도 이에 동의한다. "당혹스럽게 빨리 변하는 세상을 보면서, 그리고 복음주의자들이 가르치는 방식과 실제로 세상이 움직이는 방식이 더 이상 서로 맞지 않는 것을 보면서, 20세기 말의 복음주의에 인내의 한계에 도달할 때가 많다. 당신은 세상에 종속되든지, 아니면 세상으로부터 빠져 나오든지 둘 중의 하나다. NOS는 사람들을 문화적 역류에 내버려두지 않고 오히려 그들에게 어떤 확신 같은 것을 제공해 주었다."

어떤 사람들은 NOS에 한 번도 참여해본 적이 없음에도 불구하고 그저 NOS가 있다는 것만으로도 용기를 얻었다. 콜린스는 다음과 같이 말한다. "나는 NOS에 대하여 알고 있었다. NOS는 나에게 몇몇 그리스도인들이 지금도 어디에선가 1990년대의 클럽 문화(이 클럽 문화는 빠른 속도로 영국 40대 이하의 사람들의 지배적 문화가 되었다)와 세속 세계에 참여하고 있다는 희망의 징표였다. 나는 다른 어떤 곳에서도 그런 희망을 발견하지 못했다." 톰린슨(Dave Tomlinson)은 다음과 같이 말한다. "우리는 당시 NOS에 대하여 들어서 알고 있었고, 그들이 하는 일에 크나큰 존경심을 가지고 있었다. 하지만 우리 중 어느 누구도 거기에 갔다 온 사람은 없었다. 그러나 그들은 우리들에게 하나의 영감이었다." 당시 캘리포니아에서 사역을 하고 있던 존스(Andrew Jones)도 다음과 같이 말한다. "나는 NOS에 대하여 들었다. 그때 나는 캘리포니아에서 레이브(rave) 예배를 시행하고 있었다. 영국 사람들이 실제로 그 일을 하고 있다는 사실에 나는 고무되었다."

손턴은 얼마 후에 NOS를 회고하면서 다음과 같이 말했다. "NOS는 믿을 수 없을 만큼 혁신적이었다. 그들은 자신만만한 신앙을 가지고 있었다. 그들 24명은 자금을 공동으로 소유하였다. 그리고 그들에게는 도시 음악과 미술을 통합하는 데 타협하지 않는 불굴의 의지를 가진 많은 창조적인 사람들이 있었다."

로버츠는 다음과 같이 그 운동을 평가하고 있다. "NOS의 공헌은 매우 엄청난 것이었으며, 탁월한 것이었고, 독창적인 것이었으며, 하나님이 주신 것이었다고 나는 생각한다. 그런데 그렇게 심각하게 잘못되다니 정말 수치스러운 일이다. 그들이 종파적인 틀을 벗어 버리고(non-cultic) 열린 마음으로 다른 사람들과 협동하였더라면, 대안 예배는 아마도 오늘날 교회에서 전혀 무시할 수 없는, 하나의 매우 중대한 선교적 동력이 되었을 것이다."

이에 대해 손턴은 다음과 같이 첨언한다. "대안 예배에 있어서 핵심문제는 예술과 신앙을 어떻게 해야 할 것인가 하는 것이다. 모든 다른 대안 예배 그룹을 보면 전도자들은 아무 의미가 없었고, 철저히 예술가들이 큰 역할을 하는 것을 볼 수 있을 것이다. 이것은 엄청난 모순이다. 한쪽은 모임을 평가할 때 삶의 변화를 기준으로 평가하고, 다른 쪽은 예술이 표현되었는지를 평가한다. NOS는 이런 두 형태를 잘 포괄하는 모임이었다."

NOS가 만들어진 이후에, 영국 전역에서 다른 대안 예배 그룹들이 등장하기 시작하였다. 월러스는 다음과 같이 말한다. "NOS는 멀티미디어 예배의 가능성을 사람들로 하여금(직접적이든, 간접적이든) 보게 해준 촉매제였다. 1988년 그린벨트에서 열린 NOS에 참여한 순간은 감동적인 순간이었고, 삶을 변화시키는 순간이었다. 예배가 어떻게 보이고, 어떻게 들리며, 어떻게 느껴질 것인가에 대한 우리의 생각은 엄청나게 큰 이 멀티미디어 예배를, 그러면서도 동시에 깊이가 느껴지는 이 예배를 보고 나서 완전히 바뀌고 말았다. '와, 정말로 재미있는 예배였어. 하지만 백만 년이 지나도 난 저렇게 할 수 없을 거야' 라고 생각했던 기억이 난다." 1989년에 월러스는 대안 예배 형식을 탐구하기 시작했다. 그래서 1991년 탄생한 것이 바로 비전(Visions) 교회였다.

앤디 손턴의 밴드가 그린벨트 축제에 참여하여 연주했다. 그는 1988년 NOS가 연주하는 것을 보았던 것을 기억한다. 그들의 쇼를 정말 재미있는 것으로 생각했다. 하지만 NOS에 대해 더 이상 아무것도 생각하지 않았다. 그러다 손턴은 1991년 영국 글래스고에서 열리는 스코틀랜드 젊은이의 밤을 위한 예배를 인도할 것을 부탁받았다. "나는 그린벨트에서 열렸던 NOS에 대한 기억을 되살렸다. 그리고는 많은 예술가들과 접촉하여 모든 것들을 끌어 모았다. 우리는 시각적인 것, 이미지들을 사용했다. 몇 사람은 좋아했고, 몇 사람은 혼란스러워 했다." 그 이후 곧 손턴은 글래스고에서 레이트레이트 서비스(Late Late Service)를 시작하였다.

로버츠는 자기의 사역을 시작하는데 NOS가 얼마나 영감을 주었는지를 다음과 같이 설명한다. "나는 항상 NOS의 아이디어를 널리 수출할 수 있다고 생각하였다. 그렇게 하기 위해서 하나의 공동체를 세울 필요가 있다는 것을 깨달았다. 이것이 구체화되기 시작한 것은 1993년 여름이었다. 그때 나는 포스트모던 텍스트를 읽으면서, 그리고 영국 전역에 있는 다른 초창기 대안 예배 공동체들을 방문하면서, 또 당시 뉴질랜드의 오클랜드 시티사이드 침례교회에서 사역하던 마크 피어슨(Mark Pierson)을 만나기도 하면서 안식년을 보내고 있었다. 이렇게 해서 나는 최근에 브리스톨로 이사 온 사람들과 접촉하게 되었다. 나는 1993년 가을, 교회를 설득하여 거기에서 예배를 개설하자고자 했다. 그래서 1994년 1월에 제3의 선데이 서비스(Third Sunday Service, 지금의 Resonance)가 시작되었던 것이다."

대안 예배 공동체의 혁신은 교회 공동체에만 영향을 준 것이 아니라 일반 문화에도 영향을 주었다. "1990년대 초, 북 잉글랜드에 있던 클럽들은 비디오 자료들을 위하여 비전 교회와 NOS와 같은 대안 예배 그룹들을 주목하고 있었다. NOS 음악(mass)이 에니그마(Enigma)의 데뷔 앨범에 영감을 주었다—증명할 수는 없지만—는 말들이 있었다. 그 앨범은 분명히 NOS 음악(mass)처럼 신비스럽게 들린다. 둘 다 댄스 음악과 그레고리안 찬트를 사용하였다"(Paul Roberts). 손턴은 로버트의 말에 동의하며 다음과 같이 말한다. "U2의 Zoo TV는 NOS에 의해 영감을 받았다고 한다. 중요한 것은 NOS가 교회보다 훨씬 더 영향력이 있었다는 것을 인식하는 것이다. 그들의 멀티스크린, 상(imagery)들에 대한 포스트모던적 사용은 당시 팝 문화 안에 있는 문화적 트렌드였다."

NOS는 1995년 비극적으로 끝을 맺었지만, 그것은 이머징 교회에 많은 교훈을 제공해 준다. NOS의 기본적인 공헌은, 이 장(chapter)에서 밝힌 대로, 모더니티의 성/속의 분리를 극복할 수 있는 능력이었다. 나아가서 그것은 자기 공동체를 위하여 고도의 참여적, 창조적 영성을 창조하였다. NOS는 포스트모던 문화에 구현된 복음의 강력한 예(example)로 봉사한다.

결론

모더니티는 교회를 사회의 주변으로 내몰았다. 그리고 교회에 종교적인 것만을 제공하는 과제를 부여하였다. 교회는 세속의 영역에 거하면서도 교회 이외의 나머지 사회 영역을 포기함으로써 그 '호의' 에 보답하였다. 그런데 모더니티의 통치가 무너지게 되자 근대(모던) 교회도 같은 운명이 되었다. 통합적 영성에 대한 갈망이 문화를 가득 채웠다. 그러나 교회는 그 과제에 대해 잘 준비하지 못했다. 통합적 영성은 삶의 모든 것에 관여하기 위하여 생성되었으나 교회는 자신의 모던적 정신을 옹호하고 있었다.

이머징 교회들은 근대 문화에 근거하고 있는 교회의 삶의 요소들(버려야 할 것들)과 복음적이면서 유지되어야 할 요소들을 구분하는 노력을 기울이고 있다. 이런 과정에서 그들은 매우 중요한 과제에 직면해 있다. 이머징 교회가 문화와 관련하여 오류라면 그 교회는 죽을 것이다. 이머징 교회가 잘못된 복음을 가진다면, 그러한 교회는 그 정체성을 잃게 될 것이다.

이머징 교회들이 교회를 해체하고 재창조하는 데 사용할 수 있는 기본적인 세 가지 도구를 가지고 있다. 복음, 성화(sacralization), 공동체의 삶이 그것이다. 전 장(chapter)에서는 이미 복음에 대하여 연구하였다. 그리고 이 장에서 우리는 어떻게 이머징 교회들이 일방성, 인쇄 문화, 조직화, 가시적인 것/불가시적인 것의 이원론, 몸/정신의 이원론을 극복하고, 동시에 사회의 모든 영역에서 통합적 삶의 영성을 창조함으로써 세속성을 끝내려고 하는지를 탐구하였다. 다음 장은 여기에 묘사된 방식으로 문화에 참여하도록 요구받는 공동체를 탐구하고자 한다.

공동체로 살아가기 05

현재의 문화적 위기 속에서, 복음을 가장 강력하게 증명해 보이는 것은 길과 진리와 생명이신 예수를 구현하는 공동체가 되는 것이다. 건강한 공동체는 우리 안에서, 우리를 통하여 살아가시는 예수의 삶이다. 공동체가 지속되기 위해서는 다른 사람을 향한 우리의 사랑이 예수에 대한 우리의 사랑으로만 추월되어야 한다. 예수 이외의 다른 어떤 것에 기초한 관계라면, 그 공동체는 망할 것이다. 그것은 빠를수록 좋다!

조나단 캠벨(Jonathan Campbell, Seattle)

언젠가 한 손님이 교회의 카페에서 카렌 워드와 여러 시간을 보낸 후에 그녀에게 물었다. "당신의 교회 예배는 언제인가요?" "방금 드렸잖아요." 워드가 대답했다.

이머징 교회 교회론은 예수가 선포하고 예수가 그대로 살았던 그들의 복음, 그리고 예수가 그들의 제자들에게 위탁하신 선교에서 나온다. 교회가 이 땅에 있는 그리스도의 몸이 되려면 어떤 핵심적인 특징을 가지고 있어야 하는가? 다른 말로 말해 보자. 교회가 사회의 모든 영역에서 예수의 길을 실천할 능력을 갖기 위해서는 공동체는 어떤 삶을 살아야 하는가?

이 장은 이머징 교회들이 다가오는 하나님나라를 위한 공간을 어떻게 마련해야 하는가를 탐구한다. 즉 교인이 된다는 것은 최우선적으로 그리스도를 닮아가며 그의 제자들의 공동체와 일치시키는 것임을 탐구하고자 한다. 이 장은 또한 하나님의 백성됨의 실천을 탐구한다. 교회는 근본적으로 하나의 백성이다. 단순히 모이는 장소가 아니다. 그것은 하나의 운동이지 제도가 아니다. 세속 공간이 더 이상 존재하지 않는다는 생각에 근거한다면, 교회는 일 주일의 7일 동안 속해 있는 것이지 현실 세계로부터 쉬는 일 주일 중의 한번, 즉 90분 동안만의 교회는 아니다. 교회는 구원이 필요한 이 세상 안에서 헌신된 공동체로 살아가는 공동체이다.

교회와 하나님나라와의 관계는 매우 복잡하다. 그 둘을 정의하기는 쉽지 않다. 그리고 겹치는 부분도 있다. 하나님의 통치는 이미 교회가 있기 전에 존재했다. 만물의 완성될 때에, 즉 그리스도가 최상의 통치를 행사하고 아무런 저항도 없이 다스릴 때는 하나님나라가 교회를 대신할 것이다. 교회는 오시는 하나님나라의 종이며 표징이다. 교회는 그리스도의 오심과 함께 시작되었으며, 그리스도의 승천과 성령 강림으로**(임시적인 형태로)** 세워졌다. 하나님나라의 종으로서 교회는 항상 자신을 넘어 머리이신 주님을 가리킨다. 그리고 그것은 무제한적이고 총체적인 복종을 요구하는 주님을 가리킨다.

교회와 하나님나라 사이의 변증법적 긴장은 해소될 수 없다. 교회는 시작의 때와 이 땅에서 하나님나라가 완성되는 때 사이에 존재한다. 그러므로 교회는 항상 '순례자'의 교회이며 '되어가는' 교회이다. 나아가서 교회는 완전한 성도들이 아니라 제자직을 감당하는 삶의 여행의 여러 단계에 있는 용서받은 죄인들로 이루어져 있다. 그러나 변증법적 긴장은 교회가 자기 중심적이 되고, 제도적으로 자기 충족적이 되며, 지적으로 자기 만족에 빠지는 것을 막아 준다는 점에서 중요한 가치를 가지고 있다. 변증법적 긴장으로 인하여 발생하는 긴장과 스트레스는, 그리스도께서 영광중에 재림하실 때 그의 앞에서 변화되어 있을 때까지, 그리스도인들은 믿음과 소망과 사랑으로 살도록 부름 받았다는 것을 상기시켜주는 강력한 힘이다.

이머징 교회들은 그들의 영감과 모델을 예수의 예(example)에서 끌어온다. 그들은 단순히 예수를 닮아가는 것에서, 그들의 공동체 한가운데 영으로 오신 예수의 현존으로 그들의 관심을 옮겼다는 것을 인정한다. 부활하신 예수는 지금 그의 영을 통하여 역사하신다. 그는 또한 더욱 넓은 세계에 그의 목적을 추진함에 있어서 공동체를 통하여 역사하시며 또한 그 공동체를 넘어서도 역사하신다.

존스턴은 다음과 같이 쓰고 있다. "진정한 공동체는 유토피아적 환상이 아니다. 우리는 진정한 공동체가 예수 이야기에서 도출된 원리를 중심으로 한다는 것을 믿는다. 우리의 가치는 그의 이야기와 투명성, 그의 사랑과 삶, 재창조를 위한 그의 요구, 어려운 삶을 살고 있는 사람들과의 연결과 연대, 그의 성찰과 대화를 반영하는 것을 목표로 한다. 이 모든 것들이 우리의 기질과 공동체의 실천의 지속적인 특징이어야 한다."

하나님나라를 최우선으로 삼는 사람들은 같은 여행을 하는 사람들로 이뤄진 공동체라는 것을 발견한다. 그러나 그것은 단순히 어떤 다른 공동체가 아니다. 그런 사람들은 예수를 왕으로 모신 공동체가 된다. 그것은 모든 다른 일반적인 공동체와는 다른 대안 공동체이다. 하나님나라는 공동체를 낳고, 그 공동체가 하나님나라를 구성한다. 교회는 선교의 대리인이기 전에 선교의 산물이다. 교회는 하나님나라를 증언하도록 세상으로 파송되기 위하여 부르심 받은 사람들로 구성되어 있다. "예수의 제자가 되기 위하여 그의 부르심을 따르려는 의도가 일군의 사람들이 교회를 하려는 것인지 아니면 다른 것을 하려는 것인지를 결정한다" 고 로버츠는 말한다.

하나님나라가 최우선이다. 교회는 그 다음이다. 결국 하나님나라에 대한 언급 없이 교회를 묻는 것은 아무런 의미가 없다. 이머징 교회들은 교회 이전에 이러한 하나님나라 관점을 대표한다. 선교는 하나님께서 자기 교회에 위탁한 것으로서, 선교는 하나님나라를 실현하는 것에 관심을 갖는 것이며 성령의 인도하심에 응답하는 것이다. 이머징 교회들은 이러한 전제 위에 세워져 있다. '구원의 복음' 과는 다른 '하나님나라의 복음' 에 대한 이머징 교회의 초점은 새로운 교회론을 만들어냈다. 좀더 정확하게 말하자면, 이것은 선교가 교회의 필수 구성요소였던 고대 교회론으로 돌아가는 것을 의미하였다.

하나님나라의 길을 예비하기

신자들은 다가오는 하나님나라에 자리를 내주기 위해서 옛날의 충성을 포기해야 한다. 국수주의, 개인주의, 소비주의는 다가오는 하나님의 통치의 빛에서 볼 때 포기해야 할 이데올로기들이다. 가장 선호되고 있는 몇몇 교회 형태들은 하나님을 위한 자리를 내어드리는 것과 관련하여 도움이 되기보다는 오히려 방해물이 될 수도 있다. 그러한 형태들이 제거되면 남아 있는 것은 오고 있는 하나님의 통치를 갈망하는 빈틈없이 짜여진 공동체들이다.

신자들이 예수와 동일시할 때, 그들은 깊은 충성의 변화를 겪는다. 그들은 자신에 대하여는 죽는다. 그리고 그들은 자기들의 근본적인 정체성이 하나님의 가족 안에 있는 양자 된 아들, 딸들이라는 것을 인정하며, 그런 가족에 대한 개별적 표현이 교회라는 것을 인정한다. 그래서 그들은 그들의 일상 삶의 모든 환경 속에서 새로운 정체성을 가지고 살아나가려는 그리스도의 제자들의 공동체로 이해된다.

라이트(N.T. Wright)[1]에 따르면, 모든 충성은 새로운 왕국에 대한 충성에 굴복해야 한다고 예수는 말했다. 모든 권력의 형태는 포기되어야 한다. 사탄(로마가 아님)이 적이다. 그러므로 모든 형태의 국수주의와 폭력을 끝내야 한다. 하나님나라를 추구하기를 원한다면, 이전의 낡은 충성들은 새로운 왕국 지향의 충성에 양보해야 할 것이다. 우리는 이러한 변화된 충성심들을 예수가 모으신 공동체에서 가장 분명하게 찾아볼 수 있다.

하나의 공동체에 사람들을 참여시키려고 할 때, 독립과 개인의 권리와 특권을 규범으로 하는 모더니티의 문화 속에 길들여진 개인들에게는 하나의 도전에 직면하게 된다. 그런 사람들은 집단적 책임을 져야 할 때 당황하여 종종 침묵하게 된다. 문화의 침투적 성격 때문에 사람들은 일반적으로 어느 정도 개인화되고 사적으로 되었는지 알지 못한다.

모더니티의 시작을 회고해 보자. 스코투스(Duns Scotus) 이후, 인간들은 자신들의 힘으로 독립해 있었다. 그리고 그들은 그들이 가진 것을 보호할 필요가 있었다.[2] 개인의 소유권이 뒤이어 나타났고, 이것은 근대적 개인을 탄생시켰다. 모든 사람들에게 자신의 개별적 인

---

1) N.T. Wright, *Jesus and the Victory of God* (Minneapolis: Fortress, 1996).

2) 이 책에서 서술한 모든 모더니티에 대한 것은 다음 책들을 참조함. John Milbank, *Theology and Social Theory: Beyond Secular Reason* (Oxford: Blackwell, 1993); Zygmunt Bauman/Keith Tester, *Conversation with Zygmunt Bauman* (Cambridge, U.K.: Polity Press, 2001).

격에 대한 무제한적 권한을 제공한 새로운 견해가 나타났다. 철학적으로 볼 때, 모든 사람들은 그들의 내적 존재에 대하여 확신할 수 있었다. 물질적 현실과 비물질적 현실이 더 이상 서로 연결되어 있지 않았기 때문에 사람들은 그들의 관찰의 결과를 더 이상 확신할 수 없었었다. 타자와 연결되어 있다는 것이 인간됨의 본질로 이해되기보다는 '부차적인 것'(extra)이 되었고 임의적인 것이 되었다. 종교조차도 객관화하여 설명할 수 있는 보편적 조건이 되었다. 그러므로 종교를 수용할 것인지 버릴 것인지는 순전히 개인적 결단의 문제였다. 현재 절정에 도달한 개인주의는 모더니티가 시작하면서 생긴 것이었다.

모더니티 말기인 요즘, 개인들이 다른 사람들과 함께 상품을 소비할 때 공동의 연대(bonding)가 나타나고 있다. 쇼핑몰에서 이러한 연계가 일어나고 있다. 쇼핑하는 사람들은 유사 상품을 사면서 '교제'를 나눈다. 많은 미국 교회들도 비슷하게 기능하고 있다. 구도자 교회의 쇼핑몰 이데올로기는 미국 소비자들의 영적 탐색에 서비스를 제공하고 있다. 이러한 교회들은 소비 문화에 일치하지 않은 모든 종교적 상징 등등의 것을 제거하는 것을 합리화하고 있다.[3]

뉴 패러다임 교회의 유일한 공동체 예배 표현 방식은, 각자의 예배에 참여하고 있는 다른 사람들을 아무 생각 없이 힐끗 한 번 쳐다보는 정도이다. 서로 인사하는 과정에서 공동체가 형성된다는 마음 편한 생각을 가지고 있다. 하지만 공동체에 대한 성경적 이해는 이러한 개인주의화된 예배 방식보다 더 많은 것을 의미하며, 이러한 방식을 훨씬 넘어서고 있다.

---

3) Kimon Sargeant, *Seeker Churches: Promoting Traditional Religion in a Nontraditional Way* (New Brunswick: rutgers University Press, 2000).

이미 언급한대로 '교회 안의 교회'(a church-within-a-church) 역시 개인의 자율에 도전하고 있지 않다. 버크(Spencer Burke)는 구도자 교회/X세대 교회들 사이의 가장 공통적인 표현인 '교회 안의 교회'의 문제적 성격에 대해 논의하고 있다.

> 초기 선구자들은 처음에 이런 형태의 교회가 잘될 것이라고 낙관했다. 하지만 젊은 지도자들은 구도자 모델을 피하려고 하였다. 그것은 개인의 주권에 이의를 제기하지 않기 때문이다. 이런 젊은 지도자들은 그들의 신학이나 예산을 세우는 방식이나 세례주는 방식을 변화시킬 자유가 없다는 점에서 아주 제한적이었다. 결국에는 구도자 공동체와 X세대 공동체 사이의 차이가 항상 두드러지게 나타났다. 교회 개척은 50만 달러의 예산과 엄청난 주일 아침 이벤트로 시작할 것이다. 궁극적인 목표는 큰 축제를 벌이는 것이었다. 그리고 그 목표는 항상 설교자/교사, 건물, 참모들을 중심으로 형성되었다. 실제로 그것은 옛 시스템이었다. 젊은 지도자들이 공동체나 하나님나라를 위하여 가정 교회 네트워크를 출발시키고자 한다면 그들은 일자리를 잃게 될 것이다.

버크는 다음과 같이 결론을 내렸다. "교회 안의 교회는 항상 스스로 어느 시점에서는 좌절하고 만다."

이머징 교회들은, 구도자 교회와 뉴 패러다임 교회와 심지어 전통적 개신교 교회에도 전제되고 있는 '개인을 우선시하는 사고'에 도전한다. 이러한 도전은 포스트모던 예배, 특히 영국에서 먼저 일어난 클럽 음악에서 가장 잘 찾아볼 수 있다. 그것은 단순한 새로운 타입의 음악이 아니다. 클럽에서 경험된 사건은 반드시 공동체의 표현방식과 관계되어 있으며 모든 사람의 적극적 참여와 연관되어 있다. 대조적으로 소프트 록(soft rock)이나 하드 록(hard rock) 예배 이벤트에서 개인들은 하나님과 밴드 구성원에 집중하여 다른 교회 교인들을 무시한다. 클럽 문화 예배에서는 참여자들이 자기들의 친구들을 무시하지 않는다. 그들은 서로 동료 여행자가 되어 하나님을 체험하게 한다. 그들은 친구들과의 사귐 속에서 하나님을 체험한다. 그리고 함께 경험한다. 이러한 공유된 사건이 사람들을 더욱 가깝게 결속시킨다.

문화 변혁 네트워크(Cultural Shift network)는 그 기본적인 예배 형태로 클럽 문화를 사용한다. 그리고 클럽 문화는 대안 예배에서도 사용된다. 영국 맨체스터의 트라이브(Tribe)와 같은 다양한 독립 선교운동 단체에서도 그것을 사용한다. 분명히 말하자면, 클럽 문화만이 포스트모던 문화 속에서 드릴 수 있는 유일한 예배 방식이라고 말하는 것은 아니다. 방법들은 무한하다. 이러한 다양한 표현 방식들은 참여, 창조성, 영성에 관련된 여러 장(chapter)에서 다뤄지고 있다.

하나님나라가 교회의 실천들을 좀더 본질적인 공동체 형태로 변화시킨다는 것을 인정한다면, 좀더 깊이 나아갈 수 있는데 왜 많은 교회들이 그렇게 하지 않는가? 하나님나라를 위한 공간을 만들기 위하여 교회의 실천들을 바꾸는 것보다 표피적 형태들을 변경하는 것이 더 쉽기 때문이다. 버크는 대부분의 교회들이－심지어 구도자 교회, 목적 지향적 교회, X세대 교회, 혹은 포스트모던 교회로 자처하는 교회들조차도－교회의 10%만 해체시키고 나머지 90%는 손대지 않고 내버려 두고 있음을 주목하고 있다.

이러한 교회들이 자기들의 스타일을 바꿀 수 있다. 그러나 그들은 누가 급여를 받는지, 공동체의 해야 할 일들은 무엇이며 매주 모임의 성격(예를 들어 매주 어떤 특별한 시간에, 어떤 특별한 장소에서 만날 것인지 등)은 어떤지를 누가 공동체에 말할 것인지는 변경하지 않는다. 그들은 누가 주의 만찬에 참석할 수 있는지 바꾸지 않는다. 그리고 그들은 종종 헌금과 교인 수로 표시되는 성공의 표시들을 바꾸지 않는다. 하나님나라가 이런 문제들을 해소한다는 것을 인정한다면, 그것이 바로 90%를 건드리는 것이다. 그런데 그것은 대부분의 교회에 있어서 금기 사항이다.

교회보다 하나님나라를 우선시하기로 결정한다면, 전혀 다른 교회가 될 것이다. 하나님나라를 전제로 한다면 그러한 급격한 교회의 변화에 대한 욕구를 이해할 수 있을 것이다. 예수께서 모든 것을 평등하게 하신다면 모든 것이 가한 것이다. 이것은 교회의 예식들을 세세하게 조정하는 것보다 훨씬 더 고통스럽고 까다로운 과정이다.

이머징 교회들의 초점은 수적인 성공이나 경제적인 성공이 아니라 복음을 성육화하는 데 있다. 그들은 하나님나라의 복음이, 성공이 의미하는 모든 다른 기대들을 깨뜨린다고 믿는다. 궁극적으로 스칸드렛은 그가 성공적인지에는 별 관심이 없다. "나는 실제로 복음을 체험하기 위하여 하늘과 땅이 어디에서 만나는지를 발견하기 위한 여행을 하는 중이다. 이 여행의 목표는 복음이 어떻게 표현되는가를 보는 것이다. 예산이나 수치적 목표에 의해 보는 것은 아니다."

지속적이고도 중단할 수 없는 신앙의 성격 때문에 엄밀하게 연결된 공동체가 필수적이다. 아마도 공동체가 작을수록 좋을지 모른다. 그것이 각 사람들이 삶을 변화시키는 활동들에 참여할 수 있음을 확인할 수 있는 유일한 길일 것이다. 초점은 예식이 아니라 함께하는 삶의 방식이다. 하나님나라의 공동체로 살아가는 데는 높은 희생을 요구한다. 그렇게 하기 위해서는 이러한 공동체들은 그들의 성공관을 완전히 바꾸어야 할 것이다.

이머징 교회들을 그들 한가운데 오시는 하나님나라를 위한 공간을 창조한다. 그들은 개인주의와 소비주의와 같은 다른 충성을 포기함으로써 준비하고 있다. 그들은 좀더 깊이 탐구하기를 결단한다. 그들이 선호하는 교회 형태들이 하나님나라를 방해하는 것이라면 그런 교회 형태들을 포기할 마음을 보여주면서까지 자기들이 가지고 있는 교회에 대한 생각들을 버리고 있다. 그들은 그들의 이야기를 나누고 서로 함께 노력해 나갈 수 있는 처소를 만들고 있다.

하나님나라가 어떻게 교회의 실천들을 해체하는가

교회에 대한 강조에서 하나님나라에 대한 강조로 바꾼다는 것은 새로운 스타일의 사역이나 새로운 프로그램의 추가를 의미한다. 그것은 교회의 구조를 다시 세우고, 교회의 방향을 다시 설정하며, 교회의 에너지를 재충전하는 것을 의미한다. 스리 네일(Three Nail, Pittsburgh)은 교회의 형태를 바꾸기 위한 모델로 예수의 삶을 사용한다. 자허(Holly Rankin Zaher)는 다음과 같이 설명한다. "하나의 예수운동으로서 우리가 누구인지를 알기 위하여 누가복음/사도행전에 의존한다. 교회의 실천을 해체하고 동시에 다시 세우기 위하여 우리는 예수의 삶에 대한 이야기를 사용하며, 그가 세우신 교회에 대한 설명을 사용한다. 1년 내내 '나는 해체의 목사이다.' 왜냐하면 우리는 우리가 행한 모든 것을 재검토해 보아야 했기 때문이다."

이머징 교회들은 교회 실천에 대한 생각과 싸우지 않는 사람들에게는 정당한 교회 형태가 아닌 것으로 보일지도 모른다. "워터스 에지에 와서 머물고 있는 사람들은 우리가 알고 있는 대로 교회가 뭔가 잘못되어 있다고 생각한다. 새로 오는 사람들은 그런 인식이 없었지만, 와서 '이것은 교회가 아니야' 라고 말하고 떠나버린다"(Joel McClure). "이러한 투쟁이 일어날 수 있는 장소가 있어야 한다는 것이 우리 생각의 일부이다."

교회는 여행하는 사람들이 서로 만날 수 있는 장소이다. 워터스 에지에 있어서 교회는 이미 '도착한' 사람들을 위한 안전한 항구가 아니라 신앙의 여행을 하고 있는 삶들을 위한 만남의 장소이다. 브레윈(Brewin, Vaux, London)은 다음과 같이 기록하고 있다.

> 우리가 복스 교회를 시작하기조차 전부터 우리의 교회론은 발전해오고 있다고 생각한다. 우리는 실천을 통한 사역을 해나가고 있다. 우리의 신학은 정적이 아니다. 우리가 하고 있는 것에 대한 정보를 알려 주는 돌판이 아니다. 오히려 우리가 하고 있는 것이 탐구의 과정을 거쳐 우리의 신학을 알려 주고 있다. 이것은 특히 교회에 대한 우리의 입장에 해당되는 것이었다. 우리는 새로운 스타일의 교회를 세울 것인가에 대한 어떤 커다란 생각을 가지고 출발하지 않았다. 모든 것을 계획하고 우선 문서화작업을 하는 등의 일들을 하지 않고 시작하였다. 아주 정반대였다. 어떤 면에서는 그러한 시작조차도 교회가 무엇인지에 대해 많은 생각을 하게 했다. 교회는 단순히 여행하고 있는 사람들을 위한 만남의 장소이다.

스칸드렛은 이머징 교회 지도자들이 어떻게 발전혀 나왔는가를 보여주는 하나의 패턴을 밝혀내고 있다. 첫째, 새로운 무엇, 즉 자기가 아는 사람들에게 소개하고 싶은 그 무엇을 창조하려는 욕망이 지도자들 마음에 형성된다. 이러한 첫 번째 성향은 제도적 교회에 흐르고 있는, 즉 구도자 예배의 단순한 변형된 모델인 X세대 예배나 청년 예배에 흐르고 있는 성향이다.

이런 모델은 기존의 대형 교회 모델을 약간 수정한 모델이다. 얼마가 지나면 지도자들은 대형 교회 모델과, 또 대형 교회가 대표하는 그런 종류의 기독교에 실망한다. 그 다음엔 지도자들이 사례비를 받지 않는 그리고 공식적인 후원기관이 없는 가정 교회 모델로 이동한다. 하지만 언젠가는 그들은 교회가 단지 건물에서 가정으로 위치만 이동했을 뿐이지 교회의 근본 구조는 달라지지 않았다는 것을 깨닫는다.

진짜 문제는 어디서 교인이 만나며, 예식이 어떤 스타일인지, 심지어 구조는 어떤지가 아니라, 하나님나라가 그 공동체의 삶 속에 구현되느냐 하는 것이라는 확신을 지도자들은 점차 갖게 된다. 그들은 그들의 실천을 예수와 하나님나라를 중심으로 세우려 한다. 그들에게 있어서 교회 '예식' 의 중요성이 점차 줄어든다.

이머징 교회들은 교회의 실천을 포함하여 삶의 모든 면을 해체하는 도구로 하나님나라를 사용한다. 그들은 하나님나라가 교회를 낳았다고 이해한다. 교회가 하나님나라를 낳는 것은 아니다. 특히 전통적 구조들의 대부분을 전혀 손대지 않고 놔두는 뉴 패러다임 교회와 목적 지향적 교회와 구도자 교회와 비교해 볼 때, 이머징 교회들의 교회 형태와 구조들은 가변적이다. 이전의 운동들은 교회를 구성하는 것으로서 유급 담임목사, 주일 행사 등을 강조하며, 신앙을 상실한 도시 근교의 전문직에 초점을 맞추는 활동을 강조하고, 기본적으로 교회 건물로 이해되고 있는 교회에 그리스도인들이 와야 한다는 생각에 강조점을 두고 있다. 해체의 도구로서 하나님나라의 패러다임을 사용하는 이머징 교회들은, 한때는 생동력이 있었지만 점차 철 지난 시대를 대표하는 많은 교회 형태들을 해체하고자 한다.

교회의 의미를 재정의하기

이머징 교회들은 교회의 성격에 관하여 근본적인 물음을 제기한다. 교회는 매주 예배가 시행되는 장소인가, 아니면 관계들의 네트워크인가? 이머징 교회들은 교회의 형태들을 해체하고 다시 세우기 위하여 복음을 사용한다. 이것의 특징은 교회에서 하나님나라로의 의미 있는 강조점의 변화이다. 포용의 실천은 새로운 종류의 가족을 창조한다. "누가 내 어머니이며 내 동생들이냐"라고 예수께서 자기의 제자들에게 물으셨다(마 12:48).

예수께서는 가족 구조를 물구나무 세우셨다. 그렇다. 예수의 제자들은 가족처럼 살았다. 그러나 이러한 새로운 가족은 혈연관계로 연결된 가족이 아니었다. 하나님나라를 추구하는 사람들은 서로에게 형제요 자매였던 것이다. 다시 말해서 그것은 대안가족이다. 이 가족은 하늘에 계신 하나님 이외의 다른 아버지는 없기 때문이다. 예수의 제자들은 이런 가족에 속한 사람들이었다. 이 가족은 어떤 다른 관계와 충성보다 우선하는 것이었다.

생동력 있는 공동체를 만드는 것은 현재 우리의 문화적 상황 속에 있는 하나의 도전이다. 사람들은 관계들에 목말라 있다. 그러나 동시에 이와 관련된 대가에 잘 대처하지 못하고 있다. 일상적인 관계나 계약적인 관계가 기준이 되는 문화 속에서는 불일치와 절망 속에서도 살아남을 수 있는 깊은 토대 위에 관계를 세우기가 어렵다. 상황이 어려워지면, 사람들은 새로운 깊이의 이해에 도달하는 지점까지 위기를 헤쳐 나가기보다 떠나버리는 경향이 훨씬 강하다.

제도가 아닌 가족

이머징 교회들은 예수와 그의 제자들이 모델로 보여주신 '새로운 가족'을 추구한다. 그리고 그들의 구체화된 삶의 방식은 확장된 가족의 삶과 유사하게 작동한다. 우리 문화 속에 있는 가족의 어떤 특징들이 이머징 교회의 실천을 밝히 드러낼 수 있겠는가? 가족은 선택에 의존하지 않는 관계들로 구성되어 있다. 개인들은 전형적으로 그들의 가족을 선택하지 않는다. 그들이 좋아하든 싫어하든 관계없이 서로 연결되어 있다. 사람들은 가족 구성원이 될 때를 선택하지 않는다. 사람들은 잠잘 때나 학교에 있을 때나 친구들과 함께 있을 때나 언제든지 가족이다. 부언하자면 사람들은 가족을 반드시 좋아해야만 하는 것도 아니다. 감정이 좋을 때나 싫을 때도 그들은 가족과 함께 있다. 가족이 자신의 욕구를 만족시켜 주는지도 거의 고려되지 않는다.

한 교회가 가족처럼 보기 시작한다면 교회의 모든 제도적 실천들은 변화를 겪게 될 것이다. 한가족으로서 교회는 근본적으로 관계에 관한 것이다. 그것은 모임이나 이벤트나 구조에 관한 것이 아니다. 그러한 의례적 질문은 관계의 문제를 논할 때는 아무런 의미가 없다. 이머징 교회의 대안 가족 구조는 일종의 가족적인 헌신을 추구한다. 사람들은, 그들의 서로의 욕구를 충족시켜 주지 못한다 하더라도, 때로는 그럴 마음이 있는지 없는지와도 상관없이, 하나님나라의 공동체의 일원이다. "나는 헌신은 제도적이라기보다는 관계적이라고 믿는다. 이머징 교회 사람들은 서로에게 헌신하며 하나님께 헌신한다. 그리고 그 헌신은 깊고 지속적이다. 설사 우리가 서로 좋아하지 않는다 하더라도 가족으로서 우리는 이해를 같이 한다"(Andrew Jones, Boaz, U.K.).

여러 교회들을 보면 구조 자체가 가족형(family-type)적인 연계성을 방해한다. 제도적 교회됨의 방식은 관계적 존재 방식으로 바뀌어야 한다. 보이드(Joe Boyd)는 아펙스 교회에서 일어났던 일을 다음과 같이 설명한다. "우리는 교회가 가족, 하나님의 가족이 되기를 원했다. 우리는 교회를 록 쇼(rock Show)나 비즈니스나 총회나 대학과 같은 구조가 아닌 한가족으로서의 구조를 만들 필요가 있었다. 400명의 사람들을 가지고 어떻게 해야 할지 아무런 생각이 없었다. 우리는 하나님이 아버지가 되시고 예수가 리더가 되시기를 원했다. 우리는 큰 집회가 이 사람들을 위한 교회 이하의 어떤 것이 되기를 원했다." 보이드는 가족 유형의 관계를 발전시키기 위한 공간을 만들기 위하여 '성공적인' 교회 형태를 해체시켰다.

교회는 공동의 정체성을 가지고 있다는 것뿐만 아니라 교회가 교인들 사이에서 제공하는 지원에 의해서도 가족이 된다. 랜딩 플레이스(Landing Place, Columbus, OH, 마크 팔머가 개척함) 교회의 초기 시절 마크 팔머의 아내인 제니퍼가 암으로 진단받았다. "이것은 땅이 흔들리는 것과 같았다. 열 단계에서 병을 참아내는 그녀의 방법과 이야기는 그 공동체가 특별한 방식으로 형성되고, 또 계속해서 존재하고 번성할 수 있도록 해주었다. 나아가서 이런 시련을 이겨내고 살아난 방식으로 인하여 많은 사람들이 그 공동체 안으로 들어오게 되었다. 그 사건은 하나님과 하나님이 쓰고 계시는 이야기에 대한 놀라운 설명이었다. 이 모든 것을 거치면서 랜딩 플레이스는 내 가족처럼 행동하였다."

이머징 교회들은 강한 가족적인 결속력을 가지고 있다. 그 결속은 역경에 직면하여 그리고 차이에도 불구하고 굳게 다져진다. 콜린스는 그의 공동체 경험을 다음과 같이 설명하고 있다. "내가 나의 첫 교회로부터 배운 유익한 점들 중의 하나는, 특히 기독교에 무관심하거나 적대적인 사회 속에서, 나 자신과 같은 공동체가 그리스도인들에게는 필요하다는 것이었다. 나는 완전한 교회는 발견할 수 없다는 것을 배웠다. 그러나 나는 또한 어떻든 간에 다른 그리스도인들과 함께 공동체 안에 있어야 한다는 것도 배웠다. 하나님이 부르셔서 보냈다고 느껴지는 교회를 발견하라. 그리고 계속해서 부름 받을 때까지 거기에 머무르라. 그것이 내가 항상 해왔던 것이다."

가족과 함께하는 것처럼 하는 도전이라면 의미가 있을 수 있다. 도드리지는 다음과 같이 말한다.

> 이 모든 것과 함께 오는 문제는 그것이 믿을 수 없을 만큼 어렵다는 것이다. 우리는 어느 정도 사람을 의지하기 때문에 일들이 틀어지기 쉽다. 한두 사람이 그렇게 느끼지 않을 때 작은 교회에서는 그것이 큰 문제가 될 수 있다. 우리는 바로 지금이 어느 정도 좋은 기회라고 말하고 싶다. 사람들은 초점을 잃기 시작했다. 오랫 동안을 표류한 몇몇 사람들이 있다. 우리는 서로에 대한 관계에 헌신해 있지만 지나치게 강력한 방식으로 사람들을 강제하거나 가르칠 수 없기 때문에 그것은 힘든 일이다. 사람들이 어느 곳에서 신앙생활을 하든지 우리는 여전히 그러한 관계를 유지하고 있기 때문에 좋다. 사람들은 여전히 사랑하고 봉사한다. 그

것은 회중을 떠나는 것과 같은 것이 아니며, 너의 타락을 가려내고 그 다음엔 결국 너를 포기해버리려는 사람들과 함께 몇 달을 보내는 것과 같은 것이 아니다. 여전히 하나의 공동체로서 연결이 있고, 그리고 사람들은 여전히 헌신된 채로 남아 있다. 그것이 중요하다.

마치 가족과 함께하듯이, 도드리지의 공동체는 관계의 질에 의하여 일어서고 또 쓰러지고 있다.

이런 예들은 소비자 교회 형태와는 날카로운 대조를 이룬다. 소비자 교회에서는 사람들이 그들의 영적 욕구를 만족시키기 위하여 쇼핑하는 것과 같다. 세실(Brad Cecil)은 소비자 교회와 공동체 교회를 다음과 같이 구분한다.

우리는 단기간의 관계나 사람의 욕구를 충족시키는 것이나 사람들을 위한 영적 행상인처럼 기능하는 것에 관심이 없다. 오히려 우리는 함께 삶을 나누는 데 헌신한 사람들의 공동체가 되기를 원한다. 우리는 성장을 위한 성장은 바라지 않는다. 오히려 우리는 자연적인 유입을 통해 천천히 성장하는 것을 원한다. 우리는 우리의 성공을 수적 성장을 기준으로 하지 않는다. 우리는 우리가 척도로 삼기로 결정한 수단은 가령, 관계가 얼마나 지속되는가, 공동체의 구성원들이 얼마나 다른 구성원들과 평화롭게 지내는가, 서로의 관계가 회복되었는가 하는 것들이다.

세실이 지적한 대로, 사람들이 성공의 항목을 숫자에서 연계성으로 바꾼다면 지금까지의 많은 교회활동들이 질문의 대상이 될 것이다.

장소라기보다는 사람, 모임이라기보다는 공동체

교회가 특정한 시간과 특정한 장소에서의 모임이기를 원하는 욕심을 깨뜨리기는 어렵다는 것을 크리치(Alan Creech, Vine and Branches, Lexington)는 인정한다. "정당성을 위한 건물을 소유하려는 조직의 욕구가 여전히 사람들 마음속에 스며들어 있다. 건물이 없어서 정당성이 없다고 느낀다. 어느 한 장소의 교회를 요구하는 욕망은 몸의 모든 표현 방식을 방해한다." 크리치는 말한다. "이것들은 좀더 깊은 뿌리에서 나오는 신학적 문제들이고, 모두 영적 구조의 문제이다. 건물들과 프로페셔널리즘(professionalism)은 왜곡된 영적 구조를 낳는다. 하나님과 관계를 갖기 위하여 어느 곳에 즉 어떤 특정한 장소에 위치한 교회는 신약성경과 일치하지 않는다. '어떤 특정 장소의 교회' 는 영성을 너무 많이 포함하며 또 제한한다. 그것은 내가 끊임없이 기도하는 것을 하락하지 않는다."

교회(헬라어로 ekklesia)라는 용어는 명사라기보다는 동사이다. 그것은 하나의 백성을 불러 모으는 것을 의미한다. 그 용어는 로마에서는 넓은 의미로 사용되었다. 그것은 바로 공적 장소에서 갖는 도심 집회를 언급하는 것이었다. 근대 교회는 가족 단위의 바울의 교회 모델을 닮기보다는 중앙집권적인 예루살렘 교회의 성전 예배를 너무 지나치게 닮으려 하였다.

가족은 단순히 1세기의 가정의 단위만은 아니었다. 그것은 생활의 많은 부분을 후원에 의존하던 산업화이전 사회의 사회 경제적 기본 단위였다. 가족에는 친척뿐만 아니라 노예, 가족과 정기적으로 무역을 하는 고객들, 가족의 친구들까지도 포함되어 있었다. 이런 배경 하에서 보면, 1세기 그리스도인들은 아마도 "어디로 교회 가니?"라는 질문에 상당히 당황했을 것이다. 왜냐하면 교회는 자신이 속해 있는 사람들의 네트워크였기 때문이다. 교회는 일 주일에 한두 번의 회합이 아니었다. 삶의 모든 면과 연관된 활동들을 포함하는, 지속적인 상호관계의 공동체였다. 그 공동체는 정체성과 안전성을 제공해주는 한 무리들의 사람들을 지원하였다.

스리 네일(Three Nail, Pittsburgh)은 깔끔하고 현대적인 예배보다도 공동체를 우선시하였다. "우리의 예배 모임은 산만하다"고 자허는 고백한다. "우리의 초점은 다른 사람과의 관계에 있다." 스리 네일은 교회의 예식보다 공동체 형성에 더 신경을 쓴다. "예배 집회가 우리의 에너지를 쏟고 싶었던 것이라면 우리 교회에는 최고의 예배 집회를 가질 수 있도록 하는 인재 풀(pool)이 있다. 하지만 우리는 그렇게 되지 않도록 의도적인 결단을 하였다." 스리 네일 공동체는 그들의 에너지를 집회가 아닌 교회 안에서의 인간관계에 집중하기를 원했다.

DJ이면서 트라이브 교회의 지도자인 미첼도 교회를 예식 그 자체가 아니라 공동체적 삶의 방식으로 이해한다. 트라이브 교회는 그들의 교회를 다른 사람을 보살피는 교회로 묘사한다. 그들은 교회에 간다는 것이 맥락상 적절치 않다고 느낀다. 왜냐하면 그들이 이미 교회이기 때문이다. 그들에게 있어서 교회는 하나의 공동체로서 그들이 '사는 공간' 이다. 트라이브는 교회를 관계의 폭넓은 네트워크라고 생각한다. 그들의 말로 표현하자면, 그들은 "셀 그룹보다 더 많이 관계를 추구한다." 그러나 그들은 접촉을 유지하기 위한 셀 구조를 통하여 이웃들에게 헌신한다. 트라이브에게 있어서, 최소한의 교회 구조는 공동체의 관계를 돕는데 그 목표를 둔다.

도드리지는 모임 중심과 관계 중심 사이의 차이를 다음과 같이 지적한다.

> 대부분의 그리스도인들은 공동체에 속해 있어서 어느 정도 그 공동체의 사람들과 함께 회중 집회에 참석한다고 나는 생각한다. 하지만 그들의 초점은 여전히 모이는 데 있다. 반면에 우리의 초점은 관계에 있다. 우리는 처음에 교회됨이 무엇이라고 생각하는지, 교회의 형태는 어떠해야 하는지, 어느 면에서 교회의 구조가 유익한지, 어느 면에서는 유익하지 않은 부분들이 있는지 이야기를 나누면서 많은 시간을 보낸다. 토론 과정을 지켜보면서 우리는 진지한 관계를 갖는 것, 서로 사랑하는 것, 일 중심보다는 서로에게 헌신하는 것 등에 대한 공통적인 요구와 욕망이 있는 것을 알아낼 수 있었다.

공식적인 모임에 대한 질문이 논의되기 전에 관계에 대한 물음이 답변되어야 할 필요가 있었다.

교회를 어떤 특정 시간에 어떤 건물에서 모이는 한 집회와 동일시한다면, 그것은 은연중에 교회생활과 일상생활과의 분리를 가져오며, 결국은 성과 속의 분리를 초래하게 된다. 그러면 그것은 교회 모임은 기본적인 영적 활동이며, 일상생활은 세속 영역이라는 생각을 교인들에게 갖게 할 수 있다.

크리치(A. Creech)는 사람들이 하나의 집회를 통해 영적으로 만들어져 간다는 생각은 매우 잘못된 것이라고 생각한다. "우리가 더 나은 그리스도인들이 되기 위하여 위대한 설교가가 있어야 하고 큰 교회가 있어야 한다는 생각, 뭔가 큰 일이 진행되고 있다는 것을 느껴야 뭔가가 이루어지고 있다는 것을 느낄 수 있다는 생각은 잘못된 것이다. 이렇게 되면 우리는 우리의 영적 소양을 어떤 감정이나 거대한 이벤트에 의해 평가하는 것이 된다. 이것은 매우 위험스럽다. 하지만 이것이 유행하고 있다. 우리는 느린 성장, 여행과 같은 성장으로 돌아올 필요가 있다."

공동체는 긴 과정이다. 하룻밤에 이루어지는 것이 아니다. 존스턴은 다음과 같이 주장한다.

> 우리가 단순히 일련의 모임으로만 규정될 수 없다는 것은 자명하다. 분명히 모임들이 일어나고 있지만 그것은 넓은 영역의 한 부분일 뿐이다. 모임들의 장소가 있다. 그러나 그 장소가 교회는 아니다. 우리는 말 그대로 재정적, 물질적 자원으로 따졌을 때는 아무것도 가진 것이 없다. 우리는 시내의 큰 교회를 연상시킬 만한 화려하고도 실제적인 도구들 없이도 공동체를 세워나갈 수 있다는 것을 깨달았다. 스티브 잡스(Steve Jobs)나 빌 게이츠(Bill Gates)가 그때 당시 활동하지 않기도 했지만, 간디로 하여금 기독교를 거부하게 한 것은 기조 연설이나 파워포인트나 기술이 부족해서가 아니었다. 사랑이 부족하고 공동체성이 결여되었기 때문이다. 현재 우리는 공동체 감사를 두고 있다. 그래서 우리는 우리가 가지고 있는 사소한 것이라도 취하여 그것을 가지고 가능한 한 효과적이고 전문적으로 지역적 욕구를 충족시키려고 하고 있다. 그것은 하나의 과정이다.

전 공동체의 관점을 바꾸는 것은 도전이다. 워터스 에지의 비공식 집회에서 한 여인이 일어나 '선교적 공동체'의 언어에 집중하는 것에 반응하면서 "우리는 교회를 증오해!" 라고 소리 지르기 시작했다. 조엘 매클루어와 랜디 부이스트는 "우리가 교회이다. 교회를 단순히 모임으로 생각하는 것은 잘못된 것이다" 라고 말하면서 그녀의 생각을 고쳐 주었다. 마크 팔머는 교회가 하나의 모임이 아니라 삶의 방식이라는 것을 사람들에게 확신시키는 것이 얼마나 어려운지를 공감하고 있다. "랜딩 플레이스 교인들은 아마도 70%는 교회가 하나의 모임이 아니라 삶의 방식이라는 것을 이해할 것이다. 그러나 나는 30%에 집중하고자 한다. 그들은 '왜 우리는 더 많이 노래할 수 없는가, 왜 우리는 더 많이 가르칠 수 없는가, 이번 토요일에는 교회를 빼먹을 거야' 라고 말하는 종류의 사람들이다."

카렌 워드는 관계적 교회 이해를 다음과 같이 설명한다. "교회는 건물이나 전략이나 프로그램이 아니다. 교회는 성부, 성자, 성령 하나님 안에 있는 관계이며, 그리고 그분들과 함께하는 관계이며, 그리고 그분들 아래 있는 관계이다. 교회가 된다는 것은 바로 삼위일체 하나님께 참여하는 것이며, 하나님의 신적인 삶에 참여하는 것이다. 하나님은 모든 관계의 근원이시기 때문에 교회를 관계에 집중시키는 것이 철저히 그리스도인이 되는 것이다." 이머징 교회 지도자들에게 있어서, 공동체 없이는 신실한 그리스도인이 되는 것이 논리적으로 불가능한 일이다.

이머징 교회들은 교회는 퍼포먼스에 기초한 집회를 의미한다는 굳은 생각에 도전한다. 그들은 교회가 결코 하나의 모임이라고 생각지 않는다. 그것은 공동체이다. 모임들이 있는 것은 사실이다. 그러나 그것이 교회를 규정하는 것은 아니다. 모임들은 공동체의 삶을 지원하기 위하여 계획된 것이거나, 공동체로부터 결과된 것일 뿐이다. 그 모임들이 결코 공동체를 창조하지는 않는다. 교회는 하나의 사건이거나 정기적인 이벤트가 아니다. "우리가 강조하는 것 중의 하나는 교회는 이벤트가 아니라 일군의 사람들이라는 점이다" 라고 매클루어는 말한다. 워터스 에지는 최근에 티셔츠 앞면에는 "교회에 가지 마세요", 뒷면에는 "교회가 되십시오" 라고 인쇄하였다.

이머징 교회들은 공동체로 기능하기 때문에, 교회의 예식 자체는 전 삶으로 함께 나아가는 하나의 작은 창이라고 할 수 있을 것이다. 존스(Andrew Jones)는 이머징 교회 지도자들에게 교회가 어떤 의미를 가지고 있는지 다음과 같이 설명한다.

> 이머징 교회의 예배 예식에서 일어나는 것을 지켜보는 것만으로는 이머징 교회가 어떻게 예배드리는지 알 수 없을 것이다. 우리의 결혼식, 장례식, 식사, 생일 파티, 길거리 파티, 축제, 순례 행진들을 주목해 보라. 우리가 어떻게 우리의 일상의 예식들을 주입하고 있는지를 주목해 보라. 뿐만 아니라 전통적 교인들이 참여할 수 있도록 우리의 예배를 어떻게 무대 위에 올려놓는지를 주목해 보라. 후자가 필요하다(큰 컨퍼런스에서 그렇게 한다). 그러나 그것이 우리가 누구인지, 우리가 보통 하는 것이 무엇인지 가장 정확히 반영된 것은 아니다.

주일 예배 예식은 전통적 교회를 이해하는 가장 분명한 시작점이었다. 아마도 그것은 전통적 교회의 정체성을 설명하는 가장 직접적인 방식일 것이다. 그러나 이머징 교회는 다르다. 최근에 시작한 많은 이머징 교회 그룹들은 이런 의미의 모임을 갖고 있지 않다. 그들에게는 중심적 모임이 없다. 그들은 관계적이며 유기적이고 유동적이다. 하지만 그들은 정기적인 모임을 갖지 않기 때문에 공식적으로 조직된 교회들보다 더 자주 모인다.

도드리지는 다음과 같이 말한다. "우리는 실제로 공식적인 모임을 갖고 있지 않다. 우리는 다른 교회들과 함께 본머스(Bournemouth) 기도 모임과 같은 일에 참여하도록 권장한다. 그래서 나는 그곳이 바로 공식적인 모임이 들어오는 곳이라고 추측한다. 사람들은 그들에게 맞는 것에 가려는 경향이 있다. 우리는 주말 소풍, 바비큐 파티, 공동 식사와 같은 친목회를 갖는다. 한 그룹 단위를 접촉하고, 우리가 어느 방향으로 가고 있는지를 알기 위하여 우리는 저녁마다 모임을 준비한다."

"우리는 지금 많은 소규모의 관계 공동체를 가지고 있다. 이것들이 함께 연결되어 아펙스(Apex)를 이룬다"고 보이드는 보고하고 있다. "나를 위한 교회는 내 시간의 대부분을 함께 소비하는 내 열두 명의 친구들로 이루어져 있다. 우리의 많은 관계적 공동체들이 일상생활에 함께 참여한다. 우리는 유기적인 확대 가족으로서 작동한다. 우리는 우리가 가진 것을 함께 나눈다. 현재 우리는 25개의 가정 그룹이 있다. 웹상에서 발견할 수 있는 것은 14개뿐이고 나머지는 숨겨져 있다. 왜냐하면 그들은 공식적인 모임이 없기 때문이다. 그들은 단순히 공동체들로서 기능한다. 그들은 자주 만난다. 그러나 특정한 시간을 정해서 만나는 것은 아니다. 그들은 조직되어 있지 않다. 오히려 완전히 탈 중심화되어 있다."

또한 집중화하는 것에 강한 반감이 있다. 작은 그룹이라도 마찬가지다. 교회는 두세 개의 그룹들로 이뤄질 수도 있을 것이다. 프리젠(Dwight Friesen)은 다음과 같이 선언한다. "우리는 작은 그룹들을 해체했다. 이것 저것을 해체하는 사람은 조직하는 것을 인위적이라고 느꼈다. 이제 우리는 대화를 위하여 의도적으로 한두 친구들과 사귀었다. 우리는 한동안 영성적으로 서로를 지도하기로 약속하였다." 그들은 '유기적 결합'을 추구한다. 교회는 두세 사람이 함께 모여 있을 때 발생한다. 교회는 특정한 시간이나 장소가 아니다. 그리스도를 따르는 사람들이 함께 모여 있을 때 일어나는 연결이 바로 교회이다. 복스의 브레윈은 다음과 같이 동의한다. " '그리스도께서 두세 사람이 모인 곳에' 라고 말씀하셨는데, 그때 그리스도께서는 바로 그 순간에 교회가 발생하고 있다는 것을 의미하셨다고 우리는 믿는다. 교회는 방문해야 할 장소가 아니라 순례하는 사람들이 함께 모일 때 나타나는 역동적 관계를 의미한다. 좀더 깊이 탐구하면서 우리가 발견하게 된 것은, 초대 교회의 발생이 오늘날의 교회를 위한 하나의 패턴을 제공하고 있다는 사실이다."

'도시의 많은 무리들을' 부르기 위하여 교회가 그들의 기능을 형식화하고 경험을 시들하게 하고 있다고 스칸드렛은 느낀다. "교회에 대한 사고를 보면 많은 낡은 생각들이 있다. 그래서 나는 그것을 교회라고 부르기가 망설여진다." 그의 교회에는 공식적인 모임이 없다. 그러나 그 공동체는 아주 자주 함께 모여 하나님나라의 삶에 함께 참여하고 있다.

"영적인 것에 관하여 계획하는 것은 우리에게 더 이상 의미가 없었다. 몇 가지 이유로 우리는 실제적이 될 필요가 있었고, 친구가 될 필요가 있었으며, 그리고 어떤 것은 자연적으로 발전하도록 내버려 둘 필요가 있었다. 우리는 단순히 신앙만이 아니라 가치를 공유하고 있다. 우리는 우리가 살아가고 있는 방식에 충실하기를 원했다."

그들은 목회를 프로그램적으로 접근하는 것에 강한 반감을 가지고 있다. 그들은 어떤 프로그램에 의해서가 아닌, 가치와 삶의 스타일에 따라 자발적으로 활동하였다. "우리는 삶의 소용돌이를 함께 대처한다. 그러나 우리는 이에 대해 우리들 중 어느 누구에게도 영광을 돌리지 않는다. 우리는 '영속적인 도시 지파들'이다. 이것이 기독교 공동체의 멀티-포털적(multi-portal) 관점이다. 그것은 외적 구조에 관한 것이 아니라 하나님나라를 추구하는 백성들에 관한 것이다." 스칸드렛이 참여하고 있는 공동체는 공식적인 이름이 없다. 그리고 어느 누구도 공식적으로 대표하지 않는다.

어떤 사람은 교회를 일상적인 것이 아닌 하나의 리듬으로 본다. 버크는 왜 그리스도인들이 교회 오는 특정한 날을 정했느냐는 질문을 던진다. "왜 우리는 우리가 이번 주에 교회를 위해 무엇을 하고 있는지 묻지 않는가? 시간표가 아닌 리듬으로서의 교회는 어떤가? 교회를 위한 자연의 리듬은 무엇인가?"

세 개의 유기적 교회의 네트워크인 랜딩 플레이스 네트워크는 저녁 만찬이나 예전(liturgy)의 밤을 위하여 함께 모인다. 그러나 마크 팔머는 "우리는 여태껏 하나의 교회로서 하나의 교회에서 모인 적은 없다"고 말한다. "우리는 탈중심적 교회 운동이다. 우리는 공식적인 의미에서 가정 교회들은 아니다(다시 말하자면 우리는 어떤 사람들을 얻기 위해, 또 번성하기 위하여 가정에서 드리는 가정 교회 예배 전략을 수용하지 않는다)."

모임 없는 교회를 지향하는 이런 운동들은 교회의 성격에 대한 근본적인 물음을 많이 받는데, 이 물음들에 대해 설명하고자 한다. 그들은 24-7[매일 24시간, 일주일 7일, 즉 항상] 삶의 방식으로서의 교회의 모습을 설명한다. 그들은 또한 성장이 어떠해야 하는지의 문제를 제기한다. 이머징 교회들이 그들의 DNA를 파괴하지 않으면서 계속해서 등장할 수 있겠는가? 그레이스 교회의 베이커는 다음과 같이 말한다. "사람들이 그레이스 교회에 헌신적이다. 그리고 그레이스의 일원이 되는 것에 아주 헌신적이다. 우리는 때로 경이로운 예배를 창조하기 위하여 특이한 일들을 행한다. 크기가 작기 때문에 아주 느슨하게 진행된다. 만약 커지면, 달라져야 할 것이다." 매클루어는 몇몇 그룹들의 미래를 불안하게 지켜보기도 한다. "우리가 성장하면 우리는 무엇을 해야 할지, 큰 단위를 유지할 것인지 아니면 좀더 작은 단위를 만들 것인지 아직 확신이 없다." 그러면서 "작은 것이 답이 아니며, 큰 것이 답도 아니다. 충실(faithfulness)이 문제일 것이다"라고 지적한다.

유기적 형태의 교회에 오래 참여한 로버트는 교회는 단순히 친구들과 사귐을 갖는 것과 혼동해서는 안 된다고 주의를 준다. "나는 교회가 친교를 갖는 것으로 동일시되기 쉽다고 생각한다. 친교는 좋은 것이고 하나님이 주신 것이다. 건강한 교회는 친교가 있어야 한다. 그러나 교회는 친교 이상이다." 로버트는 "교회의 정의가 경계나 구조 없이 열려 있다면, 교회는 단순히 따뜻하고, 보드랍고, 일시적으로 나눈 체험에 불과한 것이 된다. 그리고 교회가 그렇게 되면 나사렛 예수와는 아무런 연관이 없는 위험에 처하게 된다"고 경고한다. 유기적 공동체들이 교회로서 섬기기 위해서는 예수와 하나님나라에 헌신해야 하며, 또 예수와 하나님나라에 초점을 맞추어야 한다.

상호 책임의 장소

몇몇 이머징 교회들에 있어서 교회란 일련의 헌신이다. 홀(Simon Hall)은 설명한다. "어떤 특정한 모임에 참석하는 것과 리바이브(Revive) 교회의 교인이 되는 것과는 아무 관계가 없다. 우리는 이것을 지향하고 있다. 리바이브 교인이 된다는 것은(소그룹, 기도 모임, 영혼의 친구, 영적 디렉터 등을 통하여) 다섯 개의 근본 제자직의 가치에 책임적이 된다는 것을 의미한다. 일정 시간, 하루에 네 번 기도해야 한다는 등의 특별한 규정은 없다. 그러나 이 운동의 의미는 있다. 자유로운 사람들에게는 판단적이고 배타적으로 들리는 이러한 것들에 대해 많은 사람들이 저항할 것으로 생각했다. 그러나 거의 모든 사람들이 그에 동의해 주었다."

도드리지가 주도하는 공동체 역시 헌신을 강조한다. "우리는 교회를 사람들로, 서로 간에 갖는 관계로 본다. 그래서 우리는 교회인 다른 사람들에 헌신하는 것에 공감하고 있다. 사람들이 어떤 모임에 참석하든, 어떤 예배당으로 가든 상관없이 우리는 본더스(Bournemouth)에 있는 모든 교회로 우리의 헌신을 확대한다. 결국에는 그런 운동이 전 국가와 전 세계 교회의 일원이 되는 방향으로 뻗어나갈 것이라고 나는 생각한다. 우리의 관계를 성장시키고, 서로를 지원하고, 서로 배우는 법을 돕고, 다른 사람과 나누며, 책임적이 되는 것, 이것이 바로 일상의 교회가 되는 것이다." 도드리지에게 있어서는 헌신과 책임—특별한 모임에 참석하는 것이 아니라—이 공동체 일원이 되는 징표이다.

깊고도 지속적인 헌신은 이머징 교회들의 가치로 강하게 유지되고 있다. "우리는 서로 상의하여 결정한다. 우리의 헌신은 제도에 대한 헌신보다 더 오래 지속된다. 그러나 우리 세계에는 유동적인 것이 많기 때문에 관계적인 헌신, 지역을 넘어서는 헌신만이 의미 있는 기간 동안 지속될 것이다. 우리가 어디에 살든, 어느 기관과 연결되어 있든 상관없이 30년 동안 같은 사람들에게 같은 관계를 가지고 많은 헌신을 했다고 생각한다. 그리고 앞으로도 내 교회에 있는 사람들이 동일한 관계적인 헌신을 유지하리라고 기대하고 싶다. 우리는 함께 영원히 살 것이다. 이것이 하나님나라이다. 그것이 지금 시작되고 있다”(Andrew Jones).

그러한 높은 열망이 해를 거듭하면서 여전히 유지될 수 있을지는 시간만이 말해 줄 것이다. 그러나 존스가 강조하는 영원한 차원이 간과되어서는 안 된다. 여기 이 땅 위에서 함께하는 공동의 삶의 질(quality)은, 하나님나라와 교회가 함께 갈 때만 그리스도의 재림의 때에 완전하게 실현될 수 있는 풍성한 관계를 의미하는 것이다. 그리스도인들은 그 비전을 지금 구현하기 위해 노력해야 한다.

관계가 모임을 낳는다

이머징 교회들이 자신들을 헌신된 관계로—교회 예식 자체가 아니라—본다면, 공식적인 집회는 그들에게 어떤 역할을 하는가? 매주 모이는 교회의 모임이 필요하기나 한 것인가? 교회에 대한 기존의 생각들을 포기한 이후, 매클루어와 부이스트는 처음에는 모임이란 본래부터 나쁜 아이디어라는 결론을 내렸었다. 그러나 2년이 지나자 그들의 생각이 바뀌게 되었다. 그리고 모임이 좋은 것일 수 있다는 것을 깨닫게 되었다.

케빈 레인스(Kevin Rains, Vineyard Central, Cincinnati) 역시 같은 마음의 변화를 겪었다. “교회가 단순히 모임(meeting)일 뿐이라는 생각을 해체하는 길을 걸은 적이 있다. 하지만 이제는 교회가 집회와 아무 관계가 없다고 말하지는 않는다. 교회가 집회와 아무 상관이 없다고 말하는 것은 지극히 단순한 것이고, 사람들의 영적 교육을 위해 결국 아무 도움이 되지 않는다는 것을 깨닫게 되었다.” 교회가 모임으로 환원될 수는 없다 하더라도 모임들이 여전히 유용한 것일 수 있다.

그렇다면 모임의 적절한 역할은 무엇인가? 헌터는 모임들이 제거되어서는 안 되고 오히려 회복되어야 한다고 말한다. "우리는 모임들을 내팽개칠 수 없다. 우리는 모임에 새로운 목적을 부여해야 하고, 모임을 통해 무엇을 얻으려는 것인지 물어야 한다." 사실상 모임에 목적이 없을 때 그 모임은 시간 낭비가 될 것이다. 로저 엘리스는 "모임을 평가하지 않는다면 그 모임은 곧 지겨워질 것이다"라고 말한다. 엘리스는 의미 있는 모임을 만들기 위해서는 몇 가지 계획을 세워야 한다는 것을 발견했다. "우리는 창조성, 예술적 표현을 원한다. 그리고 서로에게서 듣기를 원한다." 하나의 모임은 그 뒤에 있는 목적이 좋을 때에만 좋다. 모임은 하나님나라가 표현되는 장소이어야 한다.

집회가 구성원들의 공동체감을 더 깊게 한다면 그 집회는 긍정적인 역할을 할 수 있다. 콜린스는 다음과 같이 말한다. "나는 교회라는 말을 두 가지 의미로 사용한다. 첫째, 교회는 공동체 안에 있는 그리스도인들을 의미한다. 그것은 사람들과 그들의 관계 방식에 초점을 맞추는 것이다. 둘째, 교회는 신앙의 표현 형식을 의미한다. 그것은 그리스도인들이 무엇을 하는가에 관한 것이다. 신앙 표현의 특별한 방식, 즉 모임이나 건물 등이 공동체의 관계적 욕구에 봉사하기 위해 존재한다고 생각한다."

콜린스는 모임들은 공동체에 봉사할 때에 가치가 있는 것이라고 생각한다. 역으로 말하자면, 관계의 깊이가 교회 모임의 질을 결정한다는 것이다.

> 교회의 예식은 공동체에서 나온다. 우리가 좋은 친구가 아니라면 우리는 예식을 만들어 낼 수 없다. 예식을 만드는 일이 핵심이고, 친교는 그 핵심을 중심으로 하여 자라난다. 그래서 우리는

> 느슨한 방식의 공동체이다. 그러나 우리에게는 많은 친구들이 있다. 우리는 서로 친구로서 사회생활을 영위해 나간다. "우리는 단지 친구들일 뿐이야"라고 말하는 것은 많은 그리스도인들에게는 너무 약하게 들릴 것이라고 나는 생각한다. 그러나 우정은 놀랍게도 강한 접착제이다. 모든 힘든 헌신도 우정이 없으면 허물어지고 만다. 우리는 친구이기 때문에 더 많은 일을 해낸다. 왜냐하면 우리는 서로를 좋아하며 다른 사람들을 실망시키기를 원하지 않기 때문이다.

그레이스 교회에 있어서, 교회의 예식들은 공동체의 우정에서 나오며, 역으로 이러한 예식들은 우정을 깊게 하고 있다.

선교에 기초한 운동

전통적 교회들은 그들의 구성원들에게 직장에서나 공동체에서나 다른 사회적 네트워크 속에서나 말과 행동이 일치하며, 복음을 증언하며 살아갈 것을 권고한다. 그러나 그 교회들은 그런 활동들을 가능케 하기 위한 어떤 지원 구조도 없다. 이머징 교회들은 그들의 교회의 구조가 본질적으로 선교적이라는 것을 확신시킴으로써, 사회 속에서 복음을 증거하는 데 강조점을 둔다. 그런 교회들은 봉사와 증언의 공동체들을 가지고 있다. 그리고 이들이 강조하는 탈중심적 방법은 교회에 쉽게 접근할 수 있게 해주고, 그리고 교회로 하여금 각 상황에 적절하게 대처할 수 있도록 해준다. 나아가서 그들은 배타성과 소외의 방해물들을 제거하기 때문에, 그리스도인들과 더 넓은 반경의 이웃들 사이에 존재하는 관계가 아주 자연스러울 뿐만 아니라, 이웃들이 그들의 관계 속으로 쉽게 들어올 수 있다.

이머징 교회들은 공동의 사명을 가지고 있다. 케빈 레인스(Vineyard Central, Cincinnati)는 다음과 같이 말한다. "교회는 매주의 집회이며 매달의 집회이고 또한 다른 사람에 헌신하는 사람들이다. 우리들에게 있어서 집회의 기본적인 핵심은 매주 모이는, 5명에서 25명 정도의 가정 집회 내지는 가족 공동체에서 서로 부딪치면서 함께 살아가는 매일의 삶이다. 그러나 기본적으로 교회는 함께 선교를 감당해 가는 하나님의 백성이다." 레인스에게 있어서 교회는 공동 집회에 의해 유지되는 강한 인간관계의 다발(set)이다. 이러한 관계 속에 있는 사람들은 자기들이 항상 자기들 공동체 밖에 있는 사람들을 위해 존재한다는 것을 인정한다.

레드 카페(red cafe)의 크리스 매튜(Chris Matthews, swansea, U.K.)는 교회의 집회는 사람들이 공동체 안에서 살아가는 것을 지원하는 데 봉사한다고 설명한다. "우리는 교회 활동과 교회 밖의 활동들 사이의 차이를 제거하려는 공동체이다. 교회를 섬기는 데 모든 것을 다하기보다 교회 밖에 있는 것, 교회가 되는 것에 초점이 있다." 그는 다음과 같이 회상한다. "한 지도자나 일군의 지도자의 비전에 봉사하기 위해 존재했던 모임 중심의 교회의 일부로 돌아가는 것이 어렵다고 생각한다. 그렇다. 예배 스타일, 교육 방법, 제자 훈련, 기도를 연구하는 것이 유익할 것이다. 그러나 훨씬 더 중요한 것은 교회의 본질을 규정하는 그대로 행하는 것이다."

자기들의 신앙 공동체 밖에 있는 사람들과 이머징 교회가 공유하고 있는 공동체들이 이머징 교회의 내부에 있는 공동체들만큼이나 강력하다는 것은 놀라운 일이다. "우리는 서로 다른 공동체에 소속되어 있다. 그러나 우리의 기본적인 연계는 세상과의 연계이다. 우리는 교회에서 서로 다른 공동체들에 속해 있지만 친밀한 연결은 없다" 라고 미-채프먼(Rachelle Mee-Chapman, Thursday PM, Seattle)은 말한다. 목요 PM의 구성원들은 교회로서 하나님나라를 함께 살아가는 데 헌신하고 있다. "하지만 우리는 우리가 가장 좋은 친구들일 필요도 없고, 모든 것을 드러낼 필요도 없으며, 우리의 모든 시간을 함께 소비할 필요도 없다고 생각한다. 우리는 공동체 밖에 있는 사람들과의 관계를 더 중요하게 생각한다."

미-채프먼은 계속해서 다음과 같이 말한다. "나는 기본적으로 프리먼트 아트 카운슬(Fremont Arts Council)과 어린이 학교와 관계를 가지고 있다." 보이드도 이에 동의하면서 다음과 같이 말한다. "나의 비기독교 친구들도 나에게 있어서는 교회이다. 내가 그들과 함께 있는 동안 예수와 함께 시간을 보내고 있는 것이다. 왜냐하면 그가 나와 함께하시기 때문이다. 내가 라스베이거스 배우들과의 나누는 공동체 역시 나의 기독교인 공동체만큼이나 강력하다. 나는 천천히 그들에게 예수를 소개하고 있다."

이머징 교회들은 하나님나라와 같은 공동체를 그들의 다른 삶의 영역으로 운반하고 있다. 에드슨(Sanctus1, Manchester U.K.)은 다음과 같이 진술한다:

> 상투스1 교회 안에서의 신앙은 삶의 양식이다. 나는 우리 공동의 모임이 사람들로 하여금 그러한 스타일로 살아가도록 하는 데 도움을 줄 것이라고 소망한다. 사회 정의에 관한 문제들을 부각시켜 운동을 해 나가는 사람들이 많이 있다. 실제로 공정 무역에 관한 문제가 상투스1 안에 있는 사람들에게 매우 중요한 문제들이다. 상투스1은 통합적 신앙을 가지고 있다고 생각한다. 상투스1이 하나의 교회이지만, 그것은 무엇보다도 관계–다른 사람과

의 관계, 하나님과의 관계, 세상과의 관계―를 본질로 하고 있다. 우리가 우리의 교회를 단순히 모임으로 생각하기 시작하자마자 고통스러웠다. 그것은 삶의 방식의 선택을 의미한다.

상투스1은 단순히 공동체를 위한 공동체가 아니다. 그 교회는 세상에서 변화의 대리자로서 행동할 수 있는 일군의 그리스도의 제자들을 세우는 것을 목적으로 하는 열린 공동체이다. "사람들을 하나님나라로 초대하는 것은 당신이 그 밤에 서 있는 곳에 그들을 초대하는 것을 의미한다. 전도는 당신의 친구들을 IHCP(International House of Pancakes, 레스토랑 체인)에 데리고 오는 것이다. 왜냐하면 그곳이 당신의 친구가 있는 곳이기 때문이다. 이렇게 해서 사람들은 공동체로 흡수된다"(Joe Boyd, Apex Las Vegas).

전도는 하나의 프로그램이 아니다. 일상에서 복음으로 살아가는 공동의 삶이다. 세실(Brad Cecil of Axxess, Arlington)은 다음과 같이 말한다. "전도는 삶의 방식이다. 이것은 바로 우리가 공동체이며, 우리의 공동체로 항상 사람들을 인도하는 것을 의미한다. 우리는 복음이 멋진 프로그램이나 프레젠테이션으로 보여줄 수 있는 하나의 상품처럼 포장될 수 있는 것이라고 생각지 않는다. 그래서 전도는 우리가 사람들을 공동체 안으로 유입시킬 때 자연스럽게 일어난다."

리빌레이션 교회는 예술에서 프리스비(Frisbee) 놀이에 이르는 일련의 행동 그룹들을 지원하고 있다. 같은 그룹에 그리스도인들과 비그리스도인들이 둘 다 포함되어 있다. 이렇게 차별을 두지 않는 것이 이머징 교회들의 또 하나의 공통적 특징이다. 그들은 '우리'와 '그들'이라는 차별을 두려고 하지 않는다. 그들은 그리스도인과 비그리스도인들의 분리를 차별로 생각할 뿐만 아니라, 그룹 참여를 파괴하는 것으로 생각한다.

이머징 교회들은 공동체 밖의 삶을 지원하기 위하여 하나의 공동체로 모인다. 밖에 있는 사람들에게 있어서, 복음을 전달하는 것은, 공동체 밖의 사람들의 삶의 한복판에서 살아가는 그 공동체의 특유의 삶이다. 파깃은 그것에 대하여 다음과 같이 말한다. "잠깐 동안이라도 우리의 주변을 둘러보라. 그러면 이 세상 속에 함께하시는 하나님의 삶을 인정하게 될 것이다. 우리는 하나님 안에서 조화롭게 살아가는 것이 무엇인지를 인식하게 될 것이다. 이것은 하나님나라에서 살아가라는 초청이다. 이 초대는 그리스도인들에게만 해당되는 자산이 아니다. 예수께서는 특별한 방식으로, 즉 그의 방식으로 살도록 우리를 부르신다."

카렌 워드는 파깃의 말에 동의한다. "우리가 행하는 모든 것은 외적으로 기우는 경향을 가지고 있다. 우리의 이름을 진지하게 생각해 보자(사도는 보냄 받은 사람들을 의미한다). 우리가 관계를 형성해 나갈 때, 교회에 다니지 않는 사람들은 우리로부터 복음을 얻는다. 복음은 개인에서 개인으로 퍼져나가는(이것은 어떤 것을 전달하는 가장 효과적인 수단이다) 거룩한 바이러스이기 때문이다. 우리는 그리스도를 운반하는 자들이다. 다름 아닌 바로 우리의 몸으로, 우리의 세상 안에서, 그리고 우리의 세상을 위하여 그리스도의 삶과 죽음과 부활을 전달하고 있는 것이다."

이머징 교회들은 탈 중심적 공동체로 되어 있다

공동체가 가지는 고도의 관계적이고 지속적이며 선교적인 측면 때문에, 이머징 교회들은 소그룹들로 되어 있거나 소그룹들 간의 네트워크로 되어 있다. 그들의 공동적 삶의 방식은 공동체를 구성하는 사람들만큼이나 다양하다. 그룹들은 다양한 형태를 띠고 있다. 그리고 그 그룹들은 현재나 소속감을 표현하는 대상들의 범위에 대응하여 만날 수도 있다.

소그룹들은 교회의 핵심적 모임이다

많은 이머징 교회들에 있어서, 소그룹들은 종종 전 공동체로서 만난다. 그리고 그 그룹들은 8~15명의 사람들로 구성되어 있다. 이머징 교회들의 기본 구조들은 작은 그룹으로 남아 있어야 한다. 관계에 대한 높은 헌신 때문이다. 프리젠에 따르면, "관계는 우리의 조직 원리이다. 우리의 비공식적 연구를 보자면, 관계를 가지면서 서로 연결되어 있기에는 25명에서 40명이 상한선이었다. 그보다 큰 그룹들도 있다. 그러한 그룹들은 기능적으로 조직할 필요가 있다. 결국 우리는 40명을 넘어서지 않기로 약속하였다. 그래서 우리는 그 수를 넘어설 수 있게 하는 내부구조를 만들지 않았다. 우리는 우리의 공동체가 스스로 조정해 나가리라고 믿었다. 우리는 작은 공동체가 되어야 한다는 서로간의 약속이 있다."

이머징 교회들은 큰 교회로 성장하려는 욕심이 없다. 그들은 관계가 너무 멀어지기 시작하면 또 하나의 그룹을 만든다. 그러한 열망에 그들의 선교적 헌신이 잘 드러나 있다. 미-채프먼(Mee-Chapman)은 다음과 같이 말한다. "우리는 수적 성장을 원하지 않는다. 전임 스태프나 건물을 원하지 않는다." 하지만 종종 다른 교회 지도자들은 그녀가 교회를 하고 있다는 것을 고려하지 않는 경우가 있다고 그녀는 보고한다. 헌터(Vineyard 교회 연합의 전(former) 국내 담당 디렉터)는 다음과 같이 말하다.

"많은 젊은 교회 개척자들이 교회에 대해 인식하고 있는 방식은 공식 빈야드 교회에 가입할 만한 기준에 맞지 않다. 재정적으로 목사를 후원할 수 없고 또 적어도 네 개의 가정 그룹들을 갖지 않는다면 실제로 빈야드 교회가 아니라는 생각이 널리 퍼져 있었다. 하지만 내가 돌보고 있는 젊은 사람들은 100명 이상의 교회를 원하지 않는다. 이전의 베이비 붐 세대와는 달리, 이들의 관심은 어떻게 지속적으로 교회가 성장하느냐 하는 것이 아니다." 손턴은 영국 글래스고에서 행했던 늦은 밤 예배에 대한 경험을 간증하면서 "각 공동체가 리더십을 행사하는 다양한 방식이 있지만, 한 그룹이 감당할 수 있고 민주적이라고 느낄 수 있는 가장 큰 인원수는 40명이다" 라고 말한다.

퀘스트(Seattle)에 있는 사람들도 그들의 그룹이 현재보다 더 커지는 것을 원하지 않는다. 현실적으로 그들은 크기 면에서 약간 줄어드는 것을 원한다. 지금은 20명의 정규 인원을 가지고 있다. 프리젠은 15명이 이상적이라고 믿는다. 그 공동체에는 몇 사람이 함께 공동생활을 하고 있다. 그들은 서로의 블로그를 읽거나 매일 서로가 휴대전화에 넣어 주는 즉석 메시지를 읽는다. 그들의 공동체는 10명의 기혼자와 10명의 미혼자 그리고 몇 명의 아이들로 구성되어 있다. 가정 교회와 유사하긴 하지만 그들은 서로에 대해 칭호 붙이기를 싫어한다. "우리는 1960년대 말과 1970년대 초에 일어났던 '제도 교회에 반대하는' 사고 구조를 가진 가정 교회가 아니다. 그러나 우리는 그런 유의 연대를 격려한다는 점에서는 가정 교회이다"(Dwight Friesen, Quest, Seattle).

작은 공동체들이 직면하는 도전들

작은 공동체들은 일련의 특이한 도전에 직면한다. 이터니티(Eternity, Bracknell, U.K.) 교회가 시작한 지 3년 후, 그들의 집회는 아주 유명해졌다. 사람들은 그들의 청년 그룹들을 데리고 왔다. 그러자 인원수가 곧 300명에 이르기 시작하였다. 전 출석 인원의 70%가 방문객이었다. 이터니티 교회 안에 있는 사람들은 실망했다. "우리는 모든 사람들은 수용하기 위하여 학교의 홀을 빌려야 했다. 이것이 하나님이 행하시는 공동체 사역을 파괴하기 시작했다. 그래서 우리는 이터니티 교인들을 가장 잘 섬기기 위하여 예배의 형태와 처소와 스타일을 바꿨다"(Mark Meardon). 그들이 부름 받았다고 느꼈던 공동체의 형태를 많은 대중이 파괴하고 있었던 것이다.

모든 사람들의 참여를 확보하기 위해서는 한 공동체가 일정한 크기로 남아 있을 필요가 있다. 손턴은 다음과 같이 답한다. "대안 예배는 고도의 참여적 예배이다. 그것이 바로 인원수가 25명이 넘어서는 안 되는 이유이다. 그룹 참여를 원한다면 인원의 최고 한도 제한이나 어느 정도 한계가 있다." 그러나 제한을 둔다면, 그런 그룹들은 동시에 단색적이며 고립적이 될 수가 있다. 그룹들이 동일한 관심과 생활방식으로 이뤄진 그룹일 때 장점과 단점 둘 다 존재한다. 긍정적인 면으로는, 그들은 자신들과 같은 사람들의 그룹들과 좀더 쉽게 관계할 수 있다는 점이다. 부정적인 면으로는 그들은 자기중심적이며 배타적이 될 수 있다는 것이다.

소그룹들의 문제가 제기될 때마다, 소그룹들이 결국 '끼리끼리의 무리들'을 대변하는 것은 아닌지, 다양성이 더 큰 창조성과 인격적 성장을 가져오는지에 관한 토론이 열정적으로 벌어진다. 에반스(Matthew's House, Vista, CA)는 세대별이나 관심사별로 사람들을 나누기보다는 다양한 가정 그룹들을 더 좋아한다. 그는 교회를 조각

조각 나누는 것이 전체로서의 교회에 가하는 가장 잘못된 일이라고 믿는다.

소그룹들과 큰 공동체 사이의 관계

이머징 교회들의 소그룹은 탈중심적이고 네트워킹적인 구조이기 때문에 분열을 증가시키는 방향으로 갈 수도 있다. 그렇다면 문제는, 이머징 교회들과 그들의 공동체 사이의 관계는 무엇인가 하는 것이다.

리빌레이션 교회에서는 다양한 셀 그룹들의 네트워크를 통해 소그룹 공동체로 남아 있으려는 것이 그들의 DNA의 한 요소이다. 25개의 셀을 가진 교회가 어떻게 한 비전을 가진 한 교회로 남아 있을 수 있겠는가 하는 것이 그들의 문제이다. "우리는 단순히 많은 작은 그룹들로 이루어진 가정 교회를 원하는 것이 아니다. 교회는 하나님 나라의 공동체이다. 그리고 교회에는 동일성과 동시에 다양성이 있다"(Roger Ellis). 그들은 분명한 비전이 필요하며, 공동생활 방식에 대한 상호 헌신이 필요하다.

댄 킴벌(《The Emerging Church》의 저자)은 대형 주말예식을 교회를 규정하는 기본적인 방식으로 보는 것을 피하여 가정 교회들(가정 공동체들)의 네트워크를 발전시키는 방향으로 변화를 시도하였다. 가정 공동체들(home communities)은 주중에 모인다. 그리고 주일날 그들은 모두 대형 예배 집회에 함께 모인다. "내가 그레이스 랜드 교회를 지도하고 있을 때 소그룹들은 주변적인 것이라고 말했었다. 그런데 지금 빈티지 페이스(Vintage Faith) 교회에서는 대형 모임이 주변적인 것이라고 전달하고 있다. 이것은 쉽지 않다. 대부분의 사람들은 반대로 생각하도록 훈련받아왔기 때문이다."

이머징 교회들이 대중 집회 환경에서 서로 만나면, 그 교회들은 그들의 공동체 간의 결속을 확대하고, 소그룹에서 발전된 밀접한 관계를 서로 기대한다. 소그룹들 간의 네트워크가 매달 함께 모이기도 한다. 그러나 그들에게 대형 그룹집회는 그리 중요한 것은 아니다. 아펙스(Apex) 교회는 매주 대형 그룹 모임을 열었다. 하지만 가정 그룹들의 중요성이 커져서 대형 모임에는 별로 참석하지 않았다.

케빈 레인스는 가정 교회들이 빈야드 센트럴(Vineyard Central)과 어떻게 연계되어 있는지를 다음과 같이 설명한다.

> 일반적으로, 사람들이 가정 교회에 가입하게 되고, 가정 교회들은 빈야드 센트럴에 가입한다. 구성원에 대한 기준이나 공동 서약에 대한 기준은 각 가정 교회가 결정한다. 몇몇 가정 교회들에게는 서약의 형태를 띠기도 한다. 물론 최소한의 기본 노선은 예수 안에서 계시된 하나님의 인격에 대한 헌신이다. 그것은 일련의 명제에 대한 신앙과는 다른 것이다. 하지만 우리는 큰 집회에서 니케아 신조를 고백한다. 여러 다른 신조와 함께 니케아 신조가 우리의 신앙을 핵심적으로 잘 요약하고 있다고 믿기 때문이다. 빈야드 센트럴과 연결되어 있는 교회들은 매월 열리는 리더십 공동체 모임에 대표자를 파견해야 한다. 그 모임은 식사, 여러 그룹이나 목회에 대한 간증, 방향이나 비전 나누기, 찬양 예배, 다른 교회의 그룹과 필요를 위한 기도로 구성되어 있다. 그 교회들은 또한 상위 교회 네트워크에 어느 정도 재정적인 기부를 해야 한다. 그리고 그들은 장로와 정기적으로 만나 그들의 그룹이나 목회 속에서 더 많은 제자, 더 좋은 제자들을 만들기 위한 한두 쪽의 계획서를 받는다. 그 계획서는 전 리더십 공동체에 배분

된다.

대그룹도 소그룹과 유사하다. 대그룹의 모임들이 참여 그룹들의 확대된 관계에 기초해 있다는 점 때문이다. 마크 팔머는 그들의 네크워크가 어떻게 작동하는지를 다음과 같이 설명한다. "우리는 실제로 가까이에 있기로 했다. 대다수는 걸어서 갈 수 있는 거리 안에 살고 있다." 많은 사람들이 공동 주거 시설에서 살고 있다.

"에이미(Amy)[4]와 나의 아들과 나는 공동체 안에 살고 있다. 그리고 세 교회의 많은 사람들이 공동체 안에서 함께 살아가고 있다. 세 교회들은 비공식적으로 서로 관계를 맺고 있는 교회들이다. 우리는 파티와 사회운동과 식사와 예술 활동들을 함께한다. 우리는 각각 따로 모임을 갖는 서로 다른 세 그룹으로 구성된 교회들이다. 우리 그룹들은 매달 정기적으로 모임을 갖는 것은 아니지만 필요 시 언제나 함께 모임을 갖는다. 우리들에게는 그것이 아주 좋은 것 같다."

워터스 에지 교회의 경우에도 대형 모임은 확대된 공동체가 전체 함께 모이는 경우이다. 그 모임은 매우 관계적이고 상호 대화적인 모임이다. 대부분의 사람들은 모습을 드러내고 함께 있음으로써 더 큰 공동체에 대한 그들의 헌신을 입증한다.

기존의 전형적인 가정 교회와는 달리 이머징 교회들은 고립되어 존재하는 것이 아니라 상호 지원과 격려를 위해 네트워크를 구성하고 있다. 교회는 작은 그룹, 기초적인 그룹, 얼굴과 얼굴을 맞대면서 하는 직접적인 그룹들을 통하여 교회가 표현되며, 또한 도시나 지역

4) Amy는 2년 동안 Mark Palmer의 공동체의 일원으로 일하던 여성이었다. Palmer는 2004년 가을에 그녀와 결혼하였다.

에서 교회로서 함께 모이는 그룹들 속에서 교회가 표현된다. 관련된 각 개인들은 다른 공동체들을 교회로 생각한다. 왜냐하면 그들은 관계와 친밀성을 통해 표현되는 많은 상호 연결들을 통하여 그러한 공동체들 안에서 서로 이해관계를 가지고 있기 때문이다.

고체 교회에서 액체 교회로

카렌 워드(Karen Ward)는 피트 워드(Pete Ward)의 《액체 교회》(Liquid Church)라는 책이 하나님나라가 교회의 형태에 앞선다는 사상에 핵심을 제공하는 책이라고 인용하고 있다. "액체 교회는 하나님나라이다"라고 워드는 결론 내렸다. 이것은 "교회의 구조는 복음이 요구하는 대로 만들어진다"는 신념을 연상시킨다.

액체 교회는 어떤 모습일까? 롤린스는 다음과 같이 설명한다. "우리는 종종 테스코(영국의 슈퍼마켓 체인) 모델에 비유되기도 한다. 다른 말로 말하자면 그 모델은 '한지붕 아래 모든 물건'을 의미한다. 취미가 유사한 사람들은 여러 요소로 구성된 공동체의 매트릭스 스타일에 더 쉽게 적응한다. 예를 들어 어떤 사람이 주일날엔 지역 교회에 가고, 화요일 저녁에 관심사를 처리하고, 금요일 저녁에 사람들을 만나 그들과 함께 기도하고, 주일 저녁에 동호회 모임에 참석할 수 있을 것이다. 이러한 구조 속에서 우리가 제공하는 대부분은 최소 공동체(구체적인 신앙 체계에 초점을 맞추는 것이 아니라 감정의 나눔이나 환경에 더 많이 관심을 갖는 공동체) 의식이다."

액체 교회는 하나의 기초적 모임을 제공하는 대신에 교회의 '단면들'(slices)을 제공한다. 스펜서 버크는, 공동체를 만드는 데 있어서 모임의 중심성의 문제를 논하면서 다음과 같은 견해를 밝히고 있다. "모든 교회가 반드시 각각의 모임에 함께 모일 필요는 없다." 어떤 교회는 어떤 한 지역에서 모이고 다른 교회는 다른 지역에서 모이면 된다는 것이다. 버크의 공동체는 모임에서 성경 공부 방식에 그렇게 많이 투자하지 않는다. "나는 한 교회가 모임의 크기 때문에 효과적인 성경 공부를 할 수 있다고 생각지 않는다." 공동체가 성경을 진지하게 연구하려면 모든 사람들이 참여할 수 있는 그룹들로 조직되어야 한다고 믿는다.

액체 교회 안에 있는 한 공동체가 얼마나 큰지는 감을 잡기가 어렵다. 도드리지에 따르면 "공동체의 수를 파악하는 것은 어렵다. 우리가 큰 그룹으로 모일 때도, 사람들이 항상 모두 참여하는 것은 아니기 때문이다. 적지 않은 사람들이 우리가 하는 일에 관심을 갖고 있거나 참여하고자 한다. 하지만 그들은 정기모임을 갖는 교회 가정들을 가지고 있어서 우리의 일들을 측면으로 지원하는 사람들이다. 추측건대 큰 집회에 참석하는 사람들을 세어 본다면 아마도 30명은 될 것이다. 그러나 이전의 모임을 탈퇴하고 전적으로 우리의 모임에 참여하는 사람들은 아마도 15명 정도일 것이다."

액체 교회 생각과 일치하는 도드리지의 전 공동체도 전체가 함께 모이는 경우가 드물다. "우리는 전체로 함께 모이는 경우가 드문 것 같다. 때때로 우리는 모두가 기도실에 모이는 경향이 있긴 하지만, 그래도 주말 간격으로 모이는 특별 전체 모임의 날이 우리가 전체로 모이는 유일한 시간이다. 우리가 함께 모일 때, 같이 오는 사람들은 핵심인물이든 주변인물이든 모두가 우리의 사역의 일부이다. 그러나 일상 공동체의 관점에서 보면, 실제로 일을 추진하고 움직여나가며 이 일에 시간을 바쳐 헌신하는 소수의 사람들이 있다."

액체 교회는 네트워크로 연결된 공동체이다. 몹스비(Ian Mobsby)는 다음과 같이 말한다. "유체 혹은 액체 교회의 형태는 사람들의 네트워크들을 반영한다. 문화적 표현들이 유동적이고 네트워크화되어 있어서, 장소나 지리적 여건은 요즘 별로 중요하지 않다. 런던의 무트(Moot) 교회는 90%가 네크워크 상의 교인이고, 의미 있는 10%만이 지역 교인들로 구성되어 있다. 런던의 문화는 파편적이고 다층적이다. 그러므로 한 교회가 도매 물건을 쌓아둔 창고 같지 않고서는 그 지역성을 다 반영한다는 것은 불가능할 것이다."

복스 교회의 브레윈은 자신의 신념을 다음과 같이 성만찬적 용어로 설명하고 있다.

> 우리는 성만찬의 행위를 그리스도와 그리스도의 몸에 대한 우리의 신앙의 가장 강력한 상징으로 생각한다. 우리가 빵을 나눌 때에 한 장소에 특유한 것, 한 장소에 실재하는 것, 한 장소에 고정되어 있는 것이 나눠지고 변형되어 우리가 살고 있는 도시들로 옮겨진다. 그렇다면 우리들에게 있어서 교회는 그저 전염된(infected) 자들의 네트워크일 것이다. 이 네트워크 속에서 두 긍정적 신호가 교환될 때마다 교회가 일어나고 있고, 몸이 진화하고 있으며, 그리스도가 형성되고 있다. 그렇게 해서 다른 사람들에 대한 헌신이 있는가? 물론이다. 다른 사람들에 대한 헌신이 없다면 네트워크는 붕괴되고 말 것이다. 그리스도처럼 살 것을 강조하는가? 물론이다. 그리스도를 닮아가는 행위들이 나타날 때에만 시냅시스(synapsis)들이 강화되고 몸이 새롭게 등장한다.

결론

이머징 교회들은, 교회는 예수께서 그의 공생애 속에서 시작하신 하나님나라의 실천들과 일치하는 공동생활을 형성해야 한다고 믿는다. 그리스도인들의 삶에 대한 그들의 이해는 매우 그리스도 중심적이다. 그것은 대부분 복음서에서 영감을 얻은 것이다. 이머징 교회들은 하나님나라가 그들의 삶의 한가운데로 들어오도록 하나의 자리를 마련한다. 그들은 이 왕을 추종하는 공동체에 헌신한다. 그리고 다른 것에 대한 충성은 중요한 자리를 차지하지 못하게 한다. 억제되지 않은 소비주의와 익명성은 그들에게 있어서는 가치 없게 느껴진다.

그들은 그들의 공동체의 구조를 극적으로 다시 세우면서 과거의 교회 형태들을 기꺼이 버리려고 한다. 그들은 교회를 하나의 모임으로, 하나의 장소로, 하나의 판에 박힌 구조로 생각하는 것을 싫어한다. 분명히 이런 공동체들에 있어서 교회는 백성이요, 공동체요, 리듬이며, 삶의 방식이고, 이 세상에서 다른 그리스도의 제자들과 연결되어 있는 방식이다. 이런 공동체들은 소규모이며 선교적이다.

그리고 이런 공동체들은 각 개인들이 참여할 수 있는 공간을 제공한다. 이머징 교회들은 밀접히 연결된 공동체들을 형성하고 있다. 이머징 교회들은 모든 문화의 영역에서 예수의 삶을 실천해 나가고 있는데, 그것은 하나의 공동체로 살아가는 삶을 통해서이다.

낯선 자 영접하기 06

내가 전보다 더 확신하는 것은, 우리는 기독교에 대한 길잡이를 가지고 있지 않다는 것이다. 나는 더 이상 정통적 기독교인이 아니다. 나는 개신교도가 아니다. 우리의 질문은 한때 물었던 질문과는 아주 다른 것이다. 기독교는 필요한가? 그것은 도대체 누구의 종교인가? 성육신하신 그리스도가 우리에게 무엇을 의미하는가? 물질 세계 속에서 구원받아 산다는 것이 무엇을 의미하는가?

드와이트 프리젠(Dwight Friesen, Quest, Seattle)

지난 장에서 어떻게 이머징 교회들이 공동체를 이루고 있는가를 개략적으로 다루었다. 이 장은 동일 공동체 안에서의 환대(hospitality)를 다루는 두 장 중의 첫째 장이다. 이 장은 아웃사이더를 영접하는 법, 나와 다른 사람들을 포용하는 실천을 다룬다. 다음 장은 동일한 아웃사이더에게 확장된 관대함을 다룰 것이다.

예수의 포용적 실천

이미 언급한 대로 이머징 교회들은 하나님나라에 대한 가르침에

깊은 영향을 받았다. 그리고 예수의 하나님나라 실천의 핵심에는 포용의 실천이 있다.[1)]

고대 이스라엘에서는 정결과 부정의 범주가 정체성을 유지해주고 경계를 세워 주었다. 그래서 버림받은 자, 죄인들, 문둥병자와 접촉하는 것은 사람을 부정하게 하는 것이었다. 제사장들은 성결법과 음식에 관한 규정에 근거하여 누가 안에 있을 것인지, 누가 밖에 있을 것인지를 선언하였다. 죄인들, 버림받은 자들, 억눌린 자들, 가난한 자들, 그리고 주린 자들은 무시당하였고 밖에 있는 자들이었다.

예수는 추방의 시대는 끝났다고 선언하며 새로운 날을 약속하였다. 예수는 종교적 규율을 무시하는 반성전 운동을 시작하였다. 예루살렘 초기 신자들은 기도의 시간을 준수하였지만, 정결케 되거나 거룩하게 되기 위하여 더 이상 성전에 올라갈 필요가 없었다. 예수의 대안 공동체에서는 현장 그 자리에서 용서와 수용이 주어졌다. 예수의 공동체는 소외된 사람들과 하나님나라의 유익을 공유하였다. 추방이 끝났다는 것은 하나님나라가 앞으로의 모든 사람들을 위한 것임을 의미하였다.

예수는 주린 자들에게 먹을 것을 주셨고, 버림받은 자들을 영접하셨으며, 죄인들에게 용서를 선포하셨고, 문둥병자들을 치료하셨으며, 부정한 자들에게 '깨끗하다' 고 선언하셨으며, 가난한 자들에게 기쁜 소식을 주셨다. 그는 실제로 여러 면에서 여전히 문화 속에 머물러 있었지만, 하나님나라에 방해가 되는 모든 규정을 깨뜨리셨다.

---

1) 다음의 통찰들은 N.T. Wright, *Christian Origins and the Question of God* (Minneapolis: Fortress, 1996)의 제2권인 *Jesus and the Victory of God*라는 책에 의존한 것이다.

모더니티와 배타성

이미 언급한 대로 근대 인간들은 특별 영역에서 하나님을 몰아내고 그 영역을 '세속'이라 불렀다. 우주에 홀로 있는 것이 두려웠기 때문에 그들은 모든 현실을 통제해야 한다고 생각하였다. 서구 문화는 철저히 질서를 추구하면서 모든 사람들을 같게 만들어 사람들을 동화시키려고 하였다. 모더니티의 논리의 본질은 애매모호하게 남아 있는 것들, 잘 맞지 않는 모든 것들을 제거하려는 결단이었다. 모더니티의 질서화된 계획으로 들어가기를 거부하는 사람들은 제거되었다. 따라서 비획일주의자들은 어떤 유의 사람들이라 할지라도 고립되었고 사회적 가치가 없는 자들로 판단되었다.

모더니티에 있어서 버림받은 자들은 가장 값비싼 대가를 지불하였다. 1930년대와 1940년대 독일에서 유대인들은 기독교인이냐 이교도냐의 범주에 맞지 않는 사람들이었다. 그래서 그들이 제거되어야 한다고 결정되었던 것이다.[2] 아리안 종족 신화와 결합된 질서의 추구는 비극을 낳고 말았다. 기술적이며 과학적 공동체들이 없이는 대학살이 일어날 수 없었을 것이다. 대학살은 비합리적이어서 일어난 것이 아니라, 사회공학 속에서 합리적으로 계획된 근대의 실험이기 때문에 일어났다고 바우만은 보았다.

다른 한편으로, 포스트모더니티는 다양성을 수용하고, 질서와 통제를 포기하는 시대를 대변한다. 오늘날의 문화 내에서는 모더니티와 포스트모더니티가 공존하고 있다. 아주 단순화시켜서 말하자면

---

2) Zygmunt Baumann, *Modernity and Ambivalence* (Ithaca, NY: Cornell University Press, 1991)

모더니티는 통제와 동질성과 보편성이 지배하는 문화와 사회의 영역에서 나타난다. 반면에 자유와 차이와 다양성을 표현하는 영역은 포스트모던이다.

예수는 1세기 팔레스타인의 배타성을 목도하고, 포용적 공동체로 그것에 대처하였다. 마찬가지로 동일성을 추구하며 다른 것을 배제하는 모더니티의 배타성에 도전할 필요가 있다. 모더니티 안에 있는 어떤 사회적 실재가 하나님나라를 따르고자 한다면, 현재의 우리의 상황이 가지고 있는 질서화하고 통제화하는 측면들에 도전해야 한다.

포용의 실천

이머징 교회들은 그리스도를 향한 그들의 위대한 사랑의 표현으로서 낯선 자, 심지어는 의견이 다른 사람들조차 포용한다. 그들은 '타자'가 그들의 신앙의 경계를 명쾌하게 하고 동시에 또 그것을 규정한다는 것을 알기 때문이다.

가끔 시행하는 것에서 예배의 중심 행위로 성만찬을 옮기기

진정한 선교적 교회는 예배와 영접을 통합한다. 이것은 그러한 교회들이 단순히 교회의 문지방을 넘어서 오는 사람들을 환영한다는 것만을 의미하지 않는다. 오히려 그러한 교회들은 각자의 환경 속에서 삶을 걸어가고 있는 사람들과 동일시함으로써 영접하는 법을 제시하고 있다. 그 교회들은 문을 활짝 열어놓고 사람들이 들어오도록 초대할 뿐만 아니라 또한 교인들을 더 넓은 세상 속으로 보내어 그리스도의 종으로서, 그의 통치의 대리자로서 살아가도록 한다. 예배와 영접은 친절의 말과 행위뿐만 아니라 희생적 봉사에서 표현되며, 또한 평화와 정의를 추구하는 가운데서도 표현된다. 고대의 성만찬 예전은 성만찬 참여자들을 그리스도의 대리자로서 곤궁한 세상으로 파송하는 말로 끝을 맺었다.

다른 사람과 식사를 나누는 것은 다른 사람을 영접하는 환대의 행위이다. 많은 이머징 교회들은 성만찬을 예배의 중심 행위로 크게 강조한다. 다른 이머징 교회들은 실제 식사의 상황 속에서 주의 만찬을 시행한다. 그것은 바로 초대 교회의 실천이었다. 예배의 분위기는 환대의 분위기이며 모든 사람들이 식탁에 초대된다. 때로 성만찬적 예식이 가정에서나 커피 마시는 상황에서도 일어난다. 이것은 한 그룹으로 하여금 문화에 맞는 방식으로 환대를 표현하는 것이 가능하게 한다.

랜딩 플레이스(Landing Place) 교회에서는 새로운 교회나 새로운 집회를 시작할 때, 그 새로운 공동체를 위해 양보할 수 없는 것 딱 하나가 있다. 그들이 모일 때마다 공동의 식사에 반드시 참여해야 한다는 점이다. 왜냐하면 공동의 식사야말로 함께 하나님의 백성이 되는 것의 핵심이라고 믿기 때문이다.

팔머는 다음과 같이 설명한다. "우리에게 있어서 성만찬은 식사 중에 빵과 잔을 나누는 것이다. 우리가 모여 있을 때 모든 사람들은 동등하다. 성경을 보면 예수는 식사 중에 놀라운 일을 행하시는 것을 우리는 발견할 수 있다. 아마도 우리가 식사를 나눌 때 예수는 우리 가운데서도 역시 놀라운 일을 행하실 것이다. 공동의 식사를 통하여 하나님나라는 모든 사람들에게 개방되며, 공동의 식사를 통하여 하나님나라는 확장되고 복음이 선포된다."

보이드(Joe Boyd) 역시 동일한 핵심을 말하고 있다. '식사가 모임에 매우 중요한 요소이다. 식사를 통하여 일어나는 것을 보면 매우 신비하다." 초대 교회의 기도인 '마라나타'(아람어로 "오, 주여, 오시옵소서!" 혹은 "주께서 오셨다!"라는 말이다)는 승천하신 주님이 임재하시기를 기대하거나 현실화하는 말이다.

환대를 기독교의 주변 실천에서 중심적 실천으로 바꾸기

환대는 솔로몬의 포치(Solomon's Porch, Minneapolis) 교회에서 행하고 있는 모든 것의 핵심에 속한다. 파깃은 다음과 같이 선언한다. "환대는 다른 실천들보다 더 돋보일 수 있다. 우리는 어느 상황에서도 환대를 잊지 않는다. 환대는 그것이 기능할 수 있는 모든 곳에서 가장 큰 영향력을 발휘한다." 카렌 워드는 그들의 환대 목회를 "수도원적 분위기"의 용어로 표현한다. "문 안으로 들어오는 사람들이 그리스도이다. 그것은 수도원의 손님방의 변형이다. 그것은 우리의 문으로 오는 사람들을 우리를 매일 방문하는 천사로 대우하며 간주하도록 하는데 영감을 제공해 준다."

퀘스트 교회의 교인들은 다른 사람들을 극진히 환대한다. 그리고 그렇게 하도록 훈련을 받는다. 교회의 모든 교인들은 어떻게 환대할 수 있는가, 어떻게 각자의 가정에서 모임을 만들어 사람들을 초대할 것인가를 배운다. 그 교회에서는 어떻게 하면 가정을 따뜻하고도 매혹적인 분위기로 만들 수 있는지를 교인들에게 보여준다. 그러한 기술들이 항상 직관적인 것만은 아니다.

환대는 스리 네일스 교회의 삶의 방식이다. 자허는 다음과 같이 선언한다.

> 우리의 분위기는 예수 중심이다. 우리는 사람들이 믿음을 갖

기 이전에 소속감을 가질 수 있는 자리를 마련해 준다. 최종적인 결과와는 상관없이 우리는 사람들과 실제적인 관계를 만들어 나간다. 그들이 예수를 따르기로 결심하든 그렇지 않든, 우리는 그 사람들과 삶을 함께 나눌 수 있기를 원한다. 우리에게는 공동체의 남쪽 편에서 살고 있는 세 가정이 있다. 그들은 사람들을 집으로 초대한다. 사람들은 그리스도를 고백하며 살아가는 사람들이 얼마나 다양한지를 보고 놀란다. 사람들은 우리가 공동으로 살아가는 방식 때문에 하나님에게 관심을 갖게 된다.

영접의 장소에서 편안한 장소로 바꾸기

이머징 교회들이 예수의 삶에 충실하려면 낯선 자들을 영접해야 한다. 포용의 목회는 하나님이 그들에게 인도해 주시는 모든 사람들을 영접하며, 사람들이 거주할 수 있는 편안한 장소를 만드는 것이다. 도시 근교에서 나와 도시 환경 안으로 이동한 솔로몬의 포치 교회는 어느 날부터 하나의 건물이 필요하다는 것을 느끼게 되었다. 파깃은 다음과 같이 설명한다. "우리는 다른 사람들을 초대하여 영접할 수 있는 장소를 원했다. 우리는 우리의 주변을 더 훌륭하게 만들고자 했다. 한 장소를 갖는 것은 의미 있는 일이었다. 우리가 정말로 창조적이 되려면 그렇게 할 수 있는 장소가 필요했다."

환대는 예배하러 오는 모든 사람들을 위해 편안한 장소를 마련하는 것을 포함한다. "우리가 거기에 붙이고 싶어 하는 몇 가지 명칭들이 있다. 가장 중요한 것은 '편안한 장소' 를 만드는 것이다. 예배 장소는, 성이나 인종이나 의심이나 무능이나 우울증이나 입장 때문에 사람들을 소외시키는 장소가 아니라, 상처 받은 사람들에게 편안한 장소가 되어야 한다"(Sue Wallace, Visions, York, U.K.).

환대는 세상으로 퍼져 나가며, 사람들이 머무를 수 있는 편안한 지대를 만들어 나간다. 린덴 교회(Linden Church)는 도시 한복판에서 옛 커피를 팔면서 웰시 청년 문화 센터에서 환대를 증명하였다. "우리는 레드 카페(Red Cafe)를 만들었다. 젊은이들을 위한 공간을 만들 필요가 있었기 때문이다"라고 린덴 교회의 크리스 매튜는 말한다. "우리는 새로 오는 교인들을 위하여 그 카페에서 익스트림(Extreme)이라는 예배를 만들었다. 전통적 교회는 그것이 그들에게 적절치 못하다고 생각하였다. 그 교회는 아마도 젊은 그리스도인들에게 너무도 많은 문화적 변화를 요구했었을 것이다. 교회는 퍼브(pub)처럼 보여야 한다. 밝고 매혹적이어야 한다. 내 소원은 교회가 퍼브, 24-7[매일 24시간 일주일 7일, 즉 '일주일 동안 쉬지 않는'의 의미임]처럼 되는 것이다."

서튼(Dave Sutton, New Duffryn Community Church, Newport, U.K.)은 그에게 오는 사람들은 누구든지 영접하는 것이 그의 교회의 사역이라고 설명한다. 그는 다음과 같이 말한다. "우리는 길거리에 있는 망가진 사람들을 불러모았다. 우리는 우리가 하는 모든 것에 수용적 감정을 가지고 있다. 우리는 일반 교회에 적응하지 못하는 사람들에게 매력을 준다." 뉴 듀프린(New Duffryn) 교회는 기독교를 하나의 여행으로 간주한다. "우리 공동체에는 70명의 사람들이 있다. 하지만 소수의 사람들만이 토대 그룹에 관계한다. 그들 모두가 결국에는 한 그룹의 일원이 될 것을 희망한다. 우리는 또한 많은 치유 상담을 제공한다. 우리는 사람들과 함께 일하는 통합적 방법을 가지고 있다."

편안한 장소라는 생각은, 잘못된 관계에서 빠져나온 사람들에게나, 적대적이거나 착취적 노동환경에 직면한 사람들에게는 매우 중요한 생각이다. 우리 사회에서는 치유와 재결합이 일어날 수 있는 성스러운 장소가 사람들에게 필요하다. 이것은 신뢰할 만한 관계를 찾는, 실직한 젊은이들이나 싱글들로 구성된 공동체에는 특히 중요하다.

나와 다른 사람들을 환영하기

포용의 목회는 서로 다른 사람들을 포용하는 것이다. 도드리지는 한 교회가 교회 마케팅을 하지 않으면, 교회를 더욱 어렵게 하는 '나쁜' 사람들을 얻게 될지 모른다고 설명한다.

> 회중 교회적 제도에서는 사람들이 교회의 스타일과 신학 등등에 근거하여 그들의 교회를 선택한다. 그러나 우리는 수적으로 매우 제한되어 있기 때문에 실제로 그렇게 움직이지 않는다. 우리가 원하는 것이나 성경의 내용에 대하여 생각하는 바가 모두 다르기 때문에, 그렇게 하기가 어렵다. 교회는 서로 달라야 한다는 사실에 동의한다. 그리고 우리에게는 생각이 일치하는 분야들이 그렇게 많지 않다는 사실도 인정한다. 우리 교인들 중에는 복음주의자들, 포스트복음주의자들, 오순절주의자들, 자유주의자들 등이 있다. 뒤섞여 있어서 균형을 잡아 주고 서로 도전을 주기 때문에 교회가 잘 작동한다고 생각한다. 그러나 때로 그것은 몇몇 문제를 야기할 수도 있다. 누군가가 어떤 일들을 하는 데 바른 길을 안다고 생각하는데 다른 사람들은 동의하지 않을 때이다.

이머징 교회들은 많은 다양한 관점들을 가지고 있으면서도 서로의 관계 속에서 헌신한다는 점에서 하나님나라를 닮았다.

우리 자신이 우리가 누구인지를 발견하는 데 다른 사람들이 도와

줄 수 있다. 보이드는 라스베이거스 쇼 커뮤니티에서 이것을 경험하였다. "나는 결국 나와 같은 한 부류의 사람을 발견하였다. 내가 그들을 만나기까지는 내가 배우라는 것을 결코 알지 못하였다. 그들이 나였다. 그런데 나는 일생 동안 그들을 피해 왔던 것이다." 사람들은 자신을 다른 사람들과 고립시키면서 살아간다. 그리고 불안하여 그들 자신에 대한 경호를 줄이지 못한다. 그 정도로 그들은 정체성의 위기를 맞고 있다. 사람들은 명상(navel gazing)이나 상담 프로그램에 의해서가 아니라 다른 사람들과의 진정한 관계 속에서 자신이 누구인지를 발견한다. 함께 산다는 것은 자신의 정체성을 이루고 있는 본질적 요소이다.

이머징 교회들은 다른 교리를 가진 사람들에게 접근하라고 동기를 부여할 필요가 없다. 이머징 교회는 그들이 살고 있는 바로 그곳이다. 데비 블루(Debbie Blue)는 다음과 같이 보고한다. "내가 생각하건데 우리는 끊임없이 서로 교류하는 공동체를 가지고 있음에도 불구하고, 다른 신앙을 가진 사람들과 서로 관계하는 공식적인 방식을 갖고 있지 않다. 우리는 실제로 거기에서 우리의 공동체를 영위할 필요는 없다. 대부분 그들은 이미 거기에 있다."

이머징 교회들은 그들에게 오는 모든 사람들을 포용하지만, 그리스도에 대한 헌신에 있어서만큼은 양보하지 않는다. "예수를 단순히 공동생활 여정을 위한 영감의 근원 중의 하나로 읽는 사람들은 순례의 주님이신 예수를 따르려는 사람들과는 다르다"(Paul Roberts). 홀(Simon Hall) 역시 그의 공동체가 가지고 있는 그리스도 중심성을 강조한다. "우리는 매우 그리스도 중심적이다. 우리가 다른 종교를 가지고 있거나 신앙이 없는 사람들에게도 하나님이 함께하신다는 것을 인정하지만, 그러나 예수가 가장 완전한 하나님의 계시로, 그러므로 하나님을 향하여 가는 가장 확실한 통로로 생각한다."

그러나 동시에 이머징 교회들은 그들이 온전히 그리스도를 수용한다고 해서 그들에게 다가오는 모든 사람들을 배제하는 것은 아니라고 생각한다. 데비 블루는 다음과 같이 말한다.

> 하나님은 세상을 구원하시기 위하여 예수 안에서 독특하게 행동하셨으며 우리는 예수 그리스도의 피로 구원 받았다고 설교한다. 그것이—특히 이 세상 속에서의 우리의 행위와 관련하여—무엇을 의미하는지 설명하려는 것은 어려운 문제다. 우리는 사람들로 하여금 그들의 마음속에 예수를 영접하여 지옥불에서 구원받을 수 있게 하려고 거리에 나가는 것은 분명 아니다. 우리는 세상에서 하나님의 자비를 증거하는 그대로 이 세상에서 살고 행동할 수 있기를 희망하며 기도한다. 또한 그렇게 함으로써 우리가 예수를 드러내기를 희망하며 기도한다.

교만에서 겸손으로

이머징 교회들은 다른 사람들과 토론할 때 겸손하게 접근한다. "우리는 우리의 공동체에 효과적인 신앙 구조물을 가지고 있음을 잘 알고 있다"라고 세실은 선언한다. "우리가 역사적 기독교 신앙을 강력하게 주장하는 공동체이지만 우리가 오류를 범할 수도 있다는 것을 항상 인식하고 있다는 것을 의미한다. 우리는, 더 이상 환원할 수 없는 확실성의 지점까지 우리의 신앙을 환원했다고 느끼는 토대주의적 경험주의자들이 아니다. 우리가 소그룹인 점에 비해서 매우 넓은 토론의 스펙트럼을 가지고 있다. 그러나 두려워하지 않는다. 우리는 참여한다. 우리는 다른 종교들을 끌어들이기 위하여 그 종교에 계획적으로 접근하지 않는다. 우리는 단지 하나의 공동체이다. 우리는 공동체이기 때문에 다양한 것이다."

이머징 교회들은, 교회가 하나님에 대해 주장할 때 종종 오류를 범하곤 했다는 것을 철저히 인식하면서, 다른 사람들과의 대화에 참여한다. 조니 베이커는 다음과 같이 말한다.

> 우리는 환대, 영접, 은혜에 대한 자질을 계발해 왔다. 그래서 우리는 다른 사람들을 아무런 조건 없이 수용하려고 노력한다. 이러한 기초 위에 서 있기 때문에 우리는 우리에게 있는 신앙에 대하여 열린 대화를 할 수 있다. 그러나 나는 우리가 무엇을 생각하고 있는지를 사람들에게 말하기보다는 오히려 그것이 하나의 대화가 되기를 추구하고 있다고 생각한다. 우리는 한때 "우리는 옳다. 우리를 따르라"는 구호로 행사를 한 적이 있다. 그것은 많은 불편함을 야기했다. 우리는 모두 그것이 낡고 교만한 전도 방식이라고 느끼고 있다. 나는 그것이 매우 포스트모던적이라는 것을 알고 있다. 우리는 우리의 신앙을 확신하지만, 우리의 신앙을 겸손하게 주장하고자 한다. 사람들이 하나님의 이름으로 여러 가지 것들을 요구하였고, 그래서 하나님나라에서 멀어져버렸던 것을 우리는 인정하기 때문이다.

진리를 방어하거나 문화 전쟁을 치르는 것은 이머징 교회 지도자들에게는 별 호소력이 없는 문제들이다. 데비 블루는 다음과 같이 말한다.

> 우리는 변증을 지향하는 사람들이 아니다. 러셀 라스분

(Russell Rathbun, 데비 블루의 협동목사)이, 한 여성이 어제 자기에게 전화를 걸어 워싱턴에서 있는 결혼 옹호 행진에 대하여 말했다고 나에게 이야기해 주었다. 우리가 거기에 간다면 그녀는 기꺼이 우리를 도울 준비가 되어 있는 사람이었다. 러셀은 우리 공동체는 거기에 관심이 있을 것 같지 않다고 말했다. 그녀는 말했다. "당신은 하나님을 지원하고 싶지 않으세요? 하나님을 방어하고 싶지 않으세요?" 러셀이 말했다. "아니오, 그렇게 하고 싶지 않은데요." 그녀는 갑자기 전화를 끊어버렸다. 우리에게는 우리에게 말씀하시고, 우리의 길을 벗어나게 하시며, 우리를 당황케 하시며, 우리의 우상들(우리가 만들어내고 믿고 있는 모든 하나님 이미지들)을 깨뜨리시는 하나님이 필요하다는 것을 잘 인식하고 있다고 나는 생각한다. 그리고 하나님을 방어하는 과제가 우리에게는 적절치 않다고 생각한다. 대답할 수 없는 많은 질문들이 있다는 것에 우리는 별 불편을 느끼지 않는다. 그것이 아마도 살아 있는 존재와 관계하는 것과 같은 것이라고 우리는 생각한다. 많은 답변을 제공하는 것보다, 진리를 추상적으로 생각하는 것보다 답변하지 못하는 것이 훨씬 더 정직하다고 생각한다.

이머징 교회 지도자들에게는 진리를 변증하고 진리를 위해 싸우는 것이 강제적 사항은 아니다.

신앙 밖에 있는 사람들은 그리스도인들의 교리보다는 윤리에 더 많은 관심을 기울인다. "리바이브(Revive) 교회의 한 사람이 알파 코스에 가서 도움을 받았다. 그러나 대부분의 사람들은 몇몇 변증학 이면에 자리 잡고 있는 '반드시 하나의 대답이 있어야 한다. 그렇지 않으면 하나님은 하나님이 아니다' 라는 철학에 대해 다소 냉소적이다"라고 사이먼 홀은 말한다. "우리는 강요하지 않고도 믿을 수 있는 신앙의 표현에 더 많은 관심을 기울이고 있다. 사람들은 우리가 삼위일체와 같은 일관된 교리를 가지고 있느냐 없느냐보다 우리의 가치와 삶의 스타일에 더 많은 관심을 보이는 것 같다." 이머징 교회들은 다른 사람들에게 접근할 때 그리스도에 대한 진리를 부인하지 않는다. 그러나 이머징 교회들은 지금은 거울을 통하여 희미하게 보고 있다는 것(고전 13:12)도 역시 인식하고 있다.

말로 하는 변증에서 몸으로 하는 변증으로

전통적 변증학은 하나님에 대한 환원주의적 접근 방식을 가지고 있다. 그 변증학은 진리에 대한 인지적 접근을 선호하여 그리스도인들의 영성적 삶의 방식, 공동체적 삶의 방식을 무시한다. 롤린스는 다음과 같이 설명한다. "정통 신앙(orthodoxy, 바른 신앙)과 정통 실천(orthopraxis, 바른 실천)과는 대조적으로 우리는 바르게 믿고(believing rightly) 바르게 실천하는 것(practicing rightly)을 옹호한다. 다른 말로 하자면 다른 사람들을 존중하고 그들의 실존을 변화시키는 방식으로 말하고 행동해야 한다는 것이다. 이렇게 우리는 도덕적 어젠다를 가지고 있지만, 그것은 최소한의 것으로서 믿음과 실천의 내용보다는 믿음과 실천의 방식에 더 초점이 맞춰져 있다."

앤드류 존스도 이에 동의한다. "점점 영성적이 되어가며 덜 세속적인 세상에서, 우리의 변증학은 사람들로 하여금 그들 가까이에 있는 진리를 발견하도록 하는 데 더 많은 관심을 두고 있다. 우리의 가장 큰 비판가와 핍박자들은 바리새인들과 종교 지도자들인 듯하다. 예수의 경우도 마찬가지였다." 변증학은 충돌보다는 오히려 영적인 방향 설정의 역할을 취해야 한다.

하나님나라의 복음에 헌신하는 공동체는 가장 설득력 있는 복음의 변증학을 제공한다. 세실은 다음과 같이 설명한다. "우리는 명시적 변증가가 아니다. 우리는 기독교 신앙을 더 이상 환원할 수 없는 확실한 지점까지 환원해서 거기에 신앙을 세울 수 있다고 생각하는 사람들이 아니다. 다른 구절을 빌려 표현하자면 다음과 같이 말할 수 있을 것이다. '공동체가 우리의 변증학이다.' 다른 사람들을 향한 우리의 대답은 바로 우리의 공동체이다. 공동체를 이해하려면 우리와 함께하라고 우리는 항상 말한다." 외부 관찰자들은 기독교의 진리들을 이해할 수 없다. 우선 그들은 공동체가 몸으로 실천하는 진리들을 경험할 필요가 있다.

이머징 교회들이 변증학을 싫어하는 이유가 아마도 변증학이 모더니티의 전형적인 특징인 합리주의적 가정에 근거해 있다는 전제 때문일 것이다. 그러나 변증학이 반드시 그런 것만은 아니다. 변증학은 단순히 온유와 두려움 안에 있는 소망의 이유를 묻는 자들에게 대답을 준비하는 것일 수 있다. 그것은 사람들이 자신의 신념 이면에 있는 전제들을 통하여 생각하고, 신앙에 도전적인 문제에 직면했던 것들을 설명해 줄 수 있을 것이다. 그것은 증명보다는 가능한 답변들을 세우는 데 더 많은 관심을 보여주는 것이다.

존스는 다음과 같이 말한다. "우리는 질문하는 사람들에게 항상 답변하고 있을 것이다. 그리고 우리는 사람들로 하여금 질문하도록 하는 방식으로 살아가는 삶을 항상 추구하고 있을 것이다. 그리고 우리는 하나님께서 우리 마음에 허락하시는 그러한 사람들에게 더 가까이 갈 수 있는, 살아 있는 환경을 항상 수출하고 있을 것이다. 하지만 뭐가 다른가? 하나님의 타이밍과 인간의 행위에 민감할 때 능력과 기도는 고조된다고 말하고 싶다. 그리고 설명 다음에 경험이 나타나는 것이 아니라 오히려 경험은 설명보다 먼저 일어난다. 하지만 경험이 설명을 대체한다고 말해서는 안 된다. 왜냐하면 설명과 경험은 항상 존재할 것이기 때문이다." 사람들은 행위뿐만 아니라 말로써도 신앙을 입증해야 한다.

존스턴은 다음과 같이 말한다. "최근의 인식론적 전환과 문화의 변화로 인하여 패턴(pattern, Maidstone, Kent의 성공회 감독인 Graham Cray의 용어)을 찾는 것이 훨씬 더 쉬워졌다고 생각한다. 이 패턴들은 삶의 어느 장소에서 성령이 역사하실 수 있는지를 보여준다. 일반적으로 이것은 관계적으로 일어나는데, 우리 가정의 피자(pizza)를 통해서도, 술집에서도, 어디에서나 일어난다. 우리를 위한 변증학은 세분화되고 추상적인 전제조건에서 내러티브에 근거한 변증학으로 이동해 왔다. 내러티브 변증학은 내러티브, 특히 성경의 내러티브를 사용하여 근사 구조들을 세우는 변증학이다."

그러한 방법은 신앙에 대한 지적 울타리를 무시하는 것은 아니다. 다만 대화를 시작할 때 그런 지적 울타리들을 전제하지 않을 뿐이다. 나아가서 자신의 신앙이 더 진리에 가깝다는 강한 주장을 제시할 수는 있으나, 다른 사람들에게 아무런 인상도 줄 수 없다는 것을 인정하는 것이다. 그러한 견해가 또한 인정하는 것은, 변증학이 논쟁에서 이기는 것이라면 사람들에게 적대감을 심어 줄 수 있다는 것이다.

신앙의 모든 장애물들에 명시적인 답변을 제공할 수 있다고 생각하는 형태의 변증학은 이머징 교회들에 별로 큰 인상을 주지 못하고 있다. 다른 말로 말하자면 그들은 모더니스트의 사고 구조에 대한 확신을 거부한다. 모더니즘적 사고 구조는 얕고, 환원주의적 사고에 근거해 있다고 믿기 때문이다. 하지만 위에 열거한 모든 단서들을 전제로 한다면, 그들은 일정 형태의 변증학은 받아들일 수 있다고 인정한다. "내가 아는 한, 우리의 정책은 다른 신앙 전통이나 다른 종교 전통에 우호적이라는 것이다. 우리는 고압적인 변증학으로 그들을 말살하기보다는 더 많은 대화와 토론을 그들과 나누고 있다"라고 존스턴은 설명한다. "그러나 토론은 듣는 것을 포함하며 그리고 듣는 것은 변화를 촉진하는 것이어야 한다. 우리는 모두 다른 세계 종교들의 주제와 단면들을 인정하지만, 그들도 예수의 이야기 속에서 그들의 완성과 목적을 발견해야 한다고 주장할 가연성은 매우 높을 것이다. 우리는 조시 맥도웰(Josh McDowell) 식의 변증학을 하는 것이 아니다. 왜냐하면 그런 식의 변증학은 우리 문화에 별로 유용하지 않기 때문이다. 그러나 우리는 일종의 변증학 없이는 어떤 유의 선교도 불가능하다는 것을 알고 있다."

의제를 갖는 것 대신 성령으로 하여금 그 의제를 운반하도록 하라

이머징 교회들은 내부자와 외부자를 분리하는 범주화를 싫어한다. 미-채프먼(Rachelle Mee-Chapman)은 전통적인 전도에 대한 이해와 실천의 문제를 다음과 같이 이야기한다. "내 교회의 많은 사람들은 성육신적 삶을 살아가고 있다. 그러나 그들은 사람을 고객으로 보는 것에, 그리고 하나님을 마케팅하는 것에 관심을 가지고 있다. 내가 누군가와 의제를 가질 수 있을까? 그리고 내가 여전히 정직할 수 있을까? 내가 누군가를 개종시키려 할 때 정말로 그를 사랑하고 있는 것일까? 우리는 사람들을 사랑할 수 있으며, 성령으로 하여금 회개의 사역을 하게 할 수 있을까?

이머징 교회들은 잘 기획된 복음 선포—즉 개인의 삶으로부터 자연스럽게 흘러나오지 않는 복음 선포—를 피한다. 벤 에드슨(Ben Edson)은 말한다. "나는 성공회 안에서 전도자로 허락받았다. 그러나 나는 사람들의 전도 이해가 매우 좁다고 생각한다. 사람들은 여전히 전도를 조작하고 악용하고 있는 것으로 생각한다. 그래서 나는 전도라는 용어를 거의 사용하지 않는다. 하지만 전도는 근본적으로 중요하다. 내가 여기 있는 몇 년 동안 깨달은 몇 가지 원칙이 있다. 첫째, 전도는 유기적이고 정직해야 한다는 것이다. 가장 좋은 전도는 자연스럽게 이루어져야 한다는 의미에서 유기적이다. 그것을 강제하려고 하면 우리의 방법은 기획적인 것이 되어 버린다. 사람들은 그것을 간파하고 더 호의를 잃어버리게 된다."

에드슨은 다음 예를 하나씩 설명해 나간다. "외부 강사가 상투스 1(Sanctus1) 교회에 와서 전도에 대해 이야기하고 있었다. 끝날 무렵에 우리는 기도 시간을 가졌다. 그가 인도한 기도 시간이었다. 이 기도 시간에 그는 우리에게 상투스1 교회에 데리고 나올 수 있는 한두 명의 친구들을 생각하라고 하였다. 이때 소란이 일었다. 사람들의 친구들은 그저 친구들이지 목표가 아니었다. 상투스1 교회에 그들을 데리고 나오는 데 목적을 둔다면 그들은 그들의 우정이 정직하지 못하다고 느낄 것이다. 물론 상투스 1 교회 사람들은 그들의 개인적인 신앙과 자기가 속해 있는 신앙 공동체에 대하여 자기 친구들과 이야기한다. 그러나 그들은 기획된 방식이 아닌 유기적 방식으로 그렇게 하고 있다."

콜린스 역시 현재 유행하고 있는 전도 실천에 매우 비판적이다. "'함께 오는 것' 은 다른 사람을 사로잡기 위하여 당신이 누구인지를 감추는 것이다. 그렇게 하지 말고, 우리는 우리가 참여하고 있는 공동체를 주목해 보아야 한다. 바로 이 하부 문화에서 우리가 나온다." 그는 다음과 같이 확언한다. "나는 모든 사람들이 하나님을 알고 구원받기를 강렬하게 갈망한다. 하지만 방법은 달라져야 한다." 그런 관심은 서구 문화를 지배하고 있는 속임수의 세력에 대항하는 하나의 선언으로서, 진정한 관계에 높은 가치를 두는 문화에 깊이 새겨져 있다. 포스트모던인들(postmoderns)과 관련하여 그리스도인들은 어떤 감춰진 문제가 있어서는 안 된다. 그들이 관계에 공헌하는 모든 것은 그들 자신의 입지를 강화시키는 것이기보다는 다른 사람의 유익을 위한 것이어야 한다.

몇몇 지도자들은 친구 전도가 그들이 전달하려는 복음을 부인하는 것이라고 생각한다. 크리스 매튜는, 친구 전도가 결국은 그런 방법에 적대적이거나 무관심한 사람은 배제하고, 응할 가능성이 있는 사람에게 초점을 맞추는 데 관심을 기울이게 된다는 것에 주목한다. 그는 이것에 대해 솔직하게 표현한다. "친구 전도의 개념은 항상, 우리가 얻으려고 노력했던 그 무엇이었다. 무조건적인 사랑과 같은 것이 아닌데도 말이다. 우리는 공동체에 봉사하도록, 선을 위한 존재가 되도록 부름 받았다고 느낀다. 우리의 기도는 이런 방법을 통하여 사람들이 믿음을 찾게 되는 것을 보게 될 것이라는 것이다."

세일즈맨에서 종으로 변화하기

그리스도인들은 그냥 좋은 소식이어야 한다. 숨은 동기를 가져서는 안 된다. 잰더는 개인의 경험을 들어 이 점을 설명한다. 한 낯선 부부가 시내에 살고 있었다. 잰더는 "단언컨대 그들은 암웨이를 팔 거야!"[3]라는 말로 그들을 정형화하였다. 실제로 그들은 언젠가 그

---

3) Amway(지금은 Alticor의 일부)는 미국에서 유명한, 대중적 다면 마케팅 회사이다.

에게 와서 암웨이 상품을 팔려고 하였다. 그는 단호하게 거부했고, 4년 반 동안 더 이상 그들과 접촉을 갖지 않았다. 그 접촉을 통해 하나님은 그를 자극하였다. 그가 그 부부에 대해 갖는 생각이 바로 대부분의 비그리스도인들이 그리스도인들에 대해 갖는 생각이다. 잰더는 도전적인 물음에 직면하게 되었다. "어떻게 우리가 다른 사람들과 친구가 될 수 있을까? 어떤 친구가 되어야 그들이 우리를 이런 식으로 생각하지 않게 될까?" 그의 새로운 관심사는 선을 행하는 것이며, 아브라함 계약이 명한 대로, 다른 사람들을 축복하는 것이다. 그는 지속적으로 사람들에게 좋은 소식이 되고자 한다. 다른 관심사는 없다.

서튼(Dave Sutton)은 복음을 제시하고 반응을 보다가 그 사람을 떠나 다른 사람에게로 이동하는 그러한 그리스도인들에 대해 비판적인 생각을 가지고 있다. "전도는 금주에 얼마나 많은 사람들을 개종시켰느냐 하는 것일 수 없다. 또한 그것은 최신 전도의 5단계 전략으로 한정할 수도 없다. 우리는 대형 교회가 되는 데는 관심이 없다. 우리의 관심은 어떻게 하면 예수를 가까이에서 따를 수 있는가 하는 것이다." 예수는 감춰진 관심사를 성취하기 위하여 어떤 결단을 강요하지 않으셨다. 그는 하나님나라를 받아들일 것을 말씀하셨고 포로로부터의 해방과 죄의 용서를 몸소 실천하셨다. 그리스도인들은 각자의 공동체에서 이것들 외에 다른 것을 추구해서는 안 된다.

좋은 세일즈맨과는 달리 제품을 팔지 않는다. 다만 자신을 내어줄 뿐이다. 성경적 관점에서 볼 때 봉사는 종됨을 무시하는 것이 아니다. 오히려 종됨이라는 용어는, 자신을 구약 예언의 성취로 여기신 예수님께 바쳐졌다는 명예로운 용어이다. 열두 제자들은 섬김을 특징으로 하는 리더십을 위해 준비된 자들이었다. 사도 바울도 신약의 교회에 보내는 편지에서 자신을 자주 종으로 표현하였다. 이머징 교회 지도자들은 타이틀이나 지위나 전문직에 대한 열망에 신경쓰지 않는다. 그들은 그들의 리더십 스타일을 겸손한 종에 맞추려 한다.

신념의 변화에서 삶의 변화로

이머징 교회들은 신념의 변화보다는 삶의 변화에 초점을 맞춘다. 거기에서는 사람들의 개종을 원하지 않는다. 오히려 그곳의 많은 사람들은 하나님나라의 삶을 경험하며 사는 것을 더 환영한다. 하나님나라의 문화를 창조하고 하나님이 일하시도록 하는 것이 그들의 초점이다. 스티브 콜린스는 다음과 같이 말한다. "교회는 소수를 추구하는 것이다. 무엇을 하고 있는지 자랑하는 교회들은 개종자를 만들려고 한다는 의심을 받는다. 그런데 아무도 개종하기를 원하지 않는다는 것이다. 우리가 무엇을 하려는지 알고 있는 비기독교 친구들은 우리의 일에 관심을 갖기는 하지만 오려고 하지는 않는다. 어떻게든 덫을 놓아 그들을 붙잡을 수 있을 것처럼, 그것은 너무 위험하게 느껴질 때가 있다."

세실은 다음과 같이 동의한다. "악세스 교회는 선교하는 교회이다. 그러나 하나님나라가 발전하고 그리스도가 일하실 수 있도록, 우리 문화 속에서 우리가 관계하는 모든 개인들을 구원하려고 노력한다는 의미의 선교는 아니다. 그 대신에 우리는 우리의 공동체를 하나님나라로 느낄 수 있는 장소로 만들려고 노력하고 있다. 이를 위해서 모든 사람들을 구원할 필요가 있다고는 생각지 않는다."

"전도는 개종 과정으로의 초대이다. 그것은 삶을 바꾸도록 누군가를 초대하는 것이다." 파깃은 계속해서 다음 두 가지 근본적인 물음에 몰두하고 있다. 복음이란 무엇인가? 사람들은 어떻게 개종하는가? 파깃은 생각의 변화(개종)가 행동을 변화시킨다는 옛 관점이 지속되고 있다고 믿는다. 하지만 파깃은 삶이 변해야(개종) 신념도 바뀐다고 생각한다. "우리는 사람들을 다르게 믿게 하는 것보다는, 다르게 살도록 하는 데 훨씬 더 많은 관심을 기울이고 있다."

은혜에 대해 말하는 것에서 삶을 통해 말하는 은혜로

이머징 교회들에 있어서 전도는 선포보다는 함께 있음의 형태를 띤다. 션 스틸만(Sean Stillman, Zac' Place, Swansea, U.K.)은 지역의 모슬렘들과 좋은 관계를 가지고 있다. 겸손한 기조를 유지하고, 관계적이며, 비논쟁적이다. 그는 '말할 기회를 얻기' 위해 노력한다. 그리고 그는 이 공동체와 관련한 여러 가지 것들을 '학습'(learning curve)하고 있다는 것을 인정한다. 그는 다른 세계관을 가진 사람들과 친구가 되는 것에 익숙하다. 그는 장기간 그들과 사귈 준비가 되어 있다. 그는 말한다. "아마도 5년이나 10년이 지나야 상황이 바뀔지도 모른다. 그때 그리스도의 은혜가 나의 삶을 통하여 말씀하실 것이다."

이머징 교회의 몇몇 사람들은 사람이 안에 있든 밖에 있든 그것은 별로 중요하지 않다고 생각한다. 버크는 주장한다. "하나님은 우리에게 알곡과 쭉정이를 나누라고 하지 않으신다. 그러나 우리는 나눈다. 우리가 그렇게 할 때마다 하나님의 사역에 상처를 내는 것이다. 우리는 땅을 부드럽게 하고 씨앗을 뿌릴 필요가 있다. 이너 서클(inner circle)에 들어가기 위하여 땅을 단단하게 하는 것을 그만 두어야 한다. 우리의 태도 때문에 떠나버린 사람들이 있을 것이다."

월러스(Sue Wallace) 역시 지속적인 대화의 가능성을 막기 위한 울타리를 치는 데는 관심이 없다. "우리는 내부자들과 외부자들 사이의 엄격한 울타리를 치는 것을 좋아하지 않는다. 우리는 모든 사람들을 평등하게 환영할 것이다. 우리는 신앙을 우리가 함께 모두 걸어가고 있는 순례 여행이라고 생각한다. 그룹 내에서 개종 체험과 같은 문제에 서로 일치하지 않는 부분이 있을 수 있다. 그러나 우리는 중심 문제들인 신앙, 구원, 예수의 유일성에 대한 문제들에 있어서는 아주 정통적이다."

다른 신앙을 가진 사람을 섬김으로써 그들과의 관계를 지속하는 그룹들이 있다. 겸손한 섬김이란 다른 사람을 향하여 관대함을 표현하는 것이다. 그것은 은총의 의미의 뿌리이다. 서스데이 피엠(Thursday PM)의 예술 팀들은 교파간 환대 네크워크(interfa ths hospitality network)를 위하여 일일 돌봄 센터를 다시 시작하고 있다. 모스크나 시나고그(회당)나 다른 종파들도 이에 종사하고 있다. 그들의 봉사 태도는 다른 종교들에 대해 참으로 열려 있는 태도다.

미-채프먼(Mee-Chapman)은 다음과 같이 설명한다. "우리는 가능한 한 그런 장소를 많이 만들려고 한다. 우리는 사람들의 삶 속에서 하나님께서 하시는 일들을 호흡하고 있다. 우리는 열정을 불사를 수 있다는 것을 목격하고 있다. 우리는 차이에 관심이 있는 것이 아니라 함께 어우러져 춤을 출 수 있는지에 관심을 가지고 있다. 아마도 하나님이 누구신가에 대한 나머지는 관계를 통하여 성취될 것이다."

사유화된 신앙에서 공적 신앙으로

이머징 교회들은 전형적으로 교인 목회보다는 공동체 목회나 직장 목회를 강조한다. 특히 도심 환경 속에 살아가는 그리스도인들은 다양한 신앙을 가진 사람들의 사회 속에서 살고 있다는 것을 인정한다. 결국 사람들이 함께 생활하고 일하면서 상호 이해와 존중이 있어야 한다. 미-채프먼은 "우리의 신앙이 뿌리를 내리고 사회에 적절한 신앙이 되도록 하기 위한 삶의 리듬을 만들기로 한" 그녀의 결단을 설명한다.

그리스도인들은 교회 밖에 있는 사람들이 신앙에 매력을 느낄 수 있도록 공적인 삶을 살 필요가 있다. 사이먼 홀과 같은 많은 사람들은 전도라는 말이 좋지 않은 느낌을 준다고 생각한다. "우리의 전도는 아주 보잘것없다. 그 말 자체가 거의 언급되지 않는다. 리바이브를 통해 그리스도인이 된 모든 사람들은 친구 관계를 통하여 그리스도인이 되었다. 리바이브 교회에 있는 사람들은 전도의 테크닉이 있을 수 있다는 것에 대해 냉소적이다. 나의 비전은 그저 하나님의 사람들을 시장 바닥에 내어놓는 것이며, 사람들로 하여금 하나님께 매력을 느끼도록 우리가 그런 삶을 살기를 바라는 것뿐이다. 그것은 정말로 가장 어려운 선택이다. 왜냐하면 그것이 24-7전도이기 때문이다."

레드 카페의 크리스 매튜 역시 홀(Hall)의 정서에 동의한다. "자신을 문화의 한가운데로 던지라. 그리고 무엇이 일어나는지 주목하여 보라!"

전도는 신앙 밖에 있는 사람들과 삶의 깊은 체험을 나누는 것이다. 핍 파이퍼(pip piper maji, Birmingham, U.K.)는 말한다.

> 타종교 간의 문제에 대한 나의 견해는 단순하다. 기독교는 더 넓은 시장에서 설득력이 있어야 한다는 것이다. 그것은 타신앙을 가진 사람들을 모으기 위한 더 많은 집회와 이벤트가 있어야 한

> 다는 것을 의미한다. 우리는 많은 것을 함께 나눈다. 예술과 영화는 서로를 연결시키는 데 도움을 줄 수 있다. 그리고 예술과 영화는, 그들이 어떤 식으로든 공격받고 있거나 무시당한다는 느낌을 주지 않고 사람들로 하여금 그들의 독특한 신앙 여행을 탐구하고 표현하는 데 도움을 줄 수 있다. 각각은 그 만남에 쉽게 찬성한다. 내가 보기에 전도나 선교는 더 이상, 아무리 내가 분명하고 창조적이라 할지라도, 내가 믿는 것을 믿으라고 설득하는 것이 아니다. 오히려 그것은 체험의 공유이며 만남의 공유이다. 전도는 자신의 고유한 전통과 문화를 간직하면서, 그러나 하나님을 만날 수 있는 가능성과 서로에게서 진리를 만날 수 있는 가능성을 가지고, 인생과 신앙의 여행을 함께 걸어가는 것을 말한다.

미-채프먼은 동의한다. "밖에 있는 사람들과의 상호 교제와 관하여 말하자면, 함께 있음과 참여가 기본이다. 그것은 친구들과 시간을 보내는 것으로 이루어진다."

위커 파크 그레이스(Wicker Park Grace, Chicago) 교회의 소여(Nanette Sawyer)는 위커 파크 주민들과의 모임을 시작하였다. 그리고는 그 지역민들의 영적 여행담을 경청하였다. 그녀의 목표는 그들을 알고 젊은이들을 돌보는 것이었다. 그녀는 그리스도인들이 교회로서 그들을 환영하는 방법을 발견하기를 원한다. 그녀는 '제국주의 없는 전도'를 실시하기를 갈망한다. "그것은 공동체 안으로 들어가서 그들과 함께 있으며, 그들이 되어 그들의 이야기를 알고, 그들로 하여금 나를 알게 하며, 그들로 인하여 내가 변화되는 것이다. 우리는 영성에 대하여 토론하기 위해 찻집에서 만난다."

이머징 교회들의 몇몇 교인들은 다른 사람과 접촉하기 위하여 의도적으로 공적 장소에서 시간을 보낸다. 케빈 레인스(Kevin Rains, Vineyard Central, Cincinnati)는 지저스 앳더 퍼브(Jesus@the Pub)라는 모임을 인도한다. 거의 매주 목요일 밤에 복음서의 구절들을 토론하기 위해 모이는 모임이다. 참석하는 열 사람 중에서 일곱 명은 정기적으로 교회에 나가는 사람이 아니다. 그 교회는 또한 이웃들을 파티에 초대한다. 레인은 말한다. "우리는 의도적인 우리의 노력과, 무엇이 일어나든 그것을 단순히 전도라고 부르지 않는 것에 대해 진지하게 생각하고 있다."

전도하는 것에서 전도되는 것으로

그리스도인들이 전도될 준비가 되어 있지 않으면 진정으로 전도할 수 없을 것이다. 복음을 나눌 때 사람들은 다른 신앙을 가진 사람들에 의해 제시된 영적인 통찰, 솔직한 질문, 깊은 헌신에 의해 풍요로워진다. 다른 사람들을 포용하는 것은 그들의 말을 듣는 것이며, 그렇게 함으로써 그들로부터 배우는 것을 포함한다. 다른 신앙에 있는 많은 것들이 반드시 하나님나라에 반대되는 것만 있는 것은 아닐 것이다. 그리스도인들은 다른 사람들의 삶의 행적을 통해 많은 것을 배울 수 있을 것이다.

롤린스는 다음과 같이 보고한다. "우리는 전도 프로젝트를 수행하는 내내 다른 신앙을 가진 사람들에게 적극적으로 개입하였다. 전도는 중요한 역할을 가지고 있다. 그러나 전도는 다른 사람들과 우리 자신을 하나님께 열어 놓기로 고안된 두 가지 방식의 과정으로 보인다." 그들의 전도 프로젝트는 대부분의 전도 형식을 뒤집는 것이다. 그들은 다른 신앙과 다른 영성을 가진 사람들을 방문하여 다른 사람들의 삶의 행적으로부터 더 많은 것을 배우기 위하여 자신들이 전도되는 것을 허용한다. "열린 양방향의 대화를 시도함에 있어서, 우리는 하나님을 가지고 있고 다른 사람은 하나님을 갖고 있지 못하다는 생각을 그다지 강조하지 않는다. 이것은 우리가 상대주의에 빠졌음을 의미하는 것이 아니다. 우리는 여전히 우리 자신의 전통이 유일무이하다는 것을 믿는다. 그러나 우리의 전통은 모든 사람에게 열려 있을 것을 가르쳐준다고 생각한다. 또한 우리 교리의 일부나, 모든 교리에 대해서도 잘못 이해할 수 있다는 점에 대해서도 열어 놓고 있다. 하지만 우리는 동시에 우리의 교리들에 충분히 헌신하고 있다.

다른 신앙에 대해 경청한다는 것은 그들에게서도 뭔가 배울 것이 있을 수 있다는 것을 의미하는 것이다. 이머징 교회들은 다른 문화에서도 얻을 것이 많다고 믿는다. 잰더는 그의 입장을 다음과 같이 표현한다. "하나님은 나를 샌프란시스코로 데려다 놓으셨다. 왜냐하면 하나님의 영은 기독교인들과 멀리 떨어져서도 역사하신다는 것을 내가 배울 필요가 있기 때문이었다. 하나님은 나를 그에게로 이끌기 위하여 다른 종교들과 다른 신념들을 사용하셨다. 하나님은 신비한 방식으로 이런 종교들 속에서 역사하신다."

프리젠 역시 잰더에 동의한다. "한 주 동안 우리는 기독교 신비주의, 힌두 신비주의, 모슬렘 신비주의 문헌에서 글들을 발췌하여 이야기를 나누기 시작했다. 각각의 전통에서 영적인 인간이 된다는 것이 무엇을 의미하는 것인가? 신비주의 지평에서 보면 그 가르침들이 매우 유사하다는 것을 알게 되었다. 이런 전통들이 신비에 접근하는 방식은 매우 유사하다. 그것이 우리들 중 몇 몇 사람들에게 충격을 주었다."

스펜서 버크의 공동체는 몇 주마다 기독교 내의 다른 전통들을 방문한다. "우리는 안에 있으면서 동시에 밖에 있다. 그래서 우리는 모든 사람을 존중한다. 내 생각에 차이점은 우리가 비록 교회를 문제 삼고 있음에도 불구하고, 우리는 기독교 전통을 충실하게 고수해 왔다는 점이다. 하지만 그 기독교 전통은 배타적인 모델이 아니라 포용적인 모델이다. 우리는 공동체 해석학을 가지고 있다. 우리는 다른 경서들을 읽는다. 그리고 그 다음엔 성경으로 돌아간다. 그리고 다른 종교들이 성스럽다고 주장하는 문헌들에서 읽은 것을 어떻게 해석해야 하는지 결정한다."

버크의 공동체는 기독교 울타리 밖에 있는 신앙 전통들로부터 배울 준비가 되어 있는 공동체이다. 그들 교회에는 불교 가족이 있다. 한 공동체로서 교회는 불교 사원을 방문하였다. 그들은 이 가족과 함께 명상에 참여하였다. 버크는 하나님이 계시되는 여러 방식들을 인정한다. 그는 성령께서 이 사람들과 줄곧 함께 계셨음을 인정한다. 그들은 다른 전통들에까지 뻗어나간다. 그리고 그들은 그들을 하나님의 사랑하는 자녀들로 생각한다.

사람들은, 교회보다 하나님나라에 초점을 맞춤으로써, 다른 신앙들과의 관계가 변한다는 것을 발견한다. "20년 동안 불교도였던 사람으로서 나는 다른 사람들의 신앙에 깊은 존경심을 가지고 있다"고 데이브 서튼(Dave Sutton, New Duffryn Community Church, Newport, U.K., 수튼은 20년 동안 불교도였으나 기독교로 개종하였다. 헨리 나우엔 등 여러 학자들의 저술과 여러 목회자들의 목회에서 많은 영향을 받았으며 특히 N.T. Wright의 복음 이해에 많은 영향을 받았다. 그는 지금 위의 교회에서 가난한 자들을 위한 공동체 사역에 헌신하고 있다)은 말한다. "하나님나라가 하나님에 관한 것이라면 하나님은 다른 신앙에도 개입하실 수 있을 것이라고 생각한다…… 우리는 우리의 사역을 예수 그리스도의 유일하신 인격과 사역과 연관해서 생각하는 경우가 아주 많다. 다른 종교들이 그리스도의 사역에 참여한다면, 그것은 좋은 것이다."

이머징 교회들은 하나님의 통치의 임재가 교회를 넘어서는 것이라고 생각하기 때문에 그들은 다른 신앙 공동체를 인정한다. 어드슨은 다음과 같이 보고한다. "두 주 전에 우리는 맨체스터 불교 센터에서 한 사람을 불러 상투스1 교회에 오게 하였다. 그리고 기도에 대한 불교식 방법에 대해 이야기하게 하였다. 우리는 우리 신앙과의 차이에 대해 말하지 않았다. 우리는 그를 개종시키려고 하지 않았다. 그는 매우 환영받았고, 그 또한 초대받은 것에 대해 매우 기뻐했다. 우리는 한 기독교 공동체의 긍정적 경험을 그에게 전해 주었다. 그것이 본질적으로 선교의 중요한 행위이다." 다른 신앙을 성실하게 지키는 자들과의 관계를 결정하는 근본 가치는 존중과 겸손과 포용이다. 이머징 교회들은 열린 교류에 참가하고 하나님의 손에 그 결과를 맡길 준비가 되어 있다. 그 근본 원리는 포용성이다. 그러므로 모든 사람들이 환영받는다. 그리고 이것은 일상 삶에서도 반영된다.

다문화 목회에 관심을 가진 사람들은—클럽 문화이든지, 아니면 다른 신앙과의 관계이든지—상황화(contextualization)의 기술을 비판적으로 배울 필요가 있다. 비판적으로 배우지 않는다면, 그들의 증언은 타협이 되어버릴 것이고, 복음의 빛보다는 단순히 현대 문화의 분위기나 주문을 반영하는 셈이 되어버릴 것이다. 복음의 빛은 문화의 요소들을 긍정하며, 다른 수단에 의해서는 실현할 수 없는 열망들을 이루어낸다. 뿐만 아니라 복음의 빛은 자기 도취적이고, 중독적이며, 파괴적인 문화의 측면들을 심판한다. 그 과정에서 기독교 증언은 스스로가 변화되어가는 것을 발견하게 될 것이다. 기독교 증언들은 자신의 문화적 판단 장애 때문에 자신들의 이해를 왜곡하고 협소화시킨 방식들을 발견하게 될 것이다. 다문화적 상황 속에서 증언하는 사람들은 그 과정에서 자신들이 변화되어감을 발견할 것이다.

결론

모더니티는 배제와 획일을 가르치고 있다. 하지만 이머징 교회들의 구성원들은 그들과 다른 사람들 사이에 들어가서 예수의 환대를 보여주고, 다른 사람들을 포용하며, 그들을 환영한다. 이머징 교회들은 기독교 정통주의를 고수한다. 그리고 예수 그리스도의 유일무이함을 인정한다. 하지만 이런 생각이 다른 신앙, 다른 문화, 다른 전통들을 배제할 이유가 되는 것은 아니다. 오히려 그들을 포용할 힘을 제공한다. 예수 그리스도에 대한 확신 때문에 이머징 교회의 구성원들은 담대히 나가서 다른 사람들의 신앙을 경청하며 심지어 그들에게 동화되기도 한다.

그들은 더 이상 신앙 논쟁을 할 필요가 없다고 생각한다. 대신에 그들은 말보다 그들의 삶으로 훨씬 더 많은 것을 말할 수 있다고 믿는다. 다른 사람과 관계를 가지며 사셨던 예수처럼 되는 것 이외의 어떤 다른 전도 전략을 믿지 않는다. 그들은 사람을 목표로 정하거나 논쟁을 하는 것이 아니라 하나님이 그들에게 데려다주신 사람들을 사랑하기를 추구한다. 그들은 대화 파트너의 신념이 변화되기를 희망하기보다 그들의 삶이 바뀌기를 희망한다. 그들은 다른 문화에 매우 높은 수준으로 개입하기 때문에, 그들이 하나님나라를 다른 문화들 한가운데서, 그리고 공동체 안에서 실천할 때, 성과 속의 분리가 극복된다.

넓은 마음으로 섬기기 07

한번은 우리 공동체가 노숙자들과 관련있다는 이유로 공원에서 쫓겨나게 되었다. "여기서 노숙자에게 먹을 것을 줄 수 없습니다. 허가서가 필요합니다"라고 경찰이 말했다. 내가 대답했다. "우리는 노숙자들에게 먹을 것을 주는 것이 아닙니다. 우리는 소풍 왔습니다. 그들과 함께 식사하고 있을 뿐입니다."

스펜서 버크(Spencer Burke, Newport Beach, CA)

나는 더 이상 전도를 믿지 않는다. 전도 이후 시대에 살고 있다는 것은 어떤 전략은 없으나 예수 그리스도의 열정과 섬김의 자세로, 그리스도 안에서 우리의 삶을 영위하는 것이다. 우리는 전도나 선교를 하지 않는다. 성령이 전도자이시고 선교는 하나님께 속한 것이다. 우리가 하는 것은 단순히 하나의 공동체로서 공적으로 예수 그리스도의 방식으로 삶을 사는 것뿐이다. 사람들이 왜 이렇게 사느냐고 우리에게 물을 때, 우리는 우리 안에 있는 소망의 이유를 그들과 함께 나눈다. 우리는 서로를 사랑해야 한다. 그것은 그 자신의 매력을 발산한다. 병든 자와 곤궁한 자를 돌보는 것이 우리가 필요한 모든 전도를 창조한다.

카렌 워드(Karen Ward, Church of the Apostles, Seattle)

이머징 교회들이 많은 활동들을 하면서 추구하는 것은 하나님나라이다. 그리고 하나님나라의 핵심은 온유이다. 지난 장은 이머징 교회들의 낯선 자 영접에 대하여 서술하였다. 이 장에서는 한 면이 환대(hospitality)인 동전의 다른 면을 소개하고자 한다. 그것은 낯선 자를 섬기는 것이다. 이머징 교회의 구성원들이 그들의 공동체 안과 밖에 있는 사람들을 모든 삶의 영역에서 섬길 때 나타나는 것이 환대이다.

이머징 교회들은 그들이 살아가고 있는 문화를 하나의 도전으로 생각한다. 모든 삶의 영역에 마케팅적 방향이 스며들어 있기 때문이다. 복음의 대가 없는 선물의 반대면은 모더니티에 스며들어 있는 자기 이익적인 주고받기이다. 이머징 교회들은 문화를 지배하고 있는 경제적 원리를 거부하고, 넓은 마음으로 섬김으로써 환대를 실천한다는 점에서 의미 있어 보인다.

하나님나라의 영감을 받은 넓은 마음

이머징 교회들은 그들의 환대의 실천을 예수와 하나님나라에 그 뿌리를 두고 있다. 예수와 그의 공동체는 구별된 삶의 방식을 통하여 토라를 완성하는 데 봉사하였다. 포로에서 해방된 그들은 사랑하려고 하였지 미워하려고 하지 않았다. 그래서 그들은 다른 사람들을 사랑한 자들이라는 평판을 얻었다. 그들은 정의로운 삶을 살았고, 다른 사람들에 대해 책임질 줄 알았다. 그들은 한 사람을 다른 사람보다 더 편애하는 삶을 살지 않았다. 그런 삶을 살므로써 그들은 예수의 뒤를 따랐다. 예수는 섬기고 용서함으로써 하나님의 백성들에게 하나님께서 항상 바라셨던 삶의 방식을 보여주셨던 것이었다. 예수는 자기 제자들에게 하나님의 명령과 통치 아래 살도록, 그래서 열방의 빛이 되고 하나님의 선교에 참여하도록 격려하셨다.

복음의 핵심에는 은총이라는 개념 속에 구체화된 하나님의 넓으신 마음이 들어 있다. 예수는 이렇게 섬기셨다. 그러므로 그를 따르기로 결심한 사람들은 그와 마찬가지로 이렇게 섬겨야 한다. 하나님은 그의 사랑과 자비를 이 세상에 지속적으로 부어 주신다. 교회는 하나님의 이런 사역에 참여할 수 있는 기회를 부여받았다. 이머징 교회들이 그렇게 하려고 노력할 때, 그들은 소비자 교회의 실천에 직면하게 된다.

주고받기(exchange)의 소비자 문화

근대 말기나 포스트모던 초기 시대에는 사실상 사회의 모든 부분들이 경제적 관심에 물들어 있을 정도로 경제적 영역이 모든 다른 영역을 침범하고 있다. 오늘날 대부분의 서구 문화는 마케팅과 미디어에 물들어 있다. 아마도 미국이 가장 심할 것이다. 광고 산업과 마케팅 산업이 사회의 모든 면에 중대한 영향을 미치고 있다. 판매고를 올리기 위하여 마케터들이 취미와 욕구와 생각들을 창조해낸다. 결국 마케터들이 사람들의 삶에 큰 영향을 주고 있다.[1)]

문화 속에 그렇게 매혹적으로 스며들어 있는 광고와 마케팅은 영성과 하나님을 추구하는 데도 깊은 영향을 주고 있다. 개인들이 영성에 이르는 모습이 꼭 쇼핑하는 사람들 같다. 이것이 오늘날 전형적인 모습이다. 그들은 영적 체험을 소비한다.[2)] 그들은 자기들을 더

---

1) M. Avesson H. Willmott, *Making Sense of Management: A Critical Introduction* (London: Sage, 1996), 105.

2) Alan Aldridge는 소비를 보는 두 가지 방식이 있다고 지적한다. 하나는 소비를 부정적으로 이교나 나르시즘으로 보는 것이며, 또 하나는 소비를 긍정하여 선택과 자율로 특징짓는 것이다(Alan Aldridge, *Religion in the Contemporary World: A Sociological Introduction* [Cambridge, U.K.: Polity Press, 2000], 186-190).

높은 영적 수준으로 인도해 주고, 더 위대한 성장을 가져다 줄 다음 체험을 추구한다. 생산자의 측면에서, 소비자 영성을 거래하는 사람들은 최고조의 경험을 갈망하는 사람들에게 센세이션한 것들을 판다.[3] 우리는 경제적인 것에 물들어 있는 문화 속에 살고 있으며, 그 문화 속에서 개인들은 영적 고객과 영적 상인이 점점 더 높은 절정 체험을 제공하듯이 행동한다. 이런 현실을 전제로 할 때, 이것이 교회에 어떤 영향을 주겠는가?

마케팅 방법을 채택하는 교회들은 그들의 방문객을 단순히 사람으로 취급하는 대신에 고객으로, 숫자(numbers)로, 잠재적 개종자로 취급한다. 이기적인 주고받기의 문화가 소비자 지향적 교회의 삶에 침투해 있다. 그런 교회는 영적 서비스를 제공하는 대신에 '고객들의' 재정적 지원을 요구한다. 마케팅 지향적 교회의 스태프들은 자신들을 고객 서비스를 위한 일꾼으로 생각한다. 그런 교회의 스태프들은 고객들의 여러 욕구들을 예상하고 만족시킴으로써 고객의 만족을 확보하도록 하는 동기를 부여받는다.

교회를 고객 서비스 센터로 보는 스태프 구성원들이 종종 선한 의도를 가지고 자신들을 신앙의 선한 청지기로 여김에도 불구하고, 그들의 사역이 그들의 목표에 도달하지 못한다. 근본 전제는 고객들은 결코 만족하지 않으며, 다른 곳에서 해결하기가 쉽다는 것이다. 만족이라는 것은 알기 어려운 표적이다. 끊임없이 움직이고 끊임없이 새로운 형태를 띤다.

마케팅의 대부분은 욕구 창조에 의한 조작에 가깝다고 할 수 있

---

3) Zygmunt Baumann, *Globalization: The Human Consequences* (Cambridge, U.K.: Polity Press, 1998), 80.

을 것이다.[4] 사람이 하나의 제품을 보거나 경험하기 전에는 그것을 '필요로' 하지 않을 때가 많다. 한 제품을 만들고 제시할 때 욕구가 일어난다. 마케팅은 중립적이 아니다. 마케팅은 인간의 욕망을 만족시키는 그 만큼 인간의 욕망을 부추긴다.

마케팅은 생산자와 소비자의 관계를 잘 안다. 목회자나 교회 스태프들은 규정된 방식으로 교회 방문객을 대해야 한다. 그 사람을 다음 단계의 마케팅 전략으로 이동시키기 위해서다. 요구를 확인하고 충족시키는 과정에서, 주최자들과 프로모터들이 방문객의 요구라고 감지하는 바로 그것이 방문객의 욕망이 되는 경우가 종종 있다. 따라서 교회 자신은 인위적인 요구를 만들어내고, 그 다음엔 그 만들어진 욕구를 충족시키기 위해 교회는 움직여 나간다.

마케팅 교회들은 아마도 말할 것이다. 자기들은 오로지 개인의 욕구를 해결해 주고 있을 뿐이라고. 그러나 모든 마케팅 기관들처럼 교회 역시도 그러한 욕구들에 대해 강한 발언권을 가지고 있다. 그들은 욕구를 충족시켜주는 만큼 욕구를 창조해낸다. 이런 점에서 그들은 중립적인 공급자들이 아니다. 그들은 개인들을 통제하기 위하여 그들의 능력을 사용하고 있는 것이다. 그들의 소비자들은 자기들의 욕구 충족을 위하여 덫에 걸려 있다. 모든 사람들에게는 뭔가가 결핍되어 있고 부족해서 만족을 위해서는 특별 상품이 필요하다고 말하는 문화적 담론을 소비자들은 수용한다.

교회 가는 사람들은 소비자 교회(consumer church)의 상품들을 '욕구 충족'과 연관지어 생각한다. 인간의 삶에는 모호하고 불안한 영역이 있다. 교회는 그러한 간격에 대처할 수 있는 상품들을 개발

---

4) Alvesson/Willmott, *Making Sense of Management*, 95.

하여 제공함으로써 개인의 불안한 삶의 영역에 대응하려고 한다. 소비자 교회들은 예수와의 관계를, 널리 퍼져 있는 불안의 감정을 해결할 수 있는 해답으로 제시한다. 따라서 예수는 욕구를 해결하는 하나의 상품으로 전락하고 만다. 문제는 예수는 개인의 욕구를 만족시키려 하지 않는다는 것이다. 왜냐하면 복음은 일차적으로 우리의 일에 관한 것이 아니라 하나님의 일에 관한 것이기 때문이다. 참된 만족을 위해서는 욕구를 복음에 일치하도록 바꾸고 변형시켜야 한다.

모든 상품들이 언젠가는 더 이상 만족을 줄 수 없게 된다. 이처럼 예수도 하나의 상품으로 제시되었다가 언젠가 더 이상 만족을 주지 못하는 것이 되어버린다면, 사람들은 틀림없이 다른 영성으로 옮겨가게 될 것이다. 그러므로 소비자 교회들은 예수를 마케팅함으로 인해 실제로는 고통을 더 악화시킬 뿐이다. 하나님나라는 경제 논리에 도전한다. 그런데 소비자 교회는 경제 논리에 도전하지 않고, 오히려 경제적 원리를 찬양하고, 그 과정에서 덧없는 표피적 수준의 그리스도인들을 생산해낸다.

하나님나라는 선물로 온다

이머징 교회들은 익명의 소비자(교인)들이 계속해서 자신의 개인의 욕구 충족을 위해 영적 소비자가 되는 것을 반대한다. 오히려 그들은 신속하게 능동적 참여자들이 되기를 원한다. 구도자 교회 모델을 모방한 X세대 교회들은 개인들이 소비하는 것을 허용하며, 익명으로 남는 것을 허용한다. 이머징 교회들은 소비자 방식의 영성, 한 시간 차를 타고 지나가며 구경하는 식의 영성을 단호히 반대한다.

존스턴이 헤드 스페이스 공동체 교회에 보낸 편지에는 반소비자

(anti-consumer)적 강조점이 잘 드러나 있다. "나머지 리더십 팀과 함께 나는, 헤드 스페이스 교회가 오로지 소비되어야 하는 예배가 되어버리는 함정에 빠지지 않도록 노력하고 있다. 교회는 새로운 예술, 새로운 꿈, 새로운 방향, 새로운 사고, 새로운 행동을 함께 발견함으로써 협조적이며 생산적인 공동체가 되어야 한다. 우리는 대화를 열어 놓을 필요가 있으며, 공동 주인 됨을 가능하게 해야 한다."

세실도 같은 주제를 다룬다.

> 기독교가 그토록 소비자 중심적이 된 이유 중의 하나는, 개인을 우선시하고 하나님을 상품화했기 때문이라고 확신한다. 교회는 우리가 만들어낸 이 괴물에 함께 책임을 져야 한다. 우리는 예수를 최종적 소비자 상품으로 만들어버렸다. 예수는 대주일 아침 발생하는 한 시간 하나님 경험이라는 편리한 욕구지향적 포맷(format)으로 포장되고 있다. 우리는 이것을 떨쳐 버리고, 공동체를 우선시하려고 노력하고 있다. 그리고 우리는 문화를 하나님이 다스리는 공간으로 만들기 위하여 일하고 있다. 이렇게 하고 있는 우리의 방법이 사회 봉사이고 사회 행동이다.

소비자 중심적 사회에 대한 이런 비판은 교회 자체가 문화에 의해 얼마나 타락했는가를 제시한다. 하나님나라의 징표로서 교회는 대안 사회를 증명해 보여야 한다. 소비주의는 사람들을 달래고 무력화시켜서 그들로부터 개별성과 창조적 잠재성을 빼앗아간다. 소비주의는 능동적 참여를 방해하여 공동체를 파괴한다.

고삐 풀린 소비주의는 또한 탐욕과 욕심과 낭비를 낳는다. 그러서 사람들은 자기가 소유한 것에 만족하지 못하고 싫증을 내며 가장 최신의 것, 가장 큰 것(가정용 기계인 경우 가장 작은 것)을 얻으려고 애쓴다. 이머징 교회들은 사람들이 욕망과 이기심으로부터 해방되어야 봉사와 관대의 삶의 자유를 누릴 수 있다고 믿는다.

소비자 교회는 자기 이익적 거래를 장려한다. 그래서 복음의 본질적 요소, 선물의 요소를 파괴한다. 그들은 교인들이 만족한 고객이 되어 다음 주에 다시 한 번 교회에 되돌아오기를 원한다. 이것은 교인들 사이의 관계를 왜곡시킨다. 교인들은 자기들이 생산자의 역할을 하느냐 아니면 소비자의 역할을 하느냐에 따라 달라지는 뭔가를 다른 사람들로부터 기대한다. 이머징 교회들은, 우선적으로 신실하면서도 관대할 수 있는 공동체를 만듦으로써 급격한 강조점의 변화를 가져오기를 원한다. 그러한 공동체가 세워졌을 때, 바로 그때에만 그 공동체는 자기 중심적 일들이 아닌 하나님나라의 우선권에 근거하는 요구를 다루는 데 초점을 맞출 수 있을 것이다.

우리는 소비 문화 속에 살고 있으며 우리 역시 소비자라는 것을 받아들여야 한다. 우리는 우리의 문화를 떠나서는 살 수 없다. 그런 이유로 우리의 공동의 삶은 소비 문화의 일정한 면들을 포함하고 있을 것이다. 그러나 경제 논리가 복음과 다를 때는 그것을 받아들여서는 안 된다. 사람들은 무엇을 선택하고 무엇을 거부하는지를 충분히 생각해 보아야 한다. 베이커는 다음과 같이 지혜롭게 말한다. "우리는 소비 문화 속에서 그리스도를 따르는 것이 무엇인지를 많이 성찰해 본다. 그것은 소비 문화에 참여하는 것과 그것에 저항하는 것, 둘 다를 포함한다."

관대한 환대 행위

예수께서 가르치신 환대는 자기 이웃에게 가서 우선 그들의 직접적인 욕구를 해결하고 그 다음에 그들의 심층적이며 장기적인 욕구를 다루는 것을 의미한다. 사람들에게 자기도 알지 못하거나 인정하기를 꺼리는 욕구들이 있을 수 있다는 것을 인정하는 것이 환대이다. 환대는 사람들의 약점을 이용하지 않고, 사람들을 물건처럼 취급하지 않는 신뢰의 관계를 의미한다. 동시에 환대의 실천은 승리주의나 잘못된 자기 확신에 의존하지 않는다. 그러한 것들은 사람들에게 어떤 개인적인 문제나 사회적인 문제를 고착화시키려는 수단과 방편을 갖게 한다. 이것이 인본주의적 자유주의의 잘못이었다. 진정한 환대는 하나님에게 받은 모든 것을 다른 사람들에게 제공하는 것이다. 환대를 제공하는 사람들은 믿음과 겸손과 회개 속에서 하나님께로 나아가는 법, 그리고 하나님의 복을 받는 법을 자신들도 계속적으로 배우고 있음을 깨닫게 된다.

환대의 목회는 약한 자들과 외로운 자들을 배제하는 개인주의적 사회, 내부 지향적 사회 속에서 더 중요한 의미를 가질 수 있는 목회이다. 초대 교회는 자기의 사회적 상황 속에서 환대의 중요성을 이미 깨닫고 있었다. 초대 교회 주변에는 과부 된 자들, 고아 된 자들, 소외된 자들, 추방된 자들이 많이 있었다. 인구의 80%나 되는 수가 한시적 강제 부역자들인 사회 속에서 환대 목회는 노예들에게 인간적 권위를 회복시켜주는 목회였다.

탈 현실적 영성에서 현실적 영성으로

과거에 사회운동에 강하게 헌신했던 사람들은 거의 인본주의적 행동주의로 빠져들었다. 그들은 자기들이 하나님나라를 건설한다고 믿었다. 이것은 그 나라가 하나님의 나라라는 사실은 간과하는 것이다. 그것은 하나님만이 존재케 하실 수 있는 것이다. 예수께서 상기시키신 대로, 하나님의 나라는 예기치 않게 하나의 선물과 놀라움으로 온다. "하나님나라를 건설한다"는 대중화된 말은 신약 성경에는 나타나지 않는 구절이며, 하나님나라의 성격과 역동성에 대한 신약 성경의 이해에도 낯선 말이다.

하나님나라 활동은 그 뿌리와 자양분인 복음에서 벗어나서는 안 된다. 그것은 하나님의 백성을 통한 하나님의 영의 사역을 통해서만 일어난다. 물론 때로는 하나님의 백성과 상관없이 일어나기도 하지만. 이러한 중요한 견해를 깨달은 랜딩 플레이스 교회는 사회운동을 동일하게 의도된 영성과 연결시키려는 노력을 기울이고 있다. 팔머는 다음과 같이 진술한다. "우리가 행한 좋은 일은 도심 영성 교육 센터(Urban Center for Spiritual Formation)를 만든 것이다. 거기서 우리는 영적 훈련을 사회운동과 결합시키려고 노력하고 있다. 우리는 이 둘을 결합시키는 실험을 하고 있다. 우리는 영적 실천들을 계발하고 그것들을 사회운동으로 전환시키려는 욕망을 가지고 있다."

영성에 대한 이머징 교회들의 전형적인 접근 방법은 부흥운동이 가지고 있는 도피주의적 형태의 영성에 저항하는 것이다. 도피주의적 형태의 부흥 운동을 보면 가장 열성적인 그리스도인들의 그룹들이 "주여, 다시 행하소서"라고 전심으로 외치면서 성령의 의미 있는 움직임을 회상하고 있는 것을 알 수 있다. 하지만 부흥은 교회의 선교에서 나오는 것이다.

영국 스완지(Swansea)에 있는 레드 카페와 교회 전략인 익스트림(Extreme)의 지도자들은 "모든 젊은이들이 맨체스터로 가서 도심지역에서 봉사한 운동이었던 소울 서바이버 2000(Soul Survivor 2000)이 부흥 운동과 가장 유사한 운동이었다"(Peter Mannion)라고 생각하고 있었다. 이 사건은 경제적으로 낙후되어 있고 범죄율이 유럽에서 가장 높은 맨체스터 지역으로 6천 명 이상이나 되는 젊은이들을 끌어들였던 사건이었다. 젊은이들이 캠퍼스에서 나와 시내로 들어갔다. 그들은 도심지역의 문제들을 알게 되었다. 그리고 그들은 그 공동체를 위해 일주일 동안 봉사하였다. 그들은 낙서를 지우고 쓰레기를 줍고 노인들의 집 뜰에서 일하였다. 이렇게 범죄율이 높은 지역에서 청년들의 봉사가 끝나갈 무렵 경찰 감독관은 그 주간 동안에 보고된 범죄가 하나도 없었다고 말해 주었다.

그들의 참여는, 이미 그 지역으로 이사하여 그 지역에서 직업을 갖고 있던 몇몇 팀의 젊은 그리스도인들을 위하여 기울이던 오랜 헌신과 연관되어 있었다. 이 운동은 에덴 프로젝트로 알려져 있다. 그리고 현재도 각각 30명으로 이루어진 10개 이상이나 되는 팀들이 참여하고 있다. 그들은 그들의 이웃을 자기들의 집으로 초대하였다. 바로 거기가 환대의 센터가 되었다. 2000년 이후로 범죄가 상당히 줄어들었다. 그 팀들은 존경을 받게 되었고 시의회와 학교와 경찰의 지원을 받게 되었다.

헤드 스페이스 교회의 존스턴은 그의 사역을 다음과 같이 표현하고 있다. "나의 사역은 사람들이 하나님나라의 숨결을 이해하고 그에 따라 사는 것을 보는 것이다. 우리 영성의 DNA는 하나님과의 밀접한 관계가 사회 참여를 통해서만 온다는 것이다. 다르게 표현하자면, 그들은 서로에게 투자하고 있는 것이다. 넓은 사회에 참여하지 않는 친밀한 관계는 얕은 관계이고 자기 만족적인 관계이다. 역으로 친밀한 관계없는 사회 참여는 등골 휘는 일이며 덧없는 것이다. 그러므로 우리는 본질상 행동주의적이며 선교적인 영성을 장려한다. 이것은 우리 공동체 삶의 모든 면으로 침투하고 있다."

트라이브(Tribe) 교회의 미첼(Kenny Mitchell)은 자신의 깊은 사회 봉사를 다음과 같이 표현하고 있다. "우리는 예수에 관하여 아주 많이 말한다. 과부를 돌보지 않으면 우리는 예수를 따르는 것이 아니다. 우리가 의도적으로 우리의 이웃 속에서 무엇이 일어나고 있는지 알지 못한다면, 복음의 기본 요소가 우리의 삶에 녹아 있지 않은 것이다. 우리는 그리스도가 편모와 알코올 중독자들에 관한 모든 것이라고 믿는다. 그러므로 교회로서 우리는 사회적으로 정치적으로 깨달아야 한다. 진정으로 영적이기 위해서는 예수께서 말씀하신 것에 참여해야 한다."

사회 프로그램에서 사회적으로 참여하는 삶의 방식으로

이머징 교회들은 사회 프로그램과 사회 운동으로부터 환대하는 삶의 방향으로 움직여 나간다. 퀘스트(Quest, Seatlle) 교회는 사회적 프로그램을 별로 권장하지 않는다. 프리젠은 다음과 같이 주장한다. "우리는 우리의 신앙 공동체에서 사회적 프로그램을 권장하지 않는다. 거의 모든 사람들이 하나의 경력으로 사회 봉사에 참여하고 있다. 매달 다섯 번째 주일에 우리는 사회적 프로젝트를 시행한다. 해안가의 쓰레기를 줍고, 놀이시설에 페인트를 칠하고, 식사 나누는 곳에서 일한다. 우리 헌물의 대부분이 위기의 순간을 겪고 있는 구성원들에게 가고 있다. 개개인들이 다른 사람을 돕는 하나님 나라 관점을 가지고 헌물을 제공함으로써 우리는 넓은 마음으로 살고 있다."

테일러가 인도하고 있는 생츄어리(Sanctuary) 교회 역시 가난한 자들을 섬기고 있으며 해비타트(Habitat for Humanity)와 함께 사역해 왔다. 하지만 그들은 공식적으로 계획하는 것을 피한다. 그 대신에 그들은 그들의 삶 속에서 주변인들을 돕고 있다. "많은 사람들이 교회에 나오기 전에 문화 속에서 하나님을 섬기고 있었다. 그들은 이미 예수께서 주변인들과 관계를 갖고 있다는 것을 알고 있었다. 그들은 그것을 배울 필요가 없었다. 그들이 관대함을 잊어버리는 것은 바로 그들이 교회에 나갈 때이다"라고 테일러는 빈정대며 말한다. 교회는 사람들을 세상으로부터 끌어내기보다는, 교인들이 이 세상에서 하나님께서 이미 그들에게 위탁하신 사역과 선교에 좀더 효과적으로 참여할 수 있도록 교회는 만들어 주어야 한다. 교인들은 교회가 관리하는 프로그램보다는 그들의 직업 속에서 세상을 섬겨야 한다.

존스턴 역시 사회적 프로그램들을 싫어한다. 그는 다음과 같이 말한다.

> 우리는 사회적 프로그램을 사회 봉사로 보지 않는다. 이 용어는 기독교 안에서 초기 자유주의자들에게 붙였던 우익 선동적 딱지 같은 냄새가 난다. 사회 봉사는 영성이 결여된 것으로 여겨질 수 있다(확실히 영국에서는). 대신에 우리는 '연합된' 영성을 장려하고 가르친다. 연합된 영성이란 전도와 사회 봉사/사회 운동/사회 정의를 종합적으로 보는 영성이다. 하나님을 사랑하고 이웃을 사랑하는 것은 동전의 양면이다. 계몽주의는 샬롬의 복합적인 성격을 손상시키는 것처럼 보이는 쐐기를 여기에 억지로 밀어넣었던 것이다. 나는 전도와 사회 운동의 합성어로 사회 참여(social engagement)라는 용어를 사용한다. 우리는 샬롬/재창조/구원을, 지금 그리고 여기에 있는 사람들의 실존의 모든 수준에 웰빙을 가져오는 것으로 이해한다.

몇몇 공동체들에 있어서 봉사는 일상적인 것이다—그들이 하고 있는 것은 바로 그것이다. 리바이브(Revive) 교회는 인상적인 예를 제공해 주고 있다. 홀(Simon Hall)은 다음과 같이 진술한다.

우리는 도심 공동체 속에 살고 있고 그리스도인들이기 때문에, 리바이브 공동체 교회에 있어서 공동체 목회는 매우 중요하다. 우리가 우리의 지역 공동체를 섬기지 않는다면 우리의 복음은 효과가 없을 것이며 또한 위선적으로 보일 것이다……우리는 지역 공원과 거리를 청소하는 팀을 가지고 있다. 어떤 이들은 감옥을 방문하며, 또 어떤 사람들은 마약 중독자들과 창녀들과 함께 일한다. 우리는 학교에서 성교육을 실시하는 많은 젊은 일꾼들을 가지고 있다. 또한 우리는 지역 공동체를 위하여 1년에 두 번의 큰 파티를 연다. 하나는 여름에 열리는 공원 파티이고 또 하나는 크리스마스에 열리는 야외 캐롤 콘서트이다.

도드리지(Anna Dodridge)의 공동체 역시 그 공동체에 있는 주변인들을 대상으로 사역하고 있다.

사람들은 자신의 관심 영역을 가지고 있다. 우리 중 몇 사람은 국제 앰네스티(Amnesty International)에 관계되어 있다. 우리 교회 공동체에는 국제 학생들과 관계를 가지고 있는 사람들이 몇 있다. 어떤 학생들은 다른 학생들을 위한 봉사를 제공한다. 우리들 중 몇 사람은 노숙자들과 관련하여 일을 하고 있다. 우리는 목사관에 살고 있다. 그래서 우리를 방문하는 노숙자들을 데리고 있다. 우리는 그들을 초대하여 차를 마시며 대화하는 시간을 갖는다. 대화하는 시간 동안 우리는 깨달음을 얻는다. 우리는 대화하면서 사회 봉사야말로 예수가 누구였는가, 그러므로 우리는 어떤 사람이 되어야 하는가의 핵심 요소라는 것을 알게 되었다. 우리 계획들 중 하나는 이른 새벽에 돌아다니는 클럽인들과 그 외의 다른 사람들을 위한 장소와 쉼터와 차를 제공하는 일종의 야간 숙소를 여는 것이다.

트라이브(Tribe, Hollywood) 교회는 양자(foster kid)들을 위한 사역을 하고 있다. 그들은 에이즈에 걸린 부모의 아이들이다. 어떤 교인들은 코소보에 가서 그곳 상황에 대한 영상을 만들었다. 지역 일선에서 그들은 LA 도심지역으로 가져갈 음식을 모은다. "대부분의 봉사가 매우 유기적이다. 계획된 프로그램이라기보다는 개인들이 주도적으로 봉사하는 형식이다"라고 맥스파란(Rebecca Ver Straten McSparran)은 보고한다. 이런 상향식 참여는 기획적이고 하향식 참여와 대조되는 그들의 사역 방식이다. 그 방식은 아이디어를 제공할 것을 요구하고, 자원자들에게 주도권을 유지하도록 하는 방식이다.

이머징 교회들은 여전히 일회성의 봉사에 참여한다. 그러나 그것이 그 교회들의 주 핵심은 아니다. 트라이브 교회는 일회성의 프로젝트를 지원하도록 자원자들에게 요구하는 것은 "여전히 눈길을 끌기 위한 것처럼 보인다"고 생각한다. 미첼은 다음과 같이 말한다. "우리는 정말로 봉사라는 삶의 양식을 더 많이 다루고 싶다. 우리는 우리 공동체 사람들이 어디에서 쇼핑하는지에 관심이 있다. 파괴적인 9.11 사건 이후 우리는 중동에 있는 사람들, 팔레스타인 어린이들, 난민 어린이들에게 돈을 제공하였다. 우리는 어떤 공식적인 프로그램을 만들지 않고 우리 교회의 십일조를 그들에게 주었다. 우리는 단순히 후원하여 그들이 자신의 상황 속에서 적절하게 대처할 수 있도록 하고 싶을 뿐이다."

이렇게 생각하는 이유는 행사 프로그램적 방법이 복음을 상품화하는 결과를 낳을 수 있다는 염려 때문이다. 게다가 그런 프로그램들은, 대다수의 교인들이 교회에 후원했기 때문에 교회가 그들을 대신하여 봉사하는 것으로 생각하여, 자신의 개인적 봉사 책임으로부터 벗어났다고 생각하게 하는 결과를 낳을 수 있다. 이머징 교회들은 그러한 행사적 접근을 유기적 대응 방법으로 바꾸려고 한다. 진정한 사랑은 결코 대가를 바라지 않는다. 무조건적인 사랑은 조건을 내걸지 않으며 차별하지 않는다. 그것은, 숨겨진 동기를 가지고 있으며 실제로 이기적인 '사랑의 행위'를 거부한다. 그것은 기회주의를 거부하며 그럴 듯하게 보이는 행위를 거부한다. 사랑의 행위는 사진 찍기나 대중 홍보로 변질되어서는 안 된다.

이머징 교회의 회원들은 식사를 나누며, 그들의 가정을 개방하고, 소외되어 있는 사람들에게 손을 내밀어 그들의 환대를 실천한다. 그들은 다른 사람들에게 음식과 안식처를 제공한다. 그들은 이것을 영적인 실천으로 생각할 뿐, 사회 봉사로 보지 않는다. 그들은 다른 사람을 섬기는 것을 전인적 삶의 일부분으로 여긴다.

복음을 전달하기

교회의 전도 사역에 관한 많은 반성들이 일어나고 있다. 젊은 지도자들은 왜 좋은 소식(복음)이 나쁜 소식의 이미지를 주고 있는지를 깊이 생각하고 있다. 죄에 초점을 맞추어 메시지를 설명하기 때문에, 그리고 전도하는 사람들이 신뢰성을 보여주지 못하고 오히려 메시지와 일치하지 못하는 삶을 보여준다는 사실 때문이다. 복음(좋은 소식)은 세상을 구원하시는 하나님께 참여할 수 있는 기회를 제시하는 것이다. 이머징 교회들은 봉사를 통하여 복음을 전달하고 있다.

모든 사람들이 함께 참여하도록 하는 봉사의 삶 제시하기

이머징 교회들은 소외 공동체와 함께하는 삶에 참여한다. 스칸드렛(Mark Scandrette, ReIMAGNE!, San Francisco)은 노숙자들을 섬기는 모임을 창설하였다. 하지만 그는 다음과 같이 덧붙인다. "이상적인 것은 봉사하는 삶의 방식이다. 나는 이미 도시 이웃들과 살고 있다. 그것이 하나의 프로그램이 되어서는 안 된다." 내부자의 관점은 외부에서 온 사람들이 제시하는 관점보다 훨씬 더 급진적인 방법을 초래한다.

도드리지(Anna Dodridge)는 다음과 같이 말한다. "이러한 공동체 유형 교회의 훌륭한 점 중의 하나는, 우리는 우리 공동체 안에 비그리스도인들을 참여시킬 수 있다는 점이다. 그들은 우리와 함께 삶을 살아가고, 우리와 함께 먹고, 우리의 봉사를 받을 수 있다. 그것이 나에게는 당연한 의미의 전도이다. 사람들은 공동체에 속해 있어서 실제로 날마다 우리의 일상적인 삶의 방식에 대해 여러 가지로 생각을 하게 될 것이다. 이것은 우리와 우리의 행동과 우리의 태도에 맞은 짐이 될 수 있다. 하지만 그것이 십자가를 지고 예수를 따른다는 것이 아니고 무엇이겠는가?"

도드리지의 설명은 배타적인 말로 하는 전도 방식, 때로는 논쟁적인 전도 방식과 상당히 거리가 있음을 보여준다. 이머징 교회들은 단지 복음을 제시하는 하나의 실마리를 얻는 수단으로서 자선 사업에 참여하는 것을 꺼린다. 그들은 그들의 봉사를 의장된 목적을 위한 하나의 수단으로 생각지 않고 그리스도에 대한 사랑의 표현으로 생각한다. 그들은 자기들이 돕고 있는 사람들과의 교제에 참여한다. 그렇게 하는 동안 항상 신앙의 문제들이 발생한다. 민감하고도 자애로운 방식의 봉사 방법은 질문을 야기하며, 그래서 십자가에 달린 그리스도의 화해의 사역을 증거할 수 있는 기회를 만들어 준다.

복음 메시지(Good News Message)를 전달하기 전에 복음인(Good News People)이 되기

랜딩 플레이스 교회(Columbus, OH)는 복음에 관해 말하기 전에 복음으로 살기를 강조한다. 팔머는 그의 신념을 다음과 같이 설명한다. "먼저 사랑의 공동체가 되는 것을 통해 하나님의 백성이 될 수 있다. 그것에 우리는 헌신하고 있다. 우리가 하는 만큼 사람들은 사랑을 표현하게 될 것이며, 우리가 하는 만큼 사람들을 얻게 될 것이다." 또한 그는 "우리는 분명히 전도의 부정적인 측면을 피하고 있다"고 덧붙인다.

그들은 이런 전도 방식을 개인들에 대한 존경과 민감성을 결여한 채 개인들에 대해 공격적으로 대면하는 전도 방식으로 생각한다. 그리고 그들은 이런 전도를 미리 포장되어 있는 전도 방식으로, 남을 판단하는 전도 방식으로, 우리는 다 가지고 있다(we-have-it-all-together)는 전도 방식으로 생각한다. 세인트 루이스(St. Louis)에 있는 레위의 테이블(Levi's Table)은 이러한 전략적 접근 방법을 아주 싫어한다. 그리스도 안에 표현된 하나님의 사랑의 복음을 효과적으로 나누려고 할 때, 그들이 던지는 근본적 질문은 바로 어떻게 하나님나라의 백성을 만들 것인가 하는 것이다. 이 질문에 대한 답변을 추구하면서, 그들은 "모든 방법론을 버려야 한다"고 생각하였다(Rob Graham).

이머징 교회들은 사람들을 목표(target)로 삼기보다는 그들을 사랑한다. 성공적인 대형 교회 목회자에서 라스베이거스 배우들에 대한 현재의 선교 사역으로 바꾼 보이드(Joe Boyd)의 설명은 민감하면서도 시사하는 바가 있다.

> 당신은 먼저 그들을 사랑해야 한다. 사랑하지 않는 사람들을 섬길 수는 없다. 나는 그들과 정서적으로 관계한다. 나는 그들을 사랑한다. 그리고 단지 여덟 달이 흘렀다. 나는 그들을 사랑하기 때문에 그들을 위해 기도한다. 그것은 나에게 있어서 엄청난 것이다! 그것은 내가 테레사 수녀에게서 발견한 것이다. 나는 그들을 사랑하고 그 다음에 그들을 섬긴다. 그것이 우리 교회의 다섯 가지 목표 중의 하나여서도 아니다. 나는 일생 동안 대부분 그리스도인들을 섬기려 해왔다. 하나님은 전에 나에게 다른 사람들에 대한 열정을 주시지 않았다. 최근의 내 생애를 생각해 보건데, 나 자신의 실패 때문에 내가 그들에게 열정을 갖게 된 것이 아닐까. 어떻게 많은 교회가 1년에 600명에서 30명으로 줄어들 수 있는가? 나는 상상할 수가 없었다. 그 모든 사람들이 떠나도록 난 무엇을 했단 말인가? 나는 나의 첫 사역에서 처절하게 실패한 삶을 걸어 보았기 때문에 연예계의 배우들을 사랑하고 있을지 모른다. 나는 그들의 상처난 삶으로 들어가서, 나의 상처를 바탕으로 그들과 함께 시간을 보내었다. 그것은 신비한 일이었다.

때때로 가장 효과적인 목회는 이해와 감정 이입의 깊이를 더해주는 고통스러운 경험에서 나온다. 그런 고통의 체험이 아니었다면 다른 사람을 이해하고 공감하는 것이 불가능했을 것이다.

삶을 떠난 복음에서 구체적 복음으로

이머징 교회들은 하나님나라를 영적인 왕국이라기보다는 대안 왕국(alternative kingdom)이라고 생각한다. 존스턴(Johnston, London)은 그들이 얼마나 사람들을 하나님나라와 연관시켜 생각하고 있는가를 다음과 같이 설명한다.

> 우리는 하나님나라를 정치적 어젠다(agenda)를 가진 나라라고 생각한다. 간단히 말하자면 정치란 사람들의 일상사와 동일하다. 예수는 설교가이거나 철학자이기 이전에 정치가였다. 복음이란 말은 고대 근동에서는 친숙한 개념이었다. 그것은 새로운 제후가 권력을 잡았을 때 나타나는 '새로운 정책'(new deal)과 같은 것을 의미하였다. 우리에게 예수의 뉴딜은 지금 그리고 여기의 문제에 관련된 것으로 본질상 아주 사회적인 것으로 보인다. 세 아이를 먹여 살려야 하는 편모는 근처 슈퍼마켓을 돌아다니는데, 사이가 멀어진 그녀의 남편은 그녀의 정신 상태보다는 54파운드의 정부 수당 중 50펜스라도 넘게 소비했는지에 관심을 쏟는다. 교회는 그녀의 삶에 영적 치유뿐만 아니라 존엄성과 안전을 제공하기 위하여 어떻게 돕고 있는가? 우리는 정부와 긴밀하게 일하면서, 피상적인 사회 복지 정책으로는 해결할 수 없는 깊은 문제들이 있다는 것을 그들도 현실적으로 인정하고 있음을 알 수 있는 혜택을 누리고 있다. 이것은 여러모로 교회에는 기회의 순간이다. 교회는 그들에게 다가가서 교회가 일하는 신앙에 근거하여 그들을 돌보고 있다는 것을 보여줄 수 있는 기회이다.

런던에서 텍사스의 알링턴으로 시선을 옮겨도 메시지는 똑같다.

세실(Arlington, TX)은 자기의 비전을 다음과 같이 설명한다.

> 하나님께서는 우리가 하나님나라와 같은 문화를 만들어서 그 문화 속에서 가난한 자, 과부, 고아들을 돌보고, 배고픈 자를 먹이며, 어린이들을 안전하게 돌보고, 공동체가 평화롭게 살 수 있게 하기를 원하신다고 생각한다. 이것을 통해서 하나님의 통치가 일어날 것이다. 다른 말로 하자면, 하나님께서 그렇게 자유롭게 일하실 수 있을 것이다. 우리는 얼마나 많은 사람들이 우리의 계획된 이벤트에 참석하느냐로 우리의 성공을 따지는 것이 아니라 얼마나 하나님다운(God-like) 문화가 존재하느냐로 우리의 성공을 따진다고 말했다. 가난한 자들에게 먹을 것이 제공되는가? 범죄율이 떨어지고 있는가? 과부들을 돌보고 있는가? 병원은 자원자들은 충분한가? 공동체는 대중교통을 가지고 있는가? 예술을 후원하고 있는가? 아름다움을 높이 평가하고 있는가? 사람들이 교육받고 있는가?

하나님나라는 특별한 상황에 대한 특별한 대응이다. 세실은 다음과 같이 설명한다. "공동체는 우리의 문화적 여건이 어떤가를 결정하고, 이런 지역들을 변화시키기 위해 노력한다. 예를 들어 우리는 대중교통이 없는 대도시인 알링턴에 대중교통을 도입하기 위해 노력하고 있다. 이 도시에 사는 사람들이 자동차 이외의 다른 것에 돈을 소비하도록 하는 것이 하나님나라다운 일일 것이라고 우리는 생각한다. 이것이 사람들로 하여금 우리 공동체에 역사하시는 하나님의 현존을 느끼도록 하고 싶은 하나의 방법이다."

웨일즈에서 가장 가난한 지역의 하층민의 지도자로 봉사하고 있는 서튼(Dave Sutton)은 다음과 같이 말한다. "이것은 새로운 방법이 아니라 새로운 사고 방식이다." 그는 솔직하게 다음과 같이 고백한다. "우리가 하고 있는 것이 전도의 관점으로 보면 별 효과가 없을지도 모른다. 그것은 곤경에 처해 있는 하나님의 자녀들에 관한 것이다. 나의 일은 그들에게 사랑과 자비를 보여주는 것이다. 희망컨대 언젠가 그들은 신앙여행을 시작할 것이다. 내가 얼마나 오래 그들과 함께 일할지는 별로 중요하지 않다."

메시지를 전하는 것에서 개인적 관심사를 보여주는 것으로

다른 사람에게 복음이 되는 것은 메시지를 전달하는 것 이상이다. 변하는 서구의 상황 속에서 전도는 선포하는 것(proclamation)만큼이나 보여주는 것(demonstration)이다. 잰더(Dieter Zander)의 말로 표현하자면, "전도는 좋은 소식을 전하는 사람들이다. 미국의 그리스도인들이 1년 동안 침묵하며 오로지 선한 일을 한다면 그것이 전도일 것이다. 우리의 행동은 우리의 말에 뒤처져 있다. 다른 사람에게 좋은 소식을 전할 수 있는 방법은 하루에도 천 가지나 있다." 샌프란시스코 만 지역의 사람들과 일하면서 그는 깊고도 지속적인 갈망에 의해 자극받는다.

"오늘 사람들에게 복음을 전할 수 있는 모든 기회를 이용하라. 그렇게 할 수 있는 기회를 내가 얻는다면 그날은 좋은 날이다. 결과는 하나님께 맡기고 모든 곳에 씨를 뿌릴 필요가 있다." 샌프란시스코에서 " '추수 멘털리티' (harvesting mentality)는 의미가 없다. 땅이 죽어 있다. 땅이 회복될 필요가 있다. 아마도 내 자녀나 내 후손들이 거둘지도 모른다. 바로 지금, 우리 상황에서 우리는 다만 흙을 계속 공급할 뿐이다." 그것은 새로운 이교도들이 계속해서 증가하고 있는 후기 기독교 시대 상황에서는 특히 그렇다.

하나님은 보이드(Joe Boyd)를 비기독교인 배우들의 공동체에 심으셨다. 보이드는 테레사 수녀의 사역 모델에 영감을 받아 그것을 다른 상황에 적용시켰다. "나는 테레사 수녀의 관점을 취하여 그것을 배우들에게 적용하고 있다. 나는 누구를 개종하려고 하지 않는다. 나는 일생 동안 사람들을 개종시키려 하였으나 실패했다. 나는 배우들을 사랑한다. 그리고 지금 나는 그들 공동체의 목자이다. 나는 교회에서 나쁜 목자였다. 나는 선동적 설교가 그 이상이었다. 하지만 지금 나는 마약 중독자들의 목회자이며, 헤어지는 게이 부부들의 목회자이다. 이러한 일들이 지금까지 내가 경험했던 일 중에서 가장 보람 있는 일이다. 그리고 과거의 목회보다 지금의 목회에 더 확신을 가지고 있다."

본머스(Bournemouth)의 클럽 문화 속에서 일하고 있는 도드리지는 다음과 같이 말한다. "우리는 정말 급진적 사회주의자 무리들이다. 그만큼 사회운동이 아주 중요하다. 그것이 우리를 한데 묶고 있는 공통점 중의 하나일 것이다. 클럽인들과 함께 하는 많은 사역은 바로 사회 봉사이다. 사람들과 함께 하는 목회 사역처럼 그들을 실제적으로 돕는 데 시간을 보낸다. 내가 추측컨대 그들은 경제적으로 가난하거나 곤궁한 사람들이 아니다. 그러나 정서적으로, 영적으로 곤궁하다. 그래서 그들은 우리를 필요로 하는 것이다."

가난한 사람들이 자기의 세력권 내에 있지 않다면, 가난한 사람들을 한번 찾아볼 필요가 있다. 이렇게 해서 그레이엄(Rob Graham)의 전도에 대한 관점이 변했던 것이다. "가난하여 주변으로 밀려난 사람들은 우리의 정체성에 대해 비판적이다. 당신이 가난한 사람들을 알지 못하고, 또 당신이 가난한 사람들에게 알려지지 않으면 당신의 기독교는 위기를 맞을 것이다. 가난한 사람들을 아는 것, 가난한 사람들에게 알려지는 것, 이것이 필수적이다." 선교는 소외된 모든 사람들에게 관심을 갖는 것이다. 워터스 에지(Water's Edge) 교회는 한 달에 한 번 도심에 있는 가난한 자들을 위한 무료식당에서 일한다. 그들은 음식을 나르거나 주문을 받거나 하지 않는다. 다만 그들은 사람들과 이야기할 뿐이다. 브리스톨의 NGM 교회는 그들이 교회 개척을 시도할 때 공동체 프로젝트가 매우 중요하다고 보고한다. 구성원들은 의도적으로 사회의 소외자들과 일한다. NGM은 가난한 자들에게 열려 있는 교회이며, 사회적 정의가 핵심 가치인 교회이다. 그들은 자기들을 위해 일하지 않고 오히려 사람들 곁에서 함께 일한다. 그들은 사람들에게 삶의 기술들을 전해 주고 예술을 가르쳐 준다.

"당신은 당신 주변에, 필요하면 선교 분야에 참여하여 선교에 기꺼이 도움을 주고자 하는 헌신적인 핵 그룹이 필요하다"고 존스턴은 보고한다. 신시내티의 빈야드 센트럴(Vineyard Central)의 여러 교인들은 좀더 가난한 이웃들에게로 거주지를 옮겨 거기에 집을 샀다. 그들은 동일한 이웃이다. 거기에 교회 재산과 사무실이 있다.

하나님이 가난한 사람들과 함께 계신다면, 그리스도인들도 가난한 사람들을 섬기는 데 최고의 우선권을 두어야 한다. 이머징 교회들에 있어서 환대의 개념은, 가난한 사람들 사이에서 행하는 그들의 사역에 필수적인 개념이다. 그들은 멀리 떨어져서 도움을 제공하지 않는다. 멀리 떨어져 있다는 것은 돕는 사람과 도움 받는 사람들 사이의 간격을 강조하는 것이기 때문이다. 그들은 경계선 밖에서 돕는 것이 아니라 그 안에서, 그 가운데서 일한다. 그들은 하나의 관계를 벗어나서 사역한다. 동정은 단순히 다른 사람을 위한 감정이 아니라 다른 사람과 함께하는 감정을 의미하기 때문이다.

이분법적 복음에서 통합적 복음으로

사회 봉사는 교회의 제도를 이해하는 데 있어서 본질적인 요소이다. 이머징 교회의 교인들은 위대한 사명(Great Commission, 모든 백성으로 제자를 삼는 것)과 위대한 계명(Great Commandment, 네 이웃을 내 몸처럼 사랑하는 것)을 분리하지 않는다. 그들은 어느 명령이 더 우선하는가 하는 토론에 가담하지 않는다. 오히려 그들은 그 둘을 같은 동전의 양면으로 생각한다. 교회는 하나님나라를 말과 행동으로 선포함으로써, 하나님나라의 구별된 삶의 방식으로 살기로 헌신한 제자(예수의)들의 공동체로 이루어져 있다.

리비이브 교회의 홀(Simon Hall)은 다음과 같이 보고한다. "워싱턴(Washington D.C.)에 있는 세이비어 교회(Church of Saviour)를 방문한 친구들은 칠층천에 갔다 온 사람들처럼 그 교회로 되돌아오는 경향이 있다. 그들도 약점이 있다. 그러나 이 사람들에게 공통적인 것은 복음을 통합적으로 이해하고 있으며, 또한 그들은 제자도에 대한 아주 다양한 헌신의 형태들을 공유하고 있다는 것이다."

대안 예배 행사에서 빈곤의 문제, 성(sexuality)의 문제, 인종 차별의 문제, 환경 문제와 같은 문제들이 다뤄진다. 어떤 예배에서는 정의와 환경 문제가 핵심 문제가 되기도 한다. 영국에서는 리빌레이션(Revelation) 교회, NGM 교회, 서블라임(Sublime) 교회가 문화 변혁 운동에 앞장서고 있는데, 그들이 벌이는 문화 변혁 운동에서는 삶의 모든 문제들이 새롭게 강조되고 있다.

리빌레이션 교회는 수화 프로그램, 중독자들을 위한 '극복자(Overcomer)라는 프로그램, 독거인을 위한 방문 프로그램을 가지고 있다. 그들은 무능력자들의 요구에 대응하는 프로그램들을 가지고 있다. 예를 들어 음식 제공하기, 응급 시스템 제공, 노숙자를 위해 식사 제공하기, 어린이 돕기, 양육 교육, 가정에 대한 녹색 환경 검사, 가정폭력 포럼 등이다. 부가적으로 그들은 기본적으로 페어 트레이드(fair trade, 정당한 무역 거래 노동을 위한 운동)를 통하여 가난한 자들을 위한 정의를 옹호한다. 그들은 하나님나라가 선포되고 또한 성취되는 것을 보고자 하는 열정을 가지고 있다. 리빌레이션 교회는 또한 평화 사역들을 가지고 있으며, 전 세계적인 정의 운동을 고취시켜 나가는 기독교 연구 교육 개발(Christian Research, Education, Development, 약칭 CRED)을 가지고 있다. 트라이벌 제너레이션(Tribal Generation, Sheffield, U.K.) 역시 쥬빌리 플러스(Jubilee Plus), 티어 펀드(Tear Fund), 드롭 더 데트(Drop the Debt), 애드버스터(Adbusters), 무기 거래 반대 캠페인(Campaign against Arms Trade), 그리고 기아 대책 웹(hungerweb)을 통하여 정의 문제들을 옹호하고 있다.

트라이벌 제너레이션은 교회 봉사를 강조하지 않고 세상에서의 봉사를 강조한다. "우리는 점점 더 많이 공동체들에 개입하고 있다. 교회는 비판을 많이 받고 있다. 우리가 선을 행한다면 사람들의 마음에 변화가 일어나리라고 나는 믿는다"라고 서블라임 교회의 빌리 케네디(Billy Kennedy)는 말한다. 레드 카페는 정부가 본질적 도움을 제공할 정도로 대대적인 사회봉사 활동을 시행하였다. 매튜(Chris Matthews)는 다음과 같이 말한다.

> 몇몇 사람들은 우리의 동기를 의심하고 있다. 그러나 공동체에 참여하기 위한 프로젝트와 동기를 추진해 주는 엔진이 되는 신앙에 대해 나는 언제나 앞장서려고 노력한다. 하지만 우리의

견해를 다른 사람들에게 강요하지 않는다. 때로는 이런 것이 후원자들과의 문제이기도 하다. 그래서 그 문제에 대해 끊임없이 토론했는데 그것은 문제가 되지 않았다. 우리의 경험으로는, 프로젝트가 개발이 되면 훨씬 더 적극적으로 본격적인 봉사에, 특히 자발적 분야와 교육과 사회 봉사에 참여하였다. 우리는 모든 분야에서 엄청난 신뢰를 얻었다. 그리고 지금은 그들 모두와 파트너십을 가지고 일하고 있다. 우리는 함께 일하는 것이 몇 가지 신화를 쫓아내는 데 도움이 된다는 것을 발견하였다.

이머징 교회들은 사회에 참여하여 동시에 그리스도와의 연합, 복음에의 순종, 삶을 변화시키는 성령 체험을 통해 표현되는 독특한 공헌을 하기도 한다. 서튼의 근본적인 태도는 후기 기독교시대 상황 속에 있는 영국에서 매우 의미있는 태도이다.

"교회는 아무 목소리도 가지고 있지 않다. 나는 가장 상처 받은 사람들과 가족들과 함께 사역하고 있다. 내가 그들과 함께 일할 때 사람들은 교회가 의미있는 곳이라고 생각하기 시작한다. 그런 일이 크게 일어나기 시작한다면 어떨까? 그 다음엔 교회의 메시지인 복음이 그들에게 들리기 시작할 것이다. 그것은 점차 효과를 발휘하고, 활동들이 성취되고, 진행되고 있는 일들을 지원해줄 것이다. 공동체의 요구들이 해결되는 것을 볼 때 그것은 매력적인 일이 될 것이다."

미국이나 영국에서는—자원자들이 지원하고 그들이 봉사하는 공동체들의 선한 일에 참여하는—신앙에 근거한 사회 활동들의 장점과 효과를 점점 많이 깨달아가고 있다. 그들에게는 점점 정부의 지원이 분명하게 늘어나고 있다. 그들은 가장 강한 인상을 주면서도 비용은 가장 절감하고 있기 때문이다.

교회를 위한 십일조에서 교회에 의한 십일조로

이머징 교회들은 그들이 이전부터 관계를 가지고 있는 어려운 사람들에게 십일조를 사용한다. 그들은 익명의 기부를 믿지 않는다. 매클루어(Joel McClure)는 구약 성경의 십일조는 희생제물에 드려지거나 가난한 자들과 과부들에게 제공되거나 잔치를 벌이는 데 사용되었다고 가르친다. 돈을 기부하는 것을 말할 때 십일조라는 말을 사용하는 데 대해 그는 매우 조심스럽다. "성전은 무거운 세금과 강제 노역으로 세워졌다. 그것은 거룩한 균등 세금이었다. 당신이 십일조라는 말을 사용하고자 한다면 구약 성경이 말하는 십일조에 그것을 적용시켜 보라. 스스로 생활비를 벌 수 없는 사람들을 위해, 그리고 파티를 여는 데 돈을 써야 할 것이다. 말라기 3장 10절은 온전한 십일조를 바치지 않는 것에 관한 말씀이다(예를 들면 스스로 생계를 이어갈 수 없는 사람들의 것을 훔치는 것). 우리는 십일조를 강조하는 대신에 관대해질 것을 가르친다. 우리가 필요하다고 생각하는 곳에, 그리고 정말로 곤경에 처해 있는 사람들을 위해, 우리는 십일조를 사용한다."

레위의 테이블(Levi's Table)에는 약 20명의 성인과 10명의 어린이가 있다. 아무도 돈을 벌지 않는다. 그런데 모든 사람이 십일조를 한다. 그 돈의 대부분은 지역 식품 저장소로 간다. 식품 저장소가 그들의 트럭이 부서져서 수리하는 데 1만 1천 달러나 들었다는 슬픈 소식을 가지고 왔을 때 그 공동체는 주저하지 않았다. 그레이엄은 대답했다. "좋습니다. 그리고 그밖에 무엇이 더 필요하죠? 그것을 위해 추가로 2천 달러면 되겠습니까?" 성인이 20명밖에 안 되는 교회도 돈을 급여나 건물을 위해 사용하지 않는다면 의미 있는 일을 할 수 있다.

교회 안에서 봉사하는 것에서 직장에서 그리스도에게 봉사하는 것으로

제임스 차일드-에반스(James Child-Evans, Bliss, Bournemouth, U.K.)는 교회가, 직업을 통해서도 세상을 섬기는 그리스도인들의 네트워크가 되어야 한다는 생각에 찬성한다. 그래서 그는 교회행사를 교회의 기본적인 표현으로 보는 것을 반대한다. 버크(Spencer Burke) 역시 이런 생각에 동의한다. 그리고 그는 주일은 여러 곳에 있는 가난한 자들을 위해 일하는 날이라고 지적한다. 교회에 가난한 사람들이 없는 경우가 있다. 그러므로 그리스도인들은 가난한 사람들에게로 가야 한다.

복스(Vaux) 교회는 예배와 직장 사이의 깨어지지 않는 연결고리를 만들었다. 브레윈은 다음과 같이 진술한다. "우리의 예배는 단순히 우리가 받은 은사, 우리가 우리의 직장에서 사용하고 있는 동일한 은사를 제공하려는 시도이다. 한번은 어떤 사람이 왜 복스 교회는 무료 식당을 운영하지 않느냐고 물어왔다. 그것은 우리에게 있어서 별 의미가 없는 질문이다. 우리에게는 '전염된 자들의 네트워크'(network of the infected)의 일부이면서 도시의 일상생활에서 일어나는 핵심 문제들에 개입하는 상임 시민 봉사대(senior civil servants), 교사, 사회복지사, 도시입안자(urban planner)들이 있다. 무료식당을 여는 것도 가치 있는 일이겠지만 일주일 내내 진행되는 우리 사역이 지니는 가치의 관점에서 볼 때 그것은 그리 중요한 일은 아니다."

조니 서틴(Jonny Sertin, Bartonika, Bournemouth, U.K.)은 다음과 같

이 말한다. "교회관에는 모이는 교회, 흩어지는 교회 두 가지 관점이 있다. 나는 흩어지는 교회라는 관점을 더 좋아한다. 흩어지는 교회는 유일하고도 진정한 성육신적 선택이다. 흩어지는 그리스도인들은 특정 영역으로 들어가서 사회에서 일상적으로 살아가는 사람들을 격려한다. 교회는 그들을 재충전하는 데 봉사한다. 그러나 그들의 관심은 사회에서 일어나고 있는 것에 있다. 그들은 자신의 사업을 경영하며 예술 세계에도 참여한다. 익명의 사람들로서 그들의 비전은 사회를 변화시키는 것이다."

스칸드렛은 교사나 변호사나 다른 모든 사람들이 하나님의 통치 아래 있다고 생각한다. 스칸드렛은 사람들을 그들의 삶으로부터 끌어내려고 하지 않고 오히려 더 깊이 들어가도록 한다. 파깃은 그의 교인들에게, 각자의 삶을 통해, 이 세상에서 하나님이 하시는 일들에 참여하고 있는지 묻는다. "지도자로서 우리의 사명은 하나님나라가 어떻게 사람들 안에서 전개되고 있는지 보여주는 것이다. 하나님은 우리가 인정하지 않는 것을 인정하신다. 하나님의 복음은 하나님이 가까이에 계시다는 것이다. 우리는 하나님나라로 들어가서 하나님나라의 삶을 살아갈 수 있다!"

결론

지금까지 말한 것을 단순히 1920년대의 자유주의적 사회 복음으로의 회귀라고 해석한다면 그것은 심각한 오류이다. 이머징 교회들은 예수에게 헌신한 사람들이며 예수를 알리는데 헌신한 사람들이다. 그들은 그들의 사역 속에서 예수의 이름을 거명하는 것에 실패하여 침묵의 음모죄를 범한 사람들이 아니다. 새로운 개종자를 낚기 위한 미끼로 그들의 사회활동을 사용하는 전략으로서의 전도를 하지 않는다. 그들은 그들이 섬기고 있는 사람들과의 관계에 참여하지만 그들을 대상으로 취급하지 않는다. 이러한 공유된 관계 때문에 대화는 항상 하나님으로 귀결된다. 그들은 아무런 대가를 바라지 않고 넓은 마음으로 봉사한다. 선한 행위는 수용자의 입장에서는 상호관계를 자극한다. 하지만 그런 상호관계가 친절한 행의를 한 사람들에게 향하는 것이 아니라 제자에게, 아마도 신앙 공등체 밖에 있는 어느 누군가에게 향하게 될 것이다. 다른 사람에게 되갚는 것은 자기를 내어주는 것이 아니라 자기에게 봉사하는 것이 될 것이다. 넓은 마음으로 섬기는 것은 결코 계산적이 아니다. 기발한 것이다.

진정으로 하나님나라를 살아가는 것은 신뢰성을 줄 뿐만 아니라 구도자들에게 그리스도를 보여줄 수 있는 기회를 제공해 준다. 어떤 사람들은 그룹의 매개로, 하나님의 은혜를 받았기 때문에 그룹에 속하고 싶어 하고 참여하고 싶어 하며, 그럼으로써 그들은 신앙에 이르게 될 것이다.

이머징 교회 교인들은 비교인들에게 헌신한 사람들이다. 그들은 교회를 모든 사람들에게 구체적으로 환대를 제공하는 장소로 본다. 그리고 그들은 달갑지 않다고 생각되는 사람들을 거부하지 않는다. 그들은 교회 교인들에게 우선적으로 초점을 맞추는 목회보다 주변 사회 공동체에 행하는 목회, 전 세계적인 필요를 충족시키기 위한 목회를 강조한다. 그들은 다른 사람들을 섬기는 것을 강하게 강조할 수 있다. 왜냐하면 그들은 프로그램을 실행하는 데, 교회의 부서와 프로그램을 위한 자원자를 모집하는 데, 급료와 건물 유지를 위한 지원을 늘리는 데 몰두하지 않기 때문이다.

이머징 교회들은 일반적인 전도 모델과도 거리를 두고 있다. 그들은 그 모델을 침투적이고 조작적으로 보기 때문이다. 그들은 전인적 인간에 대한 존경과 관심을 가지고 함께 일하려고 한다. 전도는 치고 달리기(hit-and-run) 활동이 아니라 장기간의 헌신이 필요한 활동이다. 그들은 인간을 향한 하나님의 복음이 인간의 전 생애 속에서 주는 의미가 무엇인지를 숙고하고 있다.

이머징 교회들은 이기적인 거래의 문화적 매력을 극복하고 복음, 곧 하나님의 좋은 소식을 마음껏 제공하고 있다. 그리스도인은 이 복음을 봉사로 경험하고 있다. 복음은 모든 사회의 영역 속에서 예수처럼 살아가려는 구속의 대리인(redemptive agent)과의 관계를 포함한다. 이머징 교회들의 구성원들은 바로 그러한 삶을 통해 복음을 구현하고 있다고 믿는다.

생산자로서 참여하기 08

의자에 앉았다, 일어났다, 앉았다, 매주 똑같은 형식. 그것은 우리에게 맞지 않았다. 일률적이고도 고정된 소프트록 예배의 구성, 일방적인 삼대지(three-point liner) 설교는 예술가들이며 작가들이며 창조적인 우리들에게 있어서는 불편하게 느껴지는 구조일 뿐만 아니라 우리들 주변에서는 사라지고 있는 구조였다. 우리는 실망했다. 우리는 매주 영화, TV, 연극, 예술, 사회사업, 정치에 탁월한 재능을 가진 사람들에게 둘러싸여 앉아 있었다. 우리는 그들을 침묵 속에서 지켜볼 뿐이었다. 왜냐하면 그들은 기타를 연주하지도, 설교하지도 않았기 때문이다. 이런 것들은 예배로 수용될 수 있는 단 두 가지 은사들뿐이었다. 그것은 그저 낭비처럼 보였다. 단체 세계 속에서, 시장경제에서 사용되고 있는, 그리고 교회의 빈약한 소프트록과 별 가치가 없는 웅변으로 인해 비난받고 있는 이 모든 은사들을 우리가 갖는다는 것이 뻔뻔한 일이라고 생각하고 있었다. 예배가 은사에 관한 것이라면, 예배에 우리가 가져오는 것은 우리에게 없어서는 안 되는 것, 우리의 모습 자체로부터 나오는 의미있는 것이어야 한다는 것을 발견하였다.

브레윈(Kester Brewin, Vaux, London)

복음은 세계를 구원하시는 하나님에게 온전히 참여하는 것을 가능하게 한다. 기독교 예배와 관련하여, 온전한 참여란 우리가 가진 모든 것을 하나님께 가져오는 것을 의미한다. 우리는 우리의 세계를, 우리의 상황을, 우리의 물질을 하나님께 제물로 드린다. 다른 말로 하면, 예배란 삶으로부터의 도피나 겉치레가 아니다. 그것은 세속과 거룩함의 분리가 아니다. 세속과 거룩함의 결합이야말로 복음이 성육신적이라는 사실을 확신할 수 있는 오직 한 길이다. 참여적, 토착적 예배에 대해 이머징 교회가 제공하는 통찰력은 모더니티의 견고한 성/속의 분리를 거부한다.

내내 이야기했듯이 이머징 교회들의 최고 우선순위는 하나님나라이다. 하나님나라의 한 가지 중요한 측면은 모두가 주님의 식탁에 함께 앉는다는 것이다. 내부자들뿐만 아니라 소외된 자들도 앉는다. 사회의 모든 구성층이 식탁으로 나온다. 그리고 그들은 그들에게 베푸시는 하나님의 관대하심에 참여한다. 식탁으로 나아오는 사람들은 두 계급으로 나누어지지 않는다. 거기에는 오직 새로운 형태의 사람들로 구성된 하나의 무리만 있을 뿐이다. 이러한 새로운 사회질서 속에서 모든 구별과 분리들은 극복된다. 이 백성들은 자신들이 수고해서 이 자리를 소유했다거나 아니면 운이 좋아서가 아니라, 오직 하나님의 은혜로 앉아 있음을 알고 있다. 주님의 식탁에 앉은 사람들은 모두가 동등하게 하나님나라의 제사장인 우주적 제사장직의 현실을 대표한다. 거기에서는 모든 사람들이 동등하다.

교회는 어떻게 변하였는가?

교회가 얼마나 부패하였고 얼마나 근대(modernity) 문화에 물들었는지 알아보기 위해서는, 초대 교회와 오늘날의 교회를 대조해 보는 것이 도움이 될 것이다. 규범적 교회로 경험해 온 교회들을 고찰하는 것은 아주 쉽다. 그렇지만 실제 그런 교회의 형태는 신약 시대의 그리스도인들에게는 매우 낯선 것일 것이다. 이 말은 변하는 환경에 맞춰 교회의 형태도 변해야 한다는 것이 아니다. 이 이머징 교회 사상가들은 초대 교회가 이상적이라거나 교회 형태의 원형이라고 주장하지 않는다. 개 교회의 문제들에 관한 대응으로 쓰인 신약 성경의 편지들을 살펴볼 때, 초기 교회도 오늘날의 교회들처럼 문제가 많은 교회였음을 알 수 있다. 오히려 이머징 교회는 근대의 영향을 받아 형성된 교회들의 역기능에 관심을 가지고, 오늘날의 상황 속에서 선교적 존재가 되고자 초기 교회로부터 신선한 영감을 얻고자 한다.

신약 성경의 참여적 교회

초기 교회에는 '바울의 규칙'[1](the rule of Paul)이 널리 퍼져 있었다. 이 규칙으로 인해 모든 사람들이 모임에서 자신의 의견을 말할 수 있게 되었다. 사제들이 모임을 주도하는 것이 아니다. 하나님의 뜻은 하나님의 음성에 복종하는 토론에 참여함을 통해 알려지게 되었다. 고린도 교회에 편지를 쓰는 가운데, 바울은 예배에 대한 자신의 입장을 말하고 있다.

"그런즉 형제들아 어찌할꼬 너희가 모일 때에 각각 찬송시도 있으며 가르치는 말씀도 있으며 계시도 있으며 방언도 있으며 통역함도 있나니 모든 것을 덕을 세우기 위하여 하라"(고전 14:26). 평등주의적 존재 방식으로 작동하는 하나님나라를 주목하여 보는 것은 단지 초대 교회에만 해당되는 이론은 아니었다. 그것은 사회 속에서도 관

1) John Howard Yoder, *Body Politics: Five Practices of the Christian Community* (Scottdale, PA: Herald Press, 1992).

찰할 수 있었다. 하지만 그것이 도전을 받지 않은 것은 아니었다. 바울은 이미 그의 서신에서 그러한 도전들을 언급하고 있다. 나중에 이것을 고찰할 것이다.

근대의 소비자 교회

환대를 언급하는 장에서 우리는 자기 이익을 추구하는 거래를 우리 문화의 소비주의의 한 단면으로 논의하였다. 이 장은 소비주의의 영성(관객이나 수동적 수용자의 영성)의 또 다른 측면에 초점을 맞추고자 한다. 후기 모더니즘에서 자본주의는 영성과 결합하였다. 그래서 모든 종교적 표현들은 물질적인 욕망으로 가득 차게 되었다.[2] 영적 소비자들은 하나님께 초점을 두기보다 자기 자신에게로 관심을 돌려 헌신과 신앙적 요구를 최소화하려는 자신들의 삶을 구성하는 데 도움을 줄 수 있는 영적 자원들을 추구하였다.[3] 근대의 소비주의자 영성과 사유화된 영성은 미국 교회에서 잘 드러나고 있다.

예를 들면 구도자 운동(the seeker movement)이 그런 영성이다. 이 운동은 모든 전통적인 실천적인 요소들을 제거하고, 전통적인 영적 훈련을 회피하며, 개인들이 간편한 신앙(a portable faith)을 만들 수 있는 수단들을 제공한다. 그렇게 함으로써 이 운동은 영적 구도자들의 소비주의적인 욕구들을 충족시켜 주고 있다.

소비주의적인 신앙은 특정 종교 제도에 매여 있지 않은 '이동 신앙'(a faith to go)이다. 영적 소비자들은 그들이 이미 가지고 있는 것들을 보충하거나 개선시키기 위해 자유롭게 쇼핑하러 돌아 다닌다.

---

2) Linda Woodhead/Paul Heels, eds., *Religion in Modern Times: An Interpretive Anthology* (Oxford, U.K.:Blackwell, 2000), 345.

3) ibid., 470-471.

웨이드 클락 루프(Wade Clark Roof)는 베이비 붐 시대의 신앙여행에 대해 기록하면서, "소속하는 것(belonging)과 믿는 것(believing)은 다른 것이다. 이것은 휴대용 신앙(a portable faith)에 기인한다"[4]라고 지적한다. 이러한 모바일 신앙(a mobile faith)을 가지고 사람들은 끊임없이 새롭고 혁신적인 영적 경험을 찾아다닌다. 물려받은 종교적 전통에 대한 충성심이 쇠퇴하고 있다는 것은, 사람들이 자기 개인의 지속적인 영적 탐구 과정 속에서 선조들의 신앙을 버리는 데 아무런 양심의 가책을 느끼지 않는다는 것을 의미한다.

기본적으로 교회를 사람들로 이해하지 않고 장소로 이해한다면, 교회는 사람들이 영적 생산물들을 받아 가는 장소가 된다. 이러한 경험의 소비를 중심으로 예배가 형성된다. 마케팅 교회는 방문자들이 대우받기를 원하는 그런 방식으로 교회를 만들어갈 것이다. 이것은 방문자를 소비자로 만드는 것이다. 시간이 지남에 따라 교인들은 교회란 참여자들보다는 그들에게 시행된 프로그램과 행사를 대변한다고 믿게 될 것이다.

소비자들의 주의를 끌기 위해서, 구도자 교회들은 가벼운 록이나 재즈 같은 음악을 제공하고, 비디오와 파워포인트를 사용하고, 회중 가운데 재능이 있는 사람들이 있으면 그들을 통해 드라마도 만들며, 옷도 형식에 구애받지 않게 입는다. 그들의 메시지는 성경의 가르침을 가족, 성격, 재정 문제와 같은 삶의 여건에 적용시킨 메시지이다. 구도자 교회들은 사람들의 절실한 욕구[5]들에 초점을 맞추어 그것을

---

4) Wade Clark Roff, *A Generation of Seekers: The Spiritual Journeys of the Baby Boom Generation* (San Francisco: HarperCollins, 1994), 200.

5) Kimon Sargeant, *Seeker Churches: Promoting Traditional Religion in a Nontraditional Way* (New Brunswick: Rutgers University Press, 2000), 72, 114.

해결할 수 있는 수많은 선택의 요소들을 제공하는 것을 통해서 '적절한 적용'(relevant application)을 약속하면서 사람들을 매혹한다.

본질적으로 이런 요소에 잘못된 것은 없다. 왜냐하면 예배는 예배자들의 문화를 벗어나서는 안 되기 때문이다. 실제로 이머징 교회도 똑같이 창조적이다. 하지만 이머징 교회에 있어서는 회중은 예배의 수용자가 아니라 예배에 기여하는 자들이다.

이머징 교회의 예배

우리가 기성 교회의 모델들을 모더니티의 산물로 본다면 우리는 그 모델들을 비교적 쉽게 비판할 수 있을 것이다. 훨씬 더 어려운 과제는 좀더 상황에 맞는 대안을 찾아 기존의 모델의 방향을 바꾸거나 수정하는 것이다.

교회는 사람들이 그들의 여행과 삶을 나누는 데 있어서 자유로운 곳이어야 한다. 그러기 위해서는 집회가 프런트(front)로부터 통제되고 있는 느낌을 주지 말아야 한다. 오히려 집처럼 편안하게 느낄 수 있는 분위기 속에서 함께 나눌 수 있는 각 사람들에게 자리가 제공되어야 한다. 예를 들어, 시애틀에 있는 사도들의 교회(church of Apostles)는 거실이라 불리는 카페를 만들고 그것을 대중에게 개방하였다. 이 카페는 지금 그들 공동체의 중심이 되었다. 이머징 교회는 참여의 자유가 자유롭게 흘러넘칠 수 있는 환경을 만들어 가는 데 노력하고 있다.

공동체를 소비자에서 생산자로 바꾸기

이머징 교회는 소비자 교회 형태에서 생산자 교회 형태로 바꾸기로 결단하였다. 오하이오 주 컬럼버스에 있는 랜딩 플레이스(Landing Place)의 마크 팔머(Mark Palmer)는 다음과 같이 말한다. "일은 내가 하고, 그들은 그것을 소비하려는 기대가 여전히 있다. 하지만 우리는 이러한 기대에서 벗어나고 있다. 우리 그룹에서 나는 어떤 일의 촉매가 되는 촉매적 리더(facilitative leader) 역할을 담당한다. 그리고 말은 별로 하지 않는다. 그룹이 생겨날 때는 내가 말을 많이 하지만, 그 그룹이 움직여 나갈 때는 말을 점점 줄여간다." 토드 헌터(Todd Hunter)는 "우리의 예배 속에서 우리는 방문자들에게 소비할 뭔가를 제공하는 것을 원하지 않았다"라고 말한다. 사람들이 예배의 유익을 얻는 유일한 방법은 참여를 통해서이지 관찰을 통해서가 아니었다.

이것은 새로운 교회의 구성원들에게조차 통하기 어려운 개념이다. 다른 교회에서 옮겨오는 사람들은 자기 나름의 전통적인 기대들을 품고 오는 경향이 있다. 심지어 이전에 교회에 다니지 않았던 사람들도 소비자적인 경향을 가지고 있다. 왜냐하면 그들이 바깥에서 보아왔거나, 지역 교회들이 방송하는 텔레비전 프로그램에서 보았던 교회의 모델들이 그러한 것이기 때문이다.

매우 어려운 일이긴 하지만, 마크 팔머는 그들의 집회에 완전한 참여를 유지하도록 노력하고 있다. 그는 다음과 같은 도전을 제기하고 있다. "우리가 바울 서신 뒤에 있는 이상(ideal)에 따라 모이는 한에서만 우리는 바울의 고린도서에 충실한 것이다. 바울은 모든 사람들 각자가 하나의 은사를 가지고 있다고 분명히 선언한다(고전 12:7, 11; 롬 12:5~8; 엡 4:7; 벧전 4:10). 만약 사람들이 자신의 은사를 사용하려고 노력하지 않는다면, 그 공동체는 건강하지 못한 공동체이다. 우리는 우리의 은사를 사용할 수 있는 공간을 만들기 위해 노력하고 있다. 이곳에 필요한 은사를 달라고 성령님께 기도하고 있다."

온전한 참여는, 사람들이 단순히 예배나 행사의 수용자로만 여겨지는 소비자 교회에 대한 대안이다. 런던 은혜 교회의 조니 베이커(Jonny Baker)는 다음과 같이 말한다. "내 생각에는 참여가 열쇠다. 소비의 문화 속에서 예배 또한 어떤 소비되는 것으로 여겨지는 것은 쉬운 일이다. 그래서 우리는 의식적으로 사람들이 예배에 소비적이 아니라 창조적으로 참여하기를 원한다. 그리고 개입하고 참여하는 것이 무엇인가를 배우는 더 나은 방법이라는 것을 우리는 느낀다. 또한 이것은 공동체의 은사들이 더 많이 사용될 수 있게 해줄 것이다. 그리고 훨씬 더 많은 놀라움의 기회를 줄 것이기 때문에, 무엇보다도 재미가 있다."

멀리 떨어져서는 진정한 예배를 드릴 수 없다. 어떤 영감을 받은 예배 팀과 설교자가 회중을 하나님의 현존으로 인도할 수는 있을 것이다. 그러나 조니 베이커가 경고하듯이 예배는 대행할 수 없는 것이다. 그리스도인들은 예배를 인도하는 사람들의 은사를 통해서 예배 체험에 몰입할 필요가 있다. 그러나 모든 사람은 그 예배 경험을 확장시키고 풍요롭게 할 수 있는 은사를 가지고 있다. 게다가 예배는 공동체가 모였을 때만 생겨나는 이벤트로 제한되지 않는다. 예배는 일주일 내내 소그룹과 가족과 일터와 이웃 간의 관계 속에서 지속되는 것이다. 그리스도인은 일주일 중 하루만의 예배자가 아니라 일주일 중 7일 동안의 예배자이다.

이렇게 바꾸는 데는 물론 도전이 있다. 바로 사람들로 하여금 예배드리는 사람들에게 거의 아무것도 요구하지 않는 이전의 물려받은 예배 경험으로부터, 각자 자신의 문화와 경험을 자신들의 예배와 연결시키는 예배 경험으로 어떻게 이동하게 할 것이냐 하는 것이다.

이것은 정말 풀기 어려운 문제이다. 왜냐하면 이렇게 한다는 것은 곧 자신의 전 삶을 그들의 신앙적 헌신에 통합시킬 것을 요구하기 때문이다. 다른 말로 하자면, 그리스도인들은 세속과 거룩함을 분리시키는 벽을 허물어야 하는 것이다.

소비자에서 생산자에로의 전환을 통해서 예배자들은 주인의식을 느끼고, 능동적으로 참여하는 과정 속에서 예배 경험에 의해 더 많은 영향을 받게 된다. 사람들은 청중으로 있을 때보다 드라마의 한 부분이 될 때 결속력을 더 가지게 된다. 관찰자로 있을 때 감정적인 충격을 받을 수는 있지만 그러나 그 느낌은 더 강한 자극이 주어질 때 지나가 버리고 마는 것이다. 이러한 대안적 모델은 가르쳐져야만 한다. 이것이 바로 신약 성경으로부터 직접적으로 도출된 교회에 대한 이해이다.

예배에 대해 개인적으로 책임지기

브레윈은 자기가 원하는 것을 다음과 같이 솔직히 표현한다. "우리는 새로운 세기의 도전에 교회가 대응하기를 기대하며 희망한다. 하지만 세인트 폴 성당(St. Paul Cathedral)이 멀티미디어로 가는 날을 갈망하는 것은 아니다. 오히려 우리는 사람들이 자신의 모습 그대로 온전하게 하나님께 예배를 드리고, 자신의 노력을 투자하고 은사를 발휘하는 예배를 하나님께 드리며, 그들의 창조자와의 교제에 개인적 노력을 기울이고 있음을 보여주는 예배를 하나님께 드리는 일에 책임을 지기 시작하는 때가 오기를 희망한다."[6]

---

6) Kester Brewin, "What Makes It Alt," http://www.vaux.net/greyspace/PolWMIA.htm(2005년 6월 3일 접속). 좀더 상세한 정보를 위해서는 Kester Brewin, *The Complex Christ* (London:SPCK, 2004) 참조.

예배가 진정한 예배가 되기 위해서는 예배를 외부로부터 가져올 것이 아니라 예배가 토착적(내부적)이어야 한다. 낯설거나 강제적인 방식에서가 아니라 자연스러운 방식으로 자신을 표현할 수 있어야만 한다. 마치 DJ들이 새로운 어떤 것을 창조하기 위하여 고도의 창조성을 발휘하여 음악을 섞고 연결시키듯이, 이런 교회들은 고대 전통을 깊이 연구하고 그것을 새롭게 구성해낸다. 그렇게 함으로써 고대 전통들을 쉽게 접할 수 있을 뿐만 아니라 매력적이고 현대적인 것으로 만들 수 있다.

"문화에 뿌리내린다는 것은 설교하면서 하우스 뮤직 [전자 악기를 써서 리듬을 중시하는 강한 비트와 빠른 템포의 디스코 음악]을 연주하거나, 멀티미디어를 사용하는 것을 의미하는 것이 아니다. 자신들의 시간의 95%를 험난한 세상에서 보내는 사람들을 모아서 그들이 일상에서 사용하는 도구들을 사용하여 그들의 예배를 만들어 가는 것을 의미한다."[7]

브레윈은 참여적 예배를 어떻게 시작할 것인가에 대해 다음과 같이 조언한다. "만약 당신이 대안 예배를 시작하고 싶다면, 그것은 간단하다. 당신 자신이 하나님 앞에 서 있어야 한다. 그리고 다른 사람들도 그렇게 하도록 격려하라. 당신이 잘 할 수 있는 방식들을 사용하여 당신 자신을 표현하기 시작하라. 당신은 그래픽 디자인을 잘 할 수 있을지도 모른다. 불가리아 코 피리(nose flute)에 정통할 수도 있다. 무엇을 사용하는지는 별 의미가 없다. 중요한 것은, 하나님에 의해 그의 제사가 받아들여진 가인의 형제 아벨처럼, 당신이 신뢰할 수 있고 중요하다고 생각하는 것을 하나님께 드리는 것이다."[8]

7) Brewin, "What Makes It Alt."
8) Ibid.

원래 대안 예배가 나오게 된 배경은 오늘날의 문화에 있는 자료들만 사용하여 신앙을 표현하기 때문이었다. 이러한 활동을 수년간 지속해 온 스티브 콜린스(Steve Collins)는 한 발 물러서서 자신의 활동을 되돌아보았다.[9] 그는 대안 예배가 성공했다고 생각한다. 하지만 그것은 단순한 예배 스타일 이상이었다. 그것은 예배를 창조하는 새로운 방법이었다. 그 방법이란 무엇인가? 단순하게 표현하자면, 그것은 "사람들이 자기 자신의 존재와 문화를 충분히 반영하는 형식으로 그들 스스로 예배를 만들어 가도록 하는 것이다."

콜린스는 다음과 같이 말한다. "이러한 방법의 근본적인 결과는 제3자의 교회가 아닌 교회를 만든 사람들의 교회가 되게 해준다는 점이다. 선교에 대한 대안 예배의 접근은 다음과 같은 것이다. 우리의 교회가 우리에게 아무런 의미가 없다면, 그것이 어떻게 다른 사람들에게 의미가 있을 수 있겠는가? 교회가 하나님에게 우리를 나타내지 못한다면 방문객들은 더 말할 것도 없지 않겠는가? 대안적 예배는 우리가 아닌 다른 사람들이 되려 하기보다는 우리 자신의 사람들로 선교를 시작하는 겸손을 요구한다."[10] 대안 예배자들은 자기들을 위하여 예배를 드리는 것이지 다른 사람들에게 마케팅하려고 예배를 드리지 않는다.

이머징 교회들은 예배자들을 위한 컨텍스트인 환경을 만든다. 하지만 대본이 있는 것은 아니다. 콜린스가 계속해서 말한다. "교회에 대한 이런 실제적인 접근 방법은 매우 어려운 작업이다. 이런 모든

---

9) Steve Collins, "Bring Back the Pews (Not)," http://www.smallritual.org/section7/sfcolumnsept01.html (2005년 6월 3일 접속).

10) Steve Collins, "A Method Called Alternative Worship," http://www.smallritual.org/section6/awmethod.html (2005년 6월 3일 접속).

노력들의 보상은 이제 교회가 당신 삶의 자연스러운 부분이 되었다는 점이다. 그것은 당신 자신의 예배이다. 당신과 당신의 친구들이, 예배를, 하나님과 서로 다른 사람들에게 하나의 선물로 만들었다. 그것은 당신이 하나님께 말하고 싶었던 것이다. 그것은 당신이 들어야만 하는 것으로 생각되는 것들이 아니다. 교회는 하나님과 그리고 서로서로가 함께하는 그리스도인들의 삶을 이 세상에서 직접적으로 표현하는 것이다."[11]

유연성을 구체화하기

가장 참여도가 높은 모임이 되기 위해서는 대개 30명 이하의 작은 그룹이어야 한다. 이러한 모임들은 거기 참가한 사람들의 은사에 의존하게 된다. 모임은 거기에 참가한 사람들이다. 아펙스의 조 보이드(Joe Boyd)는 그들의 가정 집회가 어떻게 유연한지를 설명한다. 가정 그룹은 18개월 동안 단지 어린이를 돌보겠다고 결정할 수도 있을 것이다. 아니면 여성들은 스터디를 할 수도 있을 것이다. 모든 장년층을 위한 심화 성경 공부를 하기를 원한다면 다른 사람들에게 어린이를 돌보도록 하는 것이 필요할 것이다. 그렇게 해서 그들은 대부분 한번에 같은 성(gender)끼리 그런 일들을 한다. "단지 당신이 성경을 열고 머리를 숙인다고 해서, 당신이 교회를 가지고 있다는 것을 의미하지 않는다"라고 보이드는 말한다.

보이드는, 인생 시기 때문에 단순히 아이를 돌보면서 힘든 영적인 활동은 하지 않는 사람들을 닦달하고 싶어하지 않는다. 모임의 형태는 거기에 모이는 사람들, 그들이 가져오는 필요들, 그리고 그

11) Ibid.

러한 필요들을 해결하기 위하여 다양한 구성원들에 의해 취해지는 발안들에 따라 달라진다.

실제로 교회가 몸이라면, 거기에 참여하는 각각의 추가적인 구성원들이 전체적으로 그 몸에 영향을 끼쳐야 한다. 미니애폴리스에 있는 솔로몬의 포치(Solomon's Porch) 교회는 새신자들이 교회 안에서 변화를 일으키는 데 기여하기를 바란다. 그들은 역동성을 계속 유지하고 싶어한다. 누구든지 와서 전체적인 코드를 변화시킬 수 있다. 이것이 바로 유연성의 모습이다. 그것은 또한 취약점이기도 하다.

카렌 워드(Karen Ward)는 다음과 같이 말한다. "우리는 윈도우즈가 아니라 리눅스를 원한다. 리눅스에서는 모두가 다 코더(coder), 즉, 코드를 쓰는 컴퓨터 프로그래머이다. 코드는 시스템이 어떻게 작동하는지를 결정한다. 리눅스에는 누구나 시스템을 코드화하거나 시스템 설정을 바꿀 수 있기 때문에 시스템 작동 방식을 결정할 수 있는 엄청난 자유가 있다. 그러나 윈도우즈에서는 고정된 구조만이 있을 뿐이다. 즉, 대부분의 구조들은 이미 누군가에 의해 결정되었고 사람들은 단순히 그 구조 안에서 일할 뿐이다. 새로운 사람이 오게 되면 코드는 변하게 된다. 각각의 사람들은 그들이 들어오는 첫 순간부터 일의 진행을 만들어가는 데 참여하게 되는 것이다."

카렌 워드는 사람들을 초대하여 간증하게 한다. 각각의 사람들은 바로 리더의 역할을 수행할 수 있다. 코드는 항상 변하고 있다. 그러나 소스 코드(source code)인 언어 그 자체는 독점적이다. 그것은 하나님에 의해 주어진 것이다.

차일드-에반스(James Child-Evans)는 그룹들이 자기가 아닌 다른 어떤 것이 되기 위해 애써서는 안 된다고 경고한다. 그들은 하나님께서 이 특별한 그룹들에 특별하게 주신 것이 무엇인지를 물음으로써 시작해야 한다. "그룹들은 오직 그들의 구성원들에 의해 결정되는 것이다. 우리는 다른 사람들이 하는 것들을 모방할 수 없다. 우리는 먼저 우리의 그룹의 자원들을 확인할 필요가 있다. 우리는 누구이며, 우리가 하나님께 무엇을 드릴 수 있는가?" 그들의 사역은 그들의 은사와 소명에서 생겨나는 것이다.

모든 사람들에게 그들의 이야기를 나눌 기회를 제공하기

이머징 교회는 모든 사람들이 자신들의 이야기를 나눌 수 있는 자리를 마련한다. 그레이엄(Rob Graham, Levi's Table)은 교회들이 만인 제사장직에 대하여 실천은 하지 않고 말만 하는 것을 염려한다. 이것을 극복하기 위해 주일 아침에 모든 참여자들은 종이 한 장씩을 준비한다. 구성원들은 아침을 함께 먹으면서 거기 있는 모든 사람이 이야기하는 것을 듣는다. 예를 들어, 어느 주일날 어떤 사람이 기도를 작성한다. 그리고 그는 그 주에 교인들을 격려하여 영성 훈련을 시도하게 한다. 그리고 다음 주에 그것에 대해 나누게 한다.

영국의 데이브 서튼(Dave Sutton)의 공동체에서는 구성원들이 그들의 이야기를 나누기 위해 작은 그룹으로 만난다. "우리는 우리의 신앙을 실제적인 삶의 문제들과 연관시킨다. 우리는 삶의 상황에서부터 시작하여, 일상생활 속에서 일어나는 핵심 문제들을 풀기 위해 성경을 살펴본다. 우리는 이야기들을 나누고, 각자에게 그들의 이야기를 숙고해 볼 수 있는 기회를 제공한다. 예를 들어, 폭풍을 잠잠케 하신 예수님의 이야기를 상고하면서 우리는 어떤 종류의 폭풍을 가지고 있는가를 질문한다."

시애틀 퀘스트(Quest) 교회의 교인들은 매월 두 번씩 집에서 모인다. 모임 중 한 번은 서로서로 자신들의 삶의 여정에 대하여 나눈다.

그들의 간증 저녁은 "서로 바라보기. 서로 안에 있는 예수님 바라보기"라 불린다. 그 시간은 서로서로가 연결되는 시간이며 다른 사람의 삶을 잠깐이라도 들여다 볼 수 있는 시간이다. 서로 간증한 후에 침묵의 시간을 갖는다. 그리고 그 후에 그들은 예배로 응답한다. 드와이트 프리슨(Dwight Friesen)은 "누구나 자신의 이야기를 나눌 수 있고, 대부분의 시간을 사람들이 그렇게 한다"라고 말한다.

영국 뉴포트의 뉴 듀프린(New Duffryn) 공동체 교회는 전통적인 교회 구조를 가지고 있는데도 온전한 참여를 추구한다. 데이브 서튼은 다음과 같이 설명한다. "우리는 성공회 구조라는 한계 속에서 모든 일에 대해 논의를 하고, 그 한계 안에서 모든 사람들을 참여시키려고 한다. 우리는 우리가 하는 모든 일에 사람들을 참여시키고자 애쓴다. 누구나 다 목소리를 낼 수 있다. 우리는 분명히 자신을 분명히 표현하지 않아도 모든 사람들의 의견을 다 귀하게 생각한다. 우리는 사람들로 하여금 말하도록 한다. 그리고 우리는 항상 놀란다."

미국 캘리포니아 산타 모니카의 생츄어리(Sanctuary) 교회는 한동안 모임을 누구에게나 개방하였다. 댄스 클럽에서 모이는 주일 밤 모임은 댄스 클럽이 아니라 영적 클럽이 되었다. 그것은 완전히 다른 상황 속에서 하나님에 대해 토론해 보려는 시도였고, 교회라는 편안한 지역 밖에서 시도해 본 종교와 영성의 탐험이었다. 따라서 리더들은 결과에 대해 통제하지 않았다. 개방된 모임 이외에도 기도의 방과 대화의 방과 예술의 방이 있었다. 모든 이벤트들에 누구나 쉽게 참여할 수 있었다. 그것은 회중에게 예배드리는 다양한 방식들을 제공해 주었기 때문이다.

이러한 참여적인 예배를 가라오케에 비유할 수 있을 것이다. '사도들의 교회' 의 카렌 워드(Karen Ward)는 말한다. "가라오케는 우리가 수용한 대안적 예배의 모델이다. 한 여성은 공포에 싸여 쥐와 같은 끔찍한 소리를 냈다. 모든 사람들이 그녀를 격려하였다. '너는 할 수 있어.' 모두 사람들이 소리쳤다. 이것이 바로 복음적 가치이다. 그들은 자신의 마음을 하나님께 노래하는 것이다. 그들은 자신의 최선을 다한다. 이것은 예배 팀에 오디션을 보는 것보다 나은 것이다. 오디션을 보느니 차라리 좋지 않은 목소리를 가진 여성을 택하겠다. 우리에게는 튜닝이 되지 않은 아코디언을 연주하는 한 여성이 있다. 그녀 또한 끔찍하지만, 그러나 우리는 그녀의 연주를 듣는 것을 사랑한다."

각각의 구성원들의 개별적인 이야기들과 신앙 공동체의 집단 이야기들은 하나님의 이야기의 맥락 속에서 마치 성경책을 펼쳐 놓은 것처럼 보인다. 변화하는 삶의 여건들 속에 있는 사람들을 다루시는 하나님에 대한 성찰을 전개할 때, 신학은 역동적인 성찰이 된다.

온전한 참여를 격려하기

이머징 교회는 예배 인도를 사제들의 역할이 아니라 거기에 참석한 모든 사람들에게 맡겨진 역할이라고 본다. 모든 개개인들이 예배를 관리하고 자신의 주 은사들을 투입할 수 있다. "우리들의 예배 스타일은 영국의 대안 예배와 유사하며, 록밴드식으로 정향된 미국식 예배와는 다르다. 왜냐하면 대부분의 경우 우리는 앞에 나서는 리더도 없고, 무대도 없으며, 주재하는 사제도 없고, 유명 목사도 없기 때문이다"라고 카렌 워드는 설명한다. 워드에 의하면 "X세대 교회는 그 이전의 교회와 별반 다를 것이 없다. 간단히 말하자면, 밴드가 목사를 대체한 것뿐이다. 그것은 여전히 인물 중심적이다. 대조적으로 사도들의 교회(Church of the Apostles, Karen Ward의 교회)는 다세대적이며 높은 참여도를 나타낸다. 어느 주일에 우리는 핑거 페인팅을 했다. 우리는 천 제단(cloth altar)을 만들었고, 모두 다 자신들의 페인트 칠한 손을 그 천 위에 찍었다. 이것은 몬테소리[12] 교회 같은 '신적 놀이'이다."

워드는 회의의 총무가 아니라 박물관의 큐레이터로서 예배를 인도한다. 그것은 대안 예배에서 힌트를 얻은 것이다. 그녀는 예배를 준비하지만 주의가 그녀에게 집중되지 않도록 한다. 이머징 교회에서는 어느 누구도 예배를 주재할 필요가 없다. 사실, 기술이 예배 경험을 주도할 때가 있기는 하다.

상호 활동과 대화를 격려하기

근대(modern) 교회에서는 담임목사가 가르친다. 그러나 어떤 이머징 교회 리더들은 목사가 주(primary - 대부분의 경우에는 독점적인) 설교가 겸 교사라는 전통적 개념에 도전한다. 그 교회들의 리더는 더 이상 앞에 나서서 말하는 사람이 아니다. 레위의 테이블(Levi s Table)의 그레이엄(Rob Graham)은 다음과 같이 말한다. "나는 내가 일어나서 다른 모든 사람들에게 정보를 다운로드해 주어야 한다는 생각을 포기해야만 했다. 그렇다. 나는 영적 권위를 갖고 있다. 그러나 나는 그것을 다르게 표현한다."

전형적으로, 파깃(Doug Pagitt)의 설교는 연속적인 주석이다. 토론이 함께 진행된다. 다뤄져야 할 주제들은 설교자 혼자 결정하지 않으며 전체 그룹의 참여와 함께 진행된다. 주중 성경 공부 시간에 구

12) 몬테소리는 학생들에게 자발적이 되도록 하는 교육 방법론이다. 교사는 정보의 근원 역할을 하는 것이 아니라, 하나의 상황을 만들고 창조적 활동을 위한 도구를 설정한다.

성원들은 주일날 어떤 성경 구절을 토론할 것인지 결정한다. 그들은 공동체가 들어야 할 것이 무엇인지를 토론한다. 이 주일날의 대화를 파깃은 준비한다. 핵심적으로는, 목사가 공동체를 이끌어 갈 수 있도록, 공동체가 목사를 인도한다.[13)]

몇몇은 예배 시간에서 가르치는 시간을 생략한다. "나의 블로그는 나의 설교단이다. 나는 교회에서는 거의 설교를 하지 않으려고 한다. 블로그에서 신학적 이슈들이 논의된다"(Rachelle Mee-Chapman, Thursday PM, 시애틀). 이것은 신자들이 매일의 삶에서 직면하는 도전들과 복잡한 문제들 한가운데서 어떻게 그리스도에게 헌신된 삶을 살아낼 수 있을까에 대한 지속적인 대화의 장을 제공한다. 전자 미디어들이 교회 환경에서 벗어난 대화의 형태를 취하기도 한다. 그것은 사람들이 솔직해지는 기회를 제공하며, 모든 사람들이 참여할 수 있는 기회를 제공해 준다. 그것은 또한 직접성의 느낌을 증진시킨다.

공동체에 의한 기획에 참여하기

예배 기획팀이 꼭 리더십 팀일 필요는 없다. 피츠버그의 성공회 교회인 스리 네일즈(Three Nails)의 특이한 점은, 매달 예배 모임을 디자인하는 데 성직자가 참여하지 않는다는 점이다. 예배 기획 팀에 주어진 유일한 제한은 성만찬이 공동기도서(the Book of Common Prayer)에서 나와야 한다는 것뿐이다.

이머징 교회에서는 누구나 다 예배 기획을 돕는 데 초대된다. 런

13) Doug Pagitt, *Reimagining Spiritual Formation: A Week in the Life of an Experimental Church* (Grand Rapids: Zondervan, 2004), 85-99.

던 은혜 교회의 조니 베이커(Jonny Baker)는 "우리의 기획 모임에 누구든지 올 수 있다"라고 말한다. 영국 맨체스터의 상투스 교회도 마찬가지다. 벤 에드슨(Ben Edson)은 "기획하는 그룹은 상투스의 미래에 관한 결정을 내리고 프로그램을 만들어간다. 그리고 이것은 누구에게나 열려 있다"라고 말한다. 워터스 에지(Water's Edge)에서는 리더들이 모임을 계획하지 않는다. "다른 그룹들이 모임들을 계획한다. 리더들은 유동적이다. 서로 다른 이벤트를 인도하는 사람은 서로 다른 리더들이다"라고 매클루어(Joel McClure)는 말한다.

스티브 콜린스(Steve Collins)에 의하면 "대안 예배는 프레젠테이션 형태가 아니라 능력 구조이다. 팀으로 일하는 그룹들은 거기에 안수받은 사람이 있든지 없든지 간에 평등하다. 거기에는 고정된 위계질서라든지 이미 결정된 역할이란 없다. 그 팀들은 전문적 지식을 회중에게 전달하는 엘리트 그룹은 아니다. 그 팀들은 회중을 위하여 무엇인가를 창조해내는 대리(representative) 그룹이다. 결과적으로 팀과 회중 사이의 경계는 유동적이어서 경계를 구분하기가 어렵다."[14)]

손턴(Andy Thornton)은 예배 기획을 누구에게나 열어 놓는 것에 대한 장단점을 다음과 같이 말한다.

> 참여의 부정적인 면은 바로 토론을 참지 못하는 사람이 있다는 점이다. 어떤 사람들은 토론을 즐긴다. 아마도 여기 예배 리더들은 인내를 가진 사람들일 것이다. 전체를 위하여 예배를 기획하는 한 작은 그룹의 장점은 작은 그룹들이 큰 그룹이 잘 해낼 수

14) Collins, "Method Called Alternative Worship."

있도록 도와줄 수 있다는 것이다. 큰 그룹들의 긍정적인 측면은, 신앙 성장에 대한 더 많은 간증들과 더 많은 다양한 과정들이 있다는 것이다. 결론적으로 사람들은 다양한 사람들의 신앙의 여정을 들음으로써 훨씬 더 풍요로워진다는 것이다.

손턴에 의하면, 예배 기획은 참여자들의 은사를 가지고 예배에 기여하는 것을 수용한다. "대안 예배는 공동체를 위해 하나님에게 받은 은사들을 나누는 것을 항상 수용한다. 자신의 신앙 경험과 신앙 이야기들을 나누는 것이 누구에게나 허락되어 있다."

예배에 모든 세대를 포함하기

앤드류 존스(Andrew Jones, Boaz, U.K.)는 다음과 같이 말한다.

> 이머징 교회의 예배는 언제나 전통적인 교회에 대해 방어적이다. 이머징 교회 안에는 전통적인 교회에 도전을 주는 많은 것들이 있다. 나는 우리의 대안 예배 경험 속에서 장년과 청년을 껴안을 수 있는 통합의 가장 좋은 예를 발견하였다. 한 이벤트에서 은퇴한 교수가 자신의 슬라이드를 보여주었고, 일곱 살짜리 내 아이는 댄스 무대를 마련하였다. 91세의 노인이 2년 만에 이벤트에 돌아와서 드럼 서클에 참여하였다.

몇몇 교회들은 젊은 사람들을 예배에 창조적으로 참여시키는 것을 우선순위로 삼고 있다. 청년 예배인 웨어하우스(Warehouse, Revelation Church, Chicester, U.K.)에서 댄 슬래터(Dan Slatter)는 한 달에 한 번 정도 설교하고 나머지는 젊은이들이 선택한다. 그의 이상적인 시나리오는 그 자신이 직업에서 벗어나 이 일에 열중하는 것이다. 슬래터는 웨어하우스를 단순히 젊은이들의 그룹이 아니라 진정한 교회라고 생각한다. 그는 아래와 같은 구분을 한다. "기성 교회 안에서의 젊은이들의 그룹은 어린 아기들을 돌보는 그룹이다. 젊은이들의 그룹이 되라고 부름받은 것이 아니다. 우리는 제자가 되라고, 교회를 세우라고, 잃어버린 자들이 예수께 오는 것을 보라고 부름 받았다. 그들이 예수에게 나오는 것은 부모들 때문이 아니다." 이런 교회는 젊은이들의 참여도가 매우 높다. 나이 든 리더들은 단지 촉매자로서의 기능을 할 뿐이다.

공동 집회 주관하기

악세스 교회의 브래드 세실(Brad Cecil)은 공동 집회에 온전히 참여하는 것이 가지는 어려운 점에 대해 다음과 같이 묘사한다. "우리는 대화적 접근이 필요할 것이라고 생각해서 매주일 저녁 대토론 형식의 모임을 가졌다. 그러나 성장함에 따라 점점 많은 사람들이 참여할 수 없게 되었고, 결국 토론은 불가능하게 되었다. 우리는 토론 형식의 모임을 포기하였다."

매클루어도 유사한 고통을 기술한다. "워터스 에지(Water's Edge)가 처음 모임을 시작할 때에는 각각의 사람들이 서로를 나눌 수 있었고 시간은 한 시간 반 정도 소요됐다. 그 후에 우리는 기도회를 가졌다. 그러나 모임이 커짐에 따라 이러한 것들이 불가능하게 되었다." 이러한 도전들을 해결하기 위하여 악세스 교회는 작은 모임들(가정 교회들)을 만듦으로써 더욱 탈 중심적인 접근 방법을 채택하였다.

악세스 교회는 또한 대그룹 집회를 위해 상징적이고, 경험적이며, 자유로운 예배 스타일로 바꾸어 나갔다. 이러한 축제적 예배 이벤트들은 무대 위의 유명 인사에 초점을 두는 것이 아니라 친교 식탁 주변에서 섬기는 자들인 예배 리더들에게 초점을 맞추었다. "우리는 대집회에서는 토론을 피하였다. 비록 토론이 질문하거나 설명하는 데 적절한 방법이기는 했지만 말이다. 실제로 많은 사람들은 솔선해서 일을 하는 것에 편안함을 느낀다. 종종 있는 일이다." 세실과 매클루어가 실망하는 것은 더 많은 사람들을 수용해야 하는 문제뿐만 아니라 회중 사이의 역동성의 변화의 문제 때문이다. 교회가 점점 커지면서 소규모의 친밀 공동체에서 더 다양하지만 덜 친밀한 공동체로 변해가기 때문이다.

미어든(Mark Meardon)의 보고에 의하면, 이터니티 교회에서는(Eternity, Bracknell, U.K.) 각각의 셀 그룹들이 돌아가면서 대그룹집회를 인도한다. 킴벌(Dan Kimball, Vintage Faith Church, Santa Cruz, CA)도 각각의 가정 공동체들이 돌아가면서 주 예배에 책임을 지고 인도한다고 설명한다. 퀘스트 교회 역시 같은 방법을 사용하고 있다. 악세스 교회는 대집회의 상황 안에서 그들의 근본적인 가치를 표현하고자 애쓰면서도, 동시에 참여할 수 있는 사람들의 많은 수로 인해 따를 수 있는 불가피한 제한을 수용하고 있다. 그들은 모든 사람들의 참여의 한계를 인정하고 이제는 회중을 대표하는 개인들과 동일시하는 방향으로 나가게 되었다. 대그룹 형태들이 완전한 참여적인 예배를 대체하는 것은 아니다. 이러한 각각의 모임들 속에서 더 작은 모임들을 본질적인 것으로 크게 권장한다.

개방성과 취약성

누구나 다 모임에 참여하는 것이 허용되면, 공동체는 취약한 상황에 놓이기도 한다. 워드는 참여적 교회들이 개방적인 구조 때문에 경험하게 되는 민감한 문제에 대해 이야기한다. "항상 정상적이지 않은 사람 형태의 바이러스의 위협이 존재한다. 그러나 상관없다. 왜냐하면 나머지 코더(coder)들이 정상적이기 때문이다. 그들은 그 바이러스를 무력화시키는 방법을 알고 있으며, 공동체의 가치는 그 비정상적인 사람의 가치와는 다르다는 것을 전달할 방법을 잘 알고 있다. 정상적인 리더들이 비정상적인 사람을 제외시키고 그를 평화롭게 처리한다. 그리고 그들은 그들이 추구하는 변화의 모델을 만들어 나갈 것이다." 워드는 그들이 처하게 되는 위험을 감담하게 받아들인다. "죽음의 가능성은 늘 존재한다. 그것은 공동 생활의 한 부분이다. 우리는 바이러스에 의해 파괴될 수도 있는 시스템의 죽음에 대한 위험을 무릅쓴다. 언제나 가능성이 있다. 공동체에 다양한 사람들이 있듯이 모든 공동체 가족 내에 비정상적인 사람들이 있다. 그러나 우리는 이러한 문제들을 해결해 나갈 수 있다."

브레윈(Kester Brewin)은 개방적인 공동체에 문제를 일으키는 사람들을 어떻게 다루었는지를 다음과 같이 설명한다. "목소리를 내는 각각의 사람들의 좋은 예가 웹사이트(slashdot.org)에 제공되어 있다. 여기서는 누구든지 자유롭게 메일을 보낼 수 있다. 그러나 당신은 그 사이트를 다양하게 선택하여 볼 수 있다. 홍미거리를 끊임없이 올리는 사람들의 글에서 하찮은 글에 이르기까지 모든 것들을 골라서 수준에 따라 보기로 결정할 수 있다. 무가치한 것들을 배제하지는 않지만 통제하고 있다. 드러나는 삶의 추한 도습들을 대표하는 쓰레기 메일들에 대하여 복스 교회는 많은 생각을 하게 되었다."

타인에 대해 봉사할 때 일련의 은사들을 제공하기

몇몇의 이머징 교회들은 성령의 은사의 표현이 예배 이벤트에 제한되거나 교인들의 사역 욕구에 국한되지는 않는다는 것을 깨닫게 되었다. 디터 잰더(Dieter Zander)는 어떻게 자신의 생각이 바뀌었는지를 설명한다. 그는 1986년부터 1994년까지 뉴송(NewSong, Pomona, CA) 교회에서 봉사하였다. 그는 교회에서 누구나 다 자신들의 영적 은사를 사용하기를 원했다. "우리는 모든 사람들이 어떻게든 교회에 참여하기를 원했다." 뉴송 교회에서는 누구나 다 봉사할 의무가 있었다. 이제, 잰더가 추구하는 참여는 교회 봉사 대신 교회 밖의 봉사에 참여하는 것이다. "어떻게 내가 나의 이웃과 동료들에게 좋은 소식(복음)이 될 수 있을 것인가"라는 질문은 그가 늘 염두에 두고 있는 질문이다. 구성원들은 자신들의 삶의 정황 속에서 자신들의 은사를 행사함으로써 복음이 된다. 그 복음은 승천하신 그리스도께서 그의 목적에 맞도록 교인들을 준비시키는 방식으로 작용한다.

잰더는 말한다. "우리는 교회 안에서 어떻게 봉사할 것인가를 사람들에게 가르치는 것에서 벗어나서, 교회 밖에서 예수처럼 섬기는 것으로 재빠르게 이동하고 있다. 우리는 교인들에게 은사들을 가르치면서, 선교사가 아닌 충성스런 교인이 되라고 가르쳐 왔다. 이제 우리는 교회 밖에서 봉사할 선교사를 훈련시키는 것이 필요하다는 것을 깨닫게 되었다. 현재 우리는 교인들이 이웃들과 만날 수 있도록 큰 그룹들을 축소해 나가고 있다. 소그룹은 각 사람이 매주 관심을 밖을 향해 쏟도록 도와주는 기능을 한다." 잰더는 이머징 교회의 선교 방법에 전형적으로 나타나는 성육신적 사역 방법에 대해서 말한다. 온전한 참여는 단순히 교회 봉사에 해당되는 것만은 아니다. 그것은 세상을 향한 교회의 봉사에 해당되는 것이다.

하나님의 초월과 내재를 동시에 수용하기

이머징 교회는 예배 속에서 하나님의 초월과 내재를 동시에 느끼도록 한다. 초월을 지나치게 강조하면 하나님은 멀리 있는 하나님, 아무런 관계가 없는 하나님이 된다. 반면에 하나님의 내재를 절대적으로 강조하면 내적 몰두나 추정적(presumptive) 친밀감으로 빠질 수 있다. 어떤 서클에서는 하나님이 거의 요구는 하지 않고 위안을 주고 도와주기만 하는 특별한 친구로 환원되었다. 인간은 바로 이 하나님의 초월과 내재의 역동적인 긴장 속에서 거룩, 전율적 신비(mysterium tremendum)를 만나게 된다. 그 신비는 바로 외경 속에서 사람들을 끌어당기기도 물러서게도 한다.

이머징 교회 사이에서, 무대 연출 형식의 예배 이벤트와 유명인사 중심의 예배 이벤트에 대한 반작용들이 점점 커져가고 있다. 그들은 전면에 드러난, 연출에 의한 예배는 그의 현존을 예배자들에게서 제거함으로써 하나님의 초월성을 강조한다고 느낀다. 그러한 예배는 또한 예배 출연자(performers)들을 하나님과 예배드리는 사람들 사이에 위치시킨다. 결국 그 예배에서는 출연자들이 관심의 초점이 되고, 하나님은 멀리 떨어져 있는 하나님이 되어 버리고 만다.

도시 문화에 적합한 대안적이고 현대적인 예배를 찾는 중에 몇몇 교회는 DJ 모델을 선택했다. DJ 모델은 예배 밴드보다 더 나은 접근 방법을 제공한다. DJ는 청중과 호흡하며 자신을 표현하도록 초청한다. 음악이 청중을 휘감는다. 그들은 심지어 DJ를 보지 못할 수도 있다. 그들은 위로 초월에 초점을 맞추는 것이 아니라 댄스무대에 있는 사람들을 둘러싸고 있는 내재에 초점을 맞추게 된다. 하지만 예배 밴드는 황홀한 환경을 만든다. 이런 통찰은 특히 그레이스(London) 교회와 유럽에 있는 18세에서 35세까지에 퍼져 있는 클럽 문화 안에서 일하는 사람들에게 있어서는 특히 중요하다.

변화 없는 시끄러운 소리와 업비트(upbeat)는 베이비 붐 세대와 X세대 예배의 특징이다. 침묵과 비활동이 두드러져 보인다면 그것은 곧 통제의 상실을 의미한다. 대조적으로 이머징 교회는 일정 속도의 변화, 휴식, 침묵기(periods)의 변화들을 귀하게 여긴다. 그들은 쉬는 공간을 제공한다. 그 안에서 예배자들은 성령의 인도하심에 민감해지고 응답할 수 있다. 이 침묵의 기간에 치유가 일어나고 삶의 방향이 수정되고 삶이 다시 방향을 잡게 된다.

온전한 참여에 대한 도전들

이머징 교회는 교회를 '하나님나라를 지향하는 온전한 참여 공동체'로 재정의하고 재구성하려는 노력을 기울이고 있다. 이런 노력을 기울이면서도 이머징 교회 리더들은 자신들이 모든 해답을 다 가지고 있다고 주장하지 않는다. 대부분 지금 배우는 중임을 인정한다. 그들은 길을 가면서 자신이 저지른 혼란과 실수의 영역들을 인정한다. 그들은 답을 발견하고 또 수정하기 위해 지속적으로 노력해야 하는 분야들을 확인하고 있다. 새로운 운동들은 종종 높은 이상을 가지고 시작한다. 그러나 그들의 이상을 굳건히 지키기 위해서는, 시간이 지나면서 새로운 도전들에 직면하게 될 것이다.

온전한 참여라는 이상(ideal)을 말로 하는 것과 그 이상을 실현하는 것은 별개의 문제다. 그것은 교인의 이동에 의해 영향을 받는다. 그리고 연관되어 있는 몇몇 사람들의 침묵에도 영향을 받는다. 편부모들이 어려움을 겪는다. 그들이 이혼하거나 별거했더라도 정기적으로 어린이들을 돌보아야 한다면 어려움이 특히 더 크다. 뿐만 아니라 리더들의 비전의 한계 때문에, 혹은 자신들의 리더십의 지위가 도전받을 수 있다는 염려 때문에 리더들은 사람들의 참여를 막을 수도 있다.

대화식 예배 모델을 지속하기 위해서는 창조적 에너지가 필요하다. 이머징 교회는 프로페셔널리즘을 추구하지 않는다. 그것은 구성원들의 은사들로부터 생겨나는 자연스러운 표현들을 강조할 뿐이다. 그래서 부담이 어느 정도 덜하긴 하다.

대중문화에 물든 교회를 급진적으로 표현하는 운동들이 있다. 이렇게 출발하는 운동들은 시간이 지남에 따라 그들 자신의 하부 문화를 창조하기 시작한다. 이머징 교회들이 점점 고립되고 분리된다면, 그들은 자신들의 옛날을 그리워하게 될지도 모른다. 결국 이머징 교회들의 미래는 능동적 참여와 창조적 토착 예배에 따르는 도전들을 인정할 준비가 되어 있느냐에 따라 달라질 것이다. 그리고 그들의 미래는 도전들에 대응할 때의 결정과 창조성에 따라 결정될 것이다.

그룹들은 끈끈한 관계를 지속하는 데 필요한 소규모 그룹을 유지하기 위해 폐쇄적이 될 가능성이 있다. 만약 그들이 작은 그룹으로 남아 있기를 원한다면, 그들은 동시에 새로운 또 하나의 작은 그룹을 만드는 데 많은 노력을 기울여야 할 것이다. 오직 그들의 영적 DNA를 지닌 새로운 그룹을 탄생시킬 때만, 그들은 여전히 선교적 공동체로 존속할 수 있을 것이다.

많은 사람들은 대중 앞에서 말하는 것을 꺼리는 마음을 극복하기 위해서 많은 격려가 필요하다. 이머징 교회들은 그런 사람들을 지지하기 위한 작은 장소가 필요하다. 참여적 예배를 강조하는 것은 새로운 것이 아니다. 이미 퀘이커 교도들이나 플리머스 형제단

(Plymouth Brethren)이 주장한 것들이다. 그들의 집회에서 성령의 감동을 받은 개인들은 누구든지 자유롭게 말할 수 있다. 하지만 시간이 지나면서, 그리고 성경 지식과 통찰력을 가지고 있거나 때로는 자신의 소리를 내려고 하는 사람들이 나타나기 시작하면서, 동일한 인물이 모든 모임에 나타나서 말하는 일이 벌어지게 된다. 이러한 예견할 수 있는 길은 모든 사람들이 예배 기획에 참여할 때 피할 수 있을 것이다.

결론

이머징 교회는 강한 열망을 가지고 있다. 그것은 바로 교인들의 이해의 수준과 그들의 경험의 풍성함을 반영하는 공동체적 진정한 예배 표현 방식을 제공하려는 열망이다. 이러한 예배 형식은 다른 곳에 세워지는 것이 아니다. 강제적으로 공동체에 주어지는 것도 아니다. 오히려 이것은 개인의 삶 속에서, 그들의 집단 경험 속에서 역사하시는 하나님의 은혜에 응답할 때 일어난다. 그것은, 자신들뿐만 아니라 공동체(그들은 이 공동체를 섬기도록 부름받았다)에서 자기의 나라를 실현시켜 가시는 하나님의 표적에 응답할 때 일어나는 것이다.

문서화된 고전 예배로부터 현대의 즉흥적인 예배 형식에 이르기까지, 그 예배가 어떤 형식의 예배이든 상관없이 이머징 교회의 예배자들은 열심히 그리고 정열적으로 예배에 참여한다. 그들의 예배는 아무런 생각 없이 되는 대로 산란하게 진행되는 예배가 아니라 고도의 기획적인 예배이다. 거기에는 하나님으로 향하는 초점이 있다. 교인들이 하나님은 청중이며 동시에 참여자라는 것을 인정한다. 모더니티에 물들어 있는 회중과는 달리 이머징 교회의 회중은 앞에 있는 핵심 연주자(performer)들을 구경만 하는 관객이 아니다. 오히려 전 회중이 적극적으로 창조적으로 예배 드림에 참여한다.

이머징 교회들은 예배 집회에 매우 잘 참여한다. 뿐만 아니라 그들은 공동체 생활과 증언의 여러 측면들과 관련된 문제를 논의하고 결정할 때도 높은 참여율을 보인다. 각 사람의 참여의 범위는 미리 정해진 회중의 응답으로만 한정되지 않는다. 오히려 참여는 예배 이벤트를 구성하는 모든 활동들을 포함한다. 참여는 미리 짜여 있는 것이 아니다. 참여는 준비된 공헌과 자발적인 기여로 구성되어 있다. 공동체는 누구나 자신의 이야기와 은사와 희생을 나눌 수 있는 공간을 가지고 있다. 이머징 교회는 만인제사장 이론을 실천에 옮기려고 노력하는 교회들이다.

소비주의는 사람들로 하여금 수동적인 관객, 대상, 수용자가 되라고 가르친다. 이머징 교회는 하나님나라를 닮으려는 노력 속에서, 모든 사람들이 그들의 집회에서 생산자로서 활동할 수 있는 공간을 창조한다. 모든 사람들이 자신의 세계를 예배로 가져올 때, 성과 속의 분리는 극복된다. 이머징 교회는 자기들의 공동체를 모든 사람들에게 열어 놓기 때문에 취약점을 가질 수도 있다. 그러나 이 참여적 공동체들은, 위험을 무릅쓸 만한 가치가 있는 일이라고 생각한다.

창조된 존재로서 창조하기 09

하나님은 우리를 창조적 존재로, 무언가를 아름답게 만드는 데 그의 파트너로 창조하셨다. 그것은 역으로 놀라움과 경외감 속에서 다른 사람들을 하나님께로 향하도록 영감을 준다. 그리스도인들이 한 팀이 되어 함께 일할 때, 그들이 함께 창조한 것은 부분의 총합보다 더 낫다. 왜냐하면 하나님의 영도 거기에 참여하여 세속적인 것을 예언자적인 것으로 바꾸시기 때문이다. 우리는 할 말을 잃어 어쩔 줄 모를 때가 있다. 존재하는 말들이 충분치 않거나 진부할 정도로 남용했거나 해서이다. 여기에 예술이 개입될 수 있다. 그것은 우리들에게 창조적 행위를 통하여 수많은 말들을 제공해 주기 때문이다. 그러나 우리가 알기로는 창조적 행위는 반드시 완전해야 하는 것은 아니다. 그렇다면 우리는 완전주의에 뭉개지고 말 것이다. 그저 진실하면 된다. 우리의 창조주에 대한 우리의 사랑의 정직한 표현이면 된다. 테레사가 말했듯이, "하나님을 위해 무언가를 아름답게 만들라."

월러스(Sue Wallace, Visions, York, U.K.)

나는 '평범한' 사람이었다는 것을 말하는 것이 중요하다. 나는 평범한 런던의 젊은이들이 하는 것을 하고, 그런 음악을 듣고, 그러한 옷을 입고, 그러한 클럽에 다녔다. 이것은 몇몇 단정치 못하고 일탈적인 언더그라운드가 아니라 주류 문화의 창조적 경계였다. 그러나 그리스도인들은 어디에 있었는가?

콜린스(Steve Collins, Grace, London)

예수는 하나님나라의 시작과 함께 새것을 옛것 안으로 가져오셨다. 그리고 그는 그를 따르는 사람들에게 그의 구원 활동에 참여할 것을 요구하셨다. 그런 구원 활동의 하나가 바로 창조주에 참여하여 전 실재가 생명을 얻게 되는 것을 보는 것이다. 그리스도인들이 이 길에 참여한다면, 그것은 바로 창조주의 창조성에 참여하는 것이다. 이머징 교회들은 피조 된 모든 것, 성과 속 모든 것을 그들의 바탕(canvas)으로 사용함으로써 창조주에 참여한다.

이머징 교회들이 복음을 강조하고 세속 공간의 목적을 강조하는 상황 속에서 창조성이 형성된다. 이머징 교회의 구성원들은 세상을 구원하시는 하나님에 참여한다. 지난 장에서 언급한 대로, 그들이 말하는 참여란 하나님의 구원 사역에 구경꾼으로서 그저 구경하는 것이 아니라 적극적인 역할을 감당하는 것을 의미한다. 그들이 구원의 역할을 감당하는 하나의 방법은, 추한 것으로 여겨져 온 것으로부터 아름다움을 창조하는 것을 통한 방법이다. 그렇게 하여 그들은 세속적이었던 것을 성스러운 것으로 만들어낸다.

창조성과 미학은 하나님나라의 역동성과 아름다움에 대한 증언이다. 하나님이 처음에 우주를 창조하셨을 때 그가 만든 것을 보시고 아름답다고 선언하셨다. 그리스도의 통치 안에서 재창조는 하나님의 피조물의 아름다움과 좋음을 존중하고 회복하려고 노력하는 것이다.

이 장은 전 장과 밀접하게 연관되어 있다. 온전한 참여 없는 창조성은 예배하는 공동체에 별 의미가 없다. 다수가 아닌 소수에 의한 창조성은, 그것이 비록 영감을 주는 것일지라도, 만인 제사장직에 별 도움이 되지 않으며, 그리스도의 몸에 따른 은사의 계발에도 별 도움이 되지 않는다.

맥도널드화(McDonaldization)와 교회

근대(modern) 문화는 창조성의 힘에 대한 도전이다. 근대 문화에 있어서 창조성은 모더니티의 특징인 맥도널드화된 상황과 다를 바 없었다.[1] 맥도널드화는 패스트푸드 산업의 원리가 다른 사회의 영역에까지 영향을 끼치는 과정을 의미한다. 효율성, 계산 가능성, 예측 가능성, 통제가 맥도널드화의 원리이다. 리처(George Ritzer)는 맥도널드화가 이 세상에서 가장 강력한 사회 과정이며, 그래서 그 영향에 물들지 않은 채로 남아 있는 문화가 없다고 주장한다.

맥도널드화라는 리처의 메타 담론을 의심하는 사람이라 할지라도, 맥도널드화가 현재의 문화에 매우 큰 영향을 미치고 있다는 것에는 거의 논쟁의 여지가 없을 것이다. 경제 영역 밖인 건강문제, 교육, 심지어 교회에서조차 맥도널드화를 보는 것은 어렵지 않다. 맥도널드화는 미국식 교회 성장의 원리에 분명하게 나타나 있다. 또한 맥도널드화는 구도자 교회와 목적 지향적 형태의 교회에도 나타나 있다. 뿐만 아니라 많은 옛 교회들이 여전히 그 일에 몰두하고 있다. 어떤 교회들은 실제로 그들의 스태프를 맥도널드 대학에 보내어 훈련을 받도록 하였다.

베이커는 다음과 같이 말한다. "여기의 많은 독립 교회들이 '근대화'(modernizing) 운동을 하였고, 결국 플라스틱 커피 컵, 학교 강당, 형광 불빛으로 막을 내렸다. 그것은 엄청난 오류로 보였다. 대조적으로, 대안 예배의 미학은 현재의 문화뿐만 아니라 전통과 예식을

---

1) George Ritzer, *The McDonaldization of Society: An Investigation into the Changing Character of Contemporary Social Life* (Thousand Oaks, CA: Pine Forge Press, 1996), 121-142.

다시 고용한다. 그렇게 하여 적합한 종류의 성스러운 공간을 재구성 한다."

세속공간의 변형은 이 세상이 주님의 것이며, 우리가 보는 부분인 물질적 실재는 구원의 가능성을 제공한다는 것을 알려준다. 많은 복음주의의 실천들은 보이지 않는 것, 즉 정신과 마음의 삶은 높이 평가한 반면, 보이는 것은 세상에 즉 비그리스도인들에게, 악에게 넘겨주고 말았다. 그러나 모든 물리적인 실재가 구원 얻으려면, 그리스도인들은 그들의 손과 눈과 발을 전 삶 속에 지속적이고도 포괄적으로 참여하는 데 사용해야 한다. 그리스도인들은 사물들을 감각해야 하고, 창조해야 하며, 아름답게 만들어야 한다. 이머징 교회들은 창조적 하나님에 참여하려고 시도하고 있으며, 물리적 표현과 영적 체험을 하나로 만들려고 시도하고 있다.

창조성의 신학

말로 하는 예배나 모든 영역의 예술적 표현을 사용한 예배나 둘 다 이 지상에서 일어나고 있는 인간의 독특한 활동이다. 증언과 선교는 그런 예배의 결과이다. 결국 예배에 최고의 우선권이 부여된다.

창조적이 되려는 열망은 자기 충동적인 것이 아니라 인격됨(personhood)의 신학과 공동체의 정체성에서 나온다. 그것은 인간이 하나님의 형상으로 만들어졌다는 확증으로부터 출발하며, 하나님은 본질상 창조적이라는 확증에서 출발한다. 창세기의 첫마디는 "태초에 하나님이……창조하시니라"고 선포한다. 자유의지를 사용한 인간의 불복종으로 말미암아 인간은 하나님에게서 소외되었지만, 그것이 이 창조적 잠재성을 파괴하지는 못했다. 창조성이 파괴된 것이 아니라 오히려 잘못 사용되었고 왜곡되었다. 인간 안에 있는 하나님의 형상은 완전히 파괴되지는 않았다. 여전히 남아 있는 아름다움과 탁월한 재능은 하나님의 일반 은총의 증거이며, 그리스도 안에서 완성될 수 있다는 희망의 증거이다. 창조에 대한 욕구는 인간 영혼 안에 여전히 내재하고 있는 영적 갈망의 표징이다.

베이커는 창조성의 핵심적 중요성을 다음과 같이 밝히고 있다. "그것은 나에게 있어서나 그레이스(Grace) 교회에 있어서나 핵심적 가치이다. 나는 하나님의 형상을 창조성으로 정의하고 싶다. 또한, 소비 문화 속에서 우리는 예배를 소비하는 것에서 예배를 생산하는 것으로 이동하는 데 노력할 필요가 있다고 나는 생각한다."

파깃은 "하나님의 창조성은 우리 가운데서 하나님나라를 실현하는 것과 연관되어 있다"고 말한다. 그리고 그는 " '하나님의 창조성으로서의 하나님나라' 라는 구절은 하나님과 인간이 어떻게 상호작용을 하는가를 설명하는 한 방법으로, 내가 고안한 것이다"라고 말한다. 현재 시간에 드러나 있는 전체 구원의 스토리는 지속적인 하나님의 창조성을 의미하는 것이다. 아무리 작다 하더라도, 그리스도인들은 그 구원 스토리에 참여하고 있음을 결국 깨닫게 될 것이다.

모든 사람은 창조된 존재이며 그러므로 창조하는 존재이다

창조성의 뿌리는 어디에 있는가? 헤드 스페이스 교회의 존스턴은 창조성의 뿌리는 창조에로 거슬러 올라간다고 생각한다. "우리 모두는 어느 정도 창조성을 가지고 있다. 왜냐하면 우리는 창조되었기 때문이다. 그리고 우리가 창조하는 것은 그 근원으로까지 올라가서 그 뿌리를 추적해 볼 수 있다. 예배를 혁신하려는 생각은, 미디어나

광고가 끊임없이 우리를 그 안으로 밀어 넣으려고 하는 상자(box) 밖에 서 있으려고 노력하는 것을 의미한다. 그리고 그것은 항상 우리 안에 있는 구원받은 그 무엇을 표현해 보려고 노력하는 것을 의미한다. 이것은 우리가 탁월하다는 것을 의미하는 것이 아니다. 이것은 모든 것을 마다하지 않고 우리의 예배의 은사들을 통해 다른 사람들을 도우려는 것이다."

사람들을 수동적으로 만드는 예배나 진부한 응답을 하게 하는 예배는 개인의 참된 본성과 소명을 인정하지 못하게 한다. 몇몇 사람만 나와서 퍼포먼스를 하는 것은 은사들을 제한적으로만 인정하는 것이며 제한적으로만 사용하는 것이다. 그리고 그것은 대다수의 회중의 존재를 무시하는 것이다. 영으로 충만한 예배에서는 사람들이 하나님의 은사의 다양성을 즐기게 된다. 그런 예배에서는 다른 사람들에게 제공한 은사를 감사함으로 인정하게 된다. 그리고 영으로 충만한 예배 속에서는 하나님의 제단에 드려질 수 있는 각각의 은사들을 발견하게 되고, 예배를 풍성하게 하기 위한 목적으로 그리스도의 몸 안에서 사용될 수 있는 각자의 은사들을 발견하게 된다.

창조성은 하나님에게 참여하는 것이다

폴 로버츠(Paul Roberts)는 회중의 은사를 공동 예배에서 발휘하게 함으로써 교인들의 창조적 욕구를 예배 안으로 끌어들이고 있다. 그렇게 함으로써 그들의 잠재적 창조성이 최고도로 실현된다. "우리는 예배 안에서 창조성을 사용한다. 창조적이 되는 것, 다른 사람들과 함께 일하는 것, 이것이 인간의 가장 위대한 특권 중의 하나이다. 대부분의 기독교 예배 형식이 가지고 있는 문제점은 대부분의 회중에게 거의 아무것도 요구하지 않는다는 점이다. 최악의 경우에는 예배가 마치 TV를 보며 노래를 따라 부르는 것과 같을 수가 있다는 것이다." 전통 예배에서 회중은 수동적인 반응을 보일뿐이다. 억제를 가져오는 예배는 모순이다.

창조성이 개별적으로 그리고 집단적으로 예배에서 표현된다면 그것은, 창조적이시며 동시에 창조성(하나님의 형상으로 창조된 인간 안에 있는)의 근원이신 하나님에게 참여하는 것이다. 워드(Karen Ward)는 예술은 사람들을 하나님과의 만남으로 초대한다고 생각한다. "창조성은 하나님 안에 있음의 표현이다. 예술은 우리가 하나님에 참여하는 것이다. 다른 종류의 표현이 가치가 없는 것처럼, 팬시예술(fancy art)도 가치가 없다." 예술적 표현은 엘리트 그룹에 제한된 것이 아니라, 능력의 수준이야 어떻든 상관없이 모든 사람을 참여하도록 초대하는 그 어떤 것이다.

창조성은 본질적으로 예배이다

하나님을 향해 드려지는 예술을 만드는 것은 그 자체가 예배이다. 일부의 대안 예배 분위기는 예배를 설계하는 것이 예배 사건 자체의 일부라는 것이다. 창조성이 드러나는 때는 예배이다. 톰린슨(Dave Tomlinson)은 "우리에게 있어서 대안 예배는 예술가들의 예술을 예배로 표현하도록 예술가들에게 자리를 마련하면서 생겨난 것이었다"고 설명한다.

대안 예배자들은 아이디어를 계획하고 제안하고 실행하는 것이 단순히 예배 집회를 위한 준비가 아니라 그 자체가 이미 예배라는 확신을 가지고 있다. "창조성은 우리가 무엇을 하는가에 매우 중요하다. 그것은 하나님을 향한 우리의 헌신의 표현이다"라고 월러스(Sue Wallace)는 말한다. 예배는, 하나님의 은혜에 감사하여, 사람들

사이에 계시는 하나님의 현존에 대한 가장 풍부한 표현으로 하나님께 돌려드리는 것이다. 창조성은 태어나면서 그리고 중생하면서 받은 은사에서 나타난다. 창조성은 하나님의 영이 지속적으로 인간의 삶 속에 활동하시는 증거이다. 모든 사람들이 성령에 의하여 은사를 받았다는 것을 인정한다면, 각자는 자신의 은사를 예배에서 하나님께 돌려드리는 데 용기를 가질 필요가 있다.

은사를 드리는 것, 이것이 하나의 예배 표현이다.

예배는 받은 은사를 드리는 것이다. 브레윈은 이 주제에 대하여 사려깊은 생각을 제공하고 있다.

> 우리는 창조되었기 때문에 창조한다. 창조의 행위는 온전한 인간됨에 기본적인 행위이다. 우리는 그 은사가 계속해서 살아 움직이도록 창조한다. 은사가 멈추거나 타산적이 된다면, 그것은 죽은 것이다. 한마디로 말해서, 창조된 은사를 드리는 행위는 우리 예배에 있어서 핵심적인 것이다. 우리는 단지 돈만 바치는 것이 아니다. 우리는 우리 자신에게서 어떤 것을, 우리의 시간을 요하는 어떤 것을, 우리가 받은 은사를 이용하는 어떤 것들을 가져와서 예배에서 바친다. 우리가 좋아하지 않는 노래를 드리는 것이 아니고, 헌금함에 돈을 드리는 것이 아니다. 우리는 단지 웅변과 기타연주만을 드리는 것이 아니다. 우리는 춤, 글, 영화, 그래픽, 장치, 명상 등 모든 은사의 표현을 환영한다.
>
> 간단히 말해서 우리는 대형 교회들이 뭔가를 잃어버렸다고 생각한다. 그 교회들의 은사 실천은 너무 많이 왜곡되어 있다. 실제로 인정되는 은사의 형태를 대부분 설교와 좁은 의미의 음악에만

제한시켰고, 그런 은사들만 허락하였다. 그리하여 교회들은 진정으로 회중으로부터 나오는 방식으로 예배를 드릴 기회를 회중에게 주지 않는다. 우리는 비록 느끼지 못하지만, 창조된 인간인 사람들은 누구나 어떤 방식으로든 창조적이 되려는 기본적인 욕망을 가지고 있다. 그래서 교회가 그들의 은사를 수용하지 않는다면 그들은 다른 곳에서 은사들을 펼칠 것이다. 대부분 그들은 그들의 은사를 현금과 바꾸려고 시장을 찾을 것이다. 그러나 대부분의 사람들은 이것이 결국 만족을 줄 수 없다는 것을 알고 있다.

창조성은 보통 때는 인지할 수 없는 하나님 품성의 여러 측면들을 깨달을 수 있는 기회를 예배자들에게 제공해 줄 것이다. 그들이 자기들의 은사를 드러내면서 하나님의 창조성이 얼마나 다양한가, 일상생활 속에서 그러한 은사들의 영향이 얼마나 큰가를 보게 될 때, 이런 일이 일어난다. 브레윈은 마지막으로 다음과 같이 말한다.

> 모든 교회들은, 어디에 있든 전통이 어떠하든, 그들의 공동체 안에서 사람들이 은사를 서로 나눌 수 있는 장소가 되어야 한다. 영적인 은사뿐 아니라 어떤 다른 은사도 나눌 수 있도록 말이다. 예를 들어 유아 그룹을 만든다든지, 예술 작품을 걸 수 있는 공간을 만든다든지, 행인을 위한 카페를 연다든지, 시끄러운 거리를 피할 수 있게 평화로운 안식처를 제공한다든지, 세미나를 운영하거나, 경제적 조언을 한다든지, 젊은이 밴드를 위한 연습실을 제공한다든지 하는 것이다. 은사를 서로 교환하면, 항상 서로의 관계가 촉진되고 강화된다. 그때에, 그리고 그때에만, 우리를 위해 모든 것을 주신 분에게로 대화가 향할 수 있다.

이미 종종 언급한 대로, 성경에는 포괄적인 은사 목록이 없다. 많은 은사들이 단순히 아무런 개념 정의나 설명 없이 언급되어 있을 뿐이다. 열거된 은사들도 승천하신 주님께서 이 세상에서 그의 사명을 완성하시기 위하여 그의 영을 통하여 지속적으로 역사하시는 여러 방식을 설명하는 예로 주어져 있을 뿐이다. 뿐만 아니라 은사가 설명되어 있는 본문의 맥락을 살펴보면, 그것이 단순히 교회 구성원들의 필요를 도와주는 데만 제한되어 있지 않은 것을 알 수 있다. 세상의 필요에 관심을 기울이시는 하나님의 관심을 표현하는 데 은사들이 사용되어야 한다.

끊임없는 변화를 통한 전통의 보존

창조적 예배를 강하게 강조할 때 다음과 같은 문제가 발생한다. 현대적(contemporary) 예배 표현과 수세기 동안 여러 문화적 배경 안에서 표현되어온 교회의 [전통적] 예배 사이의 관계는 무엇인가? 이러한 풍부한 전통이 무시되었는가 아니면 고갈되어버린 것인가?

과거를 오늘의 아주 다른 상황 속에다 단순히 재생하려고 전통을 존중하고 기리는 것이 아니다. 전통을 재창조하기 위하여 존중하고 기리는 것이다. 전통들을 재해석하여, 전통들이 처음 만들어질 때처럼 오늘날에도 강한 영향력을 발휘하도록 하기 위함이다. 하나의 전통의 형태를 고수하려고 할 때, 그 전통이 가진 의도를 파괴하는 죄를 범하고 있는 것인지도 모른다.

예배나 교회 생활이 뿌리를 내리려면, 그리고 사람들이 자기가 가진 모든 것으로 하나님께 드리려는 자리가 마련되기 위해서는 예배가 끊임없이 변해야 한다. 왜냐하면 문화는 역동적이기 때문이다. 불행히도 대부분의 교회는 정적(static) 체제로 기능하도록 셋업(set up)되어 있다. 그러므로 중요한 것은 구조가 역동성과 연결성(connectivity)을 방해하지 않도록 확실하게 하는 것이다.

하나님의 창조성을 표현하기

이머징 교회의 맥락 속에서 창조성은 단순히 인간 정신의 표현이거나 개인의 자아의 표현이 아니다. 오히려 그것은 우리가 하나님의 형상으로 만들어졌다는 사실을 증거하는 것이다. 창조성은, 놀랄 정도로 다양하고 풍부한 하나님의 은사를 발산하는 것을 의미한다. 창조성이 정말로 예배(worshipful)가 되려면, 예술가 개인이나 팀의 인격(persona)이나 재능을 넘어서 그들의 창조성을 발휘할 수 있게 하신 분으로 말미암아 나아가야 한다. 이것은 예술가들이 자신의 재능들을 그리스도가 다스리도록 하는 것을 의미하며, 자신을 드러내거나 청중의 갈채를 끌어내기보다는 하나님께 영광을 돌리기 위해 자신들의 은사를 사용하는 것을 의미한다.

창조적 분위기 만들기

이머징 교회의 특징은 창조성이다. 그리스도 신앙 공동체(Christ Community of Faith, Yorba Linda, CA) 교회는 퀘이커 영성을 가지고 실험하였다. 헌터(Todd Hunter)는 다음과 같이 보고한다. "X세대로 하여금 그 영성을 느끼도록 하였다. 각자에게 한 편의 예술, 시를 공유하도록 하였다. 모든 사람들이 참여하였다. 대부분의 사람들이 교회에 대해 확신하지 못했다." 매튜는 "분명히 창조성이 자극되었다. 그것이 우리의 현재의 DNA의 일부이다"라고 말한다.

피츠버그에서 성공회 교회를 개척한 자허(Holly Rankin Zaher,

Three Nails)는 모든 사람들의 창조적 참여와 일부 전문가들의 퍼포먼스 사이의 긴장을 다음과 같이 묘사하고 있다. "우리는 여전히 이것이 어떻게 작용하고 있는지 설명하려고 노력하고 있다. 우리는 싸구려가 되기를 원하지 않는다. 그래서 우리는 훌륭한 음악가들을 가지고 있다." 그녀는 한 가지 중요한 사건을 설명한다.

"우리는 '구속'(Redemption)이라 부르는 행사를 치른 적이 있다. 그 행사에서 몇몇 예술가들이 잡동사니를 가져다가 아름답게 만들었다. 그것은 한 편의 설치 예술이었다. 그것은 힘이 되었다. 우리는 이러한 전문 예술 부서와 함께, 집단적이며 동시에 개인적인 참여가 이루어질 수 있는 방식을 만들어내려고 노력하고 있다." 때때로 그 교회는 예술 장치를 사용할 뿐만 아니라, 그 다음엔 그 장치들을 성만찬과 함께 연결시킨다.

예술적 표현을 권장한다는 것은 실험을 의미하며, 동시에 위험을 감수하는 것을 포함한다. 테일러(Barry Tailor, Sanctuary, Santa Monica, CA)는 예술 및 엔터테인먼트 공동체에 속한 한 공동체와 함께 일하고 있다. "우리는 매주 주일날 모였지만, 그것을 교회로 확정하지 않았다. 우리는 어떤 것도 고착화시키려 하지 않았다. 대신에 우리는 다른 사람들이 무엇을 하고 있는지 탐구하였고, 그것을 아주 광범위하게 연구하였다. 우리의 교회는 항상 실험이었다. 때로 교회는 대화였고, 때로는 예전적(liturgical)이었다. 우리는 종종 모든 것을 바꾸었다."

창조성은 전문적인 예술가들이 있는 큰 공동체 교회만 가능한 것이 아니다. 미-채프먼(Mee-Chapman)은 그들의 모임(Thursday PM)을 다음과 같이 설명한다. "우리는 새로운 수도원 형태의 가정 교회이다. 우리는 가정 모임을 가질 때 예술 행사를 갖는다. 많은 예술을 가진 큰 행사를 만든다. 사순절 동안 우리의 예술가들이 매주 예술 작품을 만들었다. 나는 그 예술 작품을 위한 묵상 부분을 맡았다. 그리고 그것들을 인쇄하여 강단에 올려놓았다. 우리는 그것으로 렉시오 디비나(lectio divina)를 가졌다. 우리는 그것을 통해 하나님에 대하여 배웠다." 언젠가 그들은 미로, 즉 사람들이 묵상하면서 걸을 수 있는 오솔길을 만들었다. "나는 내 단원들에게 말한다. 이야기에 푹 잠겨, 이야기 속에서 자신의 위치를 찾아보라고."

리빌레이션 교회의 엘리스(Roger Ellis)는 창조적인 사람들은 종종 질서를 무시하고 독특한 성격을 가지고 있다는 것을 인정한다. 결국, 그들에게는 하나의 공동체로 작동하기 위한 책임 구조가 필요하다. "예술가들을 공동체에 소속시키는 것이 불가능할 때가 종종 있다. 그리고 그들은 상당히 비조직적이다. 여건을 조정하고 제공하며, 일의 진행을 경청하고, 창조성을 통합하기 위해서 그들에게는 무대 매니저가 필요하다. 좋은 지도자들은 사기와 신뢰를 높이기 위한 환경을 만들기 위해서 후원자(host)의 역할을 담당한다. 그래야 사람들이 자신의 재능을 잘 발휘할 수 있다."

블루(Debbie Blue, House of Mercy, St. Paul)는 창조적 환경이 전 교회에 스며들어야 한다고 믿는다. 하지만 이것이 리더십이 요구되지 않는다는 의미는 아니다. "우리는 조직의 장(minister)보다는 예술가 같아야 한다고 때때로 생각해 본다. 그것은 제도적 혼란이 있으면서도 창조성도 많다는 것을 의미한다. 그것이 바로 자비의 집(House of Mercy)을 번성하게 하는 것이라고 생각한다. 그것은 또한 우리가 해체적 경향이 있다는 것을 의미하기도 한다. 회중의 많은 수가 예술가들로 구성되어 있는데, 놀랄 일이 아니다. 그러나 협력하여 우리가 필요한 것을 그럭저럭 해 나갈 수 있는 충분한 조직도 있다."

이미 가지고 있는 것을 가져오기

프리젠(Dwight Friesen)은 말한다. "사람들은 악기를 가져와서 함께 노래를 부른다. 예배 체험의 일부로서 집중 기도를 인도할 수도 있을 것이다. 혹은 노래하며 친교를 나눌 수도 있을 것이다." 사람들은 또한 상(icon), 십자가, 촛불, 조각상(statue), 가시관, 공예품을 집회에 가져오기도 한다.

때로 독창적인 선물 나누기는 경제적인 문제가 되기도 한다. 존스(Andrew Jones)는 다음과 같이 말한다. "요즘 선물 나누기, 대안 경제, 관대, 단순, 소박 등에 대하여 떠오르는 생각이 많다. 물론 대부분의 이머징 교회들은 돈도 예산도 없다. 그래서 그들의 생산물들은, 기회에 부합하는 은행 계좌를 가지고 있는 기성 교회보다 더 단순하고, 물질에 덜 의존한 것들이다."

홀(Simon Hall)은 다음과 같이 말한다. "창조성은 우리의 실천과 신학에 거대한 부분이었다. 나는 매우 발전된 예배 신학을 가지고 있다. 그 예배 신학은, 상점에서 산 선물보다 가정에서 직접 만든 선물을 훨씬 높이 평가하는 신학이다."

팔머에게 있어서 예술은 단순히 그들이 모였을 때 그들이 하는 것의 일부일 뿐이다. "음악을 통해서든, 묵상이나 시를 통해서든, 예전이나 고대 교회의 이야기들을 통하여서든, 어떻게든 모이는 동안 예술이 발표된다. 모든 사람들이 나누는 기회가 있는데 그것이 열린 포럼이다." 다른 말로 말하자면 그들의 예술적 표현은 외부자원에 의존하기보다 오히려 그들이 직접 만든 것(homegrown)이다.

적절성보다 진정성을 우선하기

적절성에 몰두하는 군중이나 그룹들은 진정성을 상실할 때가 종종 있다. 그들이 자신이 아닌 다른 어떤 사람이 되려고 한다면, 그들이 성공적으로 행한 모든 것들은 별로 의미가 없는 모방일 뿐이다. 그들[적절성에 몰두하는 사람들]이 결부시키려고 하는 사람들[누군가 다른 사람]은, 그들의 노력이 아무리 선한 의도를 가지고 있다 할지라도, 그들을 가짜라고 여길 것이다. 예배에 있어서나 증언에 있어서 본질적인 것은 자기 자신이 되는 것이다.

손턴(Andy Thornton, Late Late Service, Glasgow, U.K.)은 다음과 같이 말한다. "실제로 하나님에 대해 어떤 것들을 경험하는 대부분의 사람들은 그것이 얼마나 앞선 것인지에는 관심이 없다. 내가 문화적으로 적합하다는 신념을 가지고 예배를 만든다면, 속는 것이라는 것을 나는 알고 있다. 내가 나의 음악을 들어 보면, 나의 멜로디는 최신 유행하는 멜로디가 아니다. 대체로 나의 멜로디는 사람들의 현장으로부터 나온다. 대부분의 창조성은 약간의 뒤죽박죽 섞인 것이다. 당신이 최근의 유행을 목표로 하면서 진정성을 놓친다면, 약간 철 지난 것이지만 진정한 것을 말하는 것보다 다섯 배나 더 나쁘다."

조니 베이커는 다음과 같이 말한다.

> 창조성은 무엇인가를 목표로 정하거나 무엇에 적절한가를 추구하는 것보다 더 진정한 것이다. 사람들은 대안 예배를 종종 젊은이들을 위한 것이라고 한계지었다. 그러나 대안 예배는 그렇게 규정되는 것을 결코 좋아하지 않았다. 그것은 단순히 젊은이들을 위한 것이 아니라는 것을 애써 지적하였다. 나는 젊은이적인 요소들이 젊은이들을 매력적인 목표 시장(target market)으로 만든다

고 생각한다. 대안 예배에 오는 그런 유의 사람들은 광고를 통하여 목표 시장이 되는 것을 싫어한다. 그래서 그들은 그러한 일을 하는 교회에 참여하기를 원하지 않는다. 내가 추측건대 그것은 진정성에 대한 생각에 관한 것이다. 우리가 관계할 수 있고 다른 사람들이 모일 것이라고 희망하는 그런 예배를 만드는 것이, 누군가 다른 사람들을 목표로 하여 예배를 만들고 있다고 말하는 것보다 훨씬 더 진정성이 있다고 느껴진다.

예배 공동체에 자신을 표현하는 것이 허락된다면 진정성이 향상될 것이다. 예배 공동체는 접촉하는 모든 사람들에게 다음과 같이 선언한다. "이것이 우리의 모습이다. 우리는 바로 당신들과 동일하다. 당신들은 우리의 일부가 될 수 있다."

밝은 마음으로 노는 것을 포함하기

창조적 영감이 항상 강렬한 것은 아니다. 그것은 사도 교회(Church of the Apostles)의 워드(Karen Ward)의 경험처럼 놀이일 수도 있다. 그녀는 다음과 같이 말한다. "시각적인 것들은 하나님나라를 상상하는 하나의 방법이다. 우리는 예식을 통하여 하나님나라에서 논다. 하나님나라의 비유를 탐구하는 것을 통해 우리는 예배하며 놀이하며 예행 연습을 한다. 우리는 즐거움에 가득 차서 하나님나라를 실연하며, 복음의 사건을 놀이해 본다. 마치 어린아이들이 어른들의 옷을 입고 놀이하듯이, 예배 속에서 우리는 의도적으로 작고 조각난 방식으로 하나님나라를 연기하는 놀이를 한다. 우리는 하나님에게 참여하고 있다."

고갈을 가져오는 감성적인 강렬함이나, 예배 위에 드리워진 관덮개처럼 지배하고 있는 칙칙한 따분함에 대한 개선책으로, 이런 태도의 밝은 마음을 갖는 것이 중요하다. 놀이를 강조한다면, 너무 진지한 태도를 취하며 다른 사람들의 기여를 경시하는 예술가들에 대해 방어막을 칠 수 있을 것이다. 이러한 놀이적인 접근방법은 또한 한 사람의 기여도가 다른 사람의 기여도와 같은 기준에 이르지 못할 것이라는 염려에 의해 야기되는—특히 교회가 뛰어난 재능을 가진 예술 전문가들을 가지고 있을 경우에 그렇다—위험과 억제를 제거할 수 있다.

지속 가능한 예배 만들기

지속 가능성은 많은 그룹들이 노력해야 할 것 중의 하나이다. 매클루어(Joel McClure)는, 워터스 에지(Water's Edge) 교회에 있을 때 한동안 예배 시설들(24-7 기도실, 십자가의 방 등)을 만들어 일 주일 단위로 시행했는데, 그것이 일 주일 단위로 하기에는 너무 많은 사역이 되었다고 기록하고 있다. 그래서 그들은 지금은 한 달 단위로 하거나 예술적 욕구가 있을 때에 그렇게 한다.

에반스(Jason Evans)가 설명하고 있는 대로, 마태의 집(Mathew's House, Vista CA)은 단순하게 사역하고 있다. 그들의 창조 활동은 기본적으로 매달 모이는 가정 그룹 이외의 시간에 진행된다. 매월 모이는 대집회 때, 그들은 예술 시설들을 설치하고 친교의 장소를 마련한다. 이러한 창조적 이벤트를 만드는 대부분의 그룹들은 월별로 혹은 분기별로 그렇게 한다. 매주의 이벤트는 유지하기가 어렵다. "지속 가능한 예배는 우리에게 매우 소중하다. 우리는 우리의 에너지의 대부분을 교회 행사가 아닌 교회 밖에 있는 공동체에 쏟기를 원한다"라고 캘러딘(Mal Calladine, Tribal Generation, Sheffield,

U.K.)은 선언한다.

예식(rituals) 포함하기

일상적 표현이든 창조적 표현이든, 예식 속에서 전(entire) 예배공동체가 능동적인 역할을 할 수 있는 기회가 주어질 때, 예식은 의미있는 것이 되고 참여를 권장하는 예식이 될 것이다. 예식에 참여하는 것은 춤을 배우는 것과 같다. 처음에 스텝을 배우는 동안에는 자신을 의식하게 되지만, 곧 자신을 잊어버리고 자유롭고 우아하게 춤추고 있는 자신을 발견할 것이다. 예식은 회중의 참여를 용이하게 하고 자극한다. 예식은 회중의 반응을 쉽게 끌어내는 데 기여할 뿐만 아니라, 집단적 영향력을 강화하는데도 기여할 수 있다. 예식이 없다면 회중은 소비주의와 수동성에 빠지게 된다.

월러스(Wallace)는 "이미지와 행동은, 말만 가지고는 도달할 수 없는 방식으로 사람들에게 도달할 수 있다"고 말한다. 처음에는 장애물들이 창조적 예배를 위협하지만 곧 극복될 수 있다. 월러스는 계속해서, "당신이 편안한 여건 속에서 멀티미디어를 다루고 실험할 수 있는 기회만 가진다면, 멀티미디어는 결코 다루기 힘든 것이 아니다"라고 말한다. 서튼 역시 이에 동의한다. "우리는 대안 예배와 가정 음악을 시도하고 있다. 우리는, 상징, 그림, 배너(banner), 향, 양초와 연계된 예식과 함께 예전(liturgy)을 아주 많이 사용한다.

"아주 초기부터 우리는 예식이 중요하다는 것을 깨달았다"고 손턴은 선언한다.

> 우리는 예식 예술(ritual arts)과 강한 내러티브를 가진 예배를 만들었다. 우리는 사람들이 예식을 통해 자유를 경험하기를 원했

기 때문이다. 우리의 행사 속에서 우리는 함께 노래를 부르고, 한 주제를 소개하기도 하며, 부서들과 서로 화답을 하기도 하고, 촛불을 점화하며 무언의 반응을 나타내기도 하였다. 그날이 끝날 때쯤, 그들도 단순히 듣고만 있을 수 없었다. 예배 공간 안에서 육체적으로 움직일 것을 요구받았다. 그에 따라 그들은 모래에 표시를 하면서, "이곳이 내가 서 있는 곳이야"라고 선언했다. 그들은 항상 그것을 또렷하게 말로 표현하지는 않았으나, 대개는 감동 없이 집회를 떠나려고 하지 않으려고 했다. 그들은 다른 사람들이 지켜보고 있다는 느낌 없이 결단할 수 있었다.

로버츠는 그와 다른 사람들이 가지고 있던 교회에 대한 비전을 설명한다. 그가 품고 있었던 교회는 교회 출석자들이 교회의 문을 결코 어둡게 만들어 본 적이 없는, 영성이 뛰어난 친구들을 데리고 올 수 있다고 느끼는 그러한 교회였다.

"대부분의 그룹들이 가지고 있는 원래의 비전의 일부는, 그들이 전에 출석하던 교회 예배에는 아무리 시간이 흘러도 비기독교 친구를 데리고 올 수 없었다는 생각으로 시작한다." 롤린스는 그들의 예배 경험을 비슷하게 설명한다. "출석하고 참여하는 많은 사람들이 예술가들이고 음악가들이다. 말씀, 예식, 그림의 사용, 음악이 모두 외부에서 가져온 것이기보다는 직접 만든 것들이다. 우리는 모든 감각을 생동력 있게 사용한다."

영성을 대중적으로 전달하기

창조성 자체를 궁극적 가치로 추구하게 되면, [하나님이 아닌] 자신에 초점을 맞추는 방식으로 단순히 자신을 표현하는 그룹들이 나올 수 있다. 그것은 예술을 위한 예술일 뿐이다. 이런 경향에 대한 대안으로서 예배는 하나님께 드려져야 하며, 예배는 신앙 공동체의 구성원들이 공유해야 한다. 뿐만 아니라 예배는 세상에도 제공되어야 한다. 파이퍼(Pip Piper)는 마지(maji, Birmingham, U.K.) 교회에 참여했던 경험을 다음과 같이 설명한다. 그 교회는 지역 나이트클럽에서 매달 저녁 열리는 영성 모임의 형태를 띠고 있었으며, 음악과 DJ들과 시각적인 것과 예술 장치들을 통합한 형태였다.

"나에게 있어서 가장 중요한 것은 그 모임이 모든 사람들에게 열려 있느냐, 다수의 대중에게 항상 열려 있는 장소에서 열리느냐 하는 것이었다. 그것은 단순히 공공장소를 빌린 다음에 우리의 목적을 위하여 다른 사람들에게는 문을 닫아 버리는 그런 장소가 아니었다. 그것은 기독교 영성이 가진 중요한 것을 대중 공간에서 창조적으로 표현할 수 있는 기회였다."

예술 중심의 기독교 공동체의 회원인 도드리지는 다음과 같이 말한다. "내 공동체의 핵심 그룹에게 있어서 창조성은 매우 중요하다. 우리들 대부분은 음악을 통한 창조적 일들과 연계되어 있다. 뿐만 아니라 우리는 예술가, 사진 기사, 디자이너 등등을 가지고 있다. 그것이 우리의 또 하나의 공동의 관심사라고 생각한다. 하나님께 영광 돌리기 위하여 그리고 우리가 누구인지, 우리가 무엇을 하는지 사람들의 관심을 끌기 위하여 창조성을 사용하는 것은 매우 중요한 것으로 생각된다. 그것이 우리가 사람들을 만나는 훌륭한 길이며, 우리가 그들에게 영향력을 미칠 수 있는 중요한 길이다. 우리가 사람들에게 영향을 끼칠 수 있다면 우리는 그들을 하나님에게로 향하게 할 수 있다."

몹스비(Ian Mobsby, Moot, London, U.K.)는 그리스도인들이 어떻게

소비 문화의 상징들을 재정의하여 이런 표징들을 하나님을 예배하는 데로 방향을 돌릴 수 있을까 하는 문제를 아래와 같이 밝히고 있다. 이렇게 한다면 교회는 문화의 가장 깊은 부분에 참여하며, 어떤 의미에서 교회는 성경적 전통을 지속적으로 고수하면서도 '대중적' 영성을 만드는 데 참여하게 된다.

> 창조성은 성령이 인도하는 예배의 핵심이다. 포스트모던 세계 속에서 기독교인으로서 열정적으로 살아가는 것이 중요하다. 그것은 물질 문화에 팔아넘기는 것도 아니요, 물질주의를 아무런 의심 없이 삶의 한 방식으로 수용하는 것도 아니다. 그것은 우리 문화 속에 있는, 하나님을 가리키는 기호와 상징들을 재정의하는 역성화(counter-sanctification)이다. 하나님은 문화 속으로 말씀하신다. 바람이 어디서 부는지를 추적하는 것은 우리의 책임이다. 그렇다. 그것은, 아무 생각 없이 공동체와 교회를 완전히 소비주의적 방식에 맞추는 것과 같은, 우상적 삶을 사는 것이 아니다. 그러나 우리는 소비 문화 속에서 살아가고, 그 안에서 움직이는 교회이다. 소비 문화 속에서 사는 것과 소비 문화에 동화되는 것 사이에는 차이가 있다. 그것이 핵심이다. 문화로부터 탈출하는 것을 거룩한 행위로 생각했던 청교도들은, 이 탈출을 통해서는 문화 속에 계시는 그리스도를 따르거나 신뢰할 수 없다는 것을 인정하지 않았다. 복음주의적 그리스도인들의 90%가 현대의 문화를 두려워했다는 여론 조사는 우연의 일치가 아니다. 이것은 회피다. 그래서 이머징 교회는 그 개선책으로 우리의 현재의 문화에 다시 참여하여 하나님이 이미 하고 계신 것들을 따라가려고 노력하고 있다.

도드리지는 다음과 같이 말한다.

> 우리들 중 몇은 엔스 디그리(Nth Degree)라고 불리는 그룹의 회원이다. 그 그룹은 대부분 음악에 종사하는 사람들로 구성되었고−다른 창조적 예술 영역에 종사하는 사람도 있다−이 그룹은 지역 그리스도인들을 위한 공동체의 장을 마련하기 위한 의도로 계획되었다. 그것은 우리 모두가 서로를 알고 있다는 것을 의미하며, 또한 우리가 서로 함께 일할 수 있고, 서로를 지원하고, 또한 웹디자인, 영상 기술, 비디오, 녹음 등과 같은 다른 사람의 재능을 사용할 수 있다는 것을 의미한다. 기독교적인 본머스(Bournemouth) 음악 무대가 가진 엄청난 요소가 있다. 그것은 하나님이 실제로 역사하시는 영역인 것처럼 보인다는 것이다. 그것은 우리가 사람들, 그것도 많은 사람들을 만나고 있다는 것을 의미한다. 그것은 하나님이 주신 창조성을 나누고 있음을 의미한다. 그리고 그것은 영향력 있는 사람들을 알고 우리 자신이 영향력 있는 사람이 되는 것을 의미한다. 그것은 정말로 좋은 일이다.

'우리를 위한' 그리고 '우리에 의한' 예배라고 해서 반드시 내관(inward looking)일 필요는 없다. 월러스는 다음과 같이 말한다. "대리적 예배(즉, '그들을' 위한 예배. 그들은 바깥 세상을 의미하며, 우리가 매일 만나는 도시와 사람들을 포괄하는 것이다)의 의식이 없다면 염려스러울 것이다. 우리는 우리의 예배가, 더 좋은 세상을 만들어 가는 삶을 살 수 있도록 자극하는 것이기를 원한다."

사람이 살아가는 상황을 진지하게 취급하기

대부분의 교회들이 외부에서 온 자료들에 의존한다. 전통적 교단의 경우에 자료들은 예식서나 찬송집에 들어 있다. 독립 교회나 구도자 교회들에 있어서 자료들은 사용 허락을 받아 이용할 수 있는 노래들로 구성되어 있다. 이머징 교회들은 상황을 진지하게 고려하는 토착적 형태의 예배에 더 많은 관심을 기울이고 있다.

존스턴(Si Johnston)은 다음과 같이 말한다. "예배와 선교를 반드시 전통적 방식으로 생각할 필요가 없다는 것을 아는 데 도움을 주려고 노력하고 있다. 선교의 혁신을 생각하고 있다는 것은, 항상 변하는 도시 생활의 상황을 우리가 끊임없이 고려하고 있다는 것을 의미한다. 로스앤젤레스처럼 런던의 삶도 거의 모든 면에서 끊임없이 빨라지고 있다. 문화가 여기서부터 추진되고 있다. 그래서 우리도 선교에 뒤처지지 않기 위해서 이것에 대하여 끊임없이 창조적으로 생각하기 시작하였다." 창조성은 문화에 긍정적으로 참여하는 것을 고려한다.

스칸드렛은 그리스도인들과 지역 예술가들을 위하여 '녹색 공간'이라는 환경을 만들었다. 스칸드렛은 설치 예술, 파티, 실험적 기획과 이벤트들을 지원한다. 그 그룹은 주말마다 예술 창고에서 예술 작업을 돕고, 밤마다 스튜디오 작업을 지원한다. 어느 날 밤은 도고와 조각을 특집으로 하였다. 또 어떤 때는 구성원들이 공공건물 벽에 기도문을 쓰고, 고속도로 아래 있는 헤로인 중독자들과 함께 식사를 하였다. 이 모든 행사들을 통하여 스칸드렛의 공동체 교회는 그들의 상황 속에서 하나님나라를 추구하고 있다.

손턴은 사역(Late Late Service) 초기 시절에 대안 예배 운동에 참여한 창조적 그룹과 대화하는 데 아무런 관심이 없었다고 보고하고 있다. 그는 셰필드의 나인 어클락 서비스(Nine O'clock Service)를 높이 평가하였지만 그것을 모방하고 싶은 생각은 없었다는 것이다.

"우리는 다름 아닌 바로 우리의 내적 여행을 외화(externalization)하고, [다른 사람의 것이 아닌] 우리 자신의 영성을 표현해야 할 것처럼 느껴졌다. 우리는 그때 어느 누구에게도 말하지 않았다. 각 대안 예배 그룹들은 그때 각자의 독립성을 유지하기로 단단히 결심하였다. 우리가 [모방이 아닌] 우리 자신의 창조적 행위를 시행할 때, 성령이 가장 분명하게 나타나게 되었다. 우리가 다른 사람이 하는 것을 했다면 진정성이 별로 없었을 것이다. 또한 별로 복음주의적이지도 못했을 것이다." 다른 말로 말하자면 진정성이 있기 위해서는 그들의 교회의 표현이 완전히 토착적이어야 한다고 믿었다는 것이다. 그들은 어떤 부류로 분류되는 것을 좋아하지 않았다.

테일러(Barry Tailor)는 다음과 같이 말한다. "우리의 예배는 당연히 창조적이었다. 우리는 함께 모여 영성에 대해 이야기를 나눴고, 우리가 섬기는 하나님에 관한 우리 자신의 경험의 현실에 초점을 맞추는 상황 음악(contextual music)을 만들었다." 그들은 많은 노래들을 작곡하고 시를 써서 그들 자신의 영적 여행을 묘사하였고, 또한 그 여행 중에 그들이 투쟁한 문제들과 질문들을 제기하였다. 그들의 예배는 지금 여기에서 일어난다. 다른 장소와 다른 시간으로부터 빌려온 것이 아니다.

트라이브 교회(New York)는 종종 파티를 여는데, 그 파티에서는 미첼(Kenny Mitchell)이 DJ를 맡는다. 그러한 분위기는 결국 그들 공동체 밖에 있는 사람들과의 접촉점을 만들어 내고 있다. NGM (Bristol)은 클럽 문화를 위한 DJ를 훈련시키는 특수 사역을 가지고 있다. 볼(Philip Ball)은 말한다. "시각적인 것과 관련하여 NGM의 DJ

들은 클럽에서 자신의 재능을 잘 발휘하고 있다. 부가하자면, 그들은 그림을 그리고 명상을 하며 춤을 춘다. 금요일 밤 10시에서 12시 사이에 학교에서, 이벤트에서, 록음악의 밤에서 우리의 많은 활동들이 행해지고 있다."

창조적 개작(Adaptation)하기

존스(Andrew Jones)는 창조성의 주제에 대해 유익한 통찰을 제공해 주고 있다. 그는 창조적 개작과 새로운 것의 창조(creation de novo, 독창적 사고나 이미지를 개발하는 것)를 구분한다.

> 우선적으로, 우리는 실제로 소비주의를 넘어 공-창조성(co-creativity)에 대해 말하고 있다고 말하고 싶다. 우리는 다른 사람의 창작적 활동의 소비자가 되기보다는 창조적 과정에 창조적으로 참여하고 싶다. 둘째, 창조성이라는 것이 항상 새로운 것을 창조하는 과정이어서는 안 된다. 우리는 후기-새로움의 세계(post-novelty world)에 살고 있다. 새롭게 창조되었다고 해서 더 귀중한 것은 아니다. 새로운 형태를 발명한다는 의미의 창조성은 부정적인 것일 수 있다. 발명과 자원은 과잉이다. 예를 들어, 아무도 지금까지 나온 것 이외의 또 다른 웹브라우저를 원하지 않는다. 아무도 PC, Mac, 리눅스에 또 다른 컴퓨터 시스템이 나오기를 원하지 않는다. 기존의 규격품들이 개선되고 성능이 향상되는 것이 훨씬 낫다. 새로운 실천들을 만들어내는 것보다 옛 실천, 고대의 실천들을 회복하는 것이 훨씬 더 낫다. 과거는 미래보다 더 낫다. 미래는 대단한 것이 아니다. 미래는 일어날 것이고, 지금 일어나고 있다. 그러나 과거는 보호되어야 하며 재발견되어야 할 귀중

한 자원이다. 우리가 이미 가진 형태 속에서 옛것을 오늘날 다시 살아나도록 만드는 것, 이것이 우리가 생각하는 창조성의 핵심이어야 한다. 우리가 새로운 형태를 만들 필요가 있다면, 만들면 된다. 그러나 새로운 것을 위한 새로운 것은 그저 모든 사람들에게 더 많은 혼란이며 더 많은 일이 될 것이다.

테크놀로지를 사용하기

어떤 공동체에서는 미디어가 예배의 주인이 되고 주인공이 된다. 손턴은 테크놀로지의 의미를 다음과 같이 밝히고 있다. "미디어는 개인 숭배를 피할 수 있게 해주었다. 우리는 4, 5개의 이미지들을 서로 나란히 배치하였다. 그것들은 분명한 반향을 가지고 우리에게 말을 걸었다. 이야기 주제와 함께, 예배는 역동적인 환경이 될 수 있었다. 이것은 우리 앞에 있는 예배 인도자를 능가하였고, 그 사람은 부차적인 사람이 되었다." 하지만 그는 테크놀로지가 보조적인 역할을 해야 한다는 것은 인정한다. "테크놀로지가 정지된다. 한 사람이 읽고, 행동한다. 이것이 우리의 인간됨(humanity)에 관한 것이다. 자기의 심중을 털어 놓았던 사람처럼, 특별히 더 중요한 것들이 있다."

손턴은 또한 테크놀로지의 부정적인 측면도 인정한다. "사람들은 테크놀로지 뒤에 숨어버릴 정도로 테크놀로지를 사용하고자 한다. 대안 예배의 최악의 측면은 밤 늦게까지 비디오 영상을 간드는 젊은이들이다. 그러는 동안 정작 그들을 필요로 하는 사람들과의 관계는 방치되고 만다. 그들은 사람들을 도우려는 데는 참여하지 않고 오로지 테크놀로지를 만드는 데에만 참여한다."

대중문화를 사용하기

손턴은, 아마도 모든 이머징 교회들에 공통적으로 나타날 수 있는, 예술가들과 전도자들 사이의 긴장을 다음과 같이 설명한다.

> 많은 사람들에게 있어서 예술은 자신을 정당화하는 행위이다. 이것이 스펙트럼의 한쪽 끝이다. 가치 있는 것이 되기 위해 예술이 꼭 사회 기능을 감당해야 하는 것은 아니다. 스펙트럼의 또 다른 한 쪽의 끝은 그 예술 작품을 수용하는 사람들 안에서 변화를 만들어내고 싶은 욕망, 즉 삶을 변화시키고 싶은 욕망이다. 예술가들은 '결과가 어땠어?' 라고 묻지 않는다. 고급 예술과 상업 예술 사이의 차이이기도 하다. 고급 예술가들은 예술이 표현되었다는 것만으로도 충분하다고 생각한다. 그러나 상업 예술은 목적을 달성했느냐에 관심을 갖는다. 나의 입장은 예배는 공적 사건이므로 다른 사람들이 당신이 말하고자 하는 것을 파악해야 한다는 것이다. 사람들은 예술가들이 표현하는 것에서 어떤 공통적인 경험을 하게 된다. 우리는 공통 경험의 종들이다. 회중이 당신이 하고 있는 것을 이해하지 못한다면, 당신은 정말로 그들을 섬기는 것이 아니다.

존스는 대중문화를 사용하는 것이 대중문화에 대한 수용뿐만 아니라 예언자적 비판을 포함한다고 설명한다.

> 당연히 문화의 도구를 사용할 수 있다. 예수는 분명히 끌이라는 도구를 사용했을 것이다. 그러나 물질주의를 수용하려는 문화의 경향에 대해 반대하고 예언자적으로 역전시키려고 할 수 있다. 이머징 교회 사람들은 이것에 주도적인 역할을 감당하고 있

다. 이머징 교회 지도자들은 아동 노동의 의심이 들면 물건 사기를 거부한다. 이머징 교회의 행사에서는 그들의 거룩한 장소에 유명 상표가 붙은 옷을 입고 오지 못하게 한다. 이 지역에서 이머징 교회의 관련자들은 전통적 교회를 병들게 한 소비주의와 물질주의를 다룰 때에는 그들의 부모 세대보다 훨씬 더 엄격하다.

은사를 사용하기

전 장(chapter)에서 탐구한 전적 참여는 창조성을 배양한다. 각자 자신의 은사들을 표현하고 발전시키도록 개개인들에게 권한을 부여한다면, 다양한 은사들을 더 다양하게 표현할 수 있을 것이며, 결국 그것은 창조성뿐만 아니라 주인의식을 가져오게 될 것이다. 이와는 대조적으로 획일성을 요구하고 사람들의 반응을 기존의 통로와 패턴으로만 축소한다면, 창조성은 좌절될 것이다.

영적 은사와 전교인 사역에 대한 책들이 쏟아져 나오고 있음에도 불구하고 교인들의 대다수는 여전히 하나님이 이디 주신 영적 은사들을 발견하지 못했으며, 하나님이 부르시는 사역의 장도 발견하지 못하였다. 이머징 교회들은 전적인 참여를 목표로 하고 각 사람의 분명한 기여에 감사함으로써 이 문제들을 해결하고 있다.

지도자들이 은사에 대해 더 넓게 그리고 포용적으로 생각할 때만이 창조적 잠재력은 실현될 것이다. 그리고 긍정과 정직한 평가를 제공하는 공동체에서 하나님이 주신 달란트를 표현할 기회가 주어질 때 창조적 잠재력은 개인들을 발전시킬 수 있을 것이다. 이머징 교회들은 그들의 행사 속에서 창조성을 위한 자리를 만든다. 이머징 교회들은 각 사람들을 격려하여 문화에서 소유하게 된 것을 예배 공간으로 가져오게 한다. 그렇게 하여 예배는 통합성을 갖게 되고, 교인들의 상황을 반영하게 된다.

결론

예수는 하나님나라를 시작하였다. 그리고 세상을 구원하는 데 참여하도록 자기를 따르는 자들을 초대하셨다. 이런 구원의 사역의 일부가 하나님의 아름다움의 사역에 동참하여 모든 것을 거룩하게 만드는 것이다. 우리는 하나님의 피조물로서 창조한다. 그리하여 우리는 예배를 하나의 선물로서 하나님께 돌려드린다.

이머징 교회들은 상상력이 번성할 수 있는 공간을 만든다. 예배는 중요하기 때문에 모든 사람들이 자기가 가진 모든 것, 자신의 세계에서 나온 모든 물질들을 드려야 한다. 기쁨이 넘치는 이러한 예배 집회는, 피조물들이 그의 창조자를 향하여 느끼는 사랑을 반영한다.

창조성과 참여 사이의 연계를 유지하는 것이 중요하다. 그렇지 않으면 창조성은 엘리트주의가 될 것이며, 재능을 갖고 있거나 자신의 기술을 연마할 기회를 가졌던 사람들에 의해 창조적이라고 생각되지 않는 사람의 권한이 빼앗기는 결과를 가져올 것이다. 그러한 관점은, 모든 사람이 한 창조주 하나님의 결과이며, 그러므로 모든 사람이 하나님의 형상으로 만들어졌다는 단순한 이유 때문에, 모든 사람이 어떻게든 창조적일 것이라는 신학적 논리에 근거한다.

모든 사람이 참여하는 창조적 예배 행위는, 일견 일상적으로 보이는 것을 가지고 하나님이 하실 수 있는 것에 대한 증거로 사회에 제시된다. 예배는 사회 공동체를 향한 신앙 공동체의 증언의 한 요소인데, 예배는 하나님이 소외된 인간성을 회복하시며 그 과정에서 하나님께서 아름다움과 창조적 에너지를 제공하신다는 증언이다.

교회 예배를 보면 일상화와 무기력 때문에 지루함이 발생한다. 창조적 공동체에 속하는 사람들은 그들 안에, 그들 가운데 계시는 성령의 현존으로 말미암아 재충전된다.

몸으로 인도하기 10

나는 좋은 CEO가 되고 싶지 않다. 좋은 CEO가 되려고 노력하는 동안 나에게 너무 많은 것이 요구될 것이라는 것을 깨달았다. 목회 역할에서 성공하려고 하지 않는 것이 나에 대해 가장 활력 있는 것이며 가장 좋은 것처럼 보였다. 또한 나는 설교 작성하는 것을 좋아한다는 것을 발견하였고, 설교할 수 있다는 것을 발견하였으며, 그리고 사람들이 나의 설교와 성경 공부와 나의 기도와 내가 하나님과 성경에 관하여 말하는 방식에 아주 흥미로워 한다는 것을 발견하였다. 교회는 단지 그렇게 할 만한 곳으로 보이지 않았을 뿐이다. 목회자가 되기 위하여 당신은 더 CEO적이어야 했고, 덜 신앙의 예술가이며 덜 신앙의 해석자이어야 했다.

블루(Debbie Blue, House of Mercy, St. Paul)

이전 장(chapter)들은 복음서에 제시되고 선포된 하나님나라의 복음의 성격을 탐구하였다. 이전 장들은 하나님나라의 메시지를 성/속의 분리의 극복과 연결시키면서 통합적 영성을 주장하였다. 그 장들은 이 땅위에 있는 하나님나라의 전조이며 동시에 하나님나라의 종(servant)인, 재생산적(reproducible)인 공동체들 속에서 하나님나라가 구현되어야 한다는 것을 보여주었다. 이런 공동체들은 다원주의 사회 속에서 환대에 참여할 필요가 있다. 전적인 참여와 창조성은 하나님나라의 새로운 삶을 진지하게 여기는 공동체에 요구된다. 리더십의 과제는 위에 말한 특성들을 창조하거나 이런 특성들을 배양하는 것을 돕는 것이다. 그것은 결코 작은 수고가 아니다. 분명한 것은 이런 각각의 실천은 식별력 있는 리더십, 곧 다중적(multitasking) 리더십을 요구한다는 점이다.

하나님나라와 리더십

하나님나라의 복음에 참여하는 것은 리더십의 문제와 직접적인 연관성이 있다. 모더니티는, 관료주의적이거나 맥도널드화된 방식으로 지배(control)를 다양하게 표현함으로써 리더십에도 영향을 주었다. 하나님나라를 닮으려고 노력하는 이머징 교회들은 리더십 형성에 있어서 모든 형태의 지배를 피한다. 이머징 교회들은 '리더 없는 그룹'이라는 아이디어를 실험한 바 있다. 그때 그들에게 있어서 리더십은 돕는(facilitative) 역할로 바뀌게 되었다. 그런 그룹에서 리더의 역할은 다른 사람들이 활동할 수 있는 자리를 만드는 것이다.

예수, 하나님나라, 그리고 모더니티

새 계약을 보면, 하나님나라에는 가장이 없다. 그곳은 홀로 하나님만을 위한 나라이기 때문이다. 예수는 하나님 아래 있는 모든 공동체의 머리이다. 몸의 지체됨을 통하여, 개 교회의 리더들은 리더십을 제공하며 목회의 전 영역을 돕는 역할을 한다. 이전의 모든 힘의 구조들은 하나님나라 앞에서 상대화된다. 그러므로 바로 그러한 하나님나라의 본질은 힘에 대한 모든 견해를 다시 탐구하게 한다.

모더니티 시대는 그리스도인들이 '하나님에게 참여한다'는 생각을 상실하였다.[1] 참여는, 그의 놀라운 능력으로 모든 실재에 명령하시는 자의적(willful) 하나님으로 대체되었다. 근대(modern)의 하나님은 더 이상 인간의 궁극적 선을 염두에 두지 않았다. 오히려 이 하나님은 그저 완전한 복종만을 원하는 하나님이었다.[2] 모더니티는 하나님을 힘으로 환원시킴으로써 선하고 아름다우신 하나님이 인간에게 참여하신다는 의미를 제거해버렸다. 근대 인간들은 무제한적 힘을 가진 이 하나님에게서 도망쳤다. 그들은 하나님이 그들에게 간섭할 수 없는 '도피처'(세속 영역)를 창조하려고 노력하였다.

근대 교회들은 이 근대적 하나님을 닮았다. 그들의 리더십은 힘과 지배와 권위에의 복종에 그 뿌리를 두고 있다. 교회가 하나님나라를 닮기 위해서는 교회의 힘에 대한 현재의 생각을 철저하게 바꿔야 한다. 교회는 모두가 결과에 영향을 미칠 수 있는 발언권을 갖는 합의적 과정으로 운영되어야 한다. 교회는 만인제사장직의 비계급적 제도를 통한, 평화로운 공동체를 보여주는 하나님의 아름다움을 닮아야 한다. 개인들은 변하여 그리스도의 몸의 지체가 되어야 한다.

리더들은 자신도 하나님나라를 추구하고 다른 사람들도 하나님나라를 추구하도록 해야 하는, 그러면서도 지배라는 모더니티의 기본적인 도구를 사용하지 말아야 하는 엄청난 도전에 직면하게 된다.

---

1) Jon Milbank/Catherine Pickstock/Graham Ward, "Introduction: Suspending the Material: The Turn of Radical Orthodoxy," in *Radical Orthodoxy: A New Theology*, ed. Jon Milbank/Catherine Pickstock/Graham Ward (London: Routledge, 1999), 1-20.

2) William Cananaugh, "The City: Beyond Secular Parodies," in *Radical Orthodoxy: A New Theology*, ed. Jon Milbank/Catherine Pickstock/Graham Ward (London: Routledge, 1999), 186.

로버츠는 다음과 같이 말한다. "내가 볼 때, 지배하는 리더십이 가진 난관은 결국 '모든 지체들에게 역사하시는 성령' 이라는 바울의 신학을 부정하게 된다는 점이다." 하나님나라에서 허락되는 유일한 도구는 비강제적인 도구들(평화적 합의 과정 안에서 작동하는 도구들)이다. 따라서 하나님나라 리더십의 유일한 합법적인 방식은 설득이다.

하지만 지배는 아주 기만적이다. '팀' '고객' '격려' 혹은 '종의 리더십' 이라는 용어들을 사용하는 것조차 단순히 하나의 조직 안에 있는 많은 지배의 영역을 감추기 위한 것일 수 있다. "목회자들은 보편적 제사장직에 대한 수사(rhetoric)를 넘어서야 한다. '모든 신자가 목사이다.' 당신은 1년에 가끔 강단에서 그것에 대해 설교할 수 있다. 그런데 여전히 강단에 있는 사람은 당신이다. 당신은 여전히 당신의 사무실에서 사람들을 만나고 있다. 사람들은 당신의 비서와 약속 날짜를 잡는다." 크리치(Alan Creech)의 견해에 의하면, "모든 관계에는 깊은 제도적 문제가 있다."

조직들이 끊임없는 변화의 한가운데 있지 않을 때—계속적인 변화를 추구하지 않는 현상이 제도 안에서나 문화 전반에 나타나고 있다—결정적인 문제가 되는 것은 바로 리더십이다. 어느 조직에서건 항상 문제는 리더십이다. 그러나 예측할 수 없는 시대에 기존의 리더들은, 새로운 현실에 더 이상 적용할 수 없는 기존의 운영방식을 버릴 준비가 되어 있어야 한다. 그들은 또한 새로운 도전들에 대처할 수 있는 새로운 통찰력과 기술들을 배워야 한다.

이 점에서는 교회도 예외가 아니다. 교회 역시 기존의 리더들을 재교육해야 한다. 특히 리더들이 지금 새롭게 등장하고 있는 변화에 맞지 않는 문화에 서 있을 때 리더의 재교육이 필요하다. 다른 종류의 리더의 역할을 감당할 수 있는 새로운 리더들을 세우는 데 교회는 앞장서야 한다. 이머징 교회 리더들이 이미 그 길을 가리켜 주고 있다. 그러나 동시에 새로운 리더들에게는 타당한 대우, 책임적 구조, 적합한 훈련들이 필요하다. 그래야 그들이 하나님나라에 저항하지 않고 하나님나라에 어울리는 사역을 해나갈 것이다. 다른 말로 하자면 그들이 지배적 통치가 아닌 합의와 설득에 의해 공동체를 인도해 나갈 수 있을 것이다.

어떤 사람들은 만인 제사장직의 모델로서 초대 교회의 실천을 꼽는다. 반면 몹스비(Ian Mobsby, Moot, London)는 참여의 신학적 뿌리에 관한 자신의 생각을 다음과 같이 설명한다.

> 그것[참여의 모델]은 삼위일체에 대한 이해에서 시작한다. 삼위일체는 상호 포용적이고 서로 봉사하는 삼위 하나님의 공동체이다. 거기에는 군주적 구조가 없다. 우리는 이 삼위일체론적 관점을 모델로 삼고자 한다. 그리하여 우리는 모든 사람들로 하여금 발언할 수 있고, 결정하는 데 도움을 줄 수 있는 능동적 공동체 방식을 가지려고 노력하며, 또한 사람들이 자유롭게 떠나고 참여할 수 있는 액체 공동체(fluid community)를 만들려고 노력하고 있다. 봉사는 매번 다른 사람들에 의하여 일어나며 시행되고 있다. 성공회 집사인 나는 결정을 조언하는 역할과 신학적 문제나 다른 문제들을 제기하는 역할을 갖고 있다. 그러나 결정하는 것은 다름 아닌 그룹 자체이다.

몹스비가 리더십의 규범적 형태의 뿌리를 하나님나라나 만인제사장직과는 반대가 되는 삼위일체에 두고 있지만, 모든 사람들에게 목소리를 낼 수 있게 한다는 처방은 똑같다. 비군주적 공동체에서는 모든 구성원들이 결정하는 데 도움을 주고, 번갈아가면서 공동체를 인도한다. 이것이 모더니티가 가진 지배와 억압적 경향에 대한 대안적 행위이다.

이머징 교회에 있어서 핵심 문제는 모든 지배 시스템을 용해시키고, 하나님나라의 패턴에 따라 협동의 문화를 다시 건설하는 것이다. 이머징 교회의 리더들은 이 시대의 이 문화 속에서 예수의 삶을 어떻게 표현해야 하는가를 묻는다. 이 질문은 교회 구조 자체에 대한 질문이 아니다. 훨씬 더 근본적으로 그 질문들은 하나님나라에 대한 질문인 것이다. 하나님나라가 적절한 우선권을 가진 후에만 교회의 구조에 대한 문제를 논의할 수 있을 것이다. 이머징 교회들이 하나님나라를 평등화의 힘으로 얼마나 많이 사용하느냐 하는 것이 그들의 공동체의 궁극적 형태를 결정한다.

숨 막히는 지배에서 창조적 자유에로

이머징 교회 리더들은 군주적 리더십 이해에 반대한다. 그 이유는 군주적 리더십이 필연적으로 사람들과 창조성을 숨 막히게 한다는 신념 때문이다. 월러스는 비전 교회의 리더십 이해가 어떻게 바뀌었는지 다음과 같이 설명한다.

> 초기에 우리 교회는 아주 군주적 교회였다. 우리는 나인 어클락 서비스(Nine O'clock Service, 약어로 NOS)가 조직한 리더십 방식을 그대로 도입하였다. 그래서 우리는 사람들에게 음악이나 영상 그룹과 같은 여러 그룹들을 책임지게 하였다. 그랬더니 이 사람들이 그룹 리더들에게 책임을 떠넘겼다. 우리는 즉시 이것을 바꿨다. 이것이 어떤 일을 처리하는 건강한 방식이 아니라는 것을

깨달았기 때문이다. 우리는 그것이 창조성을 질식시키고, 사람들을 억압한다는 것을 발견하였다. 훨씬 더 많은 공동의 리더십을 가지고 있고, 더 자유롭고 더 건강하게 생각하는 다른 대안 예배 그룹들도 우리들에게 자극을 주었다. 그래서 어떤 의미에서 보면 우리의 구조는 NOS에 반대하여 나타난 구조였다. NOS는 억압적인 목양으로 완벽한, 가정 교회의 가장 나쁜 예(example)처럼 구조화되어 있는 조직이었다. 그러나 우리가 리더십의 다른 모델을 실험한 것 역시 교회됨의 더 나은 방식을 만들려는 우리 여행의 일부였다.

이머징 교회들은 군주적 형식이 아니라 네트워크 형식을 띠고 있다. 보이드(Joe Boyd, Apex, Las Vegas)는, 아펙스 네트워크에 가입되어 있는 가정 교회는 어느 교회든지 언제든지 아펙스 네트워크를 탈퇴할 수 있다는 점에서, 아펙스는 비군주적이라고 주장한다. 트라이브(Tribe) 공동체가 속한 회중 교회 네트워크는 회중 교회 회원들에게 각자 고유한 규약을 만들도록 권고하고 있다. 그 네트워크는 만인 제사장직을 강하게 변호한다. 그 네트워크는 또한 글로벌 교회(global Church), 전 세계의 토착 교회를 인정한다. 그 네트워크는 비군주적이다. 교회들이 이 네트워크를 통하여 세계의 여러 다른 곳에 있는 지체들과 연결되어 있다.

리더의 비전에서 모든 사람의 비전으로

이머징 교회 지도자들은 교회가 시행하는 비전 만들기의 방식을 근대 지배 시스템의 표현으로 본다. 세실은 다음과 같이 말한다.

> 현재 미국과 대형 교회에서 집단적으로 벌어지고 있는 사명/비전 선언 과정을 우리는 바람직하지 않다고 생각한다. 왜냐하면 공동체는 사명(misson)으로 정의할 수 있는 것이 아니라 관계로 정의할 수 있기 때문이다. 우리는 관계 때문에 존재한다. 그래서 우리는, 소수의 지도자들에 의해 결정되고 조직을 통해 추진되어 내려오는 독단적인 사명보다는, 관계를 유지할 수 있는 능력을 우리의 성공의 기준으로 삼는다. 우리는 짐 콜린스 방식의 초점[Good to Great[3]에 나오는 한 예]에 부정적으로 반응하는 경향이 있지만, 사명과 비전이 여전히 영향력이 있다는 것을 이해한다. 사람들은 꿈과 희망을 갖는다. 그래서 우리는 사람들의 꿈과 희망을 분명하게 표현하는 과정을 통하여 공통적인 것을 보게 한다. 그리고 그 다음에 어떤 자료들을 수용해야 하는지는 지도부가 결정한다. 실질적으로 우리는 사명과 비전을 항상 창조하고 있다.

이머징 교회의 지도자들은 비전 선언문이 작성되는 방식이 결국에는 기계적이고 축소주의적인 것으로 생각한다. 파깃은 다음과 같이 설명한다.

> 우리가 사명 선언문을 가지고 있지 않은 이유는 그 사명 선언문이 너무 길어질 것 같아서이다. 새로운 사람들이 매주 들어오는데 그때마다 사명 선언문이 바뀔 것이다. 이것이 공동체가 존

---

3) Jim Collins, *Good to Great: Why Some Companies Make the Leap……and Others Don't* (San Francisco: HarperCollins, 2001).

재하는 이유이며 이것이 우리가 하고 있는 일이라고 말하는 사람이 있다면 사명 선언문과 비전 선언문은 잘못된 것이다. 왜 그런 선언문들이 그렇게 축소주의적이어야 하는지 이 사람들에게 묻고 싶다. 왜 이 한 가지를 하기만 하면 되는가? 대부분 비전 선언문들은 훌륭한 생각들을 담고 있다. 그러나 그 선언문들은 실제로 어떤 비전도 만들어 낼 수 없다. 이 선언문들은 그저 기계적일 뿐이라는 생각이 든다. 그 선언문들은 인간성에 대한 근본적인 오해를 가지고 있다. 우리는 어느 한 가지를 위해 부름 받은 존재가 아니다. 한 사람이 다른 모든 사람들을 대신하여 계획을 짤 수 없다.

이머징 교회 지도자들은, 하나님나라가 그 과정에서 방해되지 않는다면, 모든 사람들이 비전 선언문을 만드는데 참여할 수 있다면, 그리고 성령이 그 과정에 역사하신다면, 비전 선언문에 반대하지 않는다. 에반스는 성령이 공동체에 말씀하고 계시는 것을 담는다면, 사명 선언이나 비전 선언을 표명하는 것에 아무런 문제를 삼지 않는다. 사람들이 비전 선언문을 만드는 데 참여할 수 있다면, 비전 선언문에 반대하지 않는다. 크리치(Alan Creech)는 다음과 같이 말한다. "비전/사명 선언문의 가치는 얼마나 이런 것들에 비중을 두느냐에 달려 있다. 내가 2000년에 작성해 놓은 것들이 여전히 남아 있다. 그러나 그것은 진화하였다. 역사하시는 분은 성령이다. 나는 모든 것을 알지는 못한다. 우리는 나가고 있다. 그리고 우리는 가면서 끊임없이 듣는다."

강력한 그룹 리더에서 리더 없는 그룹으로

많은 이머징 교회들이 리더 없는 그룹이라는 아이디어를 실험해 왔다. 레이트레이트서비스(Late Late Service, Glasgow, U.K.)는 리더 없는 그룹으로 조직한 첫 번째 교회였다(1991). "리더 없는 그룹이라는 생각은 부분적으로 글래스고의 레이트레이트서비스에서 온것이었다. 그 교회는 스코틀랜드 장로교회의 모델을 반영한, 엄청나게 민주적인 교회였다. 그리고 리더 없는 그룹이라는 생각은 부분적으로 그것을 세운 사람들의 포스트모던 문화에서 나온 것이었다" (Paul Roberts).

어떤 사람들은 리더 없는 그룹의 뿌리를 더 멀리 거슬러 올라가는 것으로 보기도 한다. 존스(Andrew Jones)는 말한다. "리더 없는 그룹의 형태가, 종교개혁 시대의 모델보다 더 상호 관계적이었고 더 참여적이었던 성경 시대와 고대 시대의 교회의 예배 형태와 많은 유사점이 있다고 확신한다. 그러나 직접적으로 연결시키자면, 그런 생각의 상당 부분은 1960년대의 저항 문화에서 왔다고 생각한다. 이머징 교회의 거의 모든 요소들의 뿌리를 거기에서 찾아볼 수 있다."[4]

아마도 리더 없는 그룹이라는 생각의 또 다른 근원은, 지배라는 근대적 형태에 대한 포스트모던의 비판이었을 것이다. 콜린스는 그런 생각이 "포스트모던 철학과 그것의 권력 구조의 해체" 에 그 뿌리를 두고 있었을 것이라고 추론한다. 그에 따르면, "교회를 포스트모더니티 속에서 다시 상상하는 것은 곧 그것을 받아들여야 하는 것과 같았다."

4) 예수 피플 운동(Jesus People Movements)이 공동체에나 사회 봉사에 강하게 나타나 있지만, 그 운동은 성과 속의 이분법을 극복하지 못했다. 그러므로 그 운동은 이머징 교회의 범주에 맞지 않는다.

이머징 교회에 나타난 리더 없는 그룹의 다른 뿌리는 지배적 리더에 대한 과거의 경험에서 온 것이었다. 베이커는 "그것은 부분적으로는, 사람들이 두 번 다시 경험하고 싶지 않은, 아주 강력하게 발휘된 복음주의적, 카리스마적 리더십 때문이기도 하다" 고 말한다.

콜린스는 여기에 다음과 같이 덧붙인다. "새로운 교회를 실험하고자 했던 사람들은 재빨리 교회의 기존의 권력 구조에 저항하였다. 아마도 이렇게 되면, 기성 세력들은 저항을 허락하지 않거나, 일단 시작되면 제거하려 하거나, 도대체 무엇이 문제인지 이해하려고 하지 않거나 할 것이다. 그래서 전 영역의 권력이 직접적으로 문제가 되었다. 그것은 단호한 입장을 취하거나 재고해야 할 어떤 것이었다. 그래서 무엇인가를 하기 위하여 둘러싸고 있던 것을 뚫고 나온 사람들은 그들의 경험 때문에 과격하게 되었고, 다른 사람들에게는 같은 방식으로 행동하려고 하지 않았다." 어느 한 리더가 문화를 잘 이해하고 있다 하더라도, 강력한 카리스마를 가진 리더이면 일단 경계한다. 그리고 그렇게 하는 것을 이해할 수 있다.

몹스비는 다음과 같이 설명한다. "영국 성공회가 NOS의 지도자에게 안수를 하자, 그들은 전면에서 강력한 리더십을 보이는 많은 복음주의적 형태와 같은 스타일의 리더십을 모델로 삼았다. 이것이 마침내 리더십의 붕괴를 가져왔다. 강력한 리더십 스타일은 개인 숭배와 도덕적 타락을 가져오게 되었다. 그렇게 많은 기대와 함께 출발한 한 그룹의 몰락은 모든 교회에 많은 교훈을 주었다." 그것은 책임에 대한 요구를 뒷받침하였다. 이머징 교회들은 카리스마적 리더의 무제한적 힘과 닮아 있는 것들을 경계한다. 현재의 많은 지도자들이 1980년대 말에 쏟아져 나온 카리스마적 교회에서 나왔다는 것을 전제로 한다면 이머징 교회가 카리스마적 리더들을 경계하는 것이 놀랄 일은 아니다.

리더 없는 그룹의 뿌리는 동등한 사람으로 대우받고 존중받고자 하는 욕망만큼이나 단순할 수 있다. 베이커는 다음과 같이 말한다. "사람들은 성인들이고, 그들이 어떻게 운영하는지 합의에 이르고자 한다." 예를 들어 레이트레이트서비스는 다섯 명의 박사학위(Ph.D.)를 가진 매우 지적인 그룹이었다. 설립자인 손턴에 따르자면, 용인할 수 있는 유일한 의사 결정 방식은 리더십을 공유하는 것이었다. "리더십의 공유가 대부분의 사람들을 행복하게 해주었다."

리더 없는 그룹의 뿌리가 무엇이든, 스코틀랜드 장로교회든, 1960년대이든, 포스트모던적 해체이든, 지배하는 카리스마적 리더에 대한 반작용이든, 존중받고 싶은 욕망이든, 그 무엇이든 간에, 이머징 교회 안에 있는 몇몇 사람들은 리더 없는 그룹을 수용하는 것은 너무 멀리 가버릴 수도 있다고 믿는다. 브레윈에 따르면 "몇몇 사람들은 상당히 반리더십적(anti-leadership)이다. 내가 생각건대 그것은 아기들이 목욕물을 경험하는 정도의 빈약한 경험에 대한 반응이다."

로버츠는 리더 없는 그룹에서 배운 교훈을 다음과 같이 회상한다. "나는 지금 좀더 나이를 먹었다. 그래서 확신하건대 리더 없는 그룹을 위해 노력하는 것은 아무런 의미가 없다는 것이다. 우리가 리더십에 대해 좀더 분명한 이해를 가지고 있었다면, 레즈넌스(Resonance) 교회는 지금 훨씬 더 많은 사건들을 보고 있을 것이라고 나는 생각한다. 왜냐하면 내가 리더십을 세워서, 나의 직무가 바뀌기 전에 그것을 전해 주었을 수도 있었기 때문이다. 리더십에 대한 우리의 생각이 별반 효과가 없었다. 그것은 적절하게 발전하지 못했다. 결국, 실질적인 리더들과 그들의 각성에 대한 지속적인 지원이 부족했고, 그래서 봉사를 하지 못하는 일이 일어나게 되었던 것이다."

손턴 역시 리더 없는 모델에 대해 다음과 같이 자아 비판을 하고 있다. "내가 또 다른 그룹을 시작해야 한다면, 나는 분명히 다른 리더십 모델을 사용할 것이다. 우리 그룹과 같은 평등한 그룹에서 한 유력자가, 누가 무엇을 말해야 하는지, 그날 밤 최종 예배문으로 무엇을 읽고 무엇을 인쇄할 것인지 표명한다. 그 그룹은 일곱 명의 작곡가들이 있었는데, 그들은 '좋은 시라고 말할 권리를 누가 너에게 주었지?' 라는 질문을 하면서, 서로에게 이의를 제기하였다. 우리에게는 이심전심의 리더십이 있었지만 그것은 건강하지 못했다."

헌터(Todd Hunter) 역시 모든 사람들의 참여는 좋아하지만 리더 없는 그룹에 대한 아이디어는 좋아하지 않는다. 그는 모든 사람이 참여한다는 것이 반드시 인정된 리더가 없다는 것을 의미하지는 않는다고 생각한다. 그는 묻는다. "리더를 인정하면서도, 립서비스 이상의 복음을 전하는 것이 가능한가? 일단 교회를 적절한 위치에 놓기만 하면, 거기에는 리더십이 있어도 될 것이다." 그는 중요한 질문을 제기한다. "하나님나라가 작용한다면, 공동체가 그 뒤에서 하나님나라를 지원한다면, 그 공동체는 리더를 가져도 되는 것이 아닌가?"

리더 없는 그룹들이 리더를 반대하는 것은 아니다. 그들은 단지 리더십이 굳어 있지 않아야 하며, 모든 사람들이 목소리를 가지고 있어야 하고, 지명되거나 임명된 리더가 없어야 하며, 리더십이 유연하여 옳은 사람들이 옳은 것을 인도해야 한다는 것을 옹호할 뿐이다. 리더 없는 그룹에도 리더 역할을 하는 사람들이 있다. 누가 리더인지는 해결해야 할 과제에 따라 다르다. "나는 '리더 없는' 이라는 단어를 좋아하지 않는다. 모든 것들이 어느 면에서는 인도(lead)되고 있기 때문이다. 모든 조직이나 운동이 인도(lead)된다. 마치 새떼처럼, 그러한 리더십은 정적이라기보다는 동적이다. 그리고 그러한 리더십은 끊임없이 적절한 때에, 적절한 장소에서, 적절한 사람에게 전달된다"(Andrew Jones). 소위 리더 없는 그룹들은 먼저 하나님 나라를 바르게 세우려고 노력한다. 그리고 그 다음에 리더십에 대해 말한다.

자발성에 근거한 리더십에서 은사에 근거한 리더십으로

어떤 리더십의 형태는 권장할 만할 뿐만 아니라 필요하기도 하다. 한 그룹의 구성원들이 일정 시간 함께 모일 때마다, 어떤 사람이 리더로 나타난다. 한 개인이 자동적으로 인도할 수도 있고, 특수 상황에 따라 리더십이 바뀔 수도 있다. 동일한 개인이 모든 상황에서 적절하거나 효과적인 지도자가 될 수는 없을 것이다. 그것이 이머징 교회의 큰 차이점이다.

이머징 교회에 참여하고 있는 사람들 사이에서 일반적으로 주장되고 있는 여론은, 리더십은 은사에 따른다는 주장이다. 모든 일을 위한 한 지도자는 그들에게 더 이상 존재하지 않는다. 브레윈은 말한다.

> 나는 리더십을 믿는다. 사람들은 지도가 필요하다. 그러나 힘과 아무 관계가 없는 리더십 모델을 찾아야 한다. 우리가 복스(Vaux)에서 지금까지 해왔던 가장 유익한 것 중의 하나는, 사람들이 한 그룹 상황 속에 어떤 역할을 자연스럽게 감당하는지 확인한 것이었다. 어떤 사람은 정말로 번뜩이는 아이디어를 내는 데

탁월하다. 또 어떤 사람들은 그 아이디어를 완성하는 데 탁월하며, 또 어떤 사람들은 네트워크에 탁월하다. 중요한 것은, 성공적인 팀을 갖기 위해서는 이 모든 은사들이 제대로 기능하게 해야 한다는 점이다. 예배를 위한 아이디어 회의의 열기 속에서도 전형적으로 거의 아무 말도 하지 않고 있다가, 저녁 무렵에 모든 것을 수집하여 어쩌면 혼란스러운 아이디어에 불과할 수도 있는 것을 합리적으로 정리해 내는 사람들이 있다. 우리는 항상 그들의 말을 참고로 한다. 그들이 얼마나 자료들을 잘 뽑아내는지 놀랍기만 하다.

은사에 기초한 리더십은 다른 사람들과 자리를 교대할 것을 요구한다. 이것은 다른 사람들의 은사와 리더십의 권위와 잠재성을 인정하는 것일 뿐만 아니라 자신의 한계를 인정하는 것을 의미한다. 한 사람이 이것의 리더가 되고, 다른 사람은 다른 것의 리더가 된다. 파깃은 다음과 같이 말한다. "어느 누군가는 항상 책임을 맡고 있다. 그러나 그 사람이 동일한 사람은 아니다. 어느 누군가가 어떤 일의 리더라고 해서, 그 사람이 모든 일의 리더가 되는 것은 아니다. 마치 합창과 같다. 그것은 과제 중심적이지 결코 지위 중심적이 아니다."

그레이엄(Rob Graham)은 "리더십은 특정한 시간에 무엇이 진행되고 있는지 무엇을 성취하려고 하는지에 따라 달라진다"고 말한다. 은사를 존중하고 긍정한다면 리더들은 서로 바뀔 수 있다. 서튼은 개인적 모범을 보이는 데 전념하고 있다. "함께 참여하도록 사람들에게 적극적으로 권고하고 있다. 우리는 교대로 리더가 된다."

일단 은사가 발견되면, 그러한 은사를 가진 사람들은 일정 영역에서 리더가 되는 것을 기대할 수 있다. 도드리지는 다음과 같이 말한다.

> 서로의 은사와 강점 분야를 탐구하고 또 하나님이 주신 그들의 능력을 사람들이 계발하도록 돕는 것이 서로에 대한 우리의 책임의 일부이다. 강점 분야를 확인한 후에, 사람들이 그런 영역에서 리더십을 발휘할 수 있기를 기대할 수 있다. 예를 들어 우리 공동체에 부부가 있었다. 그들은 특히 예언자적인 자질을 가지고 있었다. 그래서 우리는 그들이 그 은사를 계발할 수 있도록 투자하고 있다. 그들은 역으로 예언적으로 리더십을 발휘하는 것을 돕고 있으며, 예언적인 일을 통하여 우리를 권고하고 있다. 교사, 사도, 전도자, 목사 등도 마찬가지다. 사람들이 자연스럽게 어떤 분야에 장점을 지니고 있다는 점에서 자연적 리더들이 나타난다.

은사들을 발휘할 수 있도록 허용이 될 때 그 은사 분야의 리더들이 자연스럽게 나타난다.

리더가 하나뿐이면 부분적인 형태의 기독교를 만들어낸다. 공유된 은사의 풍성함을 제공하지 못한다. 파깃은, 그리스도의 몸이라는 교회의 참된 본질을 실현하는 데 리더십의 공유와 다양한 은사의 리더십이 필수적이라고 본다. "전문 목회자인 나는 나 혼자의 힘으로 실현해 나가고 싶은 그런 종류의 기독교에 도달할 수 없다는 것을 깨달았다. 나는 나를 도와주는 다른 사람들이 내 주변에 필요했다." 은사 있는 많은 리더들을 갖는 것은, 공동체가 풍성해지고 생동력이 넘치게 되는 것과 같다고 볼 수 있다.

지위에 근거한 리더십에서 열정에 근거한 리더십으로

이머징 교회에 있어서 가장 정열적인 사람들이 결국 리더가 된다. 그들의 리더십은 열광적이고도 헌신적인 참여를 보여주는 그러한 리더십이다. 도드리지는 다음과 같이 구별한다. "나는 중심과 주변에는 차이가 있다고 생각한다. 대의에 아주 헌신적인 사람들이 있다. 그들은 공동체 교회의 이념에 헌신하며, 연관된 사람들에게 헌신한다. 나는 이런 사람들이 뭔가 일이 끊임없이 되게 하는 사람들, 즉 주동기 부여자(main motivator)라고 생각한다. 그들은 동기를 부여하는 주도권과 능력을 가지고 있기 때문에, 대부분 결정하는 일을 떠맡는다. 왜냐하면 그들은 어떤 일들을 성취해내는 사람들일 뿐만 아니라 그 결정들이 다른 결정에도 영향을 미치는 사람들이기 때문이다."

그녀는 그것이 모든 사람들의 헌신을 높은 수준으로 끌어올리려는 노력이라는 것을 인정한다. "또한 공동체 교회에 대한 생각에 관심을 갖고 우리가 하는 힘든 일에 동조하는 사람들이 있다. 그러나 그들은 대부분 여전히 수동적이며 뒤로 물러나 있는 사람들이다. 그들은 공동체 교회에 완전히 수긍하는 사람들이 아니다. 단순히 우리들 주변에 있으며 우리와 함께 관계를 맺음으로써 우리와 연계되어 있는 사람들이 있다."

가장 열심히 일하는 사람들, 가장 적극적인 사람들은 리더들이다. 로버츠는 "레즈넌스(Resonance) 교회에서의 리더십은 '너의-엉덩이를-들고-일어나라-정책' (a get-off-your-ass-ocracy)에 근거하여 작동되었다(즉 준비되어 자신의 특기를 발휘하는 사람들은 일의 진행에 있어서 결정권을 얻었다)" 고 말한다. 도드리지는 이에 동의한다.

리더십은 적극성과 관계가 있다고 생각한다. 분명한 리더로 등장하는 사람들은 대부분 공동체의 발전을 위한 열정을 보여주며, 실제로 그것을 위해 노력하는 사람들이다. 함께 모여서 공동체에 대해 대화를 나누고 우리를 위해서 기도하며, 지금 일어나고 있는 여러 일들을 조정하려는 몇몇 사람들이 있다. 그들 중 두 사람은 이미 과거에 다른 회중 교회에서 리더의 역할을 맡았던 사람들이다. 우리들 중 몇 사람은 공동체 안에서 일어나는 우리의 관계에 더 많은 신경을 쓰면서, 공동체가 어떤 형태를 가져야 하는지에 대해서는 아무런 관심이 없다. 그런데 또 어떤 사람들은 교회의 한 형태로서의 공동체 자체에 정말로 관심이 많다. 그리고 그들은 다른 사람들이 그것을 붙잡기를 원한다. 후자의 사람들은 공동체를 만들고 발전시킴으로써 더 많은 역할을 감당하는 경향이 있다.

지위에 근거한 권위에서 업적에 근거한 영향력으로

한 그룹과 함께 좋은 결과를 남기는 지도자들은 상당한 영향력을 끼치는 지도자들이다. 복스 교회에는 지도자들이 어떤 공식 명칭을 가지고 있지 않다. 다만 잘 섬기는 사람들이 그룹 구성원들에 의해 리더로 인정받는다. 브레윈은 다음과 같이 묘사한다.

> 당신은 아마존 숍(Amazon z-shop)이나 이-베이(E-bay)에서 뭔가를 구매해 본 적이 있으리라고 생각한다. 그런 사이트에 있는 고객들의 반응 평점 시스템은 우리들에게 중요한 것을 말해 준다는 것이 리더십에 대한 나의 견해이다. 우리는 우리가 좋아하는 어떤 사람들에게 구매할 것을 결정할 수 있다. 그러나 우리는 기존의 신용도와 좋은 서비스를 가지고 있는 사람들에게 구매하는

> 것을 더 좋아할 것이다. 마찬가지로 복스 교회는 명기된 리더십은 없지만, 무언의 신용/공적 시스템은 가지고 있다. 그 시스템은 지속적인 헌신을 보여 온 사람들의 생각에, 그리고 좋은 결과를 낸 성적을 가지고 있는 사람들의 생각에 더 많은 비중을 두게 되어 있는 시스템이다. 비정상적인 나이 많은 사람에 의해 경로를 이탈하는 예술가들의 개방된 공동체가 실제로 되는 것을 막기 위해 이런 시스템이 필수적이라고 생각하게 되었다.

콜린스는 브레윈의 말에 동조한다. "한 그룹 사람들은, 단순히 공식화된 지위가 아니라 오히려 존중받을 만한 가치가 있는 리더들을 중요하게 생각한다. 리더들의 지위는 그 그룹에 의해 주어지는 것이지, 리더 자신이 취하거나 어떤 기관이 부여하는 것이 아니다."

중요한 것을 말하는 사람들은 다른 사람들이 그들의 말을 경청해 주는 사람들이다. 이 모델은 개방적인 모델이기 때문에 배제의 미묘한 형태를 숨길 수도 있다. 조니 베이커는 다음과 같이 말한다. "우리는 열린 과정을 가지고 있음에도 많은 개인적 힘을 유지하는**(즉 그들의 말이 먹히고, 그들의 힘을 행사하는)** 사람들이 있음에 대해 여러 번 논의하였다. 흔히 이것은 조사하고 거명하기가 어려운 일이다. 그러나 그것은 위험이다. 때로 우리는 우리가 이것 때문에 의사 결정 과정을 숨기는 위험에 있었는지 궁금했다. 그러나 우리가 그런 과정에 관하여 토론을 지속하는 한 문제는 없다는 것이 내 예감이다."

월러스도 이에 동의한다. "예배에 있어서도 항상 힘의 문제가 따른다. NOS가 공식적으로 붕괴되고 리더십 팀들이 권력을 남용한 것이 드러난 후에 우리는 이것에 저항하는 방향으로 대응하였다. 우리는, 우리의 공동 의사 결정 과정에서조차, 조용한 사람들을 침묵시키고 다른 사람들을 조작하는 일이 결코 없도록 집단 역학 카운슬러를 초빙하여 우리와 함께 일하게 하였다. 우리는 한동안 조작적(manipulative)이 될까 두려워 리더십 결정 과정에 신중하였다. 시간이 지나면서 이런 두려움이 사라지게 되었고, 지금은 아주 건강한 방식으로 비전(Visions) 교회를 운영하고 있다."

폐쇄적인 리더십에서 열린 리더십으로

매클루어는 다음과 같이 말한다. "일반적인 초대에 응한 사람들은 누구나 리더가 될 수 있었다. 지도자의 일원이 되고자 하는 사람들은 누구나 올 수 있었다. 모임은 개방되어 있었다. 남자 네 명, 여자 두 명, 모두 여섯 사람이 지도부에 위임되었다. 우리는 조직을 반대하지 않는다. 다만 건강한 조직을 찬성할 뿐이다." 파깃 역시 매클루어의 말에 동의한다. 솔로몬의 포치(Solomon's Porch) 교회에서 지도부는 누구에게나 열려 있다. 캘리포니아 주의 산타 모니카에 있는 생츄어리(Sanctuary) 교회도 마찬가지다. 오는 사람은 누구든지 일원이 될 수 있다. 테일러의 보고에 의하면, 너무 많은 목소리를 가지는 것에 내포된 위험이 배제되는 것의 위험보다 훨씬 덜하다고 그들은 느낀다.

영국 버밍햄의 파이퍼(Pip Piper)는 처음 온 사람들에게도, 수많은 경험을 가진 사람들에게도 지도부를 열어 놓고 있다. "지도부는 유기적이고 열려 있다. 모든 사람들은, 여러 해 동안 나 자신처럼 다른 사람들과 관계를 가지고 있든 아니면 여기에 딱 두 번 왔든, 다음 모임을 만드는 것을 돕거나 지원하고 참여하는 데 동일한 접근과 동일한 목소리를 가지고 있다."

트라이브 교회에 있어서, 분리된 지도부 모임에 대한 아이디어는 저주였다고 맥스파란은 말한다. "다른 일을 하는 사람들은 항상 있을 것이다. 그러나 특별한 리더 그룹으로서 사적으로 만나는 어떤 사람들을 갖는 것은 우리가 원하는 것이 아니다. 리더 모임에는 누구나 초대된다. 비밀이 없다. 어떤 그룹도 따로 만나 다른 모든 사람들을 위해 계획하지 않는다."

미-채프먼(Mee-Chapman)은 오즈의 마법사[5]에 나오는 도로시를 리더십의 모델로 삼았다. "어울리고 싶은 사람은 누구나 어울릴 수 있다. 종말론은 오즈(Oz), 하나님나라이다. 나는 다만 노란 길을 따라 되돌아가도록 그들에게 말해 주는 방법만을 알 뿐이다. 나는 지금 리더가 되는 것이 무엇을 의미하는지 숙고하고 있다. 지도부는 완전히 열려 있다. 와 있는 사람들 중에 더 나은 지도자가 있을 수는 있을 것이다. 내 사명은 단순히 그들이 노란 길 위에 있는지를 확인하는 것뿐이다."

리더 중심의 의제 설정에서 회중 중심의 의제 설정으로

많은 이머징 교회에서 리더십은 명시적이기보다는 암시적이다. 다른 말로 말하자면 리더들은 공동체의 인정과 확증을 통하여 자연스럽게 나타난다. 아무도 공식 직함을 가지고 있지 않는 것은 있을 수 있는 일이다. 레이트레이트서비스(Late Late Service Glasgow, U.K)에서는 아무도 어떤 일을 하도록 배정되어 있지 않았다. 모든 사

---

5) Brian D. McLaren, "Dorothy on Leadership, or How a Movie from our Childhood Can Help Us Understand the Changing Nature of Leadership in the Postmodern Transition," *Rev. Magazine* (November/December 2000),www.emergentvillage.com/downloads/resources/McLaren/DorothyonLeader ship.pdf (2005년 6월 2일 접속).

람이 자원자들이었다. 모든 사람들이 공동체를 소유하고 있었다. 손턴이 지적한 대로 '자연적 리더들이 나타나긴' 했지만, 그것은 평등 공동체였다. 매년 다섯 명이 조타하는(steering) 그룹으로 선출되었다. 하지만 선출된 리더와 상관없이 가장 경험 많은 리더들이 주목받는 경우가 종종 있었다. 마크 스칸드렛(Mark Scadrette)은 "지도부는 드러나지 않았다. 그래서 어느 누구도 그것을 마크(Mark)의 그룹이라고 부르지 않는다"라고 말한다. 한 사람에게 직함을 부여하는 것에 깊은 관심을 보일 때가 종종 있다. 크리치는 자기가 처한 상황을 다음과 같이 설명한다. "그렇다. 장로들과 리더들이 있다. 그러나 직함이 무슨 의미가 있는가? 그 직함이 내가—모든 것이 그를 통해 일어나는—훌륭한 사람이라는 것을 의미하는가?'

이머징 교회에서 말할 수 있는 권위는 회중에 그 뿌리를 두고 있다. 롤린스는 아이콘(ikon, Belfast, U.K.) 교회가 아주 다른 몇 가지 일을 해내는 데 얼마나 관심을 쏟고 있는가를 설명하고 있다. 그러나 그들은 그것을 함께 해내고 있다. "우리는 다른 길을 설정하려는 강한 의식을 가지고 있다는 점에서, 리더십 모델은 아주 방향 지시적이다. 그러나 높은 수준의 참여가 있다.

그리고 리더십의 방향 지시적 형태는 민주적이며 유기적인 흐름의 커뮤니케이션에서 나오며, 사람들의 욕구를 반영하는 형태이다. 충돌이 있을 때에는 억지로 앞으로 나가려고 하지 않는다. 이렇게 '앞에서 나는 소리'는 뒤에서 화답하는 회중의 소리이다." 이머징 교회 리더들은 의제를 설정하는 것이 아니다. 그들은 공동체가 의제를 설정하는 과정을 용이하게 한다. 워드(Karen Ward)는 자기 공동체 소속의 누군가가 흥미를 가질 때만이 자료를 사용할 것이라고 말한다. 목사인 워드는 새로운 프로그램을 자신이 도입하지 않는다.

그것은 공동체에서 나오는 것이어야 한다. "우리는 그런 방식으로 유기적이다"라고 주장한다.

리더십이 섬김으로 이해될 때 힘은 대중에게 있다. 월러스는 다음과 같이 말한다. "비전 교회의 고용인(employee)인 내가 때로는 결정할 때가 있다. 때로는 다른 사람이 결정해야 할 때가 있다. 하지만 나는 어느 그룹이든 가능한 그룹에 결정을 맡긴다. 처음엔 건너뛰었다가 나중에 다시 요구해야 할 때도 있다. 그러나 이미 그 그룹의 뜻을 내가 알고 있는 것에 관해서만 요구한다. 나는 그 그룹의 지배자가 아니라 종이라는 것이다. 그것은 힘이 어디에 있느냐의 문제이다. 힘은 나에게 있는 것이 아니라 그들에게 있다."

배타적 의사 결정에서 포용적인 합의 만들기로

한 공동체 전체가 리더십을 발휘하고, 또 리더십이 상황에 따라 변한다면, 어떻게 결정이 이뤄지며, 결정이 어떻게 유지되고 있는가?

합의를 만드는 과정은 상당히 어려울 수 있다. 베이커는 자기의 경험을 다음과 같이 나눈다. "나는 실제로 처음에는 리더 없이 무언가를 하는 것이 아주 큰 위험이라고 생각했다. 나는 청년 팀을 지도하고 있었다. 그곳에서 우리는 하나의 팀으로 활동하고 있었음에도 불구하고 훨씬 더 지시적이었다. 그러나 어떤 사람의 견해가 다른 사람의 견해보다 더 비중이 있는 것은 아니라는 것을 알고 있는 그룹에게 의견을 제시하는 것이 나에게는 개인적으로 좋은 훈련이었다. 그룹이 그런 의견들을 좋아하지 않으면, 그것으로 그만이었다. 하지만 그것도 분명히 그 그룹의 의사결정 과정이었다. 나는 그것이 중요한 가치라고 생각한다."

합의적 의사 결정은 다양한 수준의 동의를 포함한다. 홀(Simon Hall)은 리바이브(Revive) 교회가 의사 결정하는 방식을 다음과 같이 설명하고 있다.

> 리더십 팀은 매달 하루 기도와 금식의 날을 갖는다. 우리는 저녁에 모인다. 교회 내의 누가 오더라도 우리는 환영이다. 우리 교회는 침례교회이기 때문에 교인 회의를 갖는다. 그래서 우리는 합의에 의하여 모든 것을 결정하였다. "내가 생각하건대 이것은 나쁜 아이디어이지만, 당신은 내 공동체 일원이므로, 당신이 그것을 하기를 원한다면 나는 여전히 당신을 지지할 것이다"와 "정말로 나는 하나님이 이것에 반대하신다고 믿는다"를 우리는 구분하려고 노력한다. 후자의 경우처럼 생각한다면(종종 이런 일이 일어난다), 우리는 아무것도 결정할 수 없다. 이렇게 한다면 상대편에게 많은 압력을 줄 수 있다는 것을 나는 알고 있다. 그러나 우리는 상대편을 진지하게 대우하려고 노력하고 있다. 우리는 의제를 가능한 한 일찍 제시하고 그것을 놓고 기도할 것을 요구한다. 우리는 또한 교회가 여러 일들에 대하여 진지하게 생각할 시간이 필요할 때는 며칠 동안의 특별 모임을 갖기도 한다.

이머징 교회에 있어서 리더십은 개인이 요구한다기보다는 공동체에 의해 주어지는 것이다. 그것은 공식 지위나 직함에서 나온다기보다는 공동체가 인정하고 수용하는 본질적 권위에서 나오는 것이다. 그것은 위에서 부과된 것이 아니라 아래에서 주어진 것이다. 리더들이 회중에 의해 인정되기 때문에, 의사 결정이 필연적으로 합의에 근거할 수밖에 없다. 교회가 어느 길을 갈 것인지는 합의에 의해 결정한다. 리더들은 단순히 이것이 일어나도록 상황을 만드는 것뿐이다.

팀 리더십

이머징 교회들은 리더십이 한 사람에게 집중되어서는 안 된다는 신념을 공유하고 있다. 버크(Spencer Burke)는 과격한 방식으로 이것을 설명한다. "나는 여전히 양이다. 목자가 아니다. 우리에게는 늙은 양, 젊은 양들이 있을지 모른다. 그러나 우리는 여전히 양이다. 나는 길동무이다." 일정한 리더십 팀이 있다면, 리더들은 공동체 안에서 의사를 결정해야 한다.

블루(Debbie Blue)는 다음과 같이 진술한다. "리더인 우리 네 사람(Russell Rathbun, Mark Stenberg, Debbie Blue, Chris Larson)이 있기 때문에 정말로 다른 네 스타일의 리더십이 있다. 우리는 종종 '그것은 인정 많은, 많은 머리가 달린 독재(dictatorship)야. 그 안에 아마 틀림없이 극히 작은 진리라도 있을 거야' 라고 농담하곤 했다. 스태프로서 우리는 많은 부분을 함께 작업하고, 결정하며, 가야 할 좋은 방향이나 해야 할 이벤트인 것처럼 보이는 것을 생각해낸다. 그리고 그 다음엔 부서에 그것을 제시한다. 그들은 우리를 신뢰하며 우리의 비전에 감동한다."

에드슨(Ben Edson)은 다음과 같이 보고한다.

> 우리는 현재 온전한 리더십을 탐구하고 있으며, 그것을 확장해 나가고 있다. 나는 전임사역자이고, 유급목회자이며, 내 사명이 상투스1(Sanctus1) 교회를 세우고 운영하는 것이었기 때문에,

기본적으로 나는 리더이다. 하지만 그 교회 안에서의 리더십은 서로 공유된 리더십이다. 한 여성이 있다. 그녀는 나와 함께 리더십 팀의 일원이다. 또 다른 여성이 있는데 그녀는 목회 역할을 수행하고 있다. 우리는 현재, 상투스1 교회 내의 목회 사역에 대한 어느 정도의 책임을 두 핵심 인물에게 부여하고 있다. 이것으로 인해 교인들을 위한 더 높은 수준의 목회가 가능해질 것이고 또한 특별한 은사들이 계발될 것이다. 우리는 또한 광범위한 교회 선교를 발전시킬 그룹을 세우고 있다. 그 그룹은 은사들을 장려하고 발전시킬 것이다.

팀 리더십은 주도적으로 리더십을 발휘하는 데 용이하며, 모든 교인들이 자신들의 은사를 발견하고 발휘하는 데 도움을 줄 것이다. 엘리트 그룹으로 운영되어 회원들을 주변으로 밀어내고 무력화시키는 리더십 팀은 교회를 허약하게 하는 요인 중 하나이다.

열린 리더십에서 리더들의 공동체로

열린 리더십에 대한 이상(ideal)을 가지고 시작하는 많은 그룹들은, 결국 문제를 해결하고, 비전을 만들며, 주도권을 발휘하는 사람들은 몇몇 개인들이라는 것을 인정하게 될 것이다. 세실(Brad Cecil)은 열린 리더십에서 리더들의 공동체로 가게 된 과정을 다음과 같이 설명하고 있다.

"대공동체가 열린 리더십을 가지고 있었다. 우리는 대공동체의 결정에 참여할 기회를 얻고자 하는 사람들에게는 누구에게나 그것을 허락했다. 점점 성장하면서, 우리는 열린 초대에 응하는 사람들로 이뤄진 리더십 공동체에서 대의적(representative) 리더십 팀으로 변하였다. 이것은 원하는 사람은 누구나 오는 형태 대신에 공동체들 각각의 대표자들이 목소리를 내는 대의적 정치 형태이다."

대의적 리더십으로의 발전

교회가 성장하면, 의사 결정 과정에 모든 사람들이 참여하는 것은 상당히 어렵다. 몇몇 교회들은 그때 전체가 합의하는 방식과 위임된 대표자들이 결정하는 방식을 절충한다. 어떤 교회들은 참여적 리더십에서 대의적 리더십으로 완전히 바꾸기도 한다. 이것을 피하기 위하여 어떤 교회들은 작은 회중 교회들을 분리하여 설립하기도 한다. 하지만 교회가 지속적으로 성장하는 것이 더 의미가 있다고 결정하면, 그때는 리더들이 회중에게서 멀어지지 않도록 미리 대책을 세워야 한다. 그런데 회중과 점점 멀어지는 일이 일어난다면, 교인들은 무기력해지고, 불평하게 되고, 수동적이 될 수 있다.

윌러스는 다음과 같이 보고한다.

> 리더십이 항상 합의를 토대로 하는 것은 아니다. 우리 그룹에는 안이한 사람들이 상당히 많다. 그들은 때로 주류에 편승하여 일을 진행하려고 한다. 하지만 매일매일 봉사를 실천하는 결정들은 대의적 구조에 더 의존한다. 실제로 바울의 몸의 유추는 여기서 가장 좋은 유추이다. 어느 주일날에 어떤 사람은 슬라이드를 상영하고, 어떤 사람은 비디오를 찍고, 어떤 사람은 DJ를 맡고, 또 어떤 사람은 교육에 책임을 맡도록 위임될 것이다. 그날 밤 그들은 그것들을 효과적으로 감당할 것이다. 다음 주에는 다른 사람들이 그렇게 할 것이다. 그것은 실제로 고린도전서에서 바울이 언급한 구조와 다른 것이 아니다. 각자가 무언가를 가지고 모임

에 온다. 예식의 테마는 성경 일과에서 취해진다. 예식에 대한 전체적 느낌과 각도는 아주 비공식적인 방식으로(주로 식사하면서) 전 그룹에 의해 계획된다. 그러고 세세한 것들은 그날 밤을 책임진 사람들에게 맡겨진다. 나는 누가 무엇을 언제 할 것인지 순번을 짜되, 사람들의 소원에 따라 그렇게 한다. 그런 의미에서 리더십은 조직이 된다.

마찬가지 방식으로 에드슨 역시 수적 성장과 인구 이동이라는 상황 속에서 대의적 형태의 리더십을 만들려고 노력한다. 그런 가운데서 그는 공동의 리더십과 대의적 리더십의 형태를 결합시키고 있다. "나는 리더십을 공유하려고 한다. 그러나 상투스1 교회를 운영하는 것이 필요하다면, 그렇게 할 만한 권위 기구가 있는 것이 유익하다고 생각한다." 리더십이 중심이 없이 분산되어 그런 리더십이 전 그룹에 퍼진다면, 그것은 각 구성원들에게 힘을 부여하는 것이라기보다는 오히려 그룹들을 무력화시킬 수 있다.

몹스비는 자기의 경험을 다음과 같이 설명한다. "에피센터 네트워크(Epicentre Network)는 끝났다. 그 그룹이 더 이상 유지될 수 없었기 때문이다. 전혀 다른 두 그룹이—한 그룹은 아주 무능하다고 느끼는 아주 냉소적인 그룹이었고, 다른 그룹은 앞으로 계속 나아가고자 하는 그룹으로 무트(Moot) 교회의 모태가 되었다—있다고 해도 될 정도로 사람들은 모든 것에 충돌했다. 한 교회가 그렇게 된다면 그때에 그 교회는 끝나야 한다."

대표로 파송된 리더들은, 방대한 커뮤니케이션 네트워크가 있다는 것과, 여러 분야의 사역들을 대리하는 하부 그룹들이 결정 사항들을 공동체에 가서 보고하고 있다는 것을 확실하게 할 필요가 있다. 트라이브 교회에서는 소(smaller) 리더십 그룹이 결정 사항들을 공동체에 보고한다. 이런 개방성 때문에 그룹은 구성원들과 조화를 이루고 있다. "우리가 토론한 것을 공동체에 어떻게 다시 전달하느냐 하는 것이 핵심이다. 함께 결정하는 것, 이것이 모든 사람들이 트라이브 교회에 대해 좋게 생각하는 것 중의 하나이다. 우리는 어떻게 은연중에 뭔가를 감추게 되고, 배타적이 되는지를 항상 인식하고 있기 때문에, 우리는 우리가 논의한 것들을 공동체에 보고하고 있다"(Rebecca Ver Straten McSparran).

리더들은 무엇을 하는가

지도부는 광범위한 기능들을 대표한다. 각각의 리더들은 갖가지 일을 할 수 있는 사람으로서의 기능 이외에, 각각의 은사와 전문 훈련과 경험에 일치하는 특별한 기술들을 가지고 있다.

하나님의 중보자에서 목회의 중재자로

이머징 교회들은 하나의 조직처럼 움직이기보다는 확대된 가족이나 운동처럼 움직인다. 그들은 조직을 만들려고 하지 않고 유기적 운동을 창조하려고 한다. 불행히도, 이것은 많은 리더십 책에 설명되어 있는 것과는 다른 종류의 도전이다. 대부분의 리더십 훈련은 성직자와 평신도 사이의 분리를 더 강화시킨다.

"대부분 리더십 신학 자료들이 갖는 문제는 사람들이 그들의 리더를 통하지 않고는 하나님께 접근할 방법이 없다고 믿도록 한다는 점이다. 그들은 목회자가 아니기 때문에 남을 도울 수 없다. 그들은 자신들을 전면에 서 있는 사람들, 책임 맡은 사람들보다 못하다고 생각한다"(Alan Creech). 크리치는 이런 가르침은 전체에 위험하다고 믿는다. 에반스(Jason Evans)는 "옛 방식에 따르면 리더들은 여전히 중재자로 간주되었다. 우리는 사람들이 우리를 따르는 것이 아니라 그 대신에 성령을 따르기를 원한다"고 설명한다. 누가 카렌에게 누가 리더냐라고 묻는다면, 그녀는 "우리는 성령을 소망한다. 우리는 성령이 인도하시도록 하고 싶다"라고 대답한다. 불행히도 많은 리더십 자료들은 리더들이 모더니티를 극복하는 데—어떻게 뒤로 물러서야 하는지, 어떻게 지배의 형태를 거부해야 하는지, 성령이 일하실 수 있는 자리를 어떻게 마련해야 하는지, 만인 제사장직을 표현할 수 있는 상황을 어떻게 만들어야 하는지—아무런 도움이 되지 않는다.

자신을 목회 사역을 촉진하는 자(facilitator)로 보지 않고 하나님의 중보자(mediator)로 보는 리더들은 관계를 만들어가는 사람이 아니라 지배하는 사람으로 일한다. 지배자는 분리와 정복의 원리 위에서 일하며, 중재자(facilitator)는 협력을 통하여 창조적일 수 있는 사람들을 불러 모은다. 존스(Andrew Jones)는 다음과 같이 성찰한다.

> 나는 대안 예배에서 발견되는 리더십의 형태가 다른 분야에서—예술 프로젝트, 그룹 프로젝트의 공동작업, 새로운 기구 만들기, 무질서한 환경에서 지도력 발휘하기—실천되는 리더십과 유사하다고 생각한다. 컴퓨터 시스템과 생물학적 유기체의 창발적 이론은 왜 솔로몬이 개미를 관찰하여 보고, 모든 의사 결정을 명령하는 유일한 대(big) 지도자 없이도 공동체를 세우는 개미들의 능력을 배우라(잠 6:6)고 했는지를 잘 보여준다. 업계에서는 지금 성경을 인용하여 사업 프로젝트에 리더십을 제공하는 데 도움

을 주고 있다. 아마도 교회도 이제 경영 서적을 내려놓고 성경을 집어 들고 모든 소동이 무엇에 관한 것인지를 볼 시간인 것 같다.

이머징 교회 리더들은 성과 속의 분리를 극복하고 사람들로 하여금 그들의 기술과 경험을 하나님이 주신 은사로 인정하여 삶의 모든 영역에서 하나님나라의 확장을 위해 사용할 수 있게 함으로써, 중재자의 기능을 감당한다. 이런 깨달음을 심어 주어, 리더들은 훨씬 더 온전한 참여를 촉진할 수 있다. 그럴 때, 점점 더 많은 사람들이 자기들이 드려야 하는 것의 중요성을 인정하게 된다.

콜린스는 다음과 같이 덧붙인다. "리더십은 촉진하는 것, 즉 다른 사람들을 창조적 동등자로 대하는 그 무엇인가를 창조해내고 보호하는 것이 된다. 당신은 다음 상황에 누가 하나님의 지도자가 될지 알지 못한다. 아무튼 누군가가 될 것이다. 당신이 아닐 수도 있다. 이렇게 부족한 구조는 단지 하나의 게임이 아니라 그것은 성령을 위한 열린 문이다."

매튜 역시 동일한 점을 강조하고 있다. "리더십은 지시적(directive)이 아니라 촉진적(facilitive)이다. 많은 사람들이 리더십에 참여하였다. 때로는 특별 기간에 참여하였다. 지금은 리더 역할을 감당하고 있지는 않지만, 과거에 지도부에 참여했었고 여전히 교회의 중요한 역할을 담당하는 사람들이 우리 주변에는 많이 있다."

존스턴은 다음과 같이 설명한다.

> 촉진적 리더십은 공동체에 의해 인도되는 리더십을 고려한다. 내 직관은 나에게 말하고 있다. 교회는 설립 자체가 철저히 공동체적이어야 하지만 그러나 그것 역시 리더십을 필요로 한다고.

> 그렇다면 어떻게 교회는 공동체적이면서 리더십을 가질 수 있을까? 나는 교회의 리더십을 CEO 방식으로 접근하는 것을 싫어하며, 오히려 훨씬 더 수동적으로 접근하는 편이다. 그러나 사람들은—심지어 권위에 대해 의심의 해석학을 가지고 있다고 알려져 있는, 약삭빠른 런던의 X세대들조차도—리더십을 원한다. 나는 그들이 나의 리더십을 일종의 촉진적 리더십 그 이상으로 보기를 원한다. 그 리더십은 조언하고, 모든 것들을 바르게 유지시키는 리더십이다. 나는 그것이 대체로 비지시적이고 훨씬 더 후원적(supportive)이라고 생각한다. 그 리더십은 의식적인 노력이다. 왜냐하면 나는 기업가이어서 사람을 한 번 훑어보고 사람들이 얻어야 한다고 생각하는 것들을 얻도록 하는 능력이 있기 때문이다.

중앙집권적이며, 고도의 통제적 접근 방법을 사용하는 것에서 관계적이고 탈 집중적 접근 방식을 사용하는 것으로

지배적 스타일의 리더십은 남성적인 경향이 강하다. 교회 안에서 남성 지배는 이러한 배타적 스타일을 굳게 유지해 왔다. 맥스파란(McSparran)은 다양한 접근 방식을 대변하는 인물이다. 그녀는 목회자임은 분명하지만 전통적 의미의 목회자는 아니다. 왜냐하면 그녀는 뭔가를 통제하지 않기 때문이다. 그녀는 다른 방식의 목회 모델을 만들었다. "나는 여성적 사역 방식을 가지고 있다."

하지만 고도의 통제적 스타일 대 관계적 스타일을 성(gender)의 문제로 보아서는 안 된다. 셰필드의 크룩스에 있는 토머스 교회의 교구 목사로부터 새로 시작하는 교회 선교부로 옮긴 브린(Mike Breen)은 그의 리더십 스타일을 '무지배(Zero control), 높은 책임, 낮은 관리'로 설명한다. 그의 리더십 하에서 교회는 북영국의 어떤 교단의 교회보다 가장 큰 교회로 성장하였다. 그러나 그 모델은, 중앙 집중적 대형 교회와는 반대로, 교회를 탈 중앙적으로, 선교적으로 표현하는 모델이다.

영국에서 가장 생동적인 운동들은 큰 교회 공동체 안에 있는 다양한 하부 그룹들에 아무런 통제도 가하지 않는 운동들이다. 통제 없는 높은 책임성에 대해서는 브린(Mike Breen)과 캘러딘(Mal Calladine)의 관계가 잘 설명해 준다. 트라이벌 세대(Tribal Generation)가 운영되고 있는 탈 집중적 방식은 인상적이다. 많은 리더들은 충분한 권한을 부여 받았고, 힘이 넘치며, 완전히 참여적이고, 상호 지원적이다.

또한, 교회의 집사회를 책임지고 있으면서 맨체스터의 여러 클럽에서 DJ로 활동하고 있는 캐머런 단테(Cameron Dante)를 향한 서튼(Roger Sutton, Altrincham Baptist Church, Manchester, U.K.)의 넘기기 방법(hand-off approach) 역시 주목할 만하다. 서튼은 높은 책임성, 무지배의 모델을 모델로 삼고 있다. 콜린스는 다음과 같이 덧붙인다. "대안 예배라고 주장하면서도 힘의 구조를 건드리지 않는 이벤트들에 대해 나는 냉소적이다. 힘의 구조의 변화가 혁신을 창조하며 그 진정성을 담보한다."

탈 집중화는 권한을 위임하는 것이지만, 집중화는 권한을 위임하지 않는다. 탈 집중적 방식을 사용하는 리더들은 명령 계통에 따라 책임을 위임한다. 사이먼 홀(Simon Hall)은 다음과 같이 설명한다. "우리는 한 사람에게 집중하여 일을 조직하는 것을 중단하였다. 왜냐하면 아무도 그렇게 하는 것을 좋아하지 않았기 때문이다. 이것의 주요 부정적인 면은, '한 방향으로의 긴 순종' (《*a long obedience in the same direction*》, **Eugene Peterson의 책 제목. '한 길 가는 순례자'(IVF)로**

번역되어 있음)을 요하는 일을 하기란 아주 어렵다는 점이다. 왜냐하면 어느 누가 낙담하게 될 때 일이 계속 진행될 수 있는 구조는 별로 없기 때문이다."

일 만들기에서 자리 만들기로

리더들은 다른 사람이 일할 수 있는 자리를 마련해 주어야 한다. 그렇게 하지 않으면, 결국 리더들이 회중의 일에 대해 전적으로 책임을 져야 하는 일이 일어날 것이다. 존스턴에 따르자면 다음과 같다.

> 지도부인 우리는 최대한의 참여를 강조하였다. 그러나 몇 주일이 지나면서 리더십 팀들이 예배에 대한 책임을 완전히 져야 하는 것을 발견하였다. 우리는 참여를 이야기했을 뿐 그것을 구조적으로 용이하게 하는 일을 하지 못하였다. 이것이 대안 예배라는 허울을 가진 소비자 교회였다. 1년 후인 지금, 우리는 격주로 모이는 리더십 모임 중의 하나를 취소해버렸다. 그리고 행사를 기획하고 '교회와 선교'를 논하는 공동체 기획 모임을 갖기로 결정하였다. 30명에서 50명 정도의 숫자를 가진 핵심 공동체가 이것을 위해 모여 함께 계획하고 기도한다.

통제하는 환경 속에서는 은사에 기초한 목회가 꽃피울 수 없다. 통제하는 목회자가 영적 은사에 관한 설교를 하고 세미나를 인도할 때 이 사실이 증명된다. 그 목회자의 모든 가르침은 사람들을 다양한 목회 사역에 더 많이 참여하게 할 수 없다. 일할 공간을 마련하지 않고 단순히 깨닫게만 한다면 결국 좌절만 쌓일 것이고 무관심만 불러올 것이다.

개별 리더들이 신선한 사고 방법을 탐구하고 새로운 시작을 주도적으로 할 수 있는 공간을 리더십 팀 사이에 마련해 줄 필요가 있다. 스칸드렛은 탐구자 리더가 되기를 원한다. 그는 묻는다. "누가 나와 함께 가고 싶은가? 나는 여러 가지 것들을 한번 해보고 싶다. 나는 어떻게 문화적 형태가 하나님나라를 표현하는가에 깊은 관심을 가지고 있다. 나는 예술을 통하여 메시지를 탐구하고 싶다." 스칸드렛의 설명은 그의 사상적 리더로서의 역할을 보여주고 있다. 그는 단편적 사실들을 연결시켜 새로운 개념을 제안하고 있다.

구성원들을 준비시키는 것에서 선교사들을 준비시키는 것으로

리더들이 단순히 다른 사람들에게 공간을 마련해 주고 다른 사람들에게 기회를 주는 것만으로는 부족하다. 그 이상의 일을 해야 한다. 그들은 다른 사람들에게 공간과 기회를 마련해 줌과 동시에 사람들이 선교사로서의 그들의 능력 수준을 증진시키는 데 도움을 주어야 한다. 홀(Hall)에 따르면, 리더들은 '성도들을 사역에 준비시켜야' 한다는 것이다.

그런데 이 사역은 세상 안에서의 사역이다. "사역이란 교회 모임 속에서 일하는 것과 관련되어 있는 것이 아니라는 생각을 우연히 하게 되었다." 다른 사람들을 준비시키기 위해서는 그들의 은사를 확인하고 인정해야 한다. 구성원들 또한 역경의 경험을 통하여 그들의 은사를 발전시킬 공간과 기회가 필요하다. 신앙 공동체 안에 있는 모든 연령의 그룹들이 참여해야 하며, 특히 젊은 층들이 참여해야 한다. 볼(Phil Ball)은 다음과 같이 말한다. "처음엔 리더들이 셀을 인도하고, 그 다음엔 젊은이들이 자기 친구들을 위한 셀을 인도한다.

젊은이들이 무언가를 창조하기를 원할 때, 리더들은 그것을 쉽게 할 수 있도록 도와준다.

젊은이들은 무언가를 시행해 봄으로써, 그리고 신뢰받음을 통하여 배운다는 것을 리더들은 알기 때문이다. 리더들은 팀으로 일하면서 그들을 돕는다. 그들은 사람들이 스스로 일어설 수 있게 하는 리더가 되려고 노력한다." NGM이 우선적으로 하는 일은 새로운 지도자를 발굴하고 그들을 준비시키는 것이다. 매튜는 "우리는 현재 가수들, 음악가들, DJ, 청년 사역자 등등 엄청난 NGM 자원자 팀을 가지고 있다. 그들은 여기 스완지(Swansea)나 웨일즈의 다른 지역에서의 사역을 지원하는 일에 참여하고 있다"고 설명한다.

CEO에서 영적 지도자(director)로

리더들은 곁에 서 있는 사람들이다. 그리고 그들은 그룹들의 건강을 지키는 사람들이다. 몹스비는 그의 역할을 다음과 같이 보고 있다. "나의 역할은 공동체가 건강하도록 돕는 것, 기도하며 목회적 욕구에 대처하는 목회자가 되는 것, 일이 잘못될 때 중재자가 되는 것, 그룹들이 계속해서 함께 여행해 나가기 위한 비전의 수호자가 되는 것이다. 이런 형태의 리더십은 중재자(facilitator)로, 조언자(advisor)로, 위임자(empowerer)로, 꿈꾸는 자(envisioner)로, 승인자(permission giver)로 일하는 리더십이다. 이것은 다른 사람들이 회의와 그룹을 인도하는 데 도움을 주는 리더십이다. 현재 이런 리더십이 잘 작동되고 있다."

맥스파란은 영적 지도와 멘토링에 깊이 개입하고 있다. 크리치 역시 이런 목회 사역에 우선권을 두고 있다. "책임을 맡은 사람, 계급적 통제를 행사해야 하는 사람에서 영적 지도자로서의 목회자로,

떨어져 앉아서 공동체의 일원으로서 공동체를 지켜보는 사람으로 목회자/감독(overseer)에 대한 내 견해가 급격하게 변하게 되었다. 나는 일이 어떻게 되어 가는지 지켜본다. 나는 공동체에 대하여 하나님이 무엇이라고 말씀하시는지 경청한다. 나는 훨씬 더 가족적이고 관계적이다. 목사는 칭호가 아니다. 목사는 급료를 받는 사람이 아니다. 목사는 지위에서 오는 권위도 가지고 있지 않다. 은혜로 받은 것을 가지고 성숙하게 일하는 데서 오는 기능적 권위를 가지고 있다." 홀(Simon Hall)이 여기에 덧붙인다. "나는 사람들의 성장 과정 내내 그들을 따라다니며, 여러 신앙의 단계에서 그들이 다른 사람의 말을 경청하고 다른 사람들에게 감사하는 것을 도우려고 노력하고 있다."

프리젠은 다음과 같이 말한다. "교회는 앞으로 어느 누군가를 고용할 때, 모든 사람들이 하고 있는 일을 하기 위해 사람을 고용해서는 안 될 것이다. 우리는 '함께함'(paraclesis)의 리더십을 좀더 지향하고 있다. 그 리더십은 변호인으로, 친구로, 격려자로, 방어자로 함께하는 리더십을 의미한다. 그렇게 전체의 팀이 영적 지도자로 훈련받을 예정이다." 크리치는 말한다. "나는 목회자이고, 리더이며, 지켜보는 자이다. 그러나 그것은 내가 원하는 것은 어떤 것이든 할 수 있다는 의미가 아니다. 나는 비전을 심어주지만 그러나 내가 제안한 것을 그룹은 바꿀 수 있다. 모든 사람들의 제안으로 그룹은 발전한다. 어느 누구도 일을 하기 위하여 내 허락을 필요로 하지 않는다. 나는 그 공동체의 영적 지도자이다. 내가 사람들의 문제를 해결하려고 할 때 그들이 해야 할 일을 말하곤 했었다. 이제는 그렇게 하지 않는다. 내가 그들의 문제를 해결하려고 하지 않는다. 내가 그들의 문제에 답을 가져야 할 필요는 없다. 나는 어느 누군가를 고용하여 훌륭한 답을 내려 주는 현명한 사람이 되고 싶다. 그러나 나는 그 대신에 경청할 필요가 있다."

팔머 역시 같은 의견이다. "나는 안내자가 되기 위하여, 일을 만드는 것보다는 내가 유용하게 쓰이는 데 더 많은 관심을 기울이고 있다. 나는 비록 서른 살밖에 되지 않지만 이 공동체의 영적 아버지이다. 나는 그들의 사람을 돌보는 데 혼신의 힘을 다하고 있다. 나는 그들이 내가 스물네 살이었을 때보다 훨씬 더 나아져 있기를 원한다. 내가 할 수 있는 최선의 것은 그들에게 유익하게 되는 것이다." 그러나 그 과제가 결코 쉬운 것이 아니다. "그들이 건강한 신앙과 삶의 자리로 나아갈 수 있도록 하기 위하여, 상처 난 자아를 치료하는 것은 힘든 일이다"라고 존스턴은 말한다.

교인이 되기 이전에도 영적 지도는 가능하다. 퀘스트 교회는 자기들의 교인들을 '소유'하지 않는다. 실제로 프티젠은 필요하다면 교회를 옮겨도 좋다고 권고한다. 그는 묻는다. "하나님이 강해지게 하기 위하여 우리는 우리의 힘을 어떻게 줄이고 있는가? 당신의 꿈이 무엇인가? 당신이 목적을 달성하도록 우리는 어떻게 도울 수 있는가? 우리는 그리스도와 그의 목적 안에서 잘 교육받고 자극받은 사람들이다. 우리는 정말로 좋은 사람들을 가지고 있다. 그들을 한곳에 붙들어 둔다는 것은 부끄러운 일이다." 프티젠은 그들이 다음 단계의 사역을 발견하는 것을 돕고자 한다.

모빌라이저(mobilizer)에서 참여자로

모빌라이저들은 사람들을 참여시켜 그들이 다양한 업무들을 수행할 수 있도록 하는 데 관심이 있다. 그들은 우선 그 업무들이 자신들이 관여해야 할 업무들인지 자신에게 물어야 한다. 그들은 주도적인 리더가 됨으로써, 의무감으로 그렇게 하기보다 스스로 참여하기를 원하는 다른 사람들에게 자극이 될 수 있다.

섬김의 리더십을 가지고 다른 사람들을 섬길 때, 리더십이 나타난다. 레위의 테이블(Levi's Table) 교회는 구세주 교회(Church of Savior)의 도움을 받아 매달 섬김의 리더십 훈련을 시키고 있다. 그레이엄(Lob Graham)은 몇 가지 자기의 사고의 전환을 묘사하는 이야기를 다음과 같이 전하고 있다. 서번트 리더십 학교(Servant Leaderhip School)에 갈 날이 다가오는데, 자녀를 돌보아 줄 자원자가 자기 공동체에 아무도 없다는 것에 그레이엄은 실망하였다. "학교의 이름이 뭐죠?" 라고 그의 아내가 물었다. 그레이엄이 말한다. "그때, 내게 좋은 생각이 떠올랐다. 리더십 수업 동안 아이를 돌보기 위해 내가 자원했다. '너희 중에 가장 위대한 자는 종이 될지니라' 라는 말이 나에게 그리고 그룹에 살아 움직이게 되었다. 우리가 영적 힘을 원한다면 모든 사람들의 종이 되어야 한다. 우리가 말하는데 권위가 있게 되는 것은 그 다음이다."

스태프 방식에서 자원자 방식으로

존스는 많은 이머징 교회들이 공적 직위와 유급 지도자들을 갖지 못하는 실질적인 이유를 다음과 같이 설명한다. "많은 이머징 교회들은 전문 리더들이 없다. 이것은 성경에 근거한 것이라고 말하는 것이 편할 것이다. 신약의 교회는 많은 장로들이 있었지 단 하나의 목사만 있었던 것은 아니기 때문이다. 그러나 사실은 좀더 실용적이고 경제적인 이유가 있을 것이다. 짧은 기간에, 전 지구적인 수많은 이머징 교회 운동들이 현재 나타나고 있음에도 불구하고, 각각의 이머징 교회의 수뇌부에 유급 전문가를 두기 위한 자원도 없었고 전략적 요구도 없었다."

대부분의 이머징 교회들은 소규모이다. 그리고 많은 교회들이 교단이나 모교회의 원조를 좋아하지 않는다. 그러므로 경제적인 문제가 큰 관심사이다. 그레이스 교회(London)의 경우를 보자. 베이커는 다음과 같이 설명한다. "그레이스 교회는 아주 작다. 참여하고 있는 사람들은 전문가들이며 아주 바쁘다. 어떤 것을 계획하기 위해 모두 함께 모이기 위해 노력하고 있다. 그것은 우리들 모두에게 있어서 생활 무대이다. 교회를 도와 목사/중재자/사무원/성직자로 일하기 위해서 고용된 사람은 아무도 없다. 그러한 모든 것들은 자원자들의 일이다."

사이먼 홀과 같은 몇몇 지도자들은, 유급 지도자들이 다른 리더들을 무력화시키고 다른 리더에게서 주도권을 빼앗아 올 위험이 있으므로 유급 리더의 채용을 중단해야 한다고 생각한다.

> 우리가 앞을 향하여 나아가면서 지금 이 순간에 생각해 보는 것은 교회가 유급 리더를 채용하는 것을 중단해야 한다는 것이다. 나는 이미 이것을 시작했다. 그리고 지금도 여전히 그렇게 하고 있다. 유급 리더를 채용하는 것은 다른 사람들이 혁신할 수 있는 여지를 남겨 놓지 않는다. 그리고 다른 사람들이 주요 책임을 질 여지도 거의 남겨 놓지 않는다. 우리는 최근에 주말 교회를 시작하였다. 누군가 나에게 뭔가를 말해 주고 나서야, 나는 주말 동안 론레인저(lone-ranger, [미국 서부의 치안을 위해 눈부시게 활약하는 만능의 영화주인공])의 의무를 다하지 않았음을 깨닫게 되었다. 한편으로는 이렇게 하는 것이 내가 할 수 있는 최소한의 저항의 길이라는 것을 알았기 때문이고, 또 하나는 사람들이 참여하기를 원한다는

확신이 더 이상 없었기 때문이었다. 모든 것을 함에 있어서 내가 최고라는 것에 나와 동의하는 사람들이 소수지만 있을 것이라고 생각한다. 그래서 사람들이 스스로 뭔가를 할 수 있도록 돕기 위하여 나는 세상의 주목에서 벗어날 필요가 있다.

크리치는 유급 전문 사역자 계층을 대단히 잘못된 것으로 본다. 그리고 그는 그렇게 오래 유지되어 왔던 그 개념에 도전하는 방식으로 현재 혁명이 진행되고 있다고 생각한다.

결론

하나님나라의 현존을 가리키는 방식으로—섬김과 공동의 표현인 합의를 통해—인도하는 것은 리더들에게 하나님나라가 언제나 그들보다 앞선다는 것을 인정할 것을 요구한다. 그들은 종(servant)과 중재자(facilitator)와 합의를 만드는 자(consensus builder)로서의 리더의 역할을 감당해야 한다. 평화롭고 합의적인 방식으로 살아가는 것이(종종 파괴적일 정도로 경쟁적이고 양극화된) 사회를 향해 던지는 예언자적 증언이다. 그것은, 근대의 지배 방법과 날카롭게 대조되는 하나님의 질서를 증명해 주는 것이다.

교회 안에 있는 기존의 많은 리더들은 리더십을 계급 질서적으로, 통제적으로 이해한다. 이것은 네트워킹의 문화, 허용의 문화, 권한 부여의 문화를 대변하는 많은 젊은 리더들 사이에 불안감을 증가시키는 결과를 가져왔다. 마치 리더십이 어느 상황에도 적용될 수 있는 중립적 원리라고 생각하여, 리더십에 대해 많은 토론을 하면서도 예수의 삶은 높이 평가하지 않는다. 하나님나라는 이러한 권력 구조를 붕괴시킨다. 하나님나라에서는 권력을 가진 엘리트들이 아니라 종들이 다스린다. 아무런 목소리를 갖지 못한 사람들이 목소리를 갖는다. 그렇게 하여 새로운 질문들이 나타나게 된다. 하나님나라를 추구하는 공동체에서는 어떤 종류의 구조가 요구되는가? 어떤 종류의 구조가 하나님나라의 본질을 깨뜨리지 않는 구조인가?

리더십의 기본 요건은 각자가 하나님나라에서 예수의 제자로서 살아가는 방법이 무엇인지를 적극적으로 배우는 것이라고 잰더는 생각한다. 필요한 것은 예수 자신이 보여주고 지지하셨던, 그리고 예수께서 그를 따르는 자들에게 요구하셨던 종의 모델을 실천하는 대안적 형태의 리더십이다. 이런 스타일의 리더십은, 각각의 사람들이 자신의 잠재력을 완전히 실현할 수 있도록 모든 사람의 유익을 위한 리더십이다.

그것은 무력화시키거나 금지하는 방식이 아니다. 그러한 리더십은 소수의 권력과 특권을 강화시키는 것이 아니라 인도함을 받는 사람들을 항상 유익하게 해야 한다. 그러한 리더십은 팀으로서 기능한다. 그것은 끊임없이 팀을 추가적으로 만들어 낸다. 그리고 각각의 팀은 공동체의 전체 비전에 공헌한다. 하나님나라를 따르는 리더들은 통제가 아니라 연결(connecting)에 의해 리더 역할을 감당한다. 그들은 사람들을 모아 비전과 은사와 경험의 결합을 통하여 시너지를 창출한다. 그럼으로써 교회의 사명이 다양해지고 사회 안에서의 교회의 활동이 지속되게 된다.

이머징 교회들은 하나님나라에 매우 큰 영향을 받았다. 그들의 리더십 사상도 마찬가지다. 그들은 어떤 대가를 치르고서라도 근대의 지배 형태를 피하려 한다. 그들은 한 그룹의 유일한 지도자를 원하지 않는다. 그들의 핵심 사상은 리더는 외부에서 주어지는 것이 아니라 그들의 활동 자체를 통해 드러나게 된다는 것이다. 리더십 테이블에는 모든 사람들이 환영받는다. 그들에게 있어서는 합의적 의사 결정이 규범이다. 한 리더십 팀이 선택되면, 이 리더들은 영적 지도자로, 멘토로, 중재자로 기능한다.

고대 영성과 현대 영성의 융합 11

우리는 우리의 삶을 예수에게 맞추는 삶의 방식이 필요하였다. 역사적 실천들은 이렇게 하기 위한 방법들이다. 그것들은 세계를 의미 있게 한다. 그리고 그것들은 우리의 삶에 하나의 틀(framework)을 제공해준다.

에반스(Jason Evans, Matthew's House, Vista, CA)

마치 그가 줄곧 거기에 없었던 것처럼, 우리가 '뭔가를 하나님께 가져오는 것'에 대해 말하는 방식은 흥미롭다. 우리가 실제로 하고 있는 것은, 우리의 관심을 이미 존재하고 있는 사물과 하나님 사이의 관계로 향하게 하는 것이며, 아마도 그 관계 속에서 우리 자신의 위치에 어느 정도 의식적으로 순응하는 것이다.

콜린스(Steve Collins, Grace, London)

성/속의 분리가 그대로 남아 있고 하나님나라가 중심 가치가 아니었을 때는, 영적인 것을 정의하는 일은 훨씬 쉬웠다. 그때 영적인 것은, 교회나 자신의 마음이나 거룩한 장소에서 사람들이 행하는 모든 것이었다. 공동체들이 성/속의 분리를 극복하고 모든 현실 영역에서 하나님나라를 지시하고 있는 지금은 영적인 것을 정의하기가 더 어렵다. 영성은 모든 삶, 즉 개인으로서의 삶뿐만 아니라 신앙 공동체 안에서의 삶에 연결되어 있는데, 영성이 그 의미를 상실할 위험이 있겠는가? 낯선 자를 영접하고 가난한 자들에게 먹을 것을 주는 것이 영적 활동이라면, 기도는 무엇인가? 그것은 영적인 것인가? 즉 그것은 더 영적인 것이거나, 심지어 반드시 있어야 하는 것인가?

예수는 그의 제자들에게 기도하는 법을 가르치셨다. 그는 그들에게 하나님나라가 임할 것을 간구하라고, 그리고 하나님의 뜻이 하늘에서 이뤄진 것처럼 땅에서도 이루어지기를 간구하라고 가르쳤다. 예수께서 시작하신 새로운 삶의 방식, 침투해 들어오시는 하나님의 통치가—이 하나님의 통치 속에서는 이방인이 수용되고, 가난한 자들이 환대받으며, 적들이 사랑받는다—지속적으로 그들의 기도의 핵심이 되어야 했다. 우리가 예수와 그의 제자들의 본을 받는다면, 우리는 마치 다른 사람을 돌보는 것이 영성이듯이, 기도가 영성의 한 면임을 주의해야 한다. 그것은 영성의 유일한 행위이거나 최상의 행위라고 말할 수는 없다. 그러나 그것은 항상 필요한 행위이다.

서구 문화에 스며든 영성 실천은 포스트모더니티의 초기의 두드러진 특징이다. 왜냐하면, 이미 언급한 대로 근대는 세속적 공간을 창조해냈기 때문이다. 근대는 현실 영역들을 깔끔한 상자에 분리시켜 집어넣어버렸다. 소위 경제적, 정치적 현실 영역이 예술과 음악과 종교라는 가치 영역에서 분리되었다. 이러한 구분이 인위적이었다는 것을 인정하는 것 자체가 이미 포스트모더니티의 영향이 스며들어 있다는 것을 증명한다. 그리고 영성에 대한 관심이 이런 변화의 중요한 증거이다. 영성에 대한 관심이 지금보다 더 높은 적은 없었다. 그러나 종교에 대한 관심은 최저점에 이르고 있다.[1] 기독교

---

1) David Lyon, *Jesus in Disneyland: Religion in Postmodern Times* (Oxford, U.K.: Polity/Blackwell, 2000), 84-85.

국가 시대와는 달리, 교회 출석이 낮다고 해서 영성에 대한 관심도 낮은 것은 아니다.

포스트모던 종교(실제로 근대적이 아닌 모든 종교들)의 신봉자들은 통합적(holistic) 삶의 방식을 실천하는 경향이 있다. 그들은 모든 실재가 성스러운 것이며 모든 이원론은 기득권들이 선호하는 메타 담론이라고 생각한다. 포스트모던 문화는 경계를 극복하려고 노력하고 있다. 하지만 4장에서 보았듯이, 대부분의 주류 교회는 성과 속의 분리를 극복해야 한다는 생각에 익숙지 않다.

영성이란 말은 서구 세계에서는 유행하고 있는 용어이다. 부분적으로 그것은 문화 속에 침투해 들어와 있으면서도 영혼의 갈증을 풀어 주지 못하는 세속화에 대한 반작용을 의미한다. 그것은 초월자이시며 내재자이신 분을 모든 영역에서 체험하려는 갈망이며, 개인에게 본질적 가치감과 우주적 의미를 부여하려는 갈망이다. 이것은 또한 몸과 영혼, 내적 세계와 외적 세계를 통합하는 데 기여한다. 빨리빨리의 삶, 점증하는 불안, 직장에서의 증가하는 요구, 가족으로 인한 압박을 특징으로 하는 사회 속에서, 영성은 대처 기제(coping mechanism)를 제공하는 것으로 평가받고 있다.

이머징 교회들도 영성을 매우 강조한다. 많은 포스트모던 복음주의자들 사이에서, 영성은 특별한 전통들을 특징 짓는 과대 행동주의(hyperactivism)에의 대항으로서 특히 매력적이다. 교회가 명상과 육체적 쉼을 무시하면서 실적과 업적을 강조할 때 과대 행동주의가 나타나게 되었다. 과대 행동은 건강한 리듬, 균형잡힌 리듬에 대한 필요성을 무시한다. 영성은 또한, 높은 에너지가 들어가고 스케일이 큰 현재의 대안 예배 스타일이 만들어 놓은 아드레날린 중독에 대한 반작용이기도 하다. 그러한 포스트모던 사람들은 고성능 앰프의 소음과 번쩍이는 불빛으로부터 휴식을 제공할 수 있는, 은은한 불빛이 있는 조용한 장소를 찾고 있다. 그들은 개인주의적 치유 모델(세상에 참여할 수 있는 원천을 제공하는 것이 아니라 세상으로부터의 도피를 반영하는 모델)과는 다른 영성의 형태를 추구하고자 한다. 그들은 모든 공간을 성스럽게 하는 실천을 재발견하고 있다.

그래서 그들은 삶의 모든 것이 거룩했던 모던 이전(premodern) 시대를 주의 깊게 경청하는 실천을 대변하고 있다. 그들은 고대의 예식들을 마술적인 것으로 보지 않는다. 그들에게 있어서 고대 실천들은 다만 고대의 것이기 때문에 귀한 것이 아니다. 고대 교회에는 세속주의라는 서구 이단이 없었다. 그러므로 고대의 실천들은, 세속주의라는 서구 이단에 물들지 않은 고대 교회의 시대로부터 유래한 자료로 봉사하고 있다. 오늘날 우리는 그것들을 문화에 적합한 방식으로 수정하여 사용할 수 있다.

영성의 뿌리

오늘날의 이머징 교회 운동은 여러 자원에 영향을 받았다. 이머징 교회 운동의 뿌리를 추적해 보면, 이머징 교회 운동이 가지고 있는 영성의 다양한 강조점과 다양한 형태를 이해하는 데 도움이 될 것이다.

카리스마 운동의 제3의 물결로부터

1980년 초부터 시작된, 존 윔버(John Wimber)의 영국 방문은 많은 복음주의 교회에, 특히 영국 성공회 안에 있는 교회에 깊고도 지속적인 영향을 주었다. 교회들은 세미나를 개최하였고 거기에는 많은 영국 성공회 성직자들과 평신도 지도자들이 참석하였다. 윔버와 빈야드와 연관된 그 운동은 제3의 물결(The Third Wave)[2]로 알려지게 되었다. 이 용어는 전통적인 오순절 운동과 전통적인 카리스마 운동과는 다른 성령 운동을 설명하기 위해 와그너(P. Wagner)가 만든 용어이다. 제3의 물결 운동의 스타일은 기존의 오순절 운동보다는 좀 더 조용하였다. 그리고 퀘이커 전통을 가지고 있었고, 소프트 록 음악을 선호하였던 윔버의 성향에 영향을 받게 되었다. 제3의 물결 운동은 성령 세례에 동반하는 표적으로서 방언을 강조하지 않는다는 점에서 기존의 오순절 운동이나 카리스마 운동과는 달랐다. 특별한 증거를 요구하기(commanding) 보다는 성령의 오심을 초청하는(inviting) 윔버의 성향이 특히 호소력이 있었다.

실제로 영국의 이머징 교회들의 모든 지도자들은 1980년대와 1990년대 초에 있었던 카리스마 운동(어떤 이는 제3의 물결에, 어떤 이는 다른 카리스마 운동에)에 그 뿌리를 두고 있다. 미국은 분명하지는 않다. 이머징 교회 네트워크의 가장 영향력 있는 두 지도자인 헌터(Todd Hunter)와 맥라렌(Brian McLaren)이 제3의 물결 카리스마 운동에 강한 뿌리를 가지고 있긴 하지만 말이다. 그러나 대부분의 영국이나 미국의 교회 지도자들이 카리스마 운동 스타일의 예배를 교회에 도입하지는 않았다.

고대 영성과의 연계

이머징 교회들은 그들의 영성 실천의 많은 것을 과거에서 빌려오고 있다. 그러나 그들은 단순히 고대의 어떤 것에 그대로 의존하

---

2) C. Peter Wagner, *Changing Church* (Ventura, CA: Regal, 2004), 43.

지 않는다. 그들은 몸과 영혼을 통합하는 고도의 참여적 실천들(participative practices)을 선택하고 있다. 어떤 옛 영성 실천은 고대 교부들과 중세 성인들에게 그 근원을 두고 있다. 베이커는 다음과 같이 말한다. "우리는 광범위한 기독교 영성 전통에 연결되어 있다. 그리고 우리는 종종 다른 전통에서 이것저것을 끌어왔다. 그래서 우리는 이그나시오 기도, 예수의 기도, 아이콘(icon) 사용을 도입하였다. 이러한 실천의 많은 것들은 신앙의 명상적 측면을 위한 것이다."

미국에서보다 영국에서 더욱 분명하게 나타나는 것은 켈틱 영성의 수용이다. 손턴(Andy Thornton)은 말한다. "레이트레이트서비스(Late Late Service)는 이오나(Iona) 공동체에서 영감을 받았다. 이오나에서 일정 범위의 정통주의도 왔지만 훨씬 더 많은 자유가 왔다. 그것은 잉글랜드 교회나 스코틀랜드 교회와는 아주 다른 제도적 신앙의 한 형태였다." "스코틀랜드의 이오나 공동체는 예전과 예식을 다루는 새로운 방식을 이해하는 데 도움을 주었다"라고 윌리스는 말한다.

리빌레이션 교회의 설립자인 엘리스(Roger Ellis)는 "켈틱 영성은 우리 교회의 DNA의 일부이다. 켈틱 영성은 우리들에게 큰 그림에 대해 잘 성찰할 수 있게 해주고 있다. 그것은 욕구와 정열과 창조와 선교로 가득 차 있다. 그리고 그것은 마음이 가난한 자들에게 말하고 있다"라고 확언한다. 엘리스는 다음과 같이 인정한다. "전통적인 켈틱 예배가 때로는 조울병을 위한 음악처럼 느껴진다. 그러나 켈틱적이라고 할 수 있는 것들, 즉 켈틱이 가지고 있는 야성적인 것, 축제적인 것, 창조적인 것들에 대해 탐구할 만한 것이 여전히 많다."

켈틱 전통의 부흥은 스코틀랜드와 문화적 뿌리를 같이하고 있는 웨일즈에서도 일어났다. 서튼(Dave Sutton)은 "우리는 이오나 공동체를 통해 들어온 켈틱 영성에 의존하고 있다. 그들의 가르침을 통하여 우리는 사람들을 포용할 준비를 하고 있다"고 보고한다. 이오나 공동체는 삶의 전체를 수용할 뿐만 아니라 넓은 공동체 안에 있는 모든 사람들을 포용하는 영성을 강조하였다. 다른 말로 하자면 그들의 영성은 단순히 내부에만 초점을 맞추지 않고 외부로 향하였다.

그리스도인들은 좀더 여유롭고 공동체에 관심을 집중하는 세대의 영성 실천에서 귀중한 교훈을 얻을 수 있다. 그러나 그러한 실천들을 이상적으로 혹은 낭만적으로 생각해서는 안 된다. 그런 실천들의 상당수가 기독교 이전 시대의 미신에 영향을 받은 것들이다. 또한 극단적 심미적 실천과 육체적 자기 학대도 정신적 환각 상태를 불러일으킬 수 있다. 그러한 것들은 진정한 영성 체험과 구분되어야 한다.

브레윈은 다음과 같이 말한다. "우리가 켈틱 영성이나 그와 비슷한 것에 심하게 빠져 있다고는 말할 수 없다. 복스 교회에 있는 사람들은, 사람들이 그저 이치에 맞고 오래된 것으로 단순히 느끼는 것을 수용하는 것처럼 보일 수도 있는 그러한 길을 따라 너무 멀리 가는 것에 반신반의하는 편이라고 나는 생각한다. 하지만 우리는 한 전통의 일부라고 생각하지, 결코 우리가 완전히 독창적이라고는 생각지 않는다. 우리는 사람들이 여러 세대를 거치면서 항상 해왔던 것을 우리 시대에 우리의 공간에서 하고 있을 뿐이다."

존스는 이머징 교회들 사이의 대화를 확대하기를 원한다.

> 과거 1,500년 동안이나 지속되어 온 기독교 수도원 운동이 더 주류적이고, 공식적인 콘스탄틴 교회들보다 더 많은 자료들을 우

리에게 제공해 주고 있다고 말하고 싶다. 현재의 이머징 교회의 실천들과 잘 어울리는 것들이 구약 성경에도 많이 있다. 구약 성경의 절기들, 축제들, 순례 여행들이 그러한 것들이다. 최근 켈틱 그리스도인들의 방식들이 나에게 특별한 의미가 있었는데, 특히 우리가 오크니 섬에 수도원을 만들 때였다. 그러나 우리의 수도원은 죽은-켈틱-예식주의로의-회귀는 되지 않을 것이다. 오히려 그것은 문화적 포털(portal)로, 순례 센터로, 뉴미디어 자원 기지(base)로, 소규모 사업장으로, 흩어진 공동체를 위한 영적 능력의 장소로 기능할 것이다.

후기 카리스마적 영성(post-charismatic spirituality) 만들기

시애틀 빈야드 내의 회중 교회인 서스데이 PM의 미-채프먼(Mee-Chapman)은 빈야드에서의 경험을 언급하면서 이머징 교회를 근대 교회와 대비시킨다. “우리는 전통적 교회와는 다르다. 빈야드와 같은 근대 교회들은 건물과 유급 목회진에 관심을 쏟는다. 그리고 돈이 남으면 전도와 선교에 관심을 갖는다. 또한 그들은 그들이 하는 모든 것에서 매우 복음주의적으로 보여야 한다.

그러나 서스데이 PM은 아트 파티(art party)에, 돈이 필요한 사람들을 위한 집세 지불에 돈을 사용한다. 우리는 가능한 한 모든 면에서 유기적이다. 서스데이 PM 집회의 주 목적은 주 1회의 안식일을 만드는 것, 하나님을 경청하는 것이다. 우리가 영성으로 생각하는 것은 경청 공간을 다른 사람들에게 제공하는 것이다. 그리고 또한 진실하게 사는 것이 위대한 영적 일이다.”

미-채프먼은 계속해서 말한다. “이머징 교회에서는, 일상의 대화나 스케이트보드를 타는 어린이를 돌보는 것, 실천과 정열과 기술에 대한 그들의 헌신을 이해하는 것 등, 모든 일들이 예배이다." 이머징 교회가 은사적이냐고 물으면 미-채프먼은 다음과 같이 답한다. "그렇다. 그러나 우리는 지금 더 명상적이다. 기도와 중보기도는 조금 덜 신경쓰고 있다. 우리는 좀더 절충적이다. 그래서 몇 가지 전통적이면서 실제적인 실천을 추가하였다. 그리고 우리는 좀더 '일상적인 삶'을 추구하고 있다. 좀더 세밀하다. 우리 영성의 큰 부분이 일상적인 삶이다."

절충적 영성을 구성하기

이머징 교회들은 영성을 강조하는데, 그중 눈에 띄는 것은 전통을 현대의 상황에 접합시킨 것이다. 그들의 리더들은 난해한 언어로, 많은 것을 요구하여 다수를 소외시키는 엘리트주의 영성을 단호하게 거부한다. 로버츠는 이러한 관점을 다음과 같이 반영한다. "우리는 매우 절충적이 되었다. 우리들에게는 처음부터 그것이 가장 중요한 문제였다.

때로는 우리 스스로 만든 자료를 사용하기도 하고, 때로는 책에서(예를 들면 헨리 나우엔의 책에서) 얻은 자료, 영성에 관한 고전적인 작가들(Teresa of Avila, Juliana of Norwich, Ignatius Loyola)에서 얻은 자료, 문화에서 얻은 자료(예를 들어 우리는 Douglas Coupland의 《*Girlfriend in a Coma*》라는 소설이 처음 나오자 그것을 우리는 상당히 많이 사용했다)를[3] 사용하기도 하였다. 옛 텍스트와 새로운 텍스트를 혼합하여 사용할 때, 영성 해석학 연습처럼, 가장 자극적인 자료가 나오곤 하였다."

새롭게 창조된 혼합물을 만들기 위하여 다양한 전통을 끌어오는

---

3) Douglas Coupland, *Girlfriend in a Coma* (Toronto: HarperCollins, 1998).

것은 마치 신선한 표현과 분위기를 만들기 위하여 노래를 뒤섞는 DJ의 작업과 비슷하다. 이머징 교회의 절충적 접근 방식은 영성에 대한 문화의 접근 방법과도 일치한다. 그래서 그것은 제도적 종교와 도그마의 지배에서 분리되게 되었다. 그러나 이머징 교회들은 성경에 나타난 예수의 실천에 뿌리를 두고 있다는 점에서 일반 영성에 관한 대안을 제공하고 있다. 그들은 또한 고대 기독교 전통의 실천에 뿌리박고 있으며, 표현 방식에 있어서도 매우 공동체적이다. 극단적 개인주의와 주관성이라는 서구의 문화적 상황 속에서 후자는 매우 중요한 문제이다.

집단적 영성

영성 훈련은 결코 사유화되거나 내재화되어서는 안 된다. 영성훈련은 신자들의 집단적 공동체의 삶과 연관되어 있어서 세상을 향한 선교에 대한 가치와 영적인 힘과 소명감을 제공해 준다. 영성 훈련은 배움의 훈련을 제공하여 하나님의 인도하심을 분명히 느끼게 하기 위하여 집단으로 하나님을 경청하게 한다. 이러한 집단적 영성의 강조는 서구 교회에 만연해 있어서 그들의 공동체적 삶을 훼손해 온 지나친 개인주의에 대응할 때 특히 중요하다.

이것은 또한 인간들이 자신의 활동을 통해 하나님나라를 가져올 수 있다는 자기 신뢰와 신념에 도전하는 것을 가능케 한다. 그리스도인들이 성령의 인도하심에 열려 있고 그들의 삶 속에 성령의 현존의 필요성을 인정할 때에만 그들은 하나님의 선교에 참여할 수 있다는 새로운 깨달음이 필요하다.

과잉 활동(hyperactivity) 극복하기

이미 말한 대로, 과잉 활동은 전통적 복음주의와 카리스마적 교회의 특징이다. 그들의 고에너지 예배는 아드레날린 중독에 의해 발생한 과잉 기대와 과장을 낳는다. 맥스파란은 문화적 환경에 적응할 필요가 있음을 인정한다. "나는 과잉 활동 교회를 원하지 않는다. 나는 성찰과 침묵을 원한다. 거기에는 예술이 중심이다." 그녀는 유전적인 동시에 재생 노력에 의하여 각 개인들에게 주어진 은사들을 인식함에 있어서, 교회는 성령의 영감에 좀더 민감하고, 좀더 식별력 있고, 성령의 영감에 열려 있기를 원한다. 예술을 배양하기 위해서는 공간과 상상력과 격려와 기회가 필요하다. 그래야 공동체의 참여를 통하여 성장할 수 있다. 통찰력이 풍부하고 깊은 예술적 표현을 위해서는 시간과 침묵과 서두르지 않는 성찰이 필요하다. 그래야 꽃 피울 수 있다.

프리젠에 따르면, 영성은 생활 리듬과 통합되어야 한다. "우리는 단지 우리가 할 수 있는 한 최선을 다하는 친구들이다. 그것은 여행이다. 때로 우리의 집단적 영성이 무미건조할 때가 있다. 그러나 우리가 그것을 무미건조하게 만들었다. 그것으로 그만이다. 그것은 과정의 일부이다. 마치 악보처럼, 쉬는 것도 음악의 일부이듯이 말이다." 다른 말로 하자면 창조성은 프로그램화될 수 없다. 그것은 서두르지 않고, 자신의 길을 개척해 나가는 것이다.

예전(liturgy) 수용하기

한 공동체가 오랫동안 유지되기 위해서는 어떤 구조와 풍부한 내용이 필요하다. 이런 것들이 없을 때는, 한 기독교 공동체는 영적 조류와 현 지도부의 창조성에 의존하게 된다. 이머징 교회들은 예전을 즐겨 사용한다. 예전들에 대한 적절한 설명이 있고 예전과 진실한 관계를 가질 수 있어서 문화적으로 접근할 수 있다면, 이머징 교회들은 예전을 기꺼이 수용한다. 이머징 교회들에 있어서 예전은 금지하고 통제하는 속박이 아니라, 영양분을 제공하고 자극하는 풍부한 자원이다.

퍼포먼스와 현대적(contemporary) 예배 방식을 강조하는 사람들에게 예전은 부정적 의미를 담고 있다. 예전은 오늘날에 맞지 않으며, 아무 생각 없이 반복되고 있다는 이미지들을 불러일으키고 있다. 하지만 수 세기를 거치면서 과거 세대에 영감을 주고 교회를 유지해 주었던 고대 예전들을 회복하려는 열망이 점점 커지고 있다. 윌러스는 "예전과 예식이 오염된 언어여서는 안 된다. 그것들은 재발견될 수 있다. 그리고 그것들이 오늘에 적합하고 의미가 있게 된다면, 놀랄 만큼 강력한 힘을 발휘할 수가 있다"라고 말한다. 몹스비는 "전 세계의 예전들, 고대의 예전과 새로운 예전, 특히 성만찬 예전이 핵심이다"라고 생각한다.

존스턴은 헤드 스페이스 교회가 사용하고 있는 자료들을 다음과 같이 밝히고 있다. "우리는 영성 교육과 예배를 위해 다양한 자료들을 사용하고 있다. 우리는 방금 기도서(The Prymer)[4]를 완성하였다. 그리고 그중의 몇을 우리 예배에 사용하였다. 우리는 가끔 우리의 예전에 다양한 신조들을 도입하기도 한다. 나는 헤드 스페이스 교회 안에 있는 몇몇 사람들을 위하여 영적 지도나 멘토링을 하기 때문에 그들이 누구인지에 따라 다양한 자료들을 추천한다. 몇몇 사람들은

4) Robert E. Webber, *The Prymer, The Prymer: The Prayer Book of the Medieval Era Adapted for Contemporary Use* (Orleans, MA: Paraclete, 2000).

노섬브리아 공동체(Northumbria Community)[5]의 기도서와 묵상집을 사용하고, 몇몇 사람들은 성공회 공동 기도서를 사용한다."

침례교 전통에 뿌리를 둔 자비의 집(House of Mercy)은, 침례교 전통을 가지고 있음에도 불구하고, 많은 고대 전통들을 받아들이고 있다. 블루(Debbie Blue)는 다음과 같이 보고한다. "우리는 예배에서 기도를 많이 한다. 우리는 매주일 고백을 하며, 성만찬을 시행하고, 향을 피운다. 우리는 향로사(향로를 흔드는 사람)를 임명하였다. 향로사는 교회 역사 속에 실제로 있었던 구마사(exorcist)와 동등한 직위였다. 우리는, 성만찬 이후의 기도회에서 촛불을 켜기 위해 사용할 수 있는, 정말로 아름다운 촛대를 가지고 있다. 어떤 경우에는 많은 사람들이 자작 워크숍(do-it-yourself workshop)에서 그러한 양초들을 만드는 데 참여하기도 하였다."

포도나무와 가지(Vine and Branches, Lexington) 교회 역시 예전의 시행을 강조한다. 크리치(Alan Creech)는 예전을 시행하는 것이 영적 건강을 제공할 수 있다는 신념을 더 많이 갖게 되었다. 교인들은 매주 성만찬에 참여한다. 그리고 그들이 화요일마다 모일 때 간단한 기도를 드린다. 그들은 묵상과 응답송을 사용한다. 그들은 렉시오 디비나(lectio divina), 영창(chanting), 독서 토론, 성경 읽기(반드시 성경 교육은 아니다)로 저녁 예식에 변화를 준다.

"예전적인 것이 모든 곳에서 쏟아져 나오고 있다. 그것이 반드시 가정 교회는 아니다. 그러나 그것이 가정 교회와 모순되는 것도 아니다. 가정 교회는 자유롭고 유기적인 형태이며, 동시에 예전적일 수 있다." 마태의 집(Matthew's House)은 2001년에 예전을 사용하기

5) www.northumbriacommunity.org. 참조

시작했다. 에반스는 "우리는 모임에서 공동 기도문을 함께 읽는다. 그리고 우리는 유진 피터슨의 의역 성경인 메시지(The Message)에 들어 있는 시편을 읽는다"고 말한다.

맥스파란은, 그녀가 여러 해 전에 할리우드 도심에서 시작한 공동체 교회인 트라이브(Tribe) 교회에서 드리는 예배의 전형적인 형태를 다음과 같이 묘사한다.

> 예식을 시작할 때 항상 원으로 둘러앉는다. 우리의 전형적인 예식은 아주 예전적이다. 나는 이사야 6장에 나타난 예전을 사랑한다. 북이 울리면, 모든 사람들이 모인다. 우리는 하나의 노래를 부르고, 시를 읽으면서 그리스도 촛불을 켠다. 북을 치거나 테제(Taize) 식으로 하거나 기타를 치면서 집회를 연다. 하지만 보통은 북을 사용한다. 어느 누군가가 기도한다. 내가 고백의 기도를 인도하기도 하고, 다른 사람이 교대로 인도하기도 한다. 그것은 예술적/공동체 기도가 될 수도 있다. 종종 여러 그룹으로 나누어서 기도하기도 한다. 우리는 머리 위로 우리 손을 든다. 우리는 경청하고 기도한다. 그리고 우리는 예수께서 임재하신다고 상상한다. 때로는 설교가 예술이다. 때로는 아무 말도 하지 않는다. 그러나 설교할 때는 말씀 읽는 것으로 시작한다. 렉시오 디비나에 따라 성경을 읽는다. 내 설교는 상당히 대화적이다. 사람들이 관심을 쏟는 곳에 나도 관심을 쏟는다. 약 20분 정도 계속되는 명상의 시간을 갖는다. 명상 과정에 도움이 되도록 고전 음악이나 환경 음악(ambient music)을 사용한다. 방을 어둡게 한다. 그리고 전 예식 동안 촛불에 켜 놓는다. 모든 사람들을 불러 모아 성만찬을 하고 제정의 말씀을 나눈다. 포도주를 사용하며, 잔을 돌리고, 주기도

문을 함께 암송한다. 축도 후에 우리는 음식을 가지고 와서 모든 사람들이 함께 먹는다. 집회는 오후 6시에 시작되어 예식이 2시간 반 정도 지속된다. 저녁은 8시 30분이나 9시에 시작한다. 밤이 깊어지면서 예식이 시작된다. 나는 단순히 성령의 움직임을 경청할 뿐이다. 저녁에 내가 준비하는 일은 몇 가지 주의할 일을 기록해 두는 것뿐이었다.

전형적인 가정 그룹인 서스데이 PM은 수프와 빵과 포도주와 아일랜드식 축복과 공동 기도를 나눈다. 미-채프먼은 블로그를 통해서 하는 설교 외에는 결코 설교하지 않는다. 모든 교인들이 서로 가르치고 배운다. 그들은 이그나시오 성찰을 실천하면서 여름을 보낼 계획이다.

상투스1 교회는 성만찬을 시행하고 예수 기도와 몸 기도(body prayer, 말보다는 몸짓으로 하는 기도)와 같은 기도 테크닉을 연습한다. 에드슨은 "성만찬을 통해 과거와 연결되고 또한 미래에 대한 희망이 주어지기 때문에, 우리는 한 달에 두 번 성만찬을 시행한다"고 말한다. 몹스비는 "우리는 미로(labyrinth)를 포함하여 옛 켈틱 기독교 자료들을 많이 사용한다. 그것은 근대 이전(premodern)의 기독교 예배 형태를 포스트모던적으로 재해석하는 것이다"라고 선언한다.

블루는 다음과 같이 보고한다. "우리는 성 금요일에 십자가의 길 기도(stations of the cross) 예식을 갖는다. 우리는 여러 예술가들을 초청하여 십자가의 길 기도 처소를 만든다. 작년에 예술가들이 14×16피트의 캔버스에 14개의 기도 처소를 모두 만들었다. 그 다음에 14개 모두에 해설을 붙였다. 우리는 처소를 걸으면서 기도하는 전통적 가톨릭 예전을 사용하고 있다." 워터스 에지의 교회에서도 교인들이 렉시오 디비나에 참여한다. 그것은 처음에는 매우 낯선 것이었다. 그들은 침묵의 시간을 가지며, 파워포인트의 이미지를 따라 묵상한다.

대중적으로 부활한 또 하나의 고대 예전 예식은 종도(compline) 예식이다. 그 기도는 다가오는 밤에도 주님께서 안전하게 지켜주실 것을 위탁하는 기도이다. 블루는 말한다. "우리는 매주 수요일 잠깐 동안 종도 예식을 가졌다. 그 예식은 침묵의 기도, 묵상, 성만찬을 포함하는 예식이다. 우리는 매해 사순절 동안 그 예식을 부활시킬 계획이다."

고대 교회의 예전을 이해하고 나서, 그리스도의 사역을 포함하고 있는 기독교 달력과 절기(예수의 오심에 대한 준비(대림절), 크리스마스 시즌, 사순절 회개 기간, 고난 주간, 부활 주일에 있는 절정의 부활절 축제)의 중요성을 아울러 깨닫는 사람들도 있다. 그리스도의 승천은 그리스도의 영의 오심과 관계되어 있으며, 좋은 소식을 모든 사람들에게 전해야 하는 교회의 사명과도 연관이 있다. 마태의 집은 기독교력을 따른다. 어떤 사람들은 유대력을 수용하기도 하였다.

교회의 예전과 고대 기도문의 발견은 심한 문화적 격변기에 뿌리 내려야 할 욕구를 반영한다. 그것은 또한 다양한 형태로 헌신을 표현하고 싶은 욕구를 의미한다. 말은 단순히 생각의 논리적 연속을 표현하는 데만 사용되는 것이 아니라 분위기를 만들기 위하여 사용된다. 암송이 중요하다. 때로는 민감하고 열린 마음으로 말씀을 경청할 수 있도록, 마음을 이완시켜주는 음악이 동반되기도 한다. 예전 전통은 또한 예술적 표현의 가치를 인정하는 것과도 연관되어 있다. 이머징 교회들은 근대의 특징이었던 철저한 합리주의에 반대하여 신비를 인식하고, 그들의 이해를 넘어가는 문제를 다룰 때는 모호함으로 만족할 수밖에 없다는 것을 인정한다. 강단보다 주님의 식탁에 대한 강조가 중심적이다. 주님의 식탁은 환대와 포용을 강조하기 때문이다.

수도원 영성을 회복하기

이머징 교회들은 수도원 영성에 대한 새로운 관심을 보여주었다. 수도원 영성은 매일의 영성 훈련과 상호 책임의 실천을 통하여 공동체의 성장과 발전을 촉진해 준다. 이머징 교회들은 켈틱 선교 공동체라는 개념을 부활시키고 있다. 그 과정에서 이머징 교회들은 그들의 집단적 삶에 대한 헌신을 보여주고 있다. 그것은 그들의 집단적 삶에 참여하려는 사람들에 대한 환영이다. 그것을 통하여 사회가 복음의 변혁적 능력을 보고 체험할 수 있을 것이다.

스칸드렛은 다음과 같이 보고한다. "우리는 명상뿐만 아니라 참여를 강조하는 수도원 운동의 사상을 기꺼이 수용하고 있다. 우리는 축소주의적인 복음이 아니라 통합적이고 완전한 복음에 대한 이해를 제시하고 있다." 볼(Phil Ball)은 NGM 구성원들이 묵상과 기도에 참여하고 있다고 설명한다. "우리는 새로운 수도원이다. 그것이 우리 정체성의 특징이다. 우리는 선교와 타자와 관계와 하나님과 공동체에 대한 소명감을 가지고 있다."

가장 통합적인 방법 중의 하나는 영국 셰필드 선교회의 방법이다. 이 선교회에서는 생명 만들기(LifeShapes)라고 부르는, 일련의 다이어그램에 근거한 기독교 제자 훈련을 제공하고 있다.[6] 그 훈련

6) 상세한 정보를 위해서는 Mike Breen/Walt Kallestad/*The Passionate Church* (Colorado Springs: Cook, 2005)를 보라.

에 참여하는 사람들은 단순한 삶, 순결한 삶, 상호 책임성을 서원한다. 그들의 사명은 팀들을 파송하여 친교 공동체, 증언 공동체들을 세우는 것이다. 구성원들은 포스트모던 방식의 기도의 시간을 준수한다. 대부분의 구성원들은 자기 직업을 가지고 있어서 낮에는 함께 만날 수 없다. 대신에 그들은 휴대전화 문자메시지를 통해 서로 기도 요청을 접수한다.

셰필드 토머스 성공회 교회에서 비롯된 이 선교회는 켈틱 모델에 영향을 받은, 인상적인 현대 선교를 제시하고 있다. 첫 켈틱 순례자들은 북유럽을 효과적으로 복음화하였다. 이 선교회의 희망은 그들의 새로운 운동이 유럽을 재복음화하는 데 의미있는 기여를 할 것이라는 것이다.

24-7 기도방[하루 24시간, 일 주일 7일, 사실상 매일 매일의 기도를 의미함]이 1999년 가을에 리빌레이션/웨어하우스 공동체 교회의 한 프로그램으로서 영국 치치스터에서 시작되었다. 지금 이 기도방이 전 세계의 여러 나라에 퍼져 있으며, 또한 개인과 공동체의 영적 각성을 위한 기도에 헌신하는 전통을 가진 많은 교회 안에 퍼져 있다. 이런 기도방들은, 다양하게 하나님에게 나아가고 다양한 기도 사역을 감당하는 창조적 청년 문화를 반영한다.

기도방에서 사람들은 성찰(examen, 여러 하나님 체험 사건들을 되돌아보고 감지하는 것)과 같은 체험적, 명상적 활동에 참여한다. 그들은 또한 탄산음료를 끊는 고통을 경험해 보기도 하고, 죄를 씻는 상징적 행위로 손을 씻기도 하며, 시편을 읽고 기도 응답을 기록하여 게시판에 붙여 놓기도 하고, 기도예식서에 따라 기도하기도 한다. 그들은 또한 음악과 춤과 시와 그림을 통해 말없이 기도하기도 한다.[7] 빈야드 센터의 회원들은 '수도승들의 옷은 입지 않았지만 마치 수도승들처럼 시편을'[8] 암송한다. 그들은 기도하는 시간이 개인주의와 자기애(narcissism)에 대해 도전을 제공해 준다고 생각한다.

로저 엘리스는 켈틱 수도원들을 선교의 모델로 생각한다. "그들은 단순한 삶의 스타일을 추구했다. 그리고 그들은 교양 교육, 식량 증대, 학교 설립, 선교 훈련을 통하여 사회에 봉사하였다. 마찬가지로 우리도 사회 정의의 파트너가 될 중보기도자들과 예언자들을 원한다." 수도원 모델은 매력적이다. 왜냐하면 그 모델은 영성에 대한 통합적 이해를 가지고 있으며, 사회 공동체를 지원하고 사회에 대한 책임성을 강조하며, 형제를 넘어서는 선교에 헌신하기 때문이다. 이머징 교회들은 이 수도원 모델을 변하는 사회에 맞도록 재창조하고 있다. 고대 수도회들처럼, 그들은 삶을 순례로 보고 있다. 그래서 매일매일 삶을 살아가는 과정 속에서 하나님의 임재를 체험하고, 하나님의 안내와 은혜를 경험할 것이라고 그들은 생각한다.

성만찬 중심성의 회복

이머징 교회에서는 예배의 상징적인 면들이 중심적이다. 그 결과로 그들은 성만찬을 예배의 중심 행위로 평가한다. 세실(Axxess, Arlington, Texas)은 다음과 같이 진술한다.

> 우리는 교인들이 아이디어를 내는 것을 약 2년 동안 조식스럽

7) www.24-7prayer.com (2005년 6월 2일에 접속함) 참조. 기도방 아이디어를 따라 기도방 형태의 교회가 세워지기도 하였다. 그래서 교회 안에 보일러 방이 생겼다. 보일러 방들은 공동체, 환대, 가난한 자들을 위한 정의, 기도, 예술을 강조하는 새로운 수도원 형태의 교회이다. 현재 보일러 방들은 영국에 극한되어 있으나 24-7 기도 운동이 확산되는 만큼 보일러 방들도 확산되어 갈 것이다.

8) http://vineyardcentral.com/hours 참조

> 게 지켜본 후에 좀더 참여적이고 좀더 상징적인 예배 표현 방식으로 바꾸기 시작하였다. 예를 들어 우리는 성만찬이 강당의 중심이 되도록 배치한다. 그리고 그 주변에 둘러앉는다. 그 뒤에 밴드가 있고, 불은 희미하게 켜 놓는다. '그리스도 때문에 (성만찬은 그리스도를 상징한다) 바로 우리가 모였다' 라고 선언하면서 예식을 시작한다. 그리고 준비된 자들은 성만찬에 참여하도록 성만찬에 초대한다. 그들은 예식이 진행되는 동안 언제든지 참여할 수 있다. 대부분의 사람들은 가운데로 가서, 기도방석에 무릎을 꿇고, 성물 앞에서 얼마 동안 시간을 보낸다. 밴드는 약 40분 정도 연주한다. 그러나 노래 사이에 아무 말도 하지 않는다. 그리고 미술품도 전시되어 있다. 우리는 약 20분 정도 말씀을 선포한다. 그것을 우리는 예술이라고 생각한다. 대부분 사람들이 차별화된 중심부, 세련된 구조, 개인 활동과는 반대되는 그룹 활동에 익숙해졌지만, 그래도 텍사스에서는 익숙해지는 데 시간이 좀 걸린다. 우리가 모이는 이유가 설교는 아니지만, 그래도 가장 잘 익숙해 있는 것이 설교다. 우리는 설교를 정확한 정보를 변형해서 전달하는 것으로 보지 않고, 하나의 예술로 보기 때문에 대부분의 사람들이 정말로 설교를 좋아한다. 대개 설교는 창조적이고, 짧고, 감동적이다. 과거에 익숙했던 설교와는 아주 다르다.

제단이나 성찬대를 가운데에 위치시키는 것은 강한 상징적 의미를 담고 있다. 공동체는 식사를 위해 모인다. 그것은 환대의 제공이다. 이것은 강단의 설교단을 강조하는 것과는 아주 대비되는 특징이다. 그것은 유명인에게서 참여자에게로 이동하는 것이며, 사람들에게 설교하는 어느 누군가에게서 너와 함께 먹는 사람에게로의, 그리스도를 위한 축제에 너를 환영하는 사람에게로 이동하는 것이다.

전통과 현대 문화의 통합

월러스(Sue Wallace)는 다음과 같이 설명한다. "우리는 우리가 말하고 노래하는 것을 믿기 때문에 예전의 개혁이 중요하다. 사회의 불안과 세계의 고통에 진지하고 충실하면서, 정말로 우리가 표현하고자 하는 것을 표현할 수 있는 유연성이 필요하다. 이것은 매주 변할 것이다. 그러나 또한 변하지 않는 것들이 있다. 예를 들면 구원하시는 하나님에 대한 정통 신앙의 틀(framework) 같은 것이다. 성만찬도 마찬가지다. 우리는 불필요한 일을 할 필요는 없다."

대안 예배는 언제나 토착적인 것이다. 그것은 항상 예배자들의 살아온 환경을 반영한다. 그것은 때로 소비자 중심처럼 보일 수도 있을 것이다. 그러나 그렇게 보이는 것은 사람들이 하나님께 그들의 일상생활을 드리는 소비자들이기 때문이다. 사람들은 문화 밖에서 있을 수 없다. 그들은 정확하게 문화의 경계 안에 있다. "우리의 소비주의를 부인하는 것은 의미 없는 일이다. 왜냐하면 하나님은 우리가 소유하고 있는 것을 아시기 때문이다. 그것 중 일부는 선한 것이고, 하나님과의 관계를 촉진하는 데 유익할 수도 있을 것이다" (Steve Collins, Grace, London).

개인의 영성

이머징 교회들에 있는 개인들은 집단 영성과 개인적 영성을 통합하는 영성에 참여한다. 손턴은 그것을 이렇게 표현한다. "교회 예식은 예술적이냐 아니냐의 문제가 아니다. 예식이 어떻게 각자의 삶의 이야기에 맞느냐의 문제이다. 그 다음에야 그것은 공동의 환경 속에서 표명된다."

이머징 교회들은 영성 훈련을 받고 있는 그들의 교인들을 격려한다. 에반스는 말한다. "각각의 개인들은 그들이 원하는 실천들을 선택하고 도움을 요청한다. 어떤 사람은 공동 기도서를, 어떤 사람들은 신성의 시간들을, 어떤 사람들은 동방정교회의 기도서를 선택한다. 밖에 있는 사람들조차 우리와 함께, 이렇게 하는데 참여한다고 우리는 생각한다." 랜딩 플레이스(Landing Place, Columbus, OH) 교회의 교인들은 켈틱 영성을 실습한다. 팔머는 다음과 같이 말한다.

> 거의 틀림없이 우리 공동체의 75%의 사람들이 노섬브리아 켈틱 일일 기도서를 사용하고 있을 것이다. 하지만 꼭 공동으로 사용하는 것은 아니다. 모든 사람이 동일하게 사용하도록 그것을 권장하지 않는다. 사람들은 개별적으로 그 일에 참여해 왔다. 어떤 그룹들은 아침 저녁으로 모여 기도한다. 내 집에서는 매일 8시 30분에서 8시 40분 사이에 기도한다. 내가 강요한 것은 아니다. 기도모임은 공동체에 응집력과 리듬을 더해 준다. 여하튼 기도 모임 가운데서 하나님은 공동체를 같은 방향으로 움직여 주고 계신다.

통합적이고 신비적인 영성에 참여하기

영성은 묵상과 관상에 제한되지 않는다. 영성은 예술적 표현을 포함한다. 예술가들이 스칸드렛과 함께 예술과 영성의 연계성에 관한 책들을 작업하고 있다. 그들은 공동실천을 채택하고, 하루 세 쪽의 글을 잡지에 싣고, 일 주일에 한 번 예술작품을 창조한다. 그들은 다른 사람에 책임적이다. 스칸드렛은 하나님을 추구하는 통합적인 방식을 권장한다. 그것은 연습하는 것, 바르게 식사하는 것, 기도하는 것, 성경을 연구하는 것 등을 포함한다.

손턴도 비슷한 확신을 가지고 있다. 그는 신비적인 것을 전 인격(몸, 마음, 영)에 대한 존중과 연결시키고 있다. "레이트레이트서비스는 아주 일찍부터 신앙에 대한 광범위한 접근, 문화적 접근, 사회적 접근을 시도하였다. 우리는 감성적이고, 지성적이며, 신비적인 영성을 창조하려고 하였다. 우리는 우리의 신비적인 면을 일깨우려고 노력하였으며, 몸 지향적(body oriented)이 되려고 노력하였다. 이것으로 우리에게 도움을 준 것은 묵상이었다." 버크(Spencer Burke)는 다음과 같이 동의한다. "이성적 기독교로부터 돌아서는 것이 핵심이다. 우리는 신비적인 것으로 나아가야 한다."

삶으로서의 예배를 배양하기

월러스는 예배의 통합적 성격을 다음과 같이 설명한다.

> 내가 생각건대, 우리 대부분에 있어서 예배는 삶의 방식이다. 우리는 켈틱 영성에 깊이 영향을 받아왔다. 켈틱 영성은 모든 것이 기도라는 마음을 갖게 한다. 우리에게 있어서 교회는 예식 이상이다. 적어도 교회가 퍼브(Pub) 없이 우리를 위해 적절하게 존재할 수 있을까 하는 생각이 든다. 그 이유는 맥주 때문이 아니다. 테이블에 편안히 둘러 앉아 우리의 행복과 불안을 다른 사람과 나눌 수 있는 기회 때문이다. 함께 식사하는 것도 우리에게 있어서는 매우 중요하다. 그래서 우리는 격주로 주중에 함께 식사

를 나눈다.

파깃은 예배가 자기에게 있어서나 그의 공동체에 있어서 소위 예배 예식에서보다 거리에서 더 많다고 믿는다. "나는 로마서 12장의 예배를 믿는다. 입술로 드리는 찬양은 예배의 본래 모습이 아니다. 오히려 삶을 하나님께 드릴 때 그것을 예배라고 한다. 그것이 우리가 하나님께 예배드리는 방식이다. 교회 안에 있는 사람들의 삶의 이야기들 속에서 선한 것들을 발견할 수 있다."

사람들이 주일날 교회에서 살아가는 삶과 그외 세상에서 살아가는 삶이 너무나도 많이 분리되어 있다. 그 이유는 대부분 교회 안에서 시행되는 가르침과 기도가 개인의 삶에 관심을 두기 때문이다. 그리고 교회 안에서 일어나는 사역이 교인들 자신의 직장생활 속에서 결정해야 하는 결정들과 관계가 별로 없거나 아예 없기 때문이다. 반대로 존스턴의 여러 목회 사역 중 가장 만족을 주는 목회 사역 중의 하나가 "교인들이 자신들의 영성과 신앙을 자신의 직장생활과 서로 연결시키고 있음을 발견하는 것이다"라고 말한다.

콜린스는 그의 헌신을 '온 삶의 신앙' (whole life faith)이라는 말로 표현한다. "전 삶을 드리지 않는 신앙을 아주 잘못된 신앙으로, 심지어는 비기독교적인 신앙이라고 생각하고 싶다. 우리가 그레이스 교회에서 하고 있는 것이 바로 삶을 통해 우리의 신앙을 표현하는 것이다." 콜린스는 자신의 모습 그대로를 모두 하나님께 드리는 것, 즉 전 삶으로 드리는 신앙에 대한 생각을 다음과 같이 상세히 설명한다. "나의 회심은 '너의 전 삶을 하나님께 드리라' 는 형태였다. 너의 존재 전부, 너의 소유 전부는 이제 하나님의 것이다. 하나님이 지금 너의 삶의 길을 선택하실 것이다. 그래서 나는 모든 것이 하나님의 것이며 하나님의 것이 아닌 것은 소유해서는 안 된다고 항상 생각하였다."

영적 상담 주고받기

퀘스트(Quest) 교회의 교인들은 지역 수도원에서 수련회를 준비하고 있다. 그들은 정기적으로 그 수도원에 다니고 있다. 프리젠은 다음과 같이 보고한다. "다른 사람들과 하나님께 경청하는 법, 다른 사람의 삶에 말하는 법, 사람들을 준비시켜 다른 사람과 함께 공동 디렉터(co-director)가 되게 하는 법을 수녀들이 가르쳐 주었다. 우리는 삶의 모든 것을 성례화하는(sacramentalize) 법을 배웠다. 우리는 식사를 하면서 친교를 나누었다. 심지어 커피 타임도 예배가 되고 그리스도에게 집중하는 시간이 되었다."

그들은, 온전한 헌신은 모든 사람을 위한 것임을 수녀들에게서 배운 것이다. "이머징 교회 참여자들은 그들의 멘토에게서 영적 지도를 받고 있다. 그리하여 그들은 모든 현실 영역 속에서, 기도와 공동체와 전도의 삶을 균형 있게 하면서, 균형적인 삶의 리듬을 추구하고 있다.

영적 실천에 문화를 도입하기

이미 언급한 대로 영성은 오늘의 문화 속에서 그 의미가 점점 커지고 있다. 이머징 교회들은 이런 추세에 맞추어 문화에 대응하려는 노력을 기울이고 있다. 초월자를 탐구하는 것의 가치를 인정할 뿐만 아니라, 자료들을 이용 가능하게 함으로써 그렇게 하고 있다. 그들의 이웃 안에서 그리고 그들이 봉사하는 네크워크 가운데서 '영적'

공동체로 살아가는 것을 통해 그렇게 하고 있다. 그들은 다른 사람을 초대하여 자기들에게 참여하도록 한다. 그리고 그들도 기여할 수 있는 부분이 있다고 생각하고 그들을 환영한다.

매튜(Chris Matthew)는 "우리 문화 속에는 영성에 대한 갈망이 있으나 우리의 구조가 그들을 멀리하게 하고 있다"는 확신을 가지고 있다. 그들은 자기들의 상황 속에서 서로 접촉하기 위하여 도심에 있는 한 커피집에서 모임을 가지고 있다. 그레이스 교회의 콜린스 역시 단순히 육체적으로만이 아니라 여러 면에서 영성에 쉽게 접근할 수 있도록 하는 데 관심을 가지고 있다. 그레이스 교회는 사람들이 당황하거나 실망하지 않도록 하기 위해서 영성을 쉽게 접할 수 있게 하고자 한다. "사람들은 뉴에이지 영성을 갈망하고 있으나, 우리의 방법(명상, 성경 공부)은 이 세대와 문화에 적합하지 않다." 그는 묻는다. "왜 짧은 순간은 안 되며, 왜 파편적인 영성은 안 되는가?"

영성이 문화 안에서 재미있는 주제이기는 하지만 모든 영성이 영감이나 내용에 있어서 기독교적인 것은 아니다. 영성이 유대교나 이슬람이 가지고 있는 신비주의 전통이나 대체 영성들(alternative spiritualities)에 영향을 받을 수도 있을 것이다. 다양한 뉴에이지 축제들은 대체 영성을 위한 장을 마련하여 그들의 상품을 전시하고, 호기심이나 영적인 욕구 때문에 모인 사람들과의 대화에 가담하고 있다. 몇몇 기독교 그룹들이 이런 기회를 이용하고 있다. 예를 들어 상투스1(Sanctus 1) 교회는 영국 맨체스터에서 정신/몸/영 전시장의 매장 하나를 운영하였다. 에드슨은 그것을 다음과 같이 묘사한다. "우리는 전시장에서 이틀을 소비하였다. 그리고 사람들이 들를 수 있고 또한 치유기도를 받을 수 있는 거룩한 공간을 마련하였다. 상투스 교회가 진정으로 영성을 추구하는 사람들과 접촉하게 된 놀라운 주말이었다."

서스데이 PM(Seattle)의 영성 실천에는 프리먼트 예술 협회에 대한 선교가 포함되어 있다. 그들은 선교를 위하여 매년 열리는 퍼레이드에 참여한다. 구성원들은 이그나시우스의 빛의 성찰을 이벤트로 선보였다. 그들은 "우리가 어디서 빛을 경험했지?"라고 스스로 묻는다. 미-채프먼은 "올해, 우리는 공동체 사람들과 식사하면서, 그들과 함께 이동식 무대차를 만드는 데 4주가 걸렸다. 그것이 우리에게 있어서는 교회였다"고 말한다. 서스데이 PM의 구성원들은 자신들의 모든 계획을 제쳐 놓고 공동체의 활동에 몰입할 각오가 되어 있었다. 시애틀은 대체 영성의 중심지이며, 미국에서 교회 출석률이 가장 낮은 곳 중의 하나이다.

대체 영성을 밝히는 것은 어느 정도 위험을 내포하고 있다. 그러나 그것을 밝힘으로써 복음을 좀더 깊이 이해하게 된다. 왜냐하면 사람들이 그리스도를 따르지 않는 사람들의 질문에 대응하며, 그들이 몰두하고 있는 영성 탐구에 도전을 받기 때문이다. "우리가 선호하는 전도 방법은 어떻게 해서든 교회를 사람들에게 가까이 다가가게 하는 것이다. 예를 들어 우리는 우리 지역의 기독교 카페에 여러 세트의 기도 장비들을 정기적으로 설치해 두고 있다. 들어와서 원하는 대로 그 장비들을 사용할 수 있다. 특히 성금요일에 놀랄 만한 강력한 힘을 발휘하였다. 그리고 어떤 사람들에게는 삶의 변화의 순간을 가져다주기도 하였다. 그렇다고 그런 사람들이 우리 교회에 출석한 것은 아니다. 하지만 상관하지 않는다. 그 사람들은 하나님을 만났다. 중요한 것은 바로 그것이다"(Sue Wallace, Visions, York, U.K.).

아이콘 교회의 롤린스는 다음과 같은 설명을 제공한다. "아이콘에서 내가 깨달은 것은 때로는 사람들이 거기에서 하나님을 만난다는 사실이다. 바로 이틀 전, 바(bar)에서 술 취해 있던 한 사내가 우리의 한 예식에 참여했다. 그는 방으로 들어가서 헤드폰을 끼고 그리스도 상(icon)을 둘러보았다. 그 후에 그는 종이에 그의 경험을 써야 하는 시간이 있었다. 이 사내는 들어올 때는 취해 있었지만 나갈 때는 건전해져 있었다. 그는 말했다. '그리스도의 눈이 슬펐어요. 나 때문에 그리스도의 눈이 슬펐어요.' 그는 하나님을 경험했다. 우리는 아무것도 하지 않았다. 우리는 다만 하나님을 위한 자리만 마련했을 뿐이다."

트라이브(Tribe, New York)의 '빅 허그'(big hugs)는 누구에게나 열려 있는 모임이다. 미첼은 다음과 같이 말한다. "우리는 '빅 허그'를 구도자 모임으로 바꿀 마음이 있는 것은 아니다. 하지만 그것은 항상 일어나는 것이다. 그것은 아마도 기도에 집중하거나 편안한 치유의 분위기를 가진 명상의 밤이라고 할 수 있을 것이다. 둘 다 공동체 밖에 있는 사람들에게 점점 더 많이 알려지고 있다. 이러한 모임들이 하나님을 찾기 위하여 교회를 떠나는 사람들에게 호소력을 갖고 있다."

베이커는 미로를 걷는 고대 예식이 엄청난 호소력을 가지고 있다는 것을 발견하게 되었다. "미로를 방문하는 것이 커다란 사회 봉사 활동이 되었다. 우리는 최근에 많은 새로운 방문객들이 참여하고 있는 전 교구를 위해 그것을 운영하였다. 그리고 학교와 감옥을 포함하여 전 영국을 방문하는 2년짜리 여행을 실시하였다."

트라이브(Hollywood) 주변의 공동체에 사는 사람들은 상당히 예술 지향적인 사람들이다. 그들은 예술과 영화에 종사하고 있는 사람들이며, 아주 영성적인 동시에 아주 이교적인 사람들이다. 맥스파란은 설명한다. "우리는 이 공동체에서 살고 있으며, 또 즐기고 있다. 하나님께서는 우리를 부르셔서 고도의 영성 의식을 가진 사람들에게 사역하도록 하셨다. 교회는 그들의 마지막 장소이다. 우리는 또한 버닝 맨 페스티벌(Burning Man Festival)[9]에 자주 참여하고 있다." 그녀는 그녀의 문화적 환경과 관계를 가져야 하는 욕구를 인정하고 있다. "우리는 예수의 실습생들, 영적 그리스도인들이다. 우리의 과제는 영적 비기독교인들을 찾는 것이다."

이머징 교회 회원들은 포스트모던 문화의 영적 언어 안에서 그들의 신앙을 연결시키고 전달하고 있다. 개인의 삶이든 공동의 삶이든, 그들의 삶의 리듬은—근대 이전(premodern)의 형태에 뿌리내리고 있는 경우가 흔한데—근대 종교(modern religion)에 싫증을 냈던 문화에 연결되어 있다.

결론

이머징 교회들의 주요 관심사는 영성이다. 그들에게 있어서 영성은 집회에 참석한 교인수나 심지어 예배의 축제적 성격보다 더 중요하다. 그들의 실제 관심은, 어느 정도 삶이 변하고 어느 정도 하나님과의 만남의 풍성함을 통하여 삶이 깊어지느냐에 있다. 이머징 교회의 회원들은 인스턴트 신앙 형식이 없다는 것을 인정한다. 오히려 희생이 필요한 탐구를 통하여 영적 훈련을 배워야 한다. 그들은 다양한 전통을 끌어와서 그것들을 결합시켜 창조적 조합을 만들어 낸다.

그들이 추구하는 영성은 공동체적이며 개인적이다. 마음으로 영

---

9) www.burningman.com 참조

성을 탐구할 뿐만 아니라 몸을 통하여서도 영성을 탐구한다. 영성은 전 삶과 연관되어 있으며, 수련회나 교회적 배경에 제한되어 있지 않다. 그것은 개인의 발전뿐만 아니라 선교활동에서도 연관되어 있다.

이러한 최종적 고찰은 원(circle)을 완성한다. 이머징 교회들은 하나님나라를 생생하게 드러낸다. 그들은 승천하신 주님이 전 삶을 통치하신다고 주장한다. 신앙 공동체는 여기 이 지구상에 예수의 현존의 참여적 징표로서 실존한다. 예수는 신앙 공동체에 일을 맡기시고 또 힘을 주신다. 그 신앙 공동체는 예수의 부르심에 응답하는 삶을 통하여 공동체 안에서, 그리고 그 주변에서 놀랍고도 지속적인 방식으로 예수의 현존을 발견한다. 그 신앙공동체는 움직이는 교회, 항상 새롭게 등장할 교회, "세상 끝 날까지 항상 너와 함께 있으리라"(마 28:20)는 말씀에 충실하신 주님을 발견하는 선교하는 교회이다.

결론

> 모든 이머징 교회들은 자기 나름의 독특한 자리와 표현 방식을 가지고 있다. 각각의 이머징 교회는, 그것이 존재하는 한, 자신의 위치를 가지고 있다 어느 것이 지속되고 어느 것이 그렇지 않을 것인지는 시간이 말해 줄 것이다. 이머징 교회는 지속적인 열정과 그 이면에 있는 동기(즉 그것이 지속되는 것을 보고자 하는 욕망)에 의존한다. 흥미로운 사실은, 비록 교회의 구조와 이름들과 은행 계좌들은 사라질지라도, 그 모든 것 뒤에 남아 있는 사람들, 그 교회 운동에 가담했던 사람들은 여전히 그들의 신앙생활을 영위해 나갈 수 있는 방법들, 그들의 신앙을 표현할 수 있는 방법들을 찾으려고 할 것이라는 점에서, 각각의 교회는 여전히 존속할 것이라는 점이다. 그들이 만들어내고 경험했던 것들이 자유와 소망으로 충만하기를 소망하며, 삶의 활력을 사람들로부터 소진시켜 신앙과 삶이 사라지는 그곳에서 방황하지 않도록 하기를 바란다. 자 이제 희망을 가져 보자.
>
> **파이퍼**(Pip Piper, maji, Birmingham, U.K.)

이 연구는 영국과 미국에 있는 이머징 교회들의 핵심적인 실천들을 밝히는 것이었다. 설명한 대로, 5년 동안 연구한 이후 우리는 포스트모던 문화에 참여하고 있는 공동체들의 아홉 가지 실천들을 밝혔다. 좀더 분명히 하자면, 이머징 교회는 청년 예배도, X세대 교회도, 교회 안의 교회도, 구도자 교회도, 목적이 이끄는 교회나 뉴 패러다임 교회도, 근본주의 교회도, 심지어 복음주의 교회도 아니다. 그들은 새로운 형태의 교회이다. 세 가지 핵심 실천은 예수의 삶을 따라하기, 세속 공간을 변화시키기, 삶의 방식으로서 공동체에 대한 헌신이다. 이런 실천들은 다음 여섯 가지에 표현되어 있거나, 그것으로 인도한다. 그 여섯 가지는 낯선 자 영접하기, 관대한 마음으로 봉사하기, 생산자로서 참여하기, 창조된 존재로서 창조하기, 몸으로 인도하기, 영성 활동에 참여하기 등이다.

예수의 예(example)가—예수는 그의 시대의 문화를 하나님나라에 동참시켰다—이머징 교회에는 전형적인 모본이다. 그가 선포하신 복음은 세상을 구원하시는 하나님께 동참하는 것이었다. 이머징 교회들이 수용하고 있는 복음은 바로 이 복음이다.

근대 문화는 세속 영역을 창조해냈으며, 모든 영적인 것들을 사회의 주변으로 밀어내 버렸다. 처음에 근대 문화는 모든 영적인 일들을 교회와 종교의 일로 격하시켰다. 그 다음에는 개인의 마음의 문제로 몰아버렸다. 삶의 모든 것을 위한 신앙이라고 여겨졌던 것이 오로지 현실의 작은 부분만을 지칭하는 것이 되었다. 예수의 길을 따르기 위하여 이머징 교회들은 모든 현실에 개입한다. 그들은 사회의 모든 분야로 이동하여, 사회의 모든 분야들을 예배 안에서 하나님께 다시 돌려드림으로써, 그것들을 거룩하게 만든다. 이머징 교회들은 모더니티가 제시한 이분법, 즉 성 대 속, 몸 대 정신/영, 남성 대 여성, 성직자 대 평신도, 리더 대 추종자, 전도 대 사회 행동, 개인 대 공동체, 외부인 대 내부인, 물질 대 비물질, 신앙 대 행동, 신학 대 윤리, 공적 대 사적의 이분법에 굴복하지 않는다. 오히려 그들은 이러한 분리를 극복하려고 한다.

이머징 교회들은 예수와 하나님나라를 좇아 문화의 광범위한 영역으로 들어가려는 공동체이다. 이머징 교회들은 교회가 하나의 장소나 모임이나 시간이라는 기독교 국가적 생각을 깨뜨린다. 교회는 삶의 방식이며, 리듬이며, 공동체이며, 운동이다. 이머징 교회들은 하나님나라의 사역에 방해가 되는 모든 생각들을 해체한다.

이머징 교회들은 그리스도의 유일성을 고수한다. 그러나 그들은 들어오는 모든 사람들을 환영한다. 그들은 다른 사람들에게, 심지어는 다른 신앙을 가진 사람들에게도 배울 점이 많이 있다는 것을 인정한다. 그래서 그들은 다른 사람들 한가운데로 뛰어들어간다. 그러나 그들은 자신감을 가지고 있다. 교회가 예수를 닮기 위해서, 그들은 낯선 자를 포용한다. 두 형태의 사람들이 있다는 것을 그들은 인정하지 않는다. 모더니티는 배제의 문화이다. 이머징 교회들이 예수처럼 보이기 위하여 그들은 포용을 통하여 문화에 대응하고 있다.

이머징 교회들은 관대하다. 왜냐하면 그들은 환대를 하나님나라에 근거하는 것으로 보기 때문이다. 나눔도 하나의 영성 훈련이다. 그래서 이머징 교회들은 사회의 모든 영역에서 나눔의 행위를 실천하고 있다. 이기적인 주고받기를 권장하는 문화 속에서 그들은 넓은 마음을 보여주고 있다. 이머징 교회들은 외부인과의 관계를 세워나가고 있다. 그들은 외부인들을 전도의 대상이나(근본주의자들처럼) 사회봉사의 대상으로(자유주의자들처럼) 취급하지 않는다. 그 대신에 그들은 외부인들과 모든 면에서 좋은 소식을 함께 나누는 관계를 만들어 나간다.

하나님나라에는 구경꾼이 없다. 하나님은 모든 구성원들에게 나누어야 할 과제와 달란트와 목소리를 주셨다. 이머징 교회들의 예배는 소비자에 의한 예배가 아니라 생산자에 의한 예배이다. 버림받은 자들과 죄인들이 모두 참여하게 된다. 하나님의 구속적 활동 중의 하나는 창조물을 하나님의 본래의 의도에 맞게 되돌려 드리는 것을 포함한다.

모두가 하나님의 형상으로 만들어졌다는 사실에 힘입어, 이머징 교회들은 각 사람 안에 심어진 창조적 불꽃을 점화시켜 사람들을 그들의 참된 자아와 재연결시키기를 희망하고 있다. 혼란스럽게 하고 결국 비인간화시키는 소비 사회에서 창조성의 회복 자체가 하나님의 은총의 사역이다. 그것은 사람들을 진실한 사람으로 만들며, 그들에게 자신의 가치를 인식하게 한다. 창조성의 회복은 비참한 자아상에 사로잡혀 있는 사람들을 해방한다. 사람들은 창조하는 행위 속에서, 자신의 영을 일깨우고 자신의 삶을 재정립하여, 하나님의 음성에 민감하게 된다.

리더의 과제는 위의 모든 것들이 일어날 수 있는 환경을 만드는 것이다. 모더니티는 리더들에게 어떻게 통제하는가를 가르쳐 주었다. 그리스도인들은 이런 관습에 도전하기보다는 순응해 왔다. 이머징 교회들은 새로운 길을 개척하려고 한다. 통제 없이 어떻게 인도할 수 있을까? 어떻게 우리는 하나님나라에 복종하는 방식으로 인도할 수 있는가? 어떻게 우리는 모든 목소리가 들려지고, 모든 은사가 표현될 수 있도록 인도할 수 있을까? 어떻게 해야 합의에 도달할 수 있을까? 지배를 포기한 리더들이 수용할 수 있는 유일한 도구는 설득이다.

모든 것이 거룩하다면, 가난한 사람들을 돌보는 것뿐만 아니라 고속도로 밑 지하도에 벽그림을 그리는 것도 거룩하다면, 그렇다면 도대체 영성이란 무엇인가? 그리스도인들에게 영성이란 삶의 방식, 삶으로 드리는 기도이다. 이머징 교회의 구성원들은 자신들의 삶의 모든 것을 예배 속에서 하나님께 드리기 위하여 고대의 실천들을 사용한다. 그러한 실천들은 개인화된 영성을 넘어서 역사적 교회, 과거 현재 미래의 교회와의 결합으로 나아간다.

여러 이유로 이 책은 저술하기가 어려운 책이었다. 우선 우리는 우리가 사용한 많은 자료들의 저자가 아니다. 우리는 이머징 교회 리더들이 그들 자신의 말로 들리기를 원했다. 우리의 역할은 해석자였으며, 설명하는 사람이었다. 우리가 생각하고 있는 어떤 것이 대화의 주제가 될 때, 우리는 검열관이나 비평가로서 행동하는 것을 피하였다. 좌절과 환멸 때문에 이전의 교회 전통에서 빠져나온 리더들뿐만 아니라, 계속해서 한 전통 안에서 일하면서 그 전통의 변혁을 추구하는 리더들도 연구의 대상에 포함하려 하였다.

또 다른 어려움은 급속히 지나가는 시나리오의 스냅숏(snapshot)을 제시하려는 데 있었다. 우리는 우리의 최선의 노력에도 불구하고 필요한 기본 요소들, 중요한 사람들과 장소들을 놓쳤을 수 있다는 것을 정확하게 알고 있다. 더구나, 이 책 원고를 넘겨 주고 최종적으로 출판되는 사이에 이머징 교회들은 의심의 여지없이 계속해서 발전하고 변화하였다.

그러므로 우리의 노력은 시기에 민감하다. 그러나 우리는, 우리가 연구할 시점에 명백한 문제들에 초점을 맞춤으로써, 다가오는 언젠가에 가치를 지닐 수 있는 기록을 만들어내었다. 우리는 이 원고를 준비하면서 우리 스스로 많은 것을 배웠다. 우리는 새 천년을 향하는 교회에 새로운 희망을 품고 있다. 도전은 어마어마하다. 그러나 우리는 과거 세대의 리더들의 통찰력과 용기에 감사한다. 우리는, 그들의 위치를 차지하도록 하나님이 양육하고 계시는 새로운 세대를 지원하고, 그 세대와 함께 시간을 보내는 것에 새로이 헌신하고자 한다.

우리는 이 프로젝트를 완성하면서 우리가 소개한 상황이 얼마나 다양한지, 동시에 리더십 이해의 스펙트럼이 얼마나 광범위한지를 매우 잘 인식하고 있다. 우리가 방문한 많은 교회들과 그룹들은 연약하며 상처 받기 쉬운 신생 교회들과 그룹들이다. 그들은 또한 위치상 급격한 변화에 처해 있는 교회와 그룹들이다.

이 책이 현재 일어나고 있는 의미 있는 발전에 대하여 아직도 인식하지 못하고 있을지도 모르는 한 세대의 교회 지도자들에게 정보를 제공하기를 희망한다. 우리는 이 책이 포스트모던 문화를 향하여 목회하는 사람들, 교회에서 떠나간 사람들, 교회와 거리가 먼 사람들을 향하여 사역하고 있는 사람들이나 그런 사역을 준비하고 있는 사람들에게 유익한 자료가 되기를 희망한다.

이 책이 다른 사람들에게 유익한 것으로 드러나겠지만, 우리가 정말 증언하고자 하는 것은, 이머징 교회 리더들이 보여준 그리스도의 사랑으로 인하여 우리의 영적 삶이 매우 풍성해졌다는 것, 바로 그것이다. 우리를 따뜻하게 환대해 준 데 대해 감사한다. 그리고 그들의 비전뿐만 아니라 그들의 미약한 부분까지도 보여줌으로써 우리를 신뢰해 준 그들에게 감사한다. 그들의 신앙이 감동적인 만큼이나 그들의 사랑도 굉장한 것이었다. 그들의 성찰을 읽고 나면, 틀림없이 그들의 개인적인 이야기도 알고 싶을 것이다.

한국 교회에 다가오는 변화의 물결

이머징 교회(Emerging Church)

1판 1쇄 발행 _ 2008년 9월 30일
1판 4쇄 발행 _ 2017년 9월 15일

지은이 _ 에디 깁스, 라이언 볼저
옮긴이 _ 김도훈
펴낸이 _ 이형규
펴낸곳 _ 쿰란출판사

주소 _ 서울특별시 종로구 이화장길 6
편집부 _ 745-1007, 745-1301~2, 747-1212, 743-1300
영업부 _ 747-1004, FAX 745-8490
본사평생전화번호 _ 0502-756-1004
홈페이지 _ http://www.qumran.co.kr
E-mail _ qrbooks@gmail.com / qrbooks@daum.net
한글인터넷주소 _ 쿰란, 쿰란출판사
등록 _ 제1-670호(1988.2.27)
책임교열 _ 임영주 · 이화정

 ISBN 978-89-5922-616-0 93230

책값은 뒤표지에 있습니다.